U0884958

梅毅说中华英雄史

南明

流亡的悲歌

梅毅 著

天地出版社 | TIANDI PRESS

图书在版编目（CIP）数据

南明：流亡的悲歌 / 梅毅著. —成都：天地出版社，2017.10（2024年11月重印）
（梅毅说中华英雄史）
ISBN 978-7-5455-3171-8

Ⅰ. ①南… Ⅱ. ①梅… Ⅲ. ①中国历史－南明－通俗读物 Ⅳ. ①K248.409

中国版本图书馆CIP数据核字（2017）第235332号

NAN MING: LIUWANG DE BEIGE
南明：流亡的悲歌

出 品 人　杨　政
作　　者　梅　毅
责任编辑　杨永龙　聂俊珍　陈文龙
装帧设计　水玉银文化
责任印制　王学锋

出版发行　天地出版社
（成都市锦江区三色路 238 号　邮政编码：610023）
（北京市方庄芳群园3区3号　邮政编码：100078）
网　　址　http://www.tiandiph.com
电子邮箱　tianditg@163.com
经　　销　新华文轩出版传媒股份有限公司

印　　刷　北京中科印刷有限公司
版　　次　2018年1月第1版
印　　次　2024年11月第7次印刷
开　　本　660mm×920mm　1/16
印　　张　25.5
字　　数　341千字
定　　价　66.00元
书　　号　ISBN 978-7-5455-3171-8

版权所有◆违者必究

咨询电话：（028）86361282（总编室）
购书热线：（010）67693207（营销中心）

如有印装错误，请与本社联系调换。

名家评论

李国文（著名作家）

梅毅在评骘论定某段历史事实、审知识鉴某个历史人物时，与时下某些史学家、某些文学家，刻意要将历史写成某种样子，以达到取悦谁，讨好谁，达到获取更大利益的个人目的，是有着天壤之别的。……他宁愿坐冷板凳，啃硬骨头，溯本追源，寻出真情，回顾返视，以求真知。有什么说什么，秉持史学家的直笔；有多少说多少，体现文学家的良知，这是难能可贵的治学精神。

蒋子龙（著名作家）

梅毅英美文学专业出身，毕业后即入金融界工作，浸淫资本市场二十余载，风华正茂之年，信笔游缰，以“赫连勃勃大王”名头驰骋互联网，大哉壮哉！吾尝细谈其历史小说《南北英雄志》第一部《驺虞幡》，英伟雄健，如此笔力如此才，“茅盾文学奖”，不亦易乎！

高洪波（著名作家）

“梅毅说中华英雄史”的出现，让我们中国作家这个群体感到欣喜：因为，梅毅让我们看到了作为作家自我扩展的无限可能性，认识到作家书写历史，其实是自司马迁以来的传统！而作家梅毅所撰写的历史著作，无论从文笔还是史实，都可以称之为“好的”。一部“好的”历史书与“坏的”历史书的区别，就在于好的历史学家能够运用他自己独特的判断力去解析历史。

沈渭滨（复旦大学历史系教授）

要写活历史，除了扎实的史学功底和睿智的识见外，生动的文笔当不可少。我细读了“梅毅说中华英雄史”，感到梅毅的文笔确实生动，具有亦庄亦谐的感人魅力。他的一系列历史纪实体作品，似乎有着共同的写作风格：他力图继承太史公开创的历史文学余绪和评判史实的精神，努力效法历史演义家的结构布局和善于演绎的流风，倾心于散文、小说家捕捉细节、铺叙感受的技巧，试图熔于一炉。

王学泰（中国社会科学院文学研究所古代史研究员）

梅毅没有像过去有些历史学家那样，只要不利的资料，都否定。梅毅的书附的史料也很多，包括一些当时人的记载，包括内部文件，还包括一些外国人的记载，给我们开阔了眼界，为我们理解某一段历史提供了一个评价平台。

雷　颐（中国社会科学院近代史研究所研究员）

“梅毅说中华英雄史”有很重要的意义，他把史学界的成果大众化了。从前教条主义的教育，对梅毅来说没有形成一个框架，没有形成一个偏见。他的书里面的很多东西，虽然是近代史学界已经研究过的，已经谈得很多了，但是他的突出意义在于把它大众化。

张　鸣（中国人民大学国际关系学院教授）

梅毅虽然写得很通俗，有点像小说，但是一看就知道他是下狠功夫看过史料的，跟那些网络上完全演绎、完全口语化、变成现代化的历史叙述、根据一点东西进行演绎的东西，还是很不一样的。……梅毅很注意那种历史细微的细节，你一看就感觉挺有趣的，实际上史料都有，但是过去没有人揭示这个。

杨念群（中国人民大学清史研究所教授）

梅毅的书比较可贵的地方在于，在整个的叙事过程中，历史人物的悲欢离合和成败得失，是在历史的叙述中一环环展现出来的，没有马上就进入一种历史判断。……按照历史情景的本身来展现双方的对垒的过程，实事求是地，可以说是相对平实地去展示历史。这样出来的效果，相对来说是有一定的说服力的。

钱文忠（复旦大学历史系教授）

像梅先生这一批具有金融背景的人，可能更了解现代人在想什么。……梅先生“一方面沉醉于纸醉金迷的生活，一方面留恋于历史的幽暗光线”，这种生活状态，这么一种冲突，在一个写作人身上体现出来，经过微妙的递嬗后，又去影响他们的文字，而这种文字，以其独特的韵味来影响现代人的心志。

雷　达（著名评论家）

梅毅高产，又有见解，而且能辩证地看时代、文学的发展，这一点非常棒。最近这些年，我们国内关于历史方面非常“热”，电视热播、网络热聊、影院热映、图书热销。而他 2003 年底就已经开始写中国大历史，可见他极富预见性。

白　烨（著名评论家）

梅毅的历史写作，基本上还是正史的写法，同时有天马行空的类似杂史、野史的感觉，所以让人印象深刻。梅毅的大手笔，是他能在写事件时突出人物，以点带面，这种写法是他的首创。梅毅与众不同的历史写作，还在于他能用现代意识回顾以前的历史，他从人性角度细腻观察历史。

肖复兴（《人民文学》副主编）

梅毅讲述历史一点也不枯燥，正因为他是以人来贯穿的，并不是以从前传统的方式来进行断代史的研究。形象演绎是梅毅书写历史的专长，他写起历史来不仅好看，而且能活灵活现地把过去的历史再现于我们面前。

叶延滨（《诗刊》主编）

梅毅的历史写作有两大优点，第一，他确实有见识，他的历史观察力非常奇特。如果讲历史的真实性，人们宁肯去相信枯燥的教科书，但是人们读梅毅的历史著作，主要是想读作者的见识。第二个优点，梅毅的历史写作以文笔取胜。

刘鸿儒（中国证监会首任主席）

我看“梅毅说中华英雄史”的时候，符契相合，感到由衷的欣喜。在我们证券监管单位的梅毅，竟然打着一面“赫连勃勃大王”的大旗，成为声名显赫的历史学家，而且风生水起，已成“中国互联网历史写作先行者”。他不仅写出了几百万字的中国历史作品，可谓“著作等身”，而且坊内畅销，洛阳纸贵。从2010年开始，他又在中央电视台《百家讲坛》节目开讲《鲜为人知的杨家将》《隋唐英雄志》，好奇之余，我更多感到的还是欣喜。

朱伟一（证监会研究员、社科院法学所兼职教授）

读了梅毅的历史书，我觉得历史比小说更深刻。……梅毅的视角独特，让人读之津津有味。

曹可凡（著名电视节目主持人）

他（梅毅）发现了很多别人没有发现的材料，当然他更多的是可以从现有平凡的材料当中找出历史的端倪。这些可能显而易见，但是有时对显而易见的东西不忽略，反而可以找出历史的真谛，这是梅先生的书突出的地方。……作为一个传媒从业者或者一个普通的读者，通过这个书，我可以获得很多知识。

自序

英雄是民族最闪亮的坐标

2016 年 11 月 30 日，我作为中国作协九大代表，在人民大会堂，亲耳聆听了习近平总书记的讲话：“中华民族生生不息绵延发展、饱受挫折又不断浴火重生，都离不开中华文化的有力支撑。中华文化独一无二的理念、智慧、气度、神韵，增添了中国人民和中华民族内心深处的自信和自豪。”

话语入心，感受颇深！

联想到我本人的创作，从 2003 年到 2015 年，12 年时间，正是为了弘扬中华传统文化，为了找回中华民族那份沉甸甸的文化自信和历史自信，在中国最物质的南方城市深圳，我坐着冷板凳，独立完成了 10 卷本、500 多万字的《帝国真史》系列丛书。

抚今追昔，纵观历史，如今，我静下心来，俯首思之，得出这样的结论：我们这个民族之所以伟大，就在于我们是一个历史上有无数英雄的民族！

回望中国历史数千年进程，特别是朝代更迭的那些铁血岁月，英雄鹰扬，豪杰虎跳，确确实实让后人无限神往！在每一个令人目眩神迷的伟大时代中，各类英雄横空出世，他们之间的纠葛、交结、争斗，无不充满了动人心魄的感人故事，处处闪耀着人性的光辉，荡溢着历史的波谲云诡，迸发出惊人的感动力！即使在今天，无数中华历史英雄那些激动人心的时刻，肝肠寸断的瞬间，那些汗与泪倾泻而成的故事，依旧晶莹闪耀……

一个没有英雄的民族是不可想象的！物质时代，我们对中华民族的英雄崇拜，可以治疗拜金主义的“软骨症”，可以治愈蝇营狗苟的精神瘫痪，可以让我们在庸常生活中重新体味诗性的、崇高的人性大美与激情，可以一砖一瓦地重新建砌我们民族精神的巍峨华殿，可以让我们在对英雄人物的遭遇感同身受的同时，细细咀嚼诗性而永恒的苦难、孤独与崇高——一切的一切，就是要进一步提升和重铸我们伟大民族的精神风骨！

我在“以人为本”“以人带史”的独特历史讲述中，总会给大家展示历史洪流中那些血肉英雄的人生传奇。大哉英雄，他们离奇跌宕的命运和令人扼腕叹息的结局，他们之间的惺惺相惜和恩义散场，连我这样冷静的写作者都每每为之流泪动容。我希望能够以客观的、现场感的讲述，消除流水账式的干巴巴的教科书式的平铺直叙，一改宫廷史书荒诞不经的星宿下凡式的神化，一改旧时代民间叙事中英雄故事天命巧合的际遇铺陈，泯除昔日怪力乱神的“超现实”力量冲突——最终的目的，就是要重力突破传统中国通史写作那种老旧的格套，从崭新的、完全的、人性义理的角度，去描写、描摹历史中的“人”在乱世之中生存挣扎所遇到的矛盾、痛苦，从而进一步展示出那些伟大时代伟大英雄的反省、发愤、坚忍，展现乱世之中人性的恢宏壮美和平凡生命力的顽强不屈。

在两千多年中国历史的宏大画幅中，我们面对灿若群星的历史人物，有时候，确实不能以成败论英雄。波澜壮阔之间，我总会发现那些欢乐或悲伤英雄身上的熠熠闪光，他们高尚的友情、撼天动地的义气、深沉的亲情以及奋不顾身的勇气——所有这些，无不具体而形象地展现出我们国人一直以来崇尚的价值观，体现出我们最原始、传统的道德。他们的英雄传奇、他们的侠义勇武、他们之间的惺惺相惜，无不与我们中华民族传统的道德观相契合，故而历久弥新！

以历史的逻辑和历史的纵轴、横轴构建传奇化的个人经历，确实非常不容易。为此，如同入群山寻宝，我只能对史料细细爬梳，从汗牛充栋的史料中仔细挖掘，以历史真实为基础，增添合理想象，还原历史，润饰附会，撷取那些细微、深刻而又不经意处的细节，继而细细雕琢，默默推想，最终来张扬我们心目中的历史英雄楷模，体现出那些英雄们平凡中自然而然的感人情怀，挖掘出埋藏于历史深处的复杂而伟大的人性！

正如习近平总书记所言："祖国是人民最坚实的依靠，英雄是民族最闪亮的坐标。歌唱祖国、礼赞英雄从来都是文艺创作的永恒主题，也是最动人的篇章。……对中华民族的英雄，要心怀崇敬，浓墨重彩记录英雄、塑造英雄，让英雄在文艺作品中得到传扬，引导人民树立正确的历史观、民族观、国家观、文化观，绝不做亵渎祖先、亵渎经典、亵渎英雄的事情。"

在十多年的写作过程中，我力避当下坊间最流行的群氓庸俗搞笑史观，扬沙弃砾，以历史守护者的角度，切入中华大历史活生生的血肉肌体之中，从中发现每个伟大时代各路英雄的英伟、自我突破，甚至是狂狷的人格状态，探究辉煌乱世大时代中作为个体的"英雄"的挣扎过程。

看啊，这些人，有血有泪，有悲伤有欢乐，有飞扬有落魄。看啊，这些历史长河中伟大英雄们短暂而辉煌、悲伤的人生历程，真实而丰沛的情感。今天的人们，肯定能够在谛听和仰视中，深刻感受我们伟大历史嬗变无常的命运，沉浸于历史戏剧性的快感中，体悟那些英雄在困境中的抉择和成长。

在我们为泪水所溅湿的笑声中，在惊回首的历史探望中，那些具有冰山大漠魂魄的英雄雕像，在中华民族雄浑壮美的历史背景映衬下，会越来越清晰而丰满！

2017 年 8 月 6 日于深圳

目录

导
读

让历史照亮未来

1664年，当时已是清朝康熙三年。

杭州。刑场。忽然有五个身穿明朝服装、头梳明朝发式的人出现于众人面前。为首的，乃南明大臣张煌言。临刑前，他写下这样一首诗：

> 不堪百折播孤臣，一望苍茫九死身。独挽龙髯空问鼎，姑留螳臂强当轮。谋同曹社非无鬼，哭向秦廷那有人！可是红羊刚换劫，黄云白草未曾春？

螳臂当车，一般用来比喻自不量力的顽固分子。但是，张煌言们这种“姑留螳臂强当轮”的悲壮之举，恰恰显示了我们中华民族百死愁绝中坚强不屈、前赴后继的伟大精神。

他带血的头颅，为南明历史的惊叹号点上浓浓的最后一点！

回顾那个崩溃的时代，在那个病态人格比比皆是的混乱社会中，甚至是慷慨成仁的自我牺牲，都会被认作一种消极的反抗行为。随波逐流呢，也不能带来真正的解脱。于是，对于动荡、杀伐年代的读书人来说，人生变成了一种绝望的煎熬过程。

在“亡天下”的浅层忧虑和“失身家”的深层恐惧二重夹击下，明末清初的中国士大夫阶层，面对一个即将完全倾覆的世界，惶恐之余，艰难地做出了自己的人生选择。顺从恭卑地自暴自弃，心如止水地削发为僧，弃暴力而合作地加入“新朝”——人生道路的那么多转折，出现在血染泥泞的中华大地之上。

无论是朱子理学还是阳明心学，在屠刀声中，在马蹄之下，都显得那样苍白和无力。思想，在火与铁的面前，有时候是那样不堪一击。

在衰落的年代里，做哪种人，成为一种艰难至极的选择。

明末清初的诗人阎尔梅这样叹息过：“嗟夫！士大夫居恒得志，人人以不朽自命。一旦霜飞水脱，为疾风劲草几人乎？”

这位曾向史可法表达过一定要为大明朝死节的诗人，这位自诩耿耿精忠的汉人，早于张煌言十三年，已经挈妇将雏投到清朝巡抚赵福星手下做幕僚。他为了衣食家口，早早地死心塌地为新政权服务。

这样的“聪明人”，在明末清初，不计其数。

但是，前有史可法，后有张煌言，皆可让阎尔梅这种卑微生命领略“疾风劲草”的精神力量。

“平日慷慨成仁易，事到临头一死难。”横亘在明末士大夫精神门槛前的死亡深渊，那样幽暗，那样深不可测。人生的惰性和畏怯，也实在难以超越。他们要面对的，不仅仅是精神危机，还有失去身家性命的考验。于是，洪承畴、吴三桂、尚可喜、孔有德、冯铨、孙之獬们，这些病态的“清醒者”，确实能成为晚明士人的“表率”和借口。

文人士大夫内在的号称“坚韧”的精神品格，最终匍匐于刀锋利刃之下。时代的解体，正是从这些“中坚”被击溃开始。

自 1618 年（万历四十六年，后金天命三年）至 1664 年（康熙三年）的四十六年间，有名有姓背明降清的“贰臣”，有一百三十六人。但是，死于抗清殉明的“忠臣孝子”，却多达三千七百八十七人。这个数字不是由明末遗民杜撰而来，而是乾隆朝编撰的《胜朝殉节诸臣录》（胜朝，是指被灭亡的明朝）中的官方统计数字。

中华忠烈，真是不绝如缕。这些人，或为封疆大吏，或为布衣文士，国难之时，他们皆临危不惧，挺身赴难，百折不挠，杀身成仁。

史可法、高杰、夏完淳、陈子龙、张名振、瞿式耜、张同敞、张煌言，这一系列人物，代表着我们中华民族精神的核心驱动力。

英雄们个人的牺牲精神和笑对死亡的大无畏，成为我们民族精神最宝贵的财富，并且丰富了我们中华民族的终极体验。

这种冒死不顾、为义殉身的宏大景象，极大地拓展了中华民族的想象力和视野，已经定格为大一统民族国家不可或缺的精神核心。

可以想象，所有的南明殉国者，他们临终的精神状态皆是一种高尚的怜悯：在死亡面前，他们感受着幸存同胞、敌人、变节者的悲苦，俯视着芸芸众生的蝇营狗苟，实现了超越善恶、生死的精神自由。

所有的苦难和折磨，所有呼啸而至的白刃和炮石，在这种超脱凡俗的伟大精神面前，变得那样苍白无力。

精神的伟大，超越了苟且的生存。

所以，明末清初那些舍身取义的烈士，会成为我们中华民族不朽的荣光。正因为他们的存在，中华民族总能在四分五裂、遍体鳞伤，甚至某个政权分崩离析后，使创伤愈合，恢复、重建民族信心。

一切的历史浮沉背后，是我们坚不可摧的信念。而这种信念所依凭的英雄个体，势必成为真正的不朽者和中华文明永恒的旗帜。

正因为仁人志士的示范，我们古老的国家才没有成为大业的化石，也没有沦落为中空的巨大历史残骸。

一个朝代土崩瓦解了，一代又一代凤子龙孙被抛入了历史的深渊，但鲜活沸腾的灵魂，却从帝国死亡的躯体上腾然而起，引导我们进入更加光明的涅槃的另一端！

（本部南明史，少量涉及李自成、张献忠二人的评价内容，主要采用当时“官修”史书的资料。有关李自成的参考书目包括《崇祯长编》《明亡述略》《烈皇小识》《槐国衣冠》《赤眉寇略》《大行骖乘》《疆场裹革》《甲申传信录》等时人笔记。有关张献忠的部分，参考书目包括《蜀碧》《鹿樵纪闻》《蜀警录》《墨堂丛语》《圣教入川记》《蜀龟鉴》《蜀破镜》《行朝录》《甲申朝事小纪》《荒书》《三垣笔记》《客滇述》等时人笔记。或有偏颇之处，希望读者鉴察。）

半明半灭大明朝

崇祯帝的自杀和凤子龙孙的结局

1644年，明朝崇祯十七年三月十八日。

北京紫禁城内。乾清宫。

座中三人，一男二女，正郁郁饮酒。

男人三十多岁，身材中等，面容清秀，神色倦怠。他头戴乌纱折角向上的翼善冠，身穿明黄的盘领窄袖袍，前后及两肩各织有晃人眼目的金盘龙，一条以金、琥珀、透犀镶嵌的玉带束于腰间，脚蹬皂皮靴。此人，正是大明朝的崇祯皇帝。

在他对面，侧坐着两个女人。一位是皇后周氏，一位是贵妃袁氏。

两个女人皆是盛装。周皇后头戴双凤翊龙冠，冠上满缀金玉、珠宝和绝色翡翠，一金龙，二翠凤，口衔珠滴，摇摇颤颤。身上，她着真红大袖霞帔，红罗长裙，红褙子，绣着织金云霞龙纹，铺翠圈金，饰以珠玉坠子，华丽无比。袁贵妃头戴鸾凤冠，附以翠博山，大珠莹耀，花钗横斜。她也穿金绣鸾凤的真红大袖霞帔，红罗长裙，只是衣服的图案用织金及绣凤纹，不用明黄线，没有云龙纹。

是崇祯皇帝与皇后、贵妃在欢饮吗？不，这是三个人的生死诀别时刻，他们正在喝断头酒！

北京城外，一整天下来，忽而黄沙障天，忽而凄风苦雨，忽而冰雹雷电。但是，最撼人心魄的，是城外李自成农民军震天的呐喊杀声和轰隆隆的攻城炮声。深处皇宫内殿，仍然能不时感受到大地剧烈的颤动。

静默许久，崇祯帝尽饮一杯，瞪目对周皇后和袁贵妃说：

“事已至此，只有一死！”

看到崇祯皇帝眼中的怪异凶光，娇小、艳丽的袁贵妃顿时恐惧起来，鬼使神差一样，她忽然抛杯跳起，转身离席欲逃。

崇祯帝拔出腰间宝剑，趋身上前，一剑捅进袁贵妃后背。美人顿时香消玉殒，血流遍地。

周皇后脸色煞白，不过，毕竟母仪天下多年，还能做到临危不慌。她慢慢站起，向崇祯帝深施一礼，低声说：“臣妾向陛下诀别！”言毕，未等崇祯帝开言，周皇后匆匆回到自己的坤宁宫。

国破家亡之际，这位大明朝皇后并无任何多余的言语，连遗言也没给宫女们留下一句，平静地以白绫上吊自杀。在她深沉的一声叹息过后，是颈骨断裂的可怕声音。

不久，已经有些醉意的崇祯帝摇摇晃晃赶到坤宁宫，望着吊在殿中的周皇后尸体，他忽然放声大笑：“死得好！死得好！”……

十七年的皇帝生涯，对于崇祯皇帝来讲，只能用杜甫的一句诗来概括：艰难苦恨繁霜鬓！

除诛杀魏忠贤一事略显崇祯帝的“英明神武”外，他继位后，几乎是步步皆错，一步一步带着他的大明朝走向灭亡。

屋漏偏遭连夜雨

内忧外困下的崇祯帝

崇祯帝朱由检是明光宗第五子。由于早年丧母，身边没有任何可信赖的家人，在童年所遭受的孤独感、被遗弃感、挫折感，决定了他日后猜疑、偏激、固执的性格。

崇祯帝唯一比他同父异母的哥哥明熹宗强的，是他酷爱读书，从小一直受着正统的儒家教育。

继位后，崇祯帝轻而易举地铲除了魏忠贤阉党毒瘤。放松之余，骄矜之气溢满胸膛，他顿觉自己是个天纵英明的帝君。

自损栋梁——枉杀袁崇焕

登基之初，由于早闻其名，崇祯帝对袁崇焕非常信任，命其任兵部尚书兼右副都御史，督师蓟辽，兼督登莱、天津军务。崇祯元年秋八月，袁崇焕入京觐见，在皇帝面前许诺五年之内可恢复全辽境土。崇祯帝闻言更是大悦。

崇祯二年（1629年）夏七月，袁崇焕至旅顺，杀掉了皮岛的明朝大将毛文龙。崇祯帝闻毛文龙被杀，登时大骇。镇守一方的大将被杀，确实出乎意料。但由于当时正倚重袁崇焕，崇祯帝只得降旨褒奖，认定他杀得好，并下诏宣谕毛文龙罪状。后来，这反而成为袁崇焕被杀的一条罪名：擅杀大将。

当时与后世，均有好事者认为，袁崇焕杀毛文龙，是中了后金的反间计，自剪羽翼，亲痛仇快。这些人往往以东江镇日后耿仲明、孔有德、尚可喜等人叛明降清为口实，认为皆是由于毛文龙之死引致。其实，袁崇焕杀毛文龙仅仅几个月后，皇太极就从长城逾入内地，为此，袁崇焕急忙携军救援。

崇祯帝偏中了皇太极的“反间计”，自毁长城，杀掉了袁崇焕。如果袁崇焕不死，依他的指挥控制能力，东江镇兵将或会被打造成为一支恢复辽东的劲旅。

毛文龙被杀三个月后，皇太极率兵绕过山海关，由蓟镇长城的长安、龙井关、洪山口毁边墙入侵，并攻占遵化、迁安、永平、滦州四城。

后金军忽然出现在北京城外，对北京展开围攻，这就是明代人口中的“己巳虏变”。

乍闻后金军逼近京师，明廷震骇，立刻调诸路兵马入京来援。袁崇焕闻讯，在先派出赵率教入援的同时，即刻率祖大寿等人急赴前线，步步为营，途经抚平、永平、迁安、丰润诸城，皆留兵营守。

不久，明将赵率教战死的消息传来，后金兵也蜂拥而至。袁崇焕大惊，急引兵趋至北京城下，在广渠门外立营。虽然袁崇焕手中仅有不到两万人，但他们斗志高昂，数次与后金军交战，皆得胜而还（清代史书中称“互有杀伤”）。

见袁崇焕营盘坚固，无隙可乘，一直熟读《三国演义》的皇太极便欲施用“反间计”来除去袁崇焕。当时恰好营中有两个先前在城郊牧马厂被俘的明朝太监杨春、王德成在押，他遂命令汉人降将高鸿中与鲍承先两人趁黑坐在这两个明朝太监的营帐外，假装酒醉，放言说城内袁巡抚（袁崇焕）与大金有密议，准备里应外合。夜间，哨兵故意放两个太监逃脱。

这两人一回城，像兔子一样跳到崇祯帝面前，把这件“天大的秘密”讲与皇帝听。刚愎自用的崇祯帝竟然中了皇太极这种最简单的诡计，很快就派人逮捕了袁崇焕，打入诏狱，严刑拷问。

袁崇焕的部将祖大寿为此惊惶至极，出城后即拥兵向辽西奔逃。幸亏袁崇焕在狱中写信召唤祖大寿，他当时才没有叛变。

由于山海关、宁锦一线仍在明朝掌握中，加之后来的孙承宗御敌有方，皇太极只得率兵退走。北京有惊无险。

后金退兵后，明廷开始审查袁崇焕一案。

当时，大学士钱龙锡持正，得罪了不少暗藏的阉党成员。阉党王永光时为吏部尚书，引其同党御史高捷等人猛烈攻击袁崇焕，诬称他暗中与后金议和，擅杀毛文龙，引清兵入关。这些阉党本意是想以袁崇焕兴起一件新的大“逆案”，顺便攀引钱龙锡，于是，他们大造舆论，讲袁崇焕杀毛文龙是由钱龙锡主使。

最终，袁崇焕被判凌迟，其兄弟妻子长流三千里，抄其家产归公。

袁崇焕像

崇祯三年（1630年）八月十六日，刚过中秋，袁崇焕被剐于北京闹市。

袁崇焕被杀，乃是天大的冤案，但不少无知的北京市民却信以为真，恨极了这个引狼入室的袁巡抚，纷纷上前高声责骂，甚至生食这位耿耿精忠烈士的身上之肉。

千刀万剐，明朝就是这样对待袁崇焕这样一个大忠臣的。

被杀前，袁崇焕作《临刑口占》，依旧对大明朝忠心耿耿：

> 一生事业总成空，半世功名在梦中。死后不愁无勇将，忠魂仍旧守辽东。

大英雄被剐之时，紧咬牙关，欲哭无泪，只能仰望苍天，让冤屈激荡于胸中！

可笑又可悲的是，崇祯帝至死不悟自己中了皇太极的反间计，甚至连入清后生活了三十多年的明末大才子张岱（写《陶庵梦忆》的那位），也在书中把袁崇焕列为明朝逆臣。最终为袁崇焕"平反"的，竟然是"鞑子"皇帝乾隆。这真是个历史的黑色幽默！如果罗贯中地下有知，知道自己的《三国演义》多年后被后金的首领皇太极当作"兵书"来用，学习"蒋干盗书"的计谋，让崇祯杀掉了大明顶梁柱袁崇焕，罗老先生肯定会愤怒高呼不已。

遍地烽烟——以油浇火的"平贼"

崇祯帝继位以来用人不当，这自然是他不可推卸的主观责任，但罕见的自然灾害也是明朝灭亡的重要客观原因。坏运气是每个王朝灭亡的不可忽视的重要因素之一。

首先，朱由检继位的第二年，即1629年，陕北突遭大旱。十余年间，陕西、山西、河南、河北、江苏、山东，无年不旱。倒霉的是，大旱后，蝗灾与瘟疫接踵而至，赤地千里，十河九干。由于乏食，最终出现了“人吃人”的惨剧。天灾加上人祸，小民无生路可寻，此外，官员贪污，横征暴敛，百姓只能走一条路：造反！

同时，明朝发展到晚期，土地高度集中，宗室、勋戚、官绅地主对土地的兼并愈演愈烈，贫者益贫，富者益富，社会的两极分化达至惊人地步。自嘉靖帝（世宗）开始，“竭天下之财以奉一人”，万历帝（神宗）变本加厉，天启帝（熹宗）有样学样，明朝财政面临崩溃的境地，只得通过不断加派赋税来榨取民财。各级官吏巧取豪夺，竭泽而渔。由于农民纷纷抛荒逃散，造成水利失修，河患日甚，恶性循环下，天灾人祸不绝。军制方面，更是法久弊生，军屯、商屯均有名无实，士兵被拖欠军饷，已经没有什么战斗力。诸大将除身边亲兵可用外，基本上没有能信得过的兵校。军纪败坏、索饷哗变，几乎成为明末军队中的“主旋律”。

早期暴动的参加者，无非是一群想找口饭吃的乌合之众，无组织、无纪律，无任何明确目标，看似成千上万，实际上是一大帮拖家带口的饥民、流民，明朝正规官军如果认真应对，这些人马上就会作鸟兽散。而且，领导暴动叛乱的人中，不少是当地土豪世家子弟或者是明朝边军的中下级军官，为避免事发后暴露身份连累亲族，他们纷纷自起诨名、绰号。农民战争发展到中晚期，声势渐炽，首领们纷纷以本来姓名示人，绰号使用得越来越少。

明末农民暴动，最早当推崇祯元年延安的府谷人王喜胤（澄城县的造反规模太小，忽略不计），因当地大饥荒，他率杨六、“不沾泥”等人四处掠抢富民家里的粮食，“相聚成盗”。与白水县王二会合后，这伙人已有五六千人的规模，他们攻破宜君县城，大肆抢劫一番，窜入延安一带的黄龙山。后来的“大西王”张献忠，就加入了王嘉胤的队伍。

张献忠有待考证是延安卫人，年轻时可能在延安府当过捕役，也可能当过边兵，在榆林卫的洪承畴手下卖过力（他 1645 年在成都当“皇帝”后这样自吹自擂过，有待考证），但可以肯定的是，此人绝非一般因饥而反的平民，应该是在衙门或军门里当过差，有不少人世经验的“老油子”。由于在与官军作战中勇敢冲杀，他很快有了一支自己的武装，自号“西营八大王”。

至于李自成，虽然多年来一直说他是“农民领袖”，其实他并非农民出身，而是一个“下岗”驿卒，是有铁饭碗、吃官家饭的“城里人”。他生于陕西米脂，小名黄娃子，成年后到圁川驿（银川驿）充当驿卒。

明代，十里置铺，六十里置驿。驿站能为政府官员提供舟车、马匹、夫役、邮传服务，是很有必要的“公有”设施。随着明朝社会的全面腐化，驿站日益成为不少官员谋利的工具。他们往来经过时，常常敲诈勒索驿站，损公肥私。明朝驿夫、马户为了应付“官家”的差事，有时甚至倾家荡产。举例来讲，大驿站一年应该供银五万，但实际发下来的只有一两千两，县官扣下四百后，剩下的交给驿站。这点儿银子根本不够日常开支。即使如此，明政府内有人还打驿站的主意。

崇祯二年，给事中刘懋建议整顿驿站。通过整顿、精简，可以节省国家经费开支，抵销新饷。搞了一年多的时间，裁撤了数万驿卒，共省下六十八万两左右的白银——这区区六十八万两白银，事后证明，成为明王朝灭亡的导火索——明朝裁减驿卒，李自成也在其中，百般无奈之下，愤而参加农民军，“奋臂大呼，九州幅裂”。所以，七品给事中的一纸奏文，为大明朝掉入历史深渊加了一把力。

李自成登高一呼，饥民齐集，一天就聚起千余人，转掠四方。由于在政府部门做过事，他很会组织安排，十几天内就发展到数千人，往来奔窜，自号为“闯将”（关于“闯将”的名号，不少当代和明末、清朝的学者，包括姚雪垠先生在内，均认为李自成是“闯王”高迎祥的手下。其实二人根本没有关系，更不是舅甥关系。李自成后来的妻子高氏也和高迎祥无关。“闯王”“闯将”都是造反时用的诨名，是并列关系，不是从属关系）。

饥民四处造反，府县官员们都是一样，大事化小，小事化了，总是上报说是“饥民”饿极了惹事，认为到来年春天有活干、有粮食吃时，事情会自动平息。但老天弄人，陕西等地连年干旱，饥荒越闹越大，造反之人越来越多。待明朝中央政府真正重视这件事时，小打小闹抢粮食的饥民暴动已经发展成有规模、有计划、有组织的造反了。

崇祯皇帝为解决问题，派左副都御史杨鹤去任陕西三边总督。

由于朝廷刚刚经历了皇太极杀至京城脚下的危机，各地不少精锐部队被抽调至京畿地区。杨鹤眼见陕西各处农民军规模庞大，手中兵少剿不过来，就主张以招抚为主，提出要实实在在解决饥民的吃饭问题，然后使饥民解散，由政府发给耕牛农具，让农民规规矩矩种田当顺民。

这种安抚策略虽然花钱多，但效果大，农民各安其业，不再会复出为盗。农民耕田有收成，生产恢复，政府可从赋税中回收银两，良性循环，应该可以解决问题。

崇祯皇帝觉得有理，发诏照准。由于当时不少农民军已经转入山西境内，陕西只有“神一魁”农民军的势力最大。听说官家招安，自己能当“干部”，“神一魁”率着六七万人到了宁州，正式投降，被杨鹤授予守备（上校团长）一职。入伙的饥民纷纷领取“印票”（回乡证），领银子后各自回家。

当时，几乎陕西境内所有的农民军首领，包括“点灯子”“满天星”等，无一不受抚，得到相应官职。但是，得官后的农民军首领有的也留有后手，他们私留武器，占据要地，不时派人四处劫掠富户，号称“打粮”。另外，由于明政府只拨十万两白银赈济，杯水车薪，大多数农民仍旧穷饿至极，这些人自然也不愿意就这样回乡等着饿死，照旧团结在首领们身边，恋恋不去。

在此种情况下，朝内“主剿派”群攻杨鹤一方的“主抚派”，指斥他浪费了大笔国帑，最终造成“屡抚屡叛”的局面。崇祯帝是个急性子，花了银子看不见成效，大怒之下罢去杨鹤官职，重新确定剿杀方针。

剿杀之下，稍稍平息的民乱趁势又起。“神一魁”再次造反，攻占宁塞县城。不久，农民军头领们互攻，“神一魁”被杀。

胆识过人的洪承畴被委任为总督，陕西农民军相继被镇压，郝林庵、“可天飞”等人逐一被杀。这位洪总督爱使招降和收买的手段，“以贼杀贼”，铁角城、锥子山等农民军大本营一一被端掉，明军斩首数万人，陕西境内，一时间基本看不见大股农民军。

野火烧不尽，春风吹又生。农民军并没有被杀光，不少人遁至山西，在那里轰轰烈烈干了起来。

当崇祯朝臣尽力镇压陕西饥民暴动的同时，皇太极在东北地区发动进攻，摧毁了大凌河城。

大凌河之战，明军数万精锐被歼，大量先进火器毁坏，损失不可谓不大。最重要的是，皇太极粉碎了明军东进的战略，迫使明军往后退缩。

崇祯七年（1634年），皇太极发兵二次入关打击明朝，总共持续了三个多月，在宣府、大同一带大肆杀劫，掳抢百姓、牲畜不计其数，而后扬长而去。

狂龙入海不回头——崇祯帝轻信农民军“投降”的后患

见陕西境内消停了一些，明廷便下令给临洮总兵曹文诏，让他带领陕西、山西诸将，去山西剿农民军。曹文诏手下兵不多，只有近四千人，立刻从甘肃庆阳开拔，经潼关、过黄河，率先击杀蒲州、河津一带的农民军。

到崇祯六年冬，从各地调至山西、河南、河北一带的围剿官军人数，已达三万多。一直号称“英明”的崇祯帝，此时也走了他前任的老路，派出不少太监到各部队当监军。

明末农民军之所以被蔑称为“流贼”，就是因为这些人善于四处游走，东打一下西杀一下，让官军四顾不暇。但华北地区多为大平原，叛乱者们无险可据，无山可藏。官军势大，进攻不懈。最后，大部分农民军被压制于河南界内的黄河以北地区不能动弹。

见突围无望，年底隆冬时分，“闯塌天”“满天飞”、张妙手以及李自成等人，佯称要投降，向京营总兵王朴递信。王朴和监军太监杨进朝大喜，立刻制止各部官军的围剿，向朝廷上报了六十多名即将接受“招安”的“降贼”名单，自认为兵不血刃，已经立下奇功。

“投降”名单上的人名很有意思，有的像是《水浒传》里梁山好汉的诨名，有的像是《智取威虎山》里匪徒的绰号：

> 贺双全、新虎、九条龙、闯王（高迎祥）、领兵山、勇将、满天飞、一条龙、一丈青、哄天星（当为混天星）、三只手、一字王、闯将（李自成）、蝎子块、满天星、七条龙、关锁（当为关索）、八大王、皂莺、张妙手、西营八大王（张献忠）、老张飞、诈手、邢红狼、闯塌天（刘国能）、马鹞子、南营八大王、胡爪、哄世王（当作混世王）、一块云、乱世王、大将军、过天星（惠登相）、二将、哄天王（当作混天王）、猛虎、独虎、老回回（马光玉）、高小溪、扫地王、整齐王、五条龙、五阎王、邢闯王、曹操（罗汝才）、稻黍杆、逼上路、四虎、黄龙、大天王、皮里针、张飞、石塌天（当系射塌天李万庆）、薛仁贵、金翅鹏、八金龙、鞋底光、瓦背儿、刘备、钻天鹞、上天龙。

千奇百怪的人名，共计六十一个。

明军放松警惕后，不少兵卒还与即将“投降”的农民军做起买卖来，偷出军营的军靴、棉衣、兵器等物卖与对方。

数名农民军头领暗中早有串联，趁诈降机会大大地休整一番。他们吃饱喝足后，趁山西垣曲到河南济源之间黄河封冻之机，纵马狂奔，整部整部地突破黄河天险，冲出明军包围圈，呼啦啦出现在中原大地。

由于河南地方官员没有镇压经验，中原平地又便于驰骋，农民军犹如水银泻地一般，四处窜击，不仅席卷河南全境，而且在周遭的安徽、四川、湖广等地均处处开花。由此，局部农民战争，一下子变成了明朝政府全面的祸患。

特别是河南连年大旱，当地人活不下去，见当“贼”能吃饱饭继续存活，不少人纷纷入伙，农民军军势益炽。

于是，高迎祥、张献忠、李自成等部进入卢氏山区，与当地偷掘矿藏的“矿贼”合伙，直下湖广，连破襄阳、上津、房县等地，如入无人之境。而“扫地王”“满天星”“横行狼”等人西入武关，连陷山阳、镇安等地，然后北上雒南，杀向西安。待洪承畴率军来截杀时，他们南下四川，攻城略地。横行数月，农民军主力最终回到了陕西。

为了统一事权，明廷任命陈奇瑜总督五省（陕西、山西、河南、湖广、四川）军务。在河南陕州会师后，他统军南下，打得在均县（今丹江口市）、竹山一带活动的张献忠、李自成等部纷纷退却，转往陕西。

大部农民军在明军的围追堵截下，误入汉中栈道险地车厢峡。由于两个多月的阴雨天气，农民军弩解刀锈，衣甲多日不干，缺粮少食，几乎丧失了战斗力。如果明军趁势进攻，这几万人只能任人宰割。

情急之下，李自成、张献忠等人齐集商议，各自拿出先前抢掠的金银财宝，用几十匹骡马驮运，送入陈奇瑜营中，遍贿明军上下军官。在左右力保下，陈奇瑜答应用抚招降，准备接受农民军的“投降”。

由于朝中兵部尚书张凤翼也主抚，崇祯皇帝信之，下诏招安。结果，陈奇瑜派出明军小头目，一对一百，对“投降”的农民军登记整编，准备尽遣这些人回乡安置。

眼见大伙儿都成“良民”了，明军松懈，捧着农民军方面“孝敬”的大酒罐痛饮，搂肩搭背互诉衷肠，都表示不打仗好。结果，一夜之间，农民军在统一布置下忽然翻脸，尽杀安抚官（一百杀一个，太容易），夺马夺兵器后四处出击，立呈燎原之态。

可见，明政府对农民军“伪降”“诈降”一直没有戒备，使得他们一而再，再而三地绝处逢生，化险为夷。诸部农民军脱险后，自汉中逸出，回奔陕西、甘肃攻掠。

崇祯帝大怒，撤掉陈奇瑜，改任洪承畴为兵部尚书，总督五省军务。

屋漏偏逢连夜雨，明军西宁士兵哗变，洪承畴不得不首先处理西宁军变。等他回来时，“流贼”们都已东奔入河南。

农民军在河南集结后，共七十二营三十万人左右的队伍，各推首领，于荥阳举行大会，商议共拒官军事宜。

崇祯八年年初，过了一个肥年的农民军主力由河南汝宁入安徽，攻克颍州后，直杀明太祖朱元璋的老家凤阳。

凤阳是明朝“祖陵”所在，一直没敢建城墙，怕压住龙脉。结果，正月十五元宵节，农民军蜂拥而至，杀掉当地守军数千，并派人掘了明帝的“祖坟”（其实朱元璋父母早就被丢于乱坟岗，皇陵仅是象征性建筑）。然后，龙兴寺和皇陵宫殿均被农民军一把火烧成白地。

祖陵被掘，崇祯帝气得发疯，在下“罪己诏”的同时，杀掉凤阳巡抚等多名高官。然后，他调集七八万大军，发足军饷，命令洪承畴在半年内一定要消灭所有农民军主力。

恰恰是在凤阳，李自成与张献忠二人结下梁子，从此分道扬镳——攻破凤阳皇陵后，张献忠俘获了在皇陵充当乐手的小宦官十二人。每次酒宴，张献忠就让这些小阉人为他吹吹打打，以乐佐酒。李自成看着眼红，就向张献忠索要。张献忠先是不给，李自成固请，多次派兵上门来索取。张献忠大怒，派人砸毁所有乐器，再让兵士把小宦者送给李自成。

李自成追问乐器下落，回言张大王已经砸毁。一怒之下，李自成持剑，把十二个小阉人全部捅死，以泄胸中愤恨。由此，李、张二人失和。

崇祯帝要半年内平灭农民军，说来容易做到难。各路农民军返回秦地，饥民纷纷相从，规模几近二百万人。

李自成率部坚持在陕西发展，并在进攻甘肃真宁（今正宁）时杀掉明军猛将曹文诏，给予诸路明军以极大的精神打击；高迎祥、张献忠、“老回回”马守应等人吃尽当地粮食后，又从陕西东出潼关杀回河南。

眼见洪承畴一个人忙不过来，明廷只得让湖广巡抚卢象升协助，让他剿东南，洪承畴专剿西北。

高迎祥、张献忠等人东下安徽，对滁州展开围攻，卢象升立刻领兵去救，但扑了个空。

农民军在密县、登封一带与官军交手得利后，复回陕西。洪承畴本来在甘肃打得李自成等人喘不过气来，正要集中兵力予以消灭时，驻守宁夏固原的明军因缺饷发生兵变，洪承畴只得赶过去救火。李自成逃得性命，奔回陕西老家。

沮丧之余，明廷终于得到一个好消息。崇祯九年夏末，在孙传庭、洪承畴两部明军的围堵下，“闯王”高迎祥在周至被生俘。明廷立刻派人把他押解到北京，凌迟处死。

高迎祥之死，对农民军打击很大，张妙手、“蝎子块”等头目纷纷乞降。这次，他们是真正投降。可笑的是，明廷为免蹈前车之覆辙，几个农民军头目投降不久，均被交付各部官军斩首。

李自成方面，在米脂、绥德一带休整后，本来想渡河进入山西，见明军有备，他只得率部西行，在宁夏、甘肃一带活动。

崇祯九年年初，李自成与十余支农民军联手，从秦州出发，想攻取汉中。但明朝总兵曹变蛟早已设伏，农民军被打得大败。

见入汉中不成，李自成便转头进攻四川，攻破广元后，连克数十州县，所向披靡。见明朝政府军云集川地围堵自己，李自成出四川往北，杀入甘肃境内。

在崇祯九年（1636年）明廷狼奔豕突追杀堵截农民军时，东北的皇太极改国号“大金”为“大清”，年号由“天聪”改为“崇德”。

拜天大典上，朝鲜使臣罗德宪、李科二人反感这些“鞑子”们的仪式，站立不拜。皇太极大怒，但他并未杀人，而是在打发二人回国时撂下一句话：“尔国王若知逆顺，当送子弟于我国为人质。不然的话，我必兴兵，直到把尔国打服为止。”

在出兵朝鲜之前，夏五月，皇太极先派十四弟多尔衮等人率十万大军第三次深入明朝腹地，并明示此次进攻的目的只在抢掠明朝京畿地区，以抢人掠物为主，不计城池得失。

明廷以为清军会从山西入京，岂料清军选择进攻延庆，入居庸关后，杀入昌平，焚毁了明熹宗的德陵（这位酷爱做木工活的皇帝估计在阴间也找不到木头做家具了）。

清军数月之间遍掠畿内，五十六战皆捷，俘掠人畜二十万，于秋九月从冷口从容退军，并派人在塞上砍去树皮，以墨写上“各官免送”，羞辱胆怯的明朝军将。

同年秋，皇太极自统大军跨过鸭绿江，对朝鲜展开大攻势。九月十日，清军挥师渡江，攻陷义州，一路势如破竹，十四日已攻破平壤，国王逃出汉阳，三十日，清军占领汉阳。

身在南汉山城的朝鲜国王无奈，在崇德二年正月三十，只得亲自出城入清军军营投降，正式向皇太极称臣，答应如下几项条件：一、断绝同明朝的关系；二、奉大清正朔；三、每年向清朝进贡；四、把朝鲜国王世子送入清国为质子，常年待在沈阳；五、惩处主张与清朝交战的大臣。

还好，皇太极并未杀王灭国，订立誓约后即于二月二日撤兵，朝鲜国王率群臣跪送。

由此，清朝再不用担心朝鲜反复，还可从这里征调人力、物力以对付明朝。

错把懦羊当猛虎——崇祯帝误用杨嗣昌

按倒葫芦又起瓢。崇祯帝深感朝中无干事能臣。挑来选去，他选中了杨嗣昌。

杨嗣昌，字文弱（听这名字就不祥），武陵（今湖南常德）人。此人系万历三十八年进士，其父不是别人，正是崇祯初年力主抚议最后被革职下狱的杨鹤。

崇祯七年，杨嗣昌任宣大总督，由于自诩知兵，他向崇祯帝上奏不少条陈，有一些确实管用，比如官方开矿招工以瓦解私矿矿徒造反等。由于其父杨鹤病死，杨嗣昌丁忧在家。丁父忧刚要满期，其母又死。这时，崇祯帝见兵部尚书一职空缺（原尚书张凤翼畏罪自杀），就诏起杨嗣昌"夺情"视事。

杨嗣昌是进士出身，工笔札，有口辩，在崇祯帝面前郎郎开言，天文地理五行兵书无所不通，确实唬住了皇帝。每次入对，君臣二人都会密谈良久，崇祯皇帝常常慨叹："恨用卿晚！"

面对当时农民军满天下的局面以及清廷虎视眈眈的威胁，杨嗣昌提出"攘外必先安内"。对于剿杀农民军的策略，他提出"四正六隅"的"十面之网"，即"以陕西、河南、湖广、江北为四正，四巡抚分剿而专防；以延绥、山西、山东、江南、江西、四川为六隅，六巡抚分防而协剿"，由此构筑成"十面之网"，让"流贼"插翅难逃。

凭公而论，杨嗣昌的战略在理论上没什么漏洞，但坏就坏在纸上谈兵。而且，明朝各地将领、官员的执行是否到位，也是检验这种策略的"法宝"。

要实现"十面之网"打大仗，必然要有钱，因为"十面之网"需要增兵十余万。有兵，就要有饷，饷银从哪里来？崇祯皇帝已经明确告诉杨嗣昌"内帑空虚"，大内无钱。这样，就只能把饷银进行摊派和转嫁。

如果是按以前卢象升的建议实行"因粮"（即田多的地主应该多交

粮），不算是坏事。要命的是，杨嗣昌病急乱投医，他改“因粮”为“均输”，即平摊在一般百姓身上。如此一来，为丛驱雀，为渊驱鱼，使得无数本来就活不下去的“良民”，铁下心加入“流贼”队伍。

崇祯用杨嗣昌是错，而这杨嗣昌用人更是错。他认为总督河南的王家桢软弱无能，就推荐福建巡抚熊文灿代任。

熊文灿乃大言虚妄之人，在其福建任上，专以金银财宝实施“买通”的安抚政策，招降海盗郑芝龙等人，然后“以贼杀贼”，依赖郑芝龙之力平定闽地的海贼。在两广总督任内，他还是依恃郑芝龙，平灭了大海盗刘香。

由于在闽广之地为官日久，熊文灿手中奇珍异宝无数，他拿出不少送入京中权门贵府，企盼自己能久镇岭南，坐享一方富贵。

其间，崇祯帝怀疑海盗头子刘香不是真死，就派太监以采买货物为名前往广东察验虚实，同时观察熊文灿为人。

身为“中央特派员”的公公到后，熊文灿金山银山地招呼，留饮十日，极尽奉承巴结。特派员公公高兴，言及中原“流贼”方炽。当时老熊喝多了酒，拍案大骂：“诸臣误国！如果我熊文灿前去，岂能令鼠辈猖獗如是！”

公公闻言大喜，起身拱手：“我来此地非为采买货物，实是奉皇上之命观察熊公您的为人。熊公有当世大才，只有您可以杀平中原流贼。”

熊文灿吓得一下酒醒，傻眼了，后悔得要打自己的嘴巴，情急之下，他马上凑弄出自己去中原剿贼的“五难四不可”。

公公乐着说：“熊公您甭推辞了，我回去入禀皇上，倘若陛下有意，您也不能推辞大任。”

崇祯帝知道此事，就问杨嗣昌。杨嗣昌立刻推荐，说熊文灿绝对是人才。其实，杨嗣昌对老熊的为人一无所知，他在朝中的好友姚明恭与熊文灿是姻亲，劝他把老熊当成心腹助手来用，故而有此推荐。

于是，明廷诏下，拜熊文灿为兵部尚书兼右副都御史，总理南畿、河南、山西、陕西、湖广、四川军务。

熊“总理”得诏后，闻知明将左良玉兵精，立刻调其六千精兵为自己贴身护军，又招募广东当地人两千多名，携“高科技”火器赴任。

过庐山时，熊文灿见到昔日好友高僧空隐。大和尚劝他说：“流贼不同海贼，招抚之计不可轻用。如果师出不胜，性命不保。”

熊文灿悔得肠子发青，却只能硬着头皮前行。

左良玉乃桀骜宿将，其下属与广东兵说话如鸡同鸭讲，天天边走边互骂殴击，乱成一团。不得已，熊文灿只得打发粤兵回家，但左良玉兵又不听他指挥。杨嗣昌知道情况后，另调五千边兵归熊文灿调度。

杨嗣昌在崇祯面前拍胸脯说：“三月平贼。”他自己确实卖力，严肃纪律，大用赏罚，加上陕西总督洪承畴、陕西巡抚孙传庭以及曹变蛟、贺人龙、左光斗、黄得功等将领有才略、有勇气，在甘肃、四川等地打得李自成等部连连败退，几乎全歼农民军主力。

自崇祯十一年秋至十三年秋两年多的时间里，李自成只有百十号人在河南深山老林里瞎转悠，官府认为他非死即伤，基本不再注意他的动向。

当时，张献忠、“闯塌天”（刘国能）、“过天星”等部的农民军势力很大，但在官军大力围剿打击下，逐渐不支。惧怕之下，他们提出要投降。

如果遇上洪承畴或孙传庭等人，肯定不吃这一套，农民军假降诈降不是一两次，歼此“穷寇”，可谓千载一时。可巧，一直吃惯了“安抚”甜头的熊文灿见京营军民屡战屡捷，自己寸功未立，心里很急。他一到安庆，就派人去正在湖北麻城一带活动的张献忠和刘国能处招降。

刘国能首先投降，这位庠生出身的“贼头”为母所劝，还是真降。张献忠不死心，四处流窜，他本人差点被左良玉打死。穷蹙之下，他只得表示投降，送给熊文灿许多奇珍异宝。朝中杨嗣昌听说此事，怕张献忠诈降，主张趁机剿杀。关键时刻，崇祯帝自作主张，下诏主抚。于是，张献忠在谷城外造房数百间，买地种粮，与民间交易往来，看似解甲归田，实则伺机待动。

崇祯十一年到十二年五月间，由于张献忠、刘国能的“示范效应”，农民军头目罗汝才、“整十万”“十反王”“托天王”等人纷纷向熊文灿投降。得到同意后，这些人并非立刻被遣散，而是分营于当地驻扎“待处理”。也就是说，“受抚”期间，农民军得到了最宝贵的喘息和休整机会。特别是张献忠最富心机，在狮子大开口向明政府要粮饷的同时，本部人马高度戒备，刀不离身。

在熊文灿及杨嗣昌等人的斡旋下，张献忠得地，得官，得关防。罗汝才在房县倒没有索饷，但其所部一直保持战时编制，只是暂时不打官军不掠民财而已。

一直杀气腾腾搞“十面三网”杀绝农民军的杨嗣昌，看主子崇祯皇帝脸色，也附和起熊文灿主抚招降。当时，也有头脑清醒的地方官，如郧阳抚治戴东旻密奏，希望朝廷下令让农民军缴械，然后乘机剿杀，以绝后患。对此建议，崇祯朝廷未尝不想。但边警忽起，皇太极的清兵嗷嗷而至，明廷一时间顾不过来，没有认真对付这些假寐的群狼。

崇祯十一年（1638年）秋八月，极擅用兵的皇太极自己统领一军在大凌河一带做出大举进攻状，把不少明军牵制在附近。同时，清军真正入侵的主力在豪格、岳托以及多尔衮的率领下，分成数队，远攻明朝内地。

岳托一军直奔密云，破边墙而入。依理讲，密云的墙子岭长城隘口十分险峻，但守此处的明朝总兵吴国俊正给派来军中当“监军”的邓公公过生日，兵将们大多正排队叩头祝寿，痛饮寿酒。清兵来袭，明守军猝不及防，故而任由清军一鼓作气杀入长城以内。多尔衮所部进展也很顺利，在青山关口破墙而入。两部清军于通州会师，弃北京不攻，到涿州后再分成数部自北而南，在华北平原上纵情驰骋蹂躏。

崇祯帝赶忙下令京师戒严，命令各地人马赶来勤王。

清军此次来，算起来已经是第四次入口侵掠。此次防御作战的重任，落在了宣大总督卢象升身上。

卢象升，江苏宜兴人，天启二年进士。虽然是文士出身，但这位白皙颀长的俊雅男子善骑射，娴将略，能治军，乃真正的文武全才。自崇祯六年开始，卢象升以按察使身份在山西等地“讨贼”，屡立战功，成为农民军最惧怕的方面大帅。清军入口时，卢象升正丁父忧，闻难奉诏，穿孝服督师。

听闻朝内杨嗣昌和太监高起潜暗中主持与清廷和议，卢象升痛心疾首，入京见崇祯帝慷慨主战。心中无底的青年皇帝闻此，为之色动心壮，发内帑万金犒军，支持他与清军正面交战。

由于主和的兵部尚书杨嗣昌和太监高起潜暗中阻挠，卢象升的军事计划多不得实现。他当时名义上是总督“天下援兵”，其实手中仅有一万多兵马。由于不久陈新甲（原宣府巡抚，也被“夺情”视事。此时恰好杨嗣昌、卢象升、陈新甲三位重臣，皆是孝服在身，其兆不祥）又至昌平，卢象升只能分兵马与他，这使得卢象升自己的军力更加单薄。

面对汹汹而来的清军，卢象升主张集合数路援军，共击清军，崇祯帝不纳。无援无饷之下，卢象升手下只有几千疲卒，在巨鹿附近屯兵。

畿南三郡父老闻言，苦请他召集民兵，休整再战。卢象升感泣：“自从我与流贼相战，数十百战未尝败绩。今手下仅疲卒五千，大敌西冲，援师东隔，事由中制，加之食尽力穷，死在旦夕！死则死尔，为国为民，我不愿连累百姓遭兵。”乡野村民闻言，哭声雷动，纷纷捐出家中仅存的口粮给卢象升当军粮。

十二月十一日，卢象升进至贾庄。当时，太监高起潜拥关宁铁骑重兵在五十里以外的鸡泽（地名），卢象升派人求援，高公公怯战不应。

卢象升行至蒿水桥，突遇大队清兵，双方遂战。从半夜战至天明，清军铁骑数万，里三层外三层把卢象升几千明军包围。卢象升指挥兵士，拼死力战。“自辰迄未（六小时），炮尽矢穷”，最终明军士兵皆战死，唯剩卢象升一人，身中数创，仍旧手提三尺剑，亲手杀掉数十清兵。刀剑矛枪之下，卢象升壮烈殉国。

对于如此在战场牺牲的大明烈士，太监高起潜逃回城后，竟掩盖他英勇战死的事迹。杨嗣昌是一个小人，也想上报“下落不明”来阴构卢象升“临阵逃脱”。最终，当地父老寻得大英雄尸身，杨嗣昌竟然连扣了八十多天，不验尸，不上报，仇及死人，真是奸刻大阴。

卢象升殉国时，年仅三十九岁。其后，其家族死于国难者一百多人，可谓一门忠烈。

清军大掠河北后，呼啸奔驰至山东，四处杀掠，并攻陷坚城济南，生俘明朝宗室德王朱由枢。清军在济南展开大屠杀，近十六万人被杀，整个城市被抢个精光。

这时候，各地的明朝勤王军已有十来万人，由大学士刘宇亮以及陈新甲统领。明军虽众，但他们怯生生一路尾随清军，根本不敢进攻。

转年二月，多尔衮等人携无数金银财物及数十万被掳汉民、牲畜，自天津渡水还东北。明将皆远远观望，没有一部敢于趁清军半渡运河时出击，眼睁睁看着清兵满载而去。

此次冀鲁侵掠，清军克七十多座城池，杀明官明将一百多人，生擒德王等宗室三人，平民被杀二十多万。

此后，崇祯十五年深秋，松锦大战后清军又攻掠了山东一次，杀掉鲁王朱以派（被俘自杀）。清军转战八月有余，俘汉民近四十万，掠财物无数，饱抢而归。这第五次入关杀掠，也是清军入关前的最后一次大规模掠扰。

杨嗣昌掌权以来，丧师失地，言官为此上章弹劾。崇祯皇帝刚愎自用，认为是他本人亲自擢用杨嗣昌，听不得异议，贬逐上书言官。同时，他对这位书生臣子宠眷不衰，让他负责评议“文武诸臣失事罪”，追究清兵入口以来各地守官的责任。

杨嗣昌十分卖力，详细列出五等罪：守边失机、残破城邑、失陷藩封、失亡主帅、纵敌出塞，然后按罪抓人，大兴刑狱，共杀包括巡抚、总兵、总监在内的官员三十六名，而他——这位最重要的廷中指挥者，则没有任何责任。一时间朝野大哗。

清军饱掠而去，明廷稍稍松了口气。杨嗣昌不闲着，于崇祯十二年年初提出从各镇边兵中抽练精兵。经过"精密"计算，数目可达七十余万。崇祯皇帝很满意这个数字，觉得手中如果真有七十多万虎狼之兵，平"贼"平"虏"应该有足够的把握。但是，说话容易，行事极难。练兵七十万，军饷从哪里出？崇祯十年时加派"剿饷"税，本来说是暂征一年，结果根本未停，现在又多出一笔庞大开支。

杨嗣昌自然有办法：增派"练饷"，很快搜刮到七百多万两白银。这些人民的血汗钱，绝大多数打了水漂，各地将领、官员玩命虚报兵员数字，无非是借名搜刮敛财，没有几两银子真正用于"练兵"。

更坏的后果是，横征暴敛使得饥民雪上加霜，纷纷抛荒田地逃散。所以，崇祯十三年看似空前的"自然灾害"，实则是加派"练饷"敛赋的人祸。如此，精兵没练成，更多的农民逃亡，不少人加入农民军，明政府实际上得不偿失。

清兵进犯的压力减弱后，明廷的注意力自然转向在谷城附近"就抚"的张献忠等部农民军，暗中调兵遣将，准备一劳永逸解决掉这群人。

张献忠在政府军内多有耳目，他先发制人，在崇祯十二年夏五月重新造反，攻占了谷城县城。罗汝才等部农民军闻讯响应，几路合军，打下房县。令朝廷唯一庆幸的是，均州一带投降官军的王光恩等五部首领"耻于反复"，歃血为盟，效忠朝廷，这才保证了均州的安全。

收受张献忠无数金银财宝的"总理"熊文灿听说"贼军"复反，如五雷轰顶，慌忙派左良玉部自襄阳出发杀向房县。

此部明军粮食供应匮乏，一路上除杀马为食外，不得不采摘野果充饥。明军艰苦行军十天抵达房县，在播箕寨正落入张献忠的埋伏圈，一万多人被打死。左良玉命大，仅带千把人逃出。均州部分早先“投降”的农民军闻官军败讯，除王光恩一人外，余皆叛去。

崇祯帝气得发疯，立即削去熊文灿官职，逮之下狱。老熊坐在狱中几乎后悔死，又撞墙又扇自己耳光，后悔自己在太监公公面前讲大话。不然的话，他现在正在两广安享荣华富贵。

杨嗣昌人精，当然不会再保他（奏疏中杨嗣昌也说熊文灿“劳苦功高”，实际上是私庇老熊以烘衬自己无过）。熊文灿被关一年多，问成死罪，秋决时押赴西市砍头。

思来想去，觉得“流贼”复炽闹得遍地燎原太伤脑筋，臣子中实在无合适人才可用，崇祯帝就直接给他的“心肝宝贝”杨嗣昌作了批示，让他以阁臣身份（其兵部尚书一职当时由前四川巡抚傅宗龙代任）出朝督军，任剿贼“前线总指挥”。

在朝内当了好几年“诸葛亮”，几次决策失误皇帝都没加追究，现在指派自己出去干事，杨嗣昌还真不能借故推托。他急趋宫内，作忠勇状，奏称：“君言不宿于家，臣朝受命，夕启行！”崇祯皇帝闻言大悦：“卿能如此，朕复何忧！”

君臣二人上演了一场让人“感动”的好戏。

转天，崇祯下诏赏赐杨嗣昌大批金银帛缎，并赐宴送行，亲手斟酒三杯，御赐赠诗：“盐梅今暂作干城，上将威严细柳营。一扫寇氛从此靖，还期教养遂民生。”盐梅乃人生不可或缺之物，以之比拟宰相（内阁大学士），即指老杨以相爷之尊出为大将，可立汉朝周亚夫（其军营驻扎在细柳）那样的不世功勋，并希望他一举成功，回朝后仍旧辅佐皇帝教养民生。

为臣子送行斟酒赐诗，崇祯帝一朝为开天辟地头一回。杨嗣昌感动得边拜边泣，誓要成功。临别，他又获皇帝赐膳。于是，杨嗣昌威风凛凛，杀气腾腾，率军高举“盐梅上将”的旗标，浩浩荡荡从北京出发，直达襄阳城。

八月二十九日，杨嗣昌在襄阳建大本营。十月初一，大誓三军，湖广巡抚方孔诏、总兵左良玉、陈洪范等人咸来拜见听命。

由于左良玉言辞慷慨，能言善论，杨嗣昌对这个武夫很是欣赏，上疏崇祯帝准备专门让他挂“平贼将军”印，予以殊荣，一来可以以将制将，二来卖个人情，让左良玉日后为自己卖命。

左良玉得到崇祯皇帝从大内发出的“平贼将军”印，如打了强心针一般，出奇地卖命，甚至不听从杨嗣昌让他把主力集结于兴安（今陕西安康）一带的命令，而是集合生力军从渔渡直入四川，在太平玛瑙山（今四川万源市境内）大败张献忠。老张的家眷七人也被官军活捉。

张献忠一败再败，一个月后，他在逃跑途中遭陕西官军贺人龙部截杀，其左右营将率两千多人投降。仓皇之下，张献忠只能逃入深山老林，以采摘野果度日，身边仅有残卒数百人。

杨嗣昌闻报，也来了精神，死催左良玉“宜将剩勇追穷寇”，让他一举歼灭张献忠残部。然而，悍将左良玉自恃有智有功，根本不听调遣，高卧营帐，再不肯派兵穷搜山林密谷。

杨嗣昌大怒，立刻写信给当时朝中的兵部尚书陈新甲，建议以陕西总兵贺人龙代左良玉挂“平贼将军”印。此印很有威力，谁挂此印谁就可以“总统诸部”，平级的将官也要听挂印人的指挥。崇祯帝对杨嗣昌言听计从，下诏照准。

但杨嗣昌觉得临阵易将是兵家大忌，很快又改变主意，上报朝廷要求收回成命。这样一来，他把两个人都得罪了：左良玉恨他有夺印之心，贺人龙恨他言而无信。

此后，兵将与统帅各怀私心，谁都不卖力征剿。张献忠终于得逃性命，遁至湖北一带躲藏起来。

崇祯十三年，连遭大败的罗汝才与张献忠残兵会合，商议过后，两人达成一致意见，觉得湖北官军云集，只有逃入四川才有生路。

杨嗣昌得报，立刻发文让四川方国安部官军“迎头痛击”这两股人数仅有三四千的农民军。但是，农民军脚快，先于方国安部渡过昌江。当时，守净堡的川军有五千之多，全都龟缩于山顶，避敌不战，张献忠、罗汝才军得以从容入川。

本来，杨嗣昌的计划是驱敌入川，他以为蜀地峻山险壑，农民军被逼入后将陷入死境。岂料，张献忠、罗汝才等人入川后反而如鱼得水，更加势盛。四川处处陷没，农民军之势大炽，川抚邵捷春及陕西总督郑崇俭充当了替罪羊，一个被杀头，一个被革职。

在四川蛰伏了小半年的张献忠等部农民军士气高昂，他们于崇祯十四年年底，拖着数部官军东奔西跑一段时间后，准备掉头再入湖广。

明将猛如虎在开县（今开州）黄侯城追赶张献忠，求功心切，他不顾手下兵疲将惰，挥军进攻。结果，官军大败，猛如虎的子侄均陷没于阵中。

左良玉由于深恨杨嗣昌，完全不听命，本来应该出湖北郧阳入川堵住农民军，他却指挥部下军队向陕西兴安开进，故意避开张献忠。农民军乘胜，出夔门经巫山重回湖北。

张献忠部农民军急行军抵襄阳后，得知襄阳城内防守军人数很少，就精选二十骑人马化装成官军模样，持从明军处缴得的符信进入襄阳。

二月初四夜间，这二十个人在城内首先持刀砍杀守门士兵，然后大呼喊杀，先前埋伏于城内的百十号人乘势而起，四处纵火，襄阳城内火光冲天。城内大乱惊扰，城外农民军大部队从无人守备的城门一拥而入，杨嗣昌苦心经营、号称铜墙铁壁的坚城，一夕即为张献忠所有。其间军资储备堆如山积，至此全部成为张献忠的战利品。数千守军，仓促不及战，一时间解甲投降。

张献忠在宏伟壮丽的襄阳王宫踞坐，唤人把已经吓得软成一摊泥的襄阳王朱翊铭押至堂上，自己亲自斟满一杯酒，笑着走下座位，说：“王爷，我其实不恨你，也不想杀你，只想杀杨嗣昌。此人远在蜀地，我一时杀他不得，只能借您项上人头一用，杨嗣昌就会因犯‘陷藩’之罪被杀。王爷走好，请尽饮此酒。”襄阳王哆哆嗦嗦端过酒杯，刚低头欲饮，张献忠抽出钢刀，猛挥之下，王爷身首异处。然后，张献忠从兵士手中接过火把，反手扔入帷幕，一把大火把襄阳王府烧成白地。

望着漫天大火，张献忠下令诛杀贵阳王朱常法以及襄阳府中所有男女眷属，尽掠宫女为营妓，临走前打开府库，放银十五万两赈济饥民。

此前一个月，李自成在河南刚刚杀掉福王朱常洵。

河南本是富有之乡，但连年灾害，加之明廷七个藩王封于此地，土地高度集中，贫困人民非死即逃，“桀黠不逞者遂相率为盗”。

李自成进入河南之始，手下仅有一千左右兵士，势单力薄。由于明朝官府强敛赋税，当地人难忍官府压榨，纷纷造反，几个月就发展到数万人。农民军一举攻克宜阳、永宁、偃师、灵宝、宝丰等地，杀明朝宗室万安王以及各县官员数百人。也恰恰在此时，宋献策和牛金星这两个“知识分子”加入了李自成的农民军。牛金星是个犯法被贬戍的“举人”，宋献策是江湖术士，二人深受重用。特别是宋献策，首献“十八子主神器”谶语，让李自成极感高兴：“姓李的该当皇上了！”至于姚雪垠先生小说中极力渲染的李岩，历史上应该没有这个人，仅靠历史笔记中的记载混编而成。

农民军在河南攻掠，最大目标自然是洛阳的福王朱常洵。此人乃明神宗第三子，是宠妃郑贵妃所生，他曾经差点儿夺了明光宗朱常洛当年的太子之位。明末“三大案”，追根溯源，皆与此人与其母大有关系。万历二十九年，明神宗封此爱子为福王，婚费达三十万金，在洛阳修盖壮丽王府，花费超出一般王制的十倍。亿万钱财，皆入福王藩囤，神宗皇帝一次就赐田四万余顷。就国之后，福王横征暴敛，侵渔小民，千方百计搜刮，坏事做绝。崇祯即位后，因这位福王是帝室尊属，对他很是礼敬。

这位重达三百斤的肥王爷终日闭阁畅饮美酒，花天酒地，也算“韬光养晦”吧。陕西“流贼”猖炽之时，河南又连年旱蝗大灾，人民相食，福王不闻不问，仍旧收敛赋税，连基本的赈济样子都不做一下。

四方征兵队伍行过洛阳，军士兵纷纷怒言：“洛阳富于皇宫，神宗耗天下之财以肥福王，却让我们空肚子去打仗，命死贼手，何其不公！”当时退养在家的明朝南京兵部尚书吕维祺多次入王府劝福王，劝他说即使只为自己打算，也应该开府库拿出些钱财援饷济民。福王与其父明神宗一样，嗜财如命，不听劝告。

崇祯十四年（1641 年）春正月十九，李自成率军以抛石机攻洛阳。毕竟洛阳城极其坚固，农民军攻了整整一个白天也攻不下来。傍晚，城内有数百明兵在城墙上纵马驰呼，城下农民军响应。明朝守城兵因怨生恨，突然把正指挥守城的王胤昌绑在城上，准备献城投降。

总兵王绍禹闻讯，急忙赶来谕解。哗变士兵大叫：“贼军已在城下，王总兵您又能把我们怎样！”一时间叛兵动手，杀掉守城明军数人，不少人因惊堕城。

城外农民军见状，趁乱蚁附攀城，哗变的明军伸手引梯，洛阳即时陷落。王胤昌见势不妙，掉头就跑（崇祯帝把他逮捕，凌迟于市）。

巨胖的福王与女眷躲入郊外僻静的迎恩寺，仍旧想活命。其世子朱由崧脚快，缒城逃走，日后被明臣迎立南京，即“弘光政权”。别人逃得了，福王没有这福分。很快，他就被农民军寻迹逮捕，押回城内。半路，正遇被执的南京兵部尚书吕维祺。吕尚书激励道：“名义甚重，王爷切毋自辱！”言毕，吕尚书骂声不绝，坦然就死。

福王熊包一个，见了李自成，立刻趴在地上，叩头如捣蒜，把脑袋磕得青紫，哀乞饶命。据《明季北略》记载，李自成看见堂下跪着哭喊饶命的三百斤肥王爷，灵机一动，让手下人把他绑上，剥光洗净，又从后园弄出几头鹿宰了，与福王同在一口巨锅里共煮，名为“福禄宴”，与将士们共享。

事后，李自成手下搬空福王府中的金银财宝以及粮食，数千人人扛车载，数日不绝。

洛阳、襄阳连陷，二王被杀，身在湖北沙市督军的杨嗣昌惊悸异常，畏罪服毒自杀，时年五十四岁。

《明史》中记载，杨嗣昌是“不食而死”，又有笔记讲他是病重身死，均不确切。失陷两藩，他自知再无生路，只能一死了之。其实，杨嗣昌不可谓不勤奋，但属干吏小才，行事过于烦琐，一切大小事情均亲自料理，千里待报，坐失机会。他掌兵柄数年间，陷卢象升于死，排压孙传庭，挤兑洪承畴，加饷残民，实际上自绝明朝国脉。事闻朝廷，崇祯帝为掩自己用人之失，竟不追治其罪，还以“剿贼功”追赠他为太子太傅。

日后，张献忠攻陷武陵，把杨嗣昌七世祖墓皆一一掘出，敲骨四弃，派兵士用大刀把杨嗣昌夫妇尸体大卸八块，然后用棺木焚烧。

占据襄阳，属奇袭侥幸得手。张献忠生怕郧阳一带的左良玉部明军来攻，便在大肆劫掠焚烧后即涉汉水而东，打下光州（今河南潢川）后，折入湖北克随州。接着，他率部窜至信阳一带。

左良玉率军入河南追剿，张献忠部乘机杀至郧阳。而罗汝才部在河南按兵不动，与李自成联军，改换门庭。张献忠失去一条有力臂膀，军力大减，不久在信阳遭遇老对手左良玉部，交手大败，几乎全军覆没。

由于从前在荥阳大会时与李自成有过节，张献忠不敢去投李自成，转去安徽与“革里眼”等部联手。攻掠庐州和无为州之后，“革里眼”等人向河南开拔投奔李自成，张献忠只得准备重入湖北。但潜山一战，他被明将黄得功击败，一时在原地不敢动弹。

由于李自成忽然在湖北孝感、汉阳等地大败官军，左良玉部逃至池州（今安徽贵池），这给了张献忠一个好机会。他即刻率军从潜山出发，一直向西挺进，连克黄梅、蕲州，并在攻破蕲水后杀掉了寄住在那里的熊文灿的家属几十口人。当年他假投降时入熊文灿大营，只要老熊一声令下，他的脑袋就会搬家。今日恩将仇报，杀光了从前主张招抚他的老熊全家。

至崇祯十六年夏，张献忠一举攻下重镇武昌，杀掉了宗藩楚王。楚王朱华奎也是个财迷，王府金银存了百万千万，一个子儿也舍不得拿出来募兵发饷。结果，武昌失陷后，张献忠看见楚王府有那么多金银，大发感慨："这朱老儿头真是愚蠢，这么多钱舍不得用来招兵买马，放在这里等人抢！"于是，他命人在朱华奎身上塞了数块银锭，把大胡子老王爷扔入水中淹死。

在武昌，张献忠把所有十五岁以上、二十岁以下的青壮男子简选为兵，把漂亮的年轻妇女挑出送入军营，然后大开杀戒，在武昌城内屠戮百姓。

占据武昌后，张献忠建立"大西"政权。由于李自成军队已经据有汉阳，张献忠知道自己打不过李自成，不久就率主力杀向湖南，全取湖南，并向江西发展。

东北方面，明朝又遭到了松锦大战的惨败。

清军数次入关，大肆劫掠，掳人夺财杀人虽多，土地却基本一块未得，天气一热就退回关外。为此，"皇帝不急太监急"，皇太极与大群满洲贵族不着急，其手下如祖可法、张存仁这些汉人降官降将却忧心忡忡，深感清朝偏隅一方当土皇帝没出路，应杀入中原推倒明朝为正统，这样一来，这些降官降将们也好成为新王朝的开国功臣。

大约在崇祯十三年（1640年），降清的都察院参政张存仁献"三策"攻明：上策是直捣北京，割据河北；中策是直取山海关，切断北京与宁锦之间的"咽喉"；下策是屯兵广宁，稳步夺取宁锦土地。

此时，由于蒙古察哈尔的林丹汗也被清军击败，漠南蒙古尽属于己，皇太极更无后顾之忧。皇太极思前想后，最终决定采用张存仁的最后一策：夺取宁锦。

北京的崇祯皇帝听说皇太极又有动静，立命蓟辽总督洪承畴赶紧出关前往锦州。本来，洪承畴一直在陕西等地与农民军作战，由于他极富韬略，陕西巡抚孙传庭又与他合作，在崇祯十一年屡战屡胜，曾一度把李自成等军几乎赶尽杀绝。但是，由于受杨嗣昌排挤，他在崇祯十二年被外派为蓟辽总督，战争对手由农民军变成了清军。

由于各种主客观原因，明军大败，约六万人被杀，只有三万残兵逃回关内。可称道的是，大战过后，清兵随后三日搜杀，明军残兵大多视死如归，基本无投降者。据被皇太极当作人质带在自己身边的朝鲜世子回忆："汉人视死如归，鲜有乞和者。（他们）拥荷其将，立于海中，伸臂翼蔽，俾（将领）不中箭，不失礼敬，死而后已……汉兵（明兵）初势极壮，用兵亦奇，乃以无粮分兵出送，取此丧败，气挫势穷。"

而后，清军在进围杏山的同时，把松山围成铁桶一般。

洪承畴坚持数月，一直到转年（崇祯十五年）正月，城内食尽，结果，二月十八日，守城的松山副将夏承德暗中降清，忽然率兵把洪承畴等人活捉，然后开门献城。

当时，皇太极已回沈阳。闻胜讯后，他即刻下令，将洪承畴押解到沈阳，其余明将，包括曹变蛟、王廷臣以及明军守城官校及兵卒，近一万二千余人，全部就地处决，平毁松山城。

松山大战中，丧亡的将士皆是明朝边地百战精兵，可称是最精锐的军队，均在此役中赔光。

至于洪承畴，刚刚被俘时确实大骂不屈，只求速死。所以，明廷在北京还为他立祠纪念，以为他已经壮烈殉国。到沈阳后，不知为什么，这位崇祯皇帝的信臣腰一软，决定投降，剃发后穿满服跪于殿外向皇太极乞罪，叩头不止。随即，他被编入镶黄旗汉军。但是，终皇太极一朝，洪承畴并未被重用，形同软禁。

《清史稿》中讲，皇太极亲自入洪承畴囚室，脱下自己身上貂裘为他披上，耐心温言劝降。这种说法纯属子虚乌有，是《清史稿》的写作者抄袭昭梿的笔记《啸亭杂录》中的内容。至于说皇太极派庄妃色诱洪承畴，完全是《清史演义》等小说的演绎，没有任何历史根据。

洪承畴在皇太极活着的那段时间，连个正式的官职都没有，更甭提替清帝出谋划策了。他的作用待日后多尔衮信用他时才日益显现出来。

不战不和——与清廷犹豫不决的和议

皇太极松锦大战一举击败明军十多万人，依当代人的心态，他该策马直驱，问鼎中原。其实不然，清军虽然大胜，但皇太极仍旧非常想与明朝讲和。

明清（后金）之间，长久以来，对和议最积极的，一直是后者。努尔哈赤时代，小酋长刚刚得志，得地掳人日多，很想与大明交好，过过安稳日子。只要中原王朝从经济上给自己好处，偃旗息鼓也并非天方夜谭。皇太极登位后，亦抱如是想法。

松锦大胜后，明廷派人来接触，皇太极在给朝鲜国王的信中这样写道："朕想今日我之藩服不为不多，疆域不为不广。彼（明朝）既请和，朕意欲成和事，共享太平之福。诸王、贝勒或谓明朝时势已衰，正宜乘此机会，攻取北京，安用和为。但念征战不已，死伤必重，固有所不忍。纵蒙天眷，得或一统，世岂有长生之人，子子孙孙宁有世守不绝之理！昔大金曾亦一统，今安在哉！"

这些话，无一不实。清入中原后无不增饰描绘清太祖、清太宗"梦一中原"的雄才大略，皆是"事后诸葛亮"的锦上添花。1642年刚刚歼灭十余万明朝精兵的皇太极，绝无入据中原一统天下之意。于他而言，沈阳、东辽之地原非世有，拥有如此一片广阔土地足可为国。而他的那句"昔大金亦曾一统，今安在哉！"才是真正的雄才大略。如入中原，女真人的历史和传统，必定会全然消泯。凡事福祸相倚，日后清朝问鼎中原，虽吸收金、辽灭亡的不少历史经验，在汉化的同时稳守"传统"，不过是延长国祚而已，事实上，原先的女真民族（满）崇尚的弓马文化，包括语言文字等，最后基本上皆成为历史的陈迹。

从明朝方面讲，天朝上国的自大观念极其严重。特别朱明王朝是推翻元朝异族政权而定国的，民族意识一直是国民教育中最基本的内容。长期以来，朝野中所有大儒、正人，皆竭力反对与“蛮夷”讲和，因为这让他们想起靖康耻，想起南宋求和的屈辱。即使是袁崇焕出于权谋与后金假装讲和，他被杀时这一点也成为一大罪状：和款误国。所以，明廷上下谈和色变，和议绝对是一个最为忌讳的话题。

松锦大战失败后，明王朝内地的形势更是日渐严峻。那一年年初，洛阳、襄阳被农民军攻克，福王、襄王被杀，辅臣杨嗣昌自杀，前兵部尚书傅宗龙（时任三边总督）又被杀死。年底，开封被农民军包围，中原势如鼎沸，一切的一切，均让崇祯帝焦心似火。

但是，作为皇帝，崇祯帝是个自尊心、虚荣心极强，极好面子的人，他很想与清廷议和，攘外必先安内，谁都清楚，这样才能腾出手来一一剪除内部“流寇”。最终，趁兵败之际，一直有意议和的兵部尚书陈新甲主动做出表示，并让大学士谢升出面告知皇帝。

崇祯帝大松一口气，有“大学士”级别的阁臣出面提出此事，无论和谈成败，自己均可不负责任。于是，他就让陈新甲安排，派职方郎中马绍愉等人出关与皇太极议和。

这个使团是明朝官方第一次也是唯一一次正式派出的议和使团。当然，明廷的架子还是摆得挺大，敕书中仍旧以天朝自居，目清廷为属夷。皇太极见书不满，明使又回京换敕书，来来往往，纠缠期间，松山、锦州、塔山、杏山坚城均落入清军之手，明朝在谈判桌上越来越被动。所以，待马绍愉一行到沈阳时，已经是崇祯十五年五月十四日。那时候，洪承畴、祖大寿作为清人的“阶下囚”，也在沈阳。

对于明廷的主动议和，皇太极和不少满洲贵族表示认同而重视，而上蹿下跳、反对最激烈的当属汉人降官张存仁和祖可法等人，他们认定明朝是以和议为缓兵之计，劝阻皇太极不要轻和。即使与明朝讲和，也要效仿前朝金国，最大限度侵夺明朝土地、勒索明朝金银，对明朝削之弱之，最后再亡之。可见，这些降臣的阴狠之心，比他们的主子有过之而无不及。

皇太极不这样想，他认定自己应坚守东北为国，并不惜居于明朝属国的地位，只要“天朝”每年能“馈赠”万两黄金、百万两白银即可。作为回报，清国每年向明朝上贡貂皮千张、人参千斤。至于“国界”，皇太极想以塔山为清国界，以宁远双树铺中间的土岭为明国界，在连山一地设立互市的集散地。

从这些条件看，皇太极绝对没有“狮子大开口”。明朝出这些钱并不困难，基本就是先前“赏赐”明朝各边蒙古人的数目。如今，清廷已经征服蒙古诸部，明朝完全可以做顺水人情，把这笔开支换个收家而已。

为表礼敬，明使马绍愉出关，清廷官员隆重欢送，宴饮极欢。

马绍愉行至宁远，立即把与清议和的详情一五一十写下来，密报给身在北京的兵部尚书陈新甲。陈新甲仔细阅后，思虑重重，把密报放置于桌案，自己随后入书房写条陈做“功课”。陈新甲的家童很勤快，看见那封密报，以为是日常必须对外公布的塘报，马上送出传抄散发。这一来不得了，言路哗然，群情激愤，一起上书痛斥陈新甲。

邸报、塘报都是官方所办，类似今天的“大内参”“小内参”。邸报乃首都、朝内的政情大汇总，记载皇帝谕旨和朝臣奏议，塘报内容多为地方军政大事、要闻辑录，一般通过官方驿递系统在京城衙门府署送递并发至四方官署。

崇祯帝甫听消息，内心极恼，他以为陈新甲是故意泄漏和议之事。于是，隐忍了一段时间后，他就附和众议，严旨切责陈新甲。如果老陈懂事，严加自责，把皇上从此事中撇清，大包大揽，将责任完全承担下来，保命肯定没问题。他大可以回家优游山林。当然，官是保不了了。但陈新甲此时特较真，认为此事是由皇帝面授机宜，不肯自己承担下来。郁闷之下，他以万言奏疏力诉自己有功，广引崇祯帝在敕谕中的言辞，拉着皇帝这棵救命大树不放。

最爱面子的崇祯帝忍无可忍，亲下谕旨，把陈新甲在任期间四座边城失陷、两个藩王被杀以及河北、山东七十二城被清兵蹂躏的“罪过”，全安在他名下。最后，归结为一个字：斩！

杀了陈新甲，自然明清之间的和议便不了了之。明朝失去了它集中力量对付内患的唯一一次历史机遇。

历史的黑色偶然性，在这一刻又露出了它狰狞的笑脸。

假使陈新甲的家童懒一点儿，没有把那份和议的密报当塘报抄出去，今天的历史，可能会是另外一个样子。

势如破竹进皇城

李自成的“成功”路径

路径一：河南、湖广的攻取之路

李自成在洛阳把福王朱常洵烹杀，让大军吃过“福禄宴”，休整数日，就提兵进袭开封。

由于河南巡抚李仙风当时正在怀庆地区攻打“流贼”，开封守将也因洛阳告急领兵外出，致使开封城守力量薄弱。李自成得知这一情况后，立刻自领三万精兵，急行军三天三夜，准备以突袭方式攻克开封。

开封的周王倒不财迷吝啬，他在拿出五十万两白银犒军赈民的同时，发榜说：“民众有能出城斩贼一首的，赏银五十两。”重赏之下出勇夫，兵民踊跃，争相出城奋击。李自成军大惧，退避数舍。此时，出援洛阳的官军及时赶回，开封免于被攻陷。

李自成不死心，亲自骑马到城下观察地形。城上官军发箭，有一箭正射入李自成左眼，镞深入骨，差点儿把这位农民军头领射死。从此，李自成就成了“独眼龙”。

此后，李自成与弃张献忠来归的罗汝才合军，自河南西部入湖广，在孟家庄抓住了明朝三边总督傅宗龙（前兵部尚书）。农民军押傅宗龙去项城，想让他赚开城门，岂料傅总督大声叫骂，立刻被杀。项城虽未攻下，经此一战，李自成部下添了昔日陕西能战的“官军”，势力增强，便开始自称“闯王”。

项城之战后，农民军横扫豫中地区。李自成破叶县，杀守将刘国能；克襄城，杀守将李万庆。被杀的这二人，刘国能绰号“闯塌天”，李万庆绰号“射塌天”，皆是李自成从前的老战友。他们几年前投降官府后，一直忠于明朝，终成大明朝的“忠义”之士。

南阳一战，明朝猛将猛如虎、刘光祚也在与农民军的作战中阵亡。李自成名震一方。

在此情况下，李自成开始了对开封的第二次攻击。

农民军围攻了三个月，直到崇祯十五年（1642 年）年初，开封仍未攻下。情急之下，李自成指挥士兵驱使城外平民在城墙上掏了十余个大洞，置火药数万斤。然后，农民军士兵百炬齐投，等着城崩杀入城去。岂料，火药威力太大，天崩地裂一声响后，正准备杀入城的农民军数千人全被崩成肉沫。

炸城未成，兵力大损。因此，李自成二攻开封仍旧失败。

傅宗龙死后，明廷任汪乔年为陕西三边总督。这位汪爷笃信怪力乱神，调兵遣将他不急，先派人把米脂县内李自成的祖坟刨开，并从中捉到一条小蛇，四处张扬，然后千刀剁碎，宣扬说已把大贼头家的风水全部搞坏。

可笑的是，李自成丝毫没有受影响，全须全尾活得好好的，汪乔年自己却倒了大霉。由于左良玉率部逃走，农民军攻克襄城，活捉了挖李自成祖坟的汪乔年，汪总督被杀。

几个月内，李自成在豫东地区秋风扫落叶一样连战连捷，把开封外围打扫得干干净净，第三次包围了开封，势在必得。

明廷十分重视开封的安全，马上派丁启睿督师，总兵左良玉等部近二十万众，号称四十万，连营于黄河岸边，准备与农民军开战。

李自成有谋，为防止出现腹背受敌的情况，他先派人化装成官军向开封送信，要城内军队严防死守不可轻出。然后，他集中力量迎前，在朱仙镇与明军开战。

此时的明军，各怀鬼胎，督统丁启睿无能，面对强敌，未战心先乱。大将左良玉率先不战而退，其余诸将一窝蜂四溃，总兵姜名武被俘杀，明军大败。李自成挟得胜之威，复率兵围开封。

李自成此次围开封很有耐心，他不着急攻城，先派人四处攻堡陷城，最终把开封完完全全变成一座孤城。

被围四个多月，开封城内断粮，很多百姓被饿死，数目达数十万之多。在吃光牛皮、鼠雀、水草、马松、胶泥之后，守军只得以死人尸体为食，但他们就是不开城投降。

无奈之下，明军采取决河灌敌之法，挖开朱家寨黄河大堤企图冲垮农民军。李自成当然不示弱，他反决马家口黄河大堤。但双方决堤都没见成效，河水只在城外漫浸，深三四尺而已。

最后，围久生技，农民军趁阴雨连绵河水暴涨之际，先塞堵东西南三面堤口，然后数万人一起挥锄猛挖，掘开北面黄河的上流堤坝。如此一来，黄河水洪涛横流，开封城顿时成为水中泽国，居民死伤无数。开封城中，只有钟鼓二楼、周王王城，以及延庆观等几处地势高的地方没有被淹，这几个地方保存了少部分居民的性命。不久，这些人中很快又有不少冻饿而死，满城尸骸，惨不忍睹。

农民军掘堤时，也有一两万人躲闪不及，喂了鱼虾。

趁乱，明朝的宗室周王侥幸在明军保护下乘船逃走。

开封成为废城。

此后，自潼关入河南的陕西孙传庭部官军复为李自成、罗汝才部联军击败。河南大地几乎尽属李自成。

一直在安徽、河南、湖北交界地区流窜的“革左五营”（“老回回”

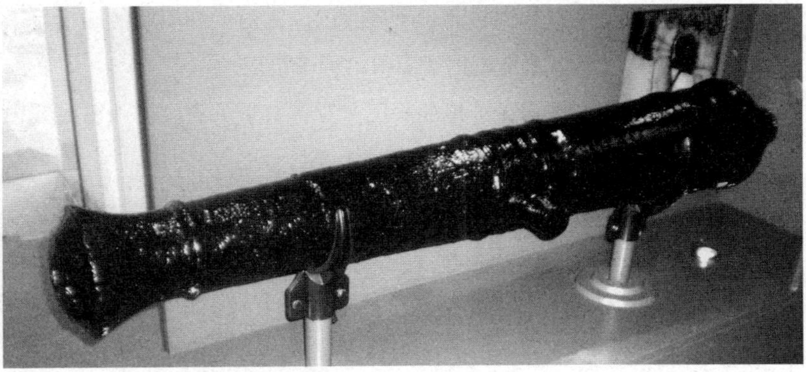

明大炮

马守应，“革里眼”贺一龙、“左金王”贺锦、“治世王”刘希尧、“争世王”蔺养成）北上河南，与李自成会师，农民军声势大振。

合军后，农民军齐攻汝宁。克城后，杀掉藩王崇王与他一家人后，把顽强抵抗的明朝“保定总督”杨文岳绑起，用大炮轰碎泄愤。

河南大定。李自成、罗汝才以及“革左五营”联手，杀向湖广。河南久经旱蝗水灾，千里萧条，几十万农民军吃饭问题成为当务之急。湖广乃鱼米之乡，粮草是吸引他们的主要原因。

据守襄阳的左良玉部当时有二十多万人，面对汹汹而来的四十万李自成联军，左良玉不战而逃，把襄阳留给了李自成。

农民军乘胜攻克荆州，杀掉湘阴王全家；打下承天，击杀总兵钱中选，并刨开嘉靖帝生父的陵墓。

夺取汉川、汉阳后，李自成休军，自回襄阳。

李自成出手很快，迅速杀掉了罗汝才和贺一龙。郏县大战，他所率一军已被孙承宗大败，如无罗汝才自香山驰下出手相救，扭转战局，他当时就会被官军杀掉。此时，在形势大好之际，为稳固自己的第一把交椅，李自成率先下手，杀掉毫无防备、当时正在营帐中与数位美女做春梦的大恩人罗汝才。罗汝才当时以其绰号“曹操”闻名于世。先前河南一带有童谣曰：“郑台复郑台，曹操今再来”，他为应谶言，故以此为号。

杀人后，李自成立刻控制了罗汝才的部下。除少数人投降了孙传庭的官军，大部分并入李自成麾下。

“革左五营”的几位头头闻讯，为之心寒。特别是“老回回”马守应，远远躲开，不敢再与李自成联军。“老回回”当时在湖南尚可躲开，但剩下几个人无可奈何，只得听任李自成兼并己军，乖乖成为他的部将。

在牛金星等人的撺掇下，李自成在襄阳建立政权“倡义府”，自称“奉天倡义文武大元帅”。他当时并未称帝。之所以如此，不是李自成不想当皇帝，而是因为他铸钱、营殿皆不成。迷信之下，他未敢称帝。

当时的李自成农民军，已有百万之众。

路径二：陕西“老家”的回归

襄阳、荆州、德安、承天陷落，湖广自然不保。身在北京的崇祯帝忧心如焚。崇祯十六年（1643年）夏，他严命身在西安的陕西总督孙传庭出关，寻找李自成决战。

当时，明王朝仅剩三大部主要军事力量：其一是辽东部队，但陷在当地堵防清军；其二是左良玉部队，但军头跋扈，形同军阀，很难指挥；其三就是孙传庭部。其实，如果孙传庭部在西安养锐不动，李自成无论是进攻北京或者南京皆有后顾之忧，能对农民军构成最大的威慑和牵制。

君命难违，加上陕兵能战，抱存侥幸心理的孙传庭在八月率军出关，部下有白广恩、高杰、生成虎三个总兵，共十几万精兵。由于孙传庭的身份是“督师”，他同时檄调河南总兵陈永福在洛阳会师，檄调左良玉提军西上，以便夹击李自成。

孙传庭出关后很顺利，很快收复洛阳。如果明军步步为营，胜算还是很大。但是，崇祯帝死催进攻。

由于害怕因“逗留观望”被杀，孙传庭只得硬着头皮向南进发。

李自成自然重视河南军事。他听闻官军出潼关，立刻把湖广一带的农民军调往河南。他也离开襄阳，进入河南。由于在河南当“流贼”日久，他对当地的地形地势一清二楚。仔细考虑后，李自成决定诱敌深入，在把主力部署在郏县以南的同时，派弱旅诱敌，吸引官军的注意力。

孙传庭连连得胜，交手即克，一连打到了宝丰。此时，他思想麻痹，自以为可以解黎民倒悬之苦，清君父苦思之忧，每天唯一的念头就是“旦夕灭贼”。

九月初九，官军攻克宝丰县后，向郏县挺进。九月十四日，双方交战，官军首战获胜，并擒杀对方名将“果毅将军”。此役中，李自成命悬一线，差点儿被明军擒获。

农民军奔集襄城。惊惧之下，数位头领都想绑李自成投降官军。李自成智谋过人，笑言道：“不要怕，我辈杀王烧陵，毁城无数，罪过不可谓不大。可在此决一死战，如果不胜，你们再缚我出降不晚！”

时值秋雨连绵，道路泥泞。由于孙传庭孤军深入，后勤保障困难，运输速度又慢，明军粮草很快匮乏。如果此时他回师洛阳休整，还不至于失去主动。但胜心益炽的孙传庭觉得开弓没有回头箭，命令军队攻破郏县就食。

郏县确实不难攻，很快就落入官军手中。但此处县小地穷，根本没有什么吃食。幸好有农民军丢弃的几百匹骡马，被官军宰杀当粮，几天就吃个干净。

明廷闻报，立命山西、河北就近传饷输粮。

孙传庭另一个失着，在于他率军攻克唐县时，把集中在那里的农民军家属几万人杀个精光，致使“贼满营痛哭，誓杀官兵”。

李自成严令部下搜掠四境，一粒粮食也不留下，致使官军不可能就地筹粮。特别有心机的是，李自成派大将刘宗敏领一军万余人，间道抄至官军后方，在河南汝州的白沙切断了官军的后勤补给线。由此，明军大惊，军心动摇。打仗打的就是给养，如果无粮，大败可期。

孙传庭此时清醒过来。他留河南总兵陈永福率部留守，自己准备率陕军回军，想先打通粮道再说。陈永福手下的河南籍士兵急眼了，大声叫骂：“你们陕西兵回军，准备先打跑，让俺们河南人在这里饿肚子等着贼来杀，不中！”他们也跟着陕西兵跑了。

混乱时刻，李自成指挥农民军主力发动进攻。双方交战，变成了农民军对官军的追击战。

官军大败。明将白广恩部的军车营士兵为逃命，解开拉军车的马匹逃跑，笨重的军车四散于路，把路堵住，逃跑的官军更乱成一团。

农民军恨官兵在唐县杀自己的家属，士气百倍，一路追杀。血光飞溅下，明军有四万多人被杀。他们奔逃四百多里，丢失甲仗骡马无数。孙传庭与总兵高杰率数千残兵有幸渡过黄河，经山西恒县逃回潼关。经此一战，陕西王牌军基本覆没。

崇祯帝闻败大怒，斥责孙传庭“轻进寡谋”（其实是他自己的决断使然），削去督师之职，让他戴罪收拾残兵，立功赎罪。同时，崇祯帝升任败入潼关的白广恩为援剿总兵官，持“荡寇将军”印，协助孙传庭，以望保住陕西。

十月初六，李自成对潼关展开进攻。高杰一部先溃（他手下军皆是从前的“贼军”），白广恩随之逃跑，潼关失陷。孙传庭无奈，只得退军渭南。

李自成得势不饶人，合众数十万齐攻渭南。孙传庭知败不可免，在预备队打光后，与监军副使乔迁高双双持枪跃马，高呼冲入无边无沿的农民军之中，陷阵而死。人在西安的孙传庭妻子张氏闻夫死讯，率孙传庭两女三妾跳井自杀。

可悲的是，由于明廷没有找到孙传庭的尸首，崇祯帝怀疑他未死投降，竟不予赠谥。

潼关一破，西安自不必说。秦王朱存枢也是那种明朝皇室遗传的抠门精，一两银子也不拿出来犒军，激起众愤。结果，不待农民军进攻，明朝守城将领主动开城投降，西安落入李自成掌握中。

李自成气魄很大，下令诸部四出，夺取三边。明朝总兵白广恩、陈永福等一大批高级将领相继投降，宁夏、甘肃、青海大部分地区皆被农民军攻克。这样一来，整个西北地区（除西宁以外），已经是李自成的天下。

崇祯十七年（1644年）正月初一，李自成改西安为长安，建国号大顺，改元“永昌”。他在这里封侯拜将，更定官制，开科取士，真有那么一股帝王创业开基的气势。

当时，李自成已经称帝，并改名为“李自晟”，追尊西夏的李继迁为“太祖”。

路径三：势如破竹的“东征”

1644年正月初八，李自成自统大军从西安出发，杀向北京。

除主力军外，他仍派刘芳亮等人率一军为偏师，进取黄河以南，与主力部队相夹成钳，堵住了崇祯皇帝由运河一线南逃的道路，同时又可有效阻止南直隶、山东明军的北援路线。

渡河之后，平阳府不战而降。这样，李自成大军从容向太原进发，并于二月六日包围了太原城。

可笑的是，太原城内的宗室桂王拿出三千两银子募人杀贼，却被山西提学黎志升换成“记功纸票”。都什么时候了，这个贪官还想着克扣、贪污。

仅仅过了一天多，明军守太原新南门的军将开城投降，太原陷落。太原府一大批文官被杀，而那个克扣士兵赏银的黎志升却买通李自成手下，称誉其为“天下文章能手”。此人活命之余，还成为“大顺”朝的考试主审官。

得到重镇坚城太原，李自成自信心倍增。他四处发布“诏书”，展示平定天下的大志。

二月二十六日，稍事休整，李自成继续北上。

途经宁武时，明朝守将周遇吉顽强抵抗，杀伤了很多农民军。克城后，李自成下令尽屠宁武城内人民，以儆效尤。

三月一日，农民军大军抵达大同城下，明朝总兵姜瓖未作任何抵抗，马上开门投降，还顺便捉住大同巡抚卫景瑗和宗藩代王交给李自成。

李自成久闻巡抚卫景瑗的清廉之名，并不杀他，还要用他为官。

卫巡抚忠于明廷，在寺庙上吊殉节。李自成想饶卫巡抚，却不饶代王，下令把这个明朝宗室全家杀个精光。

见大同守将向农民军投降，各地震动，明朝将领大多怀有二心。驻守阳和的宣大总督王继谟本想率亲兵护送库银逃回京师，但他手下的明军士兵忽然哗变，把王总督的银子和好马抢夺一空，然后去投农民军。

阳和军将投降后，明朝宣府总兵王承胤更殷勤。李自成还未到宣化，他已经派人送来降书。宣府巡抚朱之冯还想抵抗，总兵王承胤早已暗自派人把城下大炮引信拆除，塞住炮口，使这些守城工具成为一堆废物。朱之冯哭骂之后，自缢殉国。

自从李自成占领西安，崇祯帝几乎就没有睡过一个好觉，他自知来日无多。不祥的预感，终日笼罩不去。

在朝臣中挑了半天，崇祯帝只得派大学士李建泰替自己出京督师，以图抵御住农民军咄咄逼人的攻势。李建泰是文人一个，无兵略，无将才，他家是山西曲沃的豪富，崇祯帝挑他，也是希望他能用家财饷军。当时，大内的官帑，基本山穷水尽。

为大张其事，崇祯帝在北京正阳门（现在的前门）亲自为他饯行，金杯赐酒，手递敕书，赐其尚方宝剑，表示李建泰可斩罚一切级别的文武官员。这种礼遇，比当年对杨嗣昌高出了许多。李建泰自然泣下叩恩，誓死以报。

出北京后，李建泰刚到保定，就被李自成偏师刘芳亮部堵在那里。凭城四望，见农民军旌旗铁甲，连绵百里，马嘶人喊，如此阵势把李大学士吓得不轻，马上就做了决定——投降。

保定知府不投降，率军抵抗。李建泰为农民军做内应，使得保定最终被农民军占领。

李自成本来要屠城，宋献策劝说他收买人心，认为如果不大肆杀人，可以更快拿下北京。李自成方才收回屠城之命。

后来，清军打跑李自成，李建泰又投降了清军，并被委任为弘文院“大学士”，主修《明史》。由于拉关系受贿，他不久被免官。家居时，大同姜瓖叛清复反。心怀怨恨的李建泰据太平县响应，最终被清军擒杀灭族。此人官虽然大，却在《明史》中找不到他，《清史列传》等书的《贰臣传》中也找不到他，原来他被编入了《逆臣传》。

路径四：通往北京的大路

垂死挣扎之际，崇祯帝还有两招可想：一是南迁，二是调山海关外的吴三桂辽军入京。

山穷水尽的崇祯帝确实动过南逃的念头，即以亲征的名义“南下”。可是，明朝朋党斗争在王朝将要灭亡之时，一点儿也没有消停的意思。阁臣们个个心怀鬼胎，他们唯恐皇帝逃走后自己会与太子一同留下死守北京，所以没一个人正式出来明确表态。

书呆子直臣、时任左都御史的李邦华开口就很冲：“皇上应该留守社稷！”他建议让太子朱慈烺去南京“监国”，分封定王和永王两个王子于外。这样的举措，完全是南宋亡国前的翻版。

崇祯皇帝很生气，怕大臣们拥太子去南京搞出“另立中央”的事情，就说：“朕经营天下十几年，尚不能济事，哥儿孩子家（指太子、二王）又能做得什么事！”

廷臣们争吵商议，终日不绝，崇祯帝想南逃就没逃成。

这样一来，只有调吴三桂辽军这一条路可走。但吴三桂部路远，短时间内不能赶到，崇祯帝只得下令先调蓟镇总兵唐通和山东总兵刘泽清入援。

但刘泽清先是谎称自己有病，得到朝廷赏银后，率部在临清一带抢掠一番撤回原地。唐通还行，率八千士兵很快抵至京城。但是，崇祯帝对将领不放心，派出太监做监军。此举惹得唐通大怒，拉起队伍回到居庸关。崇祯帝无可奈何。放在早先，他一纸诏书，早就要了唐通的项上人头。

崇祯帝朱由检确实是一位沉猜之君，任期内曾诛总督七人，杀巡抚十一人。而他手下的十四任兵部尚书，不是自杀（张凤翼、杨嗣昌），就是被杀（陈新甲），或遭削籍，罕有善终者。

兵临城下之际，崇祯帝人主的威严顿失。

情急抱佛脚，兵来要花钱。没钱怎么办？崇祯帝只得让勋臣、太监们出钱助饷。

这些腐败到根儿的贪官财迷们纷纷搪塞，身为皇帝岳父的周奎仅捐出一万两，就表示自己家中再无银两。日后刘宗敏"追赃"，从周奎家抄出现银和金宝一百多万两。内廷太监们心怀怨恨，让他们出银子比割肉还痛，有人还在宫墙上写"反标"："此处不留人，自有留人处。"

所以，求来求去，明廷从官员、太监手里也没抠出多少银子，最终只得二十万两，完全是杯水车薪。李自成入京后，大板子、大夹子"伺候"，一下子从这些蛀虫家里弄出七千多万两的银子，皆在农民军逃离北京时搬运出去。

明将唐通赌气离京抵居庸关，对李自成大军可不敢有气。三月十五日，他开关投降。居庸关天险一失，北京城便大敞四开地摆在农民军面前。

三月十六日，昌平失守。晚上，农民军前哨已经出现在城下。明朝襄城伯李国桢统三大营京兵在城外迎敌，结果，迎敌变成迎宾和迫降，他带着大批火器投入李自成的"怀抱"。

如此关键时刻，更为奇怪的是，北京全城所有军队，皆由太监指挥。为了讨好公公们，国家将亡的崇祯帝竟然下令礼葬魏忠贤——他亲手除去的逆阉！只为司礼太监曹化淳一句话："（魏）忠贤若在，时事必不如此！"荒唐至极！可能崇祯真的相信当初辽东胜仗确有魏公公"指挥若定"的因素吧。

李自成至城下后，派先前在宣府投降的太监杜勋入城，与崇祯帝谈判。

李自成开始要价根本不高，提出割西北一带，立自己为王，犒军白银百万。如果崇祯帝答应条件，他就退军河南，并表示还可以为明朝内灭群贼，外遏清兵。

崇祯帝召大学士魏藻德计议，老魏深恐蹈陈新甲后尘，一直鞠躬俯首，始终不发一言，气得崇祯帝挥袖把他斥出。

忧懑无计之余，宦官张殷屁颠屁颠跑过来，说："陛下不要愁，奴才有一妙计。"崇祯抓住根稻草，忙问何计。张殷说："贼军果真入城，自可投降，肯定就没事了！"闻言，崇祯帝差点儿气死，从案上抽出一剑，把张公公当场捅死。这也是他平生第一次亲手杀人。

可叹的是，北京守城士兵，仅有七八千疲卒，健锐士兵均在先前被派出京城到四地监军的太监们当护卫军调走。北京的宦者人数不少，城上城下走窜着的有上万人，他们颐指气使，个个儿都是一副"监军"模样。

北京守城之初，还有人送饭。小宦者派人到城上胡乱送去几大桶粗饭，听凭士卒以手攒食。三月十六日以后，送饭的人也不见了，守城士兵竟有不少被饿死。

农民军开始大规模攻城。

崇祯帝手持三眼枪，率数十名宦官在城内转悠了大半圈，均不得出城门，失望而归。

农民军攻彰义门时，监军太监曹化淳开门投降，引大军入城，齐攻内城。

回宫后，崇祯帝知道大势已去。但他还存有一丝幻想，于是，他唤来皇亲新乐侯刘文炳以及驸马巩永固，想让他们带家丁护送太子及二王出城。二人跪地哭诉："国法素严，我们哪敢在家里私蓄武装家丁。即使把所有仆人带齐，也就几百个人，这些人平素皆不习武，何能出城逃跑时与贼军相抗？"

崇祯帝彻底失望。

无奈之下，他又召首辅魏藻德议事。老魏仍旧一语不发。

彻底绝望之余，崇祯帝命宫人上酒。痛饮数杯后，他先让皇后周氏自缢。袁妃不想死，遽起离座想逃，被崇祯帝追上，数剑砍死。

接着，他手提利剑在宫内杀掉嫔妃数人后，行至寿宁宫，正遇上十五岁的长女长平公主。

三十六岁的朱由检含泪叹息道："汝为何生于帝王之家！"掩面朝爱女挥剑。

长平公主一声惨叫，右臂被断，昏死于地。

接着，朱由检咬牙下手，把自己的幼女、时年仅六岁的昭仁公主也亲手杀掉，以免她日后遭人玷污。

然后，崇祯帝拉住已经吓得发傻的太子朱慈烺的手，恸哭言道："你们今日是太子、王子（二王也在场），北京城破，你们就是百姓小民……各自逃生吧，不要恋我。朕必死社稷，也无面目见列祖列宗于地下！你们出宫后千万谨慎小心，见到做官的人，长者呼为老爷，年轻的呼为相公。如遇平民，长者呼为老爹，少者呼为老兄；呼文人为先生，呼兵士为长官……"

父子情深，崇祯帝泪下如雨，至嘱切切。

三月十八日夜，崇祯帝与太监王承恩逃上煤山（景山），四望之下，北京城内杀声一片，农民军已经入城。

叹息良久，崇祯帝写下遗言。然后，他与王承恩相对缢死于树间。大明王朝，至此落下帷幕。（崇祯自缢处说法很多，有说是衣帽局，有说是树上，皆无定论。）

两天后，宫里一个小宦官在煤山脚下发现了崇祯的"御马"。农民军士兵追踪寻迹，终于在山上的一棵歪脖树上发现了自缢而死的大明皇帝。

在这位三十六岁皇帝的白绫衣袖上，农民军士兵发现有数行潦草凌乱的字体，显然是崇祯皇帝上吊前仓促所书。一行是：“朕失江山，无面目见祖宗，不敢终于正寝。”另一行是：“百官俱赴东宫（太子）行在。”

王承恩大公公陪皇帝同死，其余的大小宦者皆希冀富贵，导引李自成等人入宫，并以极高效率将宫内嫔妃以相貌为标准分出三等，详写姓名于一册，呈与李自成、刘宗敏，以供其淫乐。

献门的大太监曹化淳文化高，为博“新帝”一笑，他口诵谀文：“万姓归心，独夫授首，比尧舜而多武功，迈汤武而无惭德。”

李自成并不买账，对这些公公叱责道：“汝曹背主献城，罪应当斩！”公公们跪倒一片，好多人吓得屁滚尿流。

太监杜之秩（在居庸关投降）还算脑子快，乞哀道：“奴才们承天顺命，故来孝顺。”李自成当时心情好，没下令杀他们，叱令他们立即滚出城去。于是，数千中小宦官，狼狈出逃。农民军的孩子兵争相上去拳打脚踢以为戏乐，群呼“打老公”。昔日的大太监们没那么好运，在随后的“追赃”中基本被折磨死。

至于锦衣卫方面，这些昔日滴水不漏的特务，皆作鸟兽散。

李自成用于宫内守卫的，是他自己的“龙衣卫”，皆是他老营的将士，属于绝对心腹。对于明朝的锦衣卫和东厂的中高级头目，在京未逃者，李自成下手果断，整家整家予以诛杀，根除殆尽。此举对于京城百姓来讲倒是大快人心。

十九日黎明时分，得意扬扬的李自成从西长安门入紫禁城，手发三箭射承天门匾，矢失其二，仅有一箭中于“天”字下端。牛金星在一旁言道：“真乃天意，此即定鼎天下之意！”李自成大笑。

入宫后，望见遍地鲜血，袁妃、公主尸身狼藉于地，李自成也叹息：“皇上太忍！”

三月二十一日，崇祯与王承恩的尸体被发现，李自成等人终于心中一块大石落地。

兵卒们用两块门板把两具尸体抬至东华门阴凉处，买了两具柳木棺（仅值二十串铜钱），把帝国最有权势的两个人装了进去（一为帝王，一为首席太监）。两位爷头下皆枕以土块，尸体上蒙以草苇。

不久，自杀的周皇后尸身也被放置于侧，可能有宫女细心，其尸下垫以锦褥，上覆锦被。

崇祯帝尸体暴露一天后，倒是李自成军中兵士有人看不过眼，把周皇后尸身上的锦被撤下，蒙于崇祯帝尸身之上。

二十三日上午，农民军终于从市集找来两个卖丧殓之物的商贩，有一个稍有良心的小宦者在旁，指挥他们为崇祯帝和周后的尸体穿戴靴帽。

农民军看守士兵在一旁见到崇祯帝空脚穿靴，周皇后脸上无蒙布，就问小宦者为什么这样做。小宦者熟悉内廷典故，躬身答道："凤不裹头，龙不裹脚。"

可叹的是，这一龙一凤，在九天之上昂首舞爪飞扬，只是一种奢侈、离奇的梦想。

明朝所有大臣中，临梓宫而痛哭者，唯兵部主事刘养贞一人。

三月二十四日，李自成听见东华门方向哭声大震，惊问是什么人。兵卒禀报，乃北京城内老百姓聚集，请求新朝礼葬先帝。李自成很"顺从"民意，加上心情又好，下令可以用帝礼葬崇祯，祭祀以王礼。

有此"口谕"，明廷的光禄寺才敢以祭礼追奠"大行皇帝"。至于昔日满朝文武，敢来祭拜者寥寥，仅有数人来观，也是远远瞻望而已。他们大多唯恐表现不佳，耽误自己在新朝的任用。

四月初三，"大顺"政权派出挑夫三十多人，轮流换肩，把崇祯帝和周皇后的尸身挑到昌平州的田贵妃墓地埋葬。

由于新朝态度简慢，极其"节约"，连重挖田贵妃墓的工钱都不够，当地十名士绅思恋旧主崇祯帝，凑钱"三百四十千"，勉强雇人挖开了田贵妃墓。

景山明思宗崇祯帝殉国处

崇祯帝的薄皮棺材太过寒酸，当地的农民军监葬小官自作主张，把田贵妃的外棺套于崇祯帝薄棺之外，总算凑齐一套“棺椁”。

至于坊间传说李自成亲自率众将士哭祭崇祯帝，说什么“我来与汝共享江山，如何寻此短见”等传闻，并以皇帝尊礼下葬崇祯的事情，皆属讹传。

四十二天“帝王梦”

李自成的短命政权

李自成入京后，崇祯皇帝的三个儿子很快就被抓住。这三个孩子皆着民间破烂衣服，帽子上与绝大多数北京市民一样，贴“顺民”二字。

李自成本人没儿子，看见这三个眉清目秀的玉孩儿，心中不由自主生出怜爱，安慰他们说：“你们今日即同我儿一般，不失富贵！”说完立刻唤人为他们换上新衣。

这几个孩子智商很高，但他们自幼长于深宫，没有经历过世事，说话口无遮拦，回答问话时，言及农民军，还一口一个“贼”字。对此，李自成也不怪。

李自成问太子朱慈烺：“知道你父亲的事情吗？”

太子：“知道，父皇崩于寿宁宫。”

李自成：“你们老朱家为什么失去天下？”

太子：“父皇误用庸臣。”

李自成闻言也笑：“你也明白这个道理。”

太子可能是平日听左右儒士教诲，恨恨地说：“满朝文武官员无情无义，很快就会来向您朝贺求官。”

李自成闻言，若有所思地点点头。对于明朝官员的贪腐，他本人感触自然不浅。崇祯帝太子之言，无形之中又加深了他对明朝官吏的憎恶。

李自成的这种憎恶之心，加上刘宗敏等将领的贪婪，最有可能是李自成紧接着对京城大官们“追赃”拷掠的起因。

对明臣敲骨榨油的“追赃”

相比朱棣篡位后建文帝诸臣的殉难，崇祯一朝不是太多，仅仅有三十多位臣子，且多为文人士大夫。但这些人的殉节之烈，不愧前人。

世臣戚臣方面，宣武伯卫时春、新乐侯刘文炳、驸马巩永固，或阖门自焚，或全家跳井。文臣方面，首推大学士范景文，他在壁上大书“谁言信国（文天祥）非男子，延息移时何所为”后，毅然投井自杀。户部尚书倪元璐，自缢殉国。状元刘理顺，书绝命辞云：“成仁取义，孔孟所传。文山践之，吾何不然！”一家十八口阖门自缢。左都御史李邦华（劝阻崇祯帝南逃那位爷），在阁门上大书：“堂堂丈夫，圣贤为徒。忠孝大节，之死靡他。”仰药自尽。太常寺少卿吴麟征，一直在城上指挥守卫，城陷后上吊自杀。农民军兵士久闻其名，过其门而不敢入内抢劫，叹赞：“好男子，真忠臣也！”户部给事中吴甘来，题诗堂上：“到底谁遗四海忧，朱旗烈烈风城头。君臣义命乾坤晓，狐鼠干戈风雨秋。极目山河空泪血，伤心萍浪一身愁。洵知世局难争讨，愿判忠肝万古留！”引佩带自缢于室。兵部主事金铉，投河自尽。其母、妻闻之，泣言曰：“我等为命妇，焉能辱于贼手！”相继投井而亡。其弟殡殓母兄嫂尸之后，亦投井而死……可称的是，城破国亡之际，紫禁城内宫女自杀者数百人，赫赫烈烈，直让成千上万降臣羞死！

李自成命人遍索皇宫，发现大内府库中只有黄金十七万，白银十三万，骇异之下，失望至极。本来，他“建国”之后，依理应该大赏将士，如今金银缺少，如何是好！

李自成回想崇祯太子一番话，又有刘宗敏等人撺掇，李自成下令

“追赃”。至于明末清初士人杨士聪在《甲申核真略》中所记说明宫中有银三千七百万两，完全是臆测和道听途说。崇祯帝再财迷，也知道金银在国亡时只能被敌军当作赏金，他的“觉悟”不会低到那分儿上。可是这份类似“小说”的记载，被后世无数学者当“口实”，攻讦明廷国亡之际仍吝啬守财。

最早向大顺军“献财”的，乃大太监曹化淳，他一出手就是五万两白银，很让李自成高兴了一把。

三月二十日，新朝“宰相”牛金星发布文告：“各官俱有次日朝见。朝见后，愿去者，听之。敢有抗违逆令者，斩！”一时间，明官纷纷报名晋见。

转天，李自成等人坐于朝堂，牛金星手执花名册，一一点名，“嬉笑怒骂，恩威不测”。李自成坐一会儿就不耐烦了，与刘宗敏起身离去。

忽然之间，明朝各官皆被二骑押一人，全体驱往西华门外四牌楼街。众人愕然之余，以为是将要遭受集体屠杀，不少人吓昏过去。大顺兵押送途中，棍棒交下，如驱牛羊。

农民军得到命令：“前朝犯官俱送刘宗敏将军处听候发落。”于是，这大批人转向，被驱赶至刘宗敏处。

当时，这位将爷正拥妓欢笑，饮酒为乐，他叱命兵士把朝官押回军营待审。于是，百官皆换上监狱号服，被捆于军营的马棚中等待处理。他们饿了一天多，转天才复被带至刘宗敏处听审。

结果，刘宗敏根本不审，也不问，只让人传令：“以官第献银，一品必须献银累万，以下必须累千。痛快献银者，立刻放人；匿银不献者，大刑伺候。”

由于官员太多，刘宗敏所住的大王府容纳不下，便把其余诸人转送至部将田虎和李遇的府中。

一时之间，棍杖狂飞，炮烙挑筋，挖眼割肠，北京城内四处响起明朝官员的惨号之声。同时，城中富民不少人也被加以拷掠，平民的薪米尽被农民军抢掠以供军用。城内饿尸遍地。

李自成闻报，也觉有些过分，趁集会时对刘宗敏等人讲："你们为何不帮助孤王做个好皇帝？"

刘宗敏马上顶他一句："皇帝之权归你，拷掠之威归我，你别说废话！"

李自成默然。

甭看刘宗敏的官衔只是"制将军"，不是"太尉""大司马"什么的，其实他几乎与李自成平起平坐，根本不买这位"皇帝"的账。

追赃之际，官员中首遭掠死的，竟然是率京营三大营兵士在北京城外最早投降的明朝国戚、襄城伯李国桢。此人是崇祯帝末期最受宠信的臣子。平日别的大臣跪禀议事，唯他一人得意扬扬地站在皇帝身边，殊无人臣礼仪。所以，从崇祯帝一直以来信用的诸人名单，就可以看出明朝已不可救药：温体仁、周延儒、陈演、魏藻德、李建泰、李国桢。

李自成在北京城外初见李国桢，对他就没一丝好印象，呵斥他说："汝受天子重任，信宠逾于百官，依理应该死国，厚脸来降，汝欲何为？"马上就令人把他绑个结实。

李国桢痛哭乞哀。李自成骂道："误国贼，你还想活！"有了这句话，李国桢想活太难。

刘宗敏首先拷问他，小火燎烧，大板痛砸，折磨一夜，终于让这位李爷痛极而死。这还不算完，农民军士兵闯入其家，轮奸了宅中妇女。

至于陈演和魏藻德两个"大学士"，也该介绍一下。

陈演是"前大学士"，三月初因谎报战功罢相。他本来想逃离北京，因家产太多未能成行。听说大顺军索银，他主动向刘宗敏送去白银四万两。刘宗敏喜其"慷慨"，没有立即对他用刑。稍后，其家仆告发，说他家中地下藏银数万。农民军掘之，果然满院子地下全是白银。

刘宗敏大怒，开始对其大刑伺候，又得黄金数百两，珍珠成斛。

即使如此，李自成从北京临走前，仍把陈演与一帮勋戚大臣皆斩首。

大学士魏藻德是明朝状元出身。他以谈兵见拔，但入相后没有为崇祯帝出过任何好主意，只知依从沉默。因为官大，他被单独囚于一黑屋中。这位魏大人透过门缝乞求："新朝如欲用我为官，就把我放出来吧，别把我锁在这里。"这样一来，反而提醒了刘宗敏。

丧门星刘宗敏把魏藻德提入厅堂亲自审问，首用夹刑，边夹边问："汝居首辅，何以乱国如此？"

魏藻德边号边答："我是书生，不谙政事，先帝无道，遂至于此。"

刘宗敏虽是大老粗，闻言也怒："汝以书生擢状元，为官三年即升首辅。崇祯何处对不起你，竟敢诬他为无道昏君！"

于是，刘将军亲自下堂，用力扇了魏藻德数十个大嘴巴。士兵见状，夹棍猛扯，老魏十指皆断。惶急疼痛之下，魏藻德大呼："我有一女，愿献给将军为妾！"刘宗敏听了高兴，唤人立取其女，奸污后送入军营，听凭军士享用。

但是，对于献女的老魏，刘宗敏更加不屑，严命兵士加紧拷打。一共"伺候"了六天六夜，最后魏藻德脑袋被刑板夹裂，脑浆流出而死。

魏藻德死了，农民军又把他儿子抓来索银。小魏叩头说："我家里确实没有银子了，如果我父亲活着，还可以向门生故旧借银，现在他死了，哪里去找银子？"农民军小头目听他这样说，扬手一刀，砍下了小魏的脑袋。

明朝的翰林、科臣这些清贫官员最倒霉，他们家中实在拿不出钱，多被刑讯而死。

刘宗敏在大门口立数十剐人柱，杀人无虚日，无论官员、百姓，只要看上去家中有钱，肯定会被请至此处受刑。

经过数天拷掠，李自成军共得银七千多万两，均让工人重新熔铸成巨大的中间有孔窍的方板状银板，以便于运输。

七千万两真不是小数。崇祯帝十多年加饷摊派，从民间得银不过两千万两，结果导致民心涣散而亡国。李自成在京城榨银七千万，酷烈可知。而且，这笔巨大的数字，绝非仅仅从明朝官员身上榨出，也出于北京每户细民之家。

李自成进入京城后，马上传点大群戏子和裁缝入宫，天天换新衣，日日听小曲。

但是，他在吃饭方面极不讲究，唯吃少许米饭拌干辣椒，佐以烈酒送饭，不设盛馔。

器物方面，李自成皆用昔日营中的粗陋军器，对于宫中龙凤诸精致器皿，他眼神不好，总觉"栩栩如生"的艺术品龙腾凤跃，很感不祥，所以从来不用。

农民军士兵自然对待"文物"也不爱惜，他们以皇宫中精美巨大的官窑花缸做马槽，拆精木门窗烧火为炊。看见内库中有珍稀巧雕的犀牛角杯，士兵们把大点儿的用于捣蒜，小点儿的注入豆油当灯用，一无所惜。

刘宗敏等诸营皆富，李自成的"老营"只得粗米马豆当粮食，这些老营官兵怨声载道，觉得"闯王"不够意思，于是私下相率出宫淫掠。

可称道的是，李自成本人并不好色，他在皇宫中仅幸掌书宫女窦氏一人，卫兵们称之为"窦妃"。

客观地讲，如果说李自成入京后一无是处，也有失公正。

当时，西北、华北、山东、河南地区以及湖北、江苏大部地区，皆是"大顺"政权辖地。在对地方实现真正管辖的同时，李自成派出部分军队南下，准备彻底消灭残明军队，一统天下。

大顺军初入城的前十天纪律特别严明，士兵犯抢劫及强奸罪被钉死、剐杀的有数百人。只是后来，随着时日推移，农民军军纪日益败坏。

山海关前的败绩

四月中旬，听闻山海关吴三桂"造反"，李自成坐不住了。他想让刘宗敏、李锦率军出征，但二将耽于京城内的淫乐享受，摇头不应。无奈之下，李自成只得“亲征”。

为了保险，他下令在平则门处决以大学士陈演为首的明朝大臣一百多人，并派兵把北京城内拷掠而来的银两整车整车运往“西京”（西安）。

四月十九日，李自成早晨发兵，他头戴绒帽，一身蓝布箭衣，打扮朴素。随行人中，除七八万精兵（号称二十万）外，还有吴三桂的父亲吴襄以及崇祯帝的三个儿子，均被人严加看守。

1644年年初，皇太极已死。主持清廷政局的多尔衮听说李自成在西安建立“大顺”政权，立刻派人前去联络，提出要“并取中原，同享富贵”。李自成对此没有做出回应。

三月初，农民军兵临城下，吴三桂接诏弃宁远，往山海关方向移动，清廷上下大为兴奋，准备借机南取中原。清廷汉人大学士范文程连忙献策：其一，可入边直取北京；其二，昔日以明朝为敌，此次入关后的敌人是农民军；其三，明朝积弱，必定灭亡，一定要趁此百年不遇的机会占领中原，特别是河北地区。

对此，多尔衮大为赞同。他下令征兵，男丁七十以下，十二岁以上，必须从军，可以说是倾尽全力。同时，多尔衮还听从范文程的建议，严肃纪律，力诫兵将进入明朝境内后勿再像以前那样只顾杀掠，要以安抚为主。

松山败后，由于极需人才，明廷并未严惩败逃的吴三桂，仅在名义上降三级使用，仍然派他固守宁远。吴三桂很知报恩，整日训练士卒，加强城防，把数千士兵扩展为数万人，器械一新。崇祯十六年（1643年），他还率兵多次击败清军的进攻，并拒绝其舅父祖大寿替清军对他的“招降”，很想做明朝的忠臣（当时他也不可能因舅而降，因为其父吴襄在北京，且受崇祯帝信用）。吴三桂离开宁远前，清军已经占领了中后所（今辽宁绥中）、中前所（今绥中前所）以及前屯卫。山海关之外，只有吴三桂孤军奋战，死守宁远孤城。

明廷下诏，指示吴三桂弃宁远回援京师，他当时确实闻命即上路。临行前，吴三桂下令把宁远城中的所有建筑皆烧毁，以免资敌。但由于宁远城内兵民相加共五十万人，人多物多，全部迁徙入关非常费事。沓沓而行，一天只能走数十里，直到三月十六日才抵达山海关。

此时的吴三桂，真很“仁义”，大有刘玄德当年之风。话说回来，他此举也是“妇人之仁”，君父在京，岌岌可危，最要紧的是回援京师。但话又说回来，他几万人马赶到北京，面对一百万农民军，也不一定是对手。

吴三桂安顿居民后，率部队疾驰入卫，三月二十日抵达丰润，却听说农民军已经在前一天攻破北京城。这时候，吴三桂平生第一次真正处于两难境地：孤军穷途，要么投降农民军，要么投降清廷。

思想斗争并不久，吴三桂就做出了抉择：投降李自成。

一来，自己老父陷于北京，为李自成扣押；二来，大明已亡，新朝甫建，不失为开国功臣。而且，与他同级的有兵有将有城的唐通、姜瓖等人都已经降附，他吴三桂投附，也算不甘人后，知天顺命。

李自成当然重视山海关方面的吴三桂，入京后即派人持檄招抚，表示他归大顺后“不失封侯之位”。北京城内的吴三桂父亲吴襄为全家性命打算，也“语重心长”亲笔写信来劝（也可能是被农民军所逼）。

（还有一说是李自成先派明朝降将唐通带兵持金帛迎降吴三桂并接管山海关。）

犹豫间，吴三桂得知大顺军在北京拷打明朝官员追赃之事，不少暗中逃出的官员遮道哭诉，吴三桂大失所望。

不久，当他得知父亲也被夹拷的消息，愤怒至极，决定不再入京，怕自投罗网后父子均遭杀戮。后人总是渲染吴三桂爱妾陈圆圆（陈沅）被刘宗敏抢掠奸污之事是他叛李自成的主要原因，其实这只是次要原因。前明遗老和清朝文人日后为了加重吴三桂的“罪行”，故意拿他“冲冠一怒为红颜”说事，以此反衬他对明朝的不忠与对父亲的不孝。

吴三桂与李自成撕破脸，自然要靠近背后咄咄逼人的清军。但当时吴三桂不是即刻降清，而是以大明朝孤臣义士的身份，向清廷“借兵复仇”。吴三桂请清军从喜峰口、密云等处入边，自己试图仍旧掌握山海关险隘来牵制清军。

当时，多尔衮所领大部清军的的确确不是往山海关方向走。他听从洪承畴建议，怕李自成农民军烧空抢光北京后西遁西安，正急行军想从蓟州、密云等处进攻北京。接到吴三桂密信，多尔衮大喜过望，立刻改变主力部队行军路线，直奔山海关而来。同时，他写信给吴三桂，许以“裂土封王”，要对方投降，而不是“借兵”。

吴三桂听说农民军大部来攻，心里发慌，立刻回信要清兵速来助战。

四月二十一日，清军前军抵达山海关外，在欢喜岭上结营，并与吴三桂进行了过程艰难的“谈判”工作。不久，大军接踵而至，清军共十四万人集结于关外。

李自成听说吴三桂与清军搭上线，不敢怠慢，派出降将唐通与白广恩先率骑兵赶至抚宁县东南的一片石，而他自己则率主力布阵于石河（今秦皇岛燕塞湖水库）。

此时，多尔衮及部下将领均心有疑惑，第一是怕吴三桂骗人，第二是清军从未与李自成交过手，心中没谱儿。于是，清军先拿唐通一军开练，首先在一片石打败了这批为数不多的前“官军”与农民军混合的部队。一片石战役，清军虽胜，但无关山海关大局。

惶急之下，四月二十二日清晨，吴三桂本人亲自出关，驰奔欢喜岭上，拜见多尔衮。

多尔衮拉着吴三桂的手说“掏心窝子”话：“君为故主复仇，大义可嘉。我今次领兵入关，严令大军遵纪，如有人敢抢一粒米，敢动一株草，皆会被以军法处死。望君告知关内士民，万勿惊慌。”

吴三桂“感动”之余，忙与多尔衮盟誓，宰马杀牛祭天地，表示谁违约谁就不得好死（二人后来均不得好死）。

多尔衮仍不放心，又让吴三桂剃发。生死关头，为得清军助力，吴三桂只得和手下几个高级军官立刻剃发、称臣。明军四五万人来不及一时全剃发，多尔衮就让他们先在身上缠白布条做记号。白布不够，明兵把裹脚布扯下来当记号。由此，混战之中，清军见身上裹白布的汉人就知为“盟军”。

于是，吴三桂下令开山海关门。清军几十年的梦想，一朝成为现实，而且是兵不血刃，不费一兵一卒，由明兵自己打开了这百万雄兵难以攻克的险关。

吴三桂自为前锋，英亲王阿济格居左，豫王多铎居右，多尔衮率主力殿后。

大战开始。

身经百战的李自成此时还不知道清军已经入关，他对吴三桂的军力估计不足，以为他只有数千精兵而已。所以，李自成在精神上很松懈，与崇祯帝的太子并骑于高岗之上，悠闲观战。

吴三桂的军队，呐喊冲杀。农民军有“主上”亲征，个个当先。汉人们厮杀在一起，打得你死我活，不分胜负。

斗至中午时分，毕竟农民军一方实力占上风，吴三桂有些不支，已呈败象，明军被杀过半，勉强支撑。

关键时刻，清军号角声响起，两三万戴斗笠、拖大辫的清军劲骑忽然呐喊着杀奔而来。

李自成骇然，吓得差点儿从马上掉下来，他当时的反应不是加紧指挥部队战斗，而是低喊了一声“鞑子来啦”，掉转马头就跑。

身经百战的农民军得胜在即，忽然看见装束奇特的清军纵马而来，嗷嗷乱叫，登时胆裂。又见“主上”跑了，大家皆失主心骨，立刻掉头也跑。

兵败如山倒。明军与清军合击，一路追杀，二三十里的路上，很快堆满了数万被杀的农民军尸体，据说尸骨三年后都没收拾干净。

望着巍巍雄关和遍地的农民军尸体，高兴之余，多尔衮立刻封吴三桂为“平西王”。

李自成仅剩数千残卒，败退永平，为泄愤，他下令剐杀吴三桂的父亲吴襄，把他的首级悬于高杆之上。小喘片刻，他急忙逃回北京。

即使在此大胜之际，吴三桂仍存复明之心，令人急速入京，告知北京官员士民准备迎接崇祯帝太子复位。多尔衮当然不同意，事情不了了之。

北京官民对清军入关之事根本不知道，皆兴奋而忐忑地等待京城重回大明天下。

九宫山下一命亡

四月二十三日，已有李自成败讯传回北京。

刘宗敏等人慌忙令士兵把兵器搬运至城墙，并拆毁所有靠城的民房以及佛寺。农民军兵士纷纷相聚，不少人放声大哭。确实，温柔乡里的日子太短暂了，大祸即将临头。

四月二十六日这天，李自成率残兵逃回北京。此时，大军只剩数千骑兵，步兵全部在山海关及沿途被杀。

这些败兵入城后，城内的大顺兵皆知末日将至，完全丧失纪律，开始在北京城内烧杀奸掠，备极惨毒。

吴三桂一家不必讲，李自成入城后，第一件事就是派人把他全家三十八口尽数剐杀，一个不剩。

转天一大早，李自成即在武英殿举行正式的“登基礼”，追尊自己李家七代皆为帝后（估计他只记得上两代）。然后他头戴冠冕，受“百官”朝贺。（李自成先前在西安已经称帝，在进京路上一直称“朕”。）

为了便于逃跑，他草草结束典礼，然后派人在城外加紧准备，当夜把北京城内宫殿及九门城楼尽数焚毁。

第二天一大早李自成就匆忙离京，向西奔逃。逃之前，农民军把皇宫内的金器和金锭皆熔铸成大饼，骡载数万饼，随军而走。

在逃亡途中，崇祯的三个儿子均于乱中走散，李自成始终未加害他们。

部分北京居民见农民军败走，在城内搜出脚慢未走的农民军或伤兵数千人，尽数杀死。李自成闻之大怒，立遣数千铁骑往回奔。

恰巧，一家三十八口被杀的吴三桂报仇心切，率军已经杀至城南，农民军士兵不敢撄锋，即刻掉转马头奔逃，北京由此躲过大劫。

自入城到离京，“大顺”政权仅存在了四十二天。

五月二日，多尔衮率清军抵至北京。士民大喜，以为是吴三桂拥太子而至，纷纷出城摆香案迎接。结果看见一大群清军，大家惊愕异常，但最终不得不接受残酷的现实。

至于京内昔日的明官们，看见清兵反而大都松下一口气。何者？如果是吴三桂率明军回来，肯定会清算他们“降贼”的罪名。“大清”来了，就无此忧。所以，日后出谋划策劝多尔衮南下消灭残明的，数这帮人居多。

多尔衮当然吸收李自成的失败教训，四处张榜，表示说无论是谁，只要降顺大清，官复原职不说，还要加官晋爵，新有封赏。这一来前明官员大悦，个个弹冠相庆。

李自成自北京败逃的消息传出后，各地官民知道他大势已去，纷纷起来杀掉、赶走“大顺”在当地任命的官员，靠近北京的就归顺清朝，南方地区则大多打出恢复“大明”的旗号。

此时各地的李自成部队，仍旧有数十万之多。他本人率残兵一路经太原、平阳，返掠西安，把大部队留守于山西、河南一带，抵御明清联军。

回到西安后，李自成精神萎靡，没见他有什么宏图大略，半年时间内基本没什么大动作。

清军步步逼近。他们先在山西招降了大同的姜瓖，然后用大炮轰毁太原坚城。先前投降李自成的明朝总兵再降清朝，山西差不多皆为清军所有。

河南方面，清军在怀庆被农民军打败，使得本来正要进取南京的清军主力不得不掉头回到河南。

由于清军主力杀至河南，农民军很快在灵宝被打败，急忙回撤到潼关。

年底隆冬时分，清军源源不断向潼关外增兵。双方自十二月二十九日开始激战，打了十几天，互有胜负，在喊杀和血拼中度过了1645年的春节。

1645年正月十二，守潼关的李自成部将马世耀献关投降。转天，他与七千名农民军被集体屠杀。

困守于西安的李自成闻讯灰心，西北看来是待不住了，南逃有张献忠政权在四川堵着，只能再去河南、湖广。只要能消灭南明政权，自可拥有半壁河山。

临撤退时，他命令部将田见秀把西安城内所有的建筑和仓库烧毁。幸亏这位田将军还算有人性，只点燃了东门楼和南月城楼，为西安百姓留下了御寒的房屋与粮食。李自成撤退途中回望西安城中烟火冲天（两个城楼着火），以为田见秀已完成任务，这才满意地放心而去。

李自成逃离西安，原先西北地区的明朝降将纷纷降清。白广恩、马科、郑嘉栋等前明总兵纷纷成为“大清”将领。整个西北，只有榆林的高一功是李自成的旧部，坚守不降。

从西安逃离时，李自成手下人马仍有十三万之多。依理，如果他急速行军，抢在清军之前杀往南京，最起码可以占据东南一带的富庶地区。但不知为什么，李自成走到河南耽误了不少时间，估计是因为士兵们拖家带口拉金银，严重拖慢了行军速度。

不久，清军阿济格部逼近，农民军在三月中旬往湖北方向逃窜。清军边追边打，共交手八次，结果均为大顺军战败。

李自成部队打不过清军，却渡过长江，在荆河口大败左良玉部明军，吓得这个一直“养寇自重”的明朝军阀率部移向南京。他以“北来太子案”为由，要找已在南京建立的弘光小朝廷算账。大敌当前，他不思同仇敌忾，反而与自己人“窝里反”，左良玉的人品可见一斑。

这样一来，“大顺”回光返照，武昌、襄阳均落入李自成之手。他集军二十万，准备攻取南京。但清军没有给李自成机会，没有给农民军喘息的机会，已经追至武昌。李自成只得弃城接着逃。

四月下旬，在江西九江附近的一次大战中，农民军大败，数万人被杀，李自成的两个堂叔以及大将刘宗敏皆在被俘后遭剐杀，“活神仙”宋献策也投降了清军。

湖北、江西等地大败，农民军消耗极大，李自成身边仅剩下万把人。这时候，清军多铎部已经自河南商丘和安徽泗州分头行军直扑南京，东下水路因无船也走不了，李自成只好掉回头往西南方向跑，想穿越江西西北部转战湖南。他已习惯于到处转战，逃跑对他来说不是一件辛苦事。

根据费密所撰《荒书》记载，五月初四这天，农民军大队人马行至湖北通山县境。李自成命令部下就地扎营造饭。他胡乱吃了几口，就率二十八名亲兵在附近九宫山一带转悠，一来消遣愁绪，二来察看地形。

附近的山民听说有“贼人”到，而且人数不多，只有数十骑，就纠集了数十人来杀。这些农民，后来被某些文人描绘成“地主团练武装”，这完全没有依据，他们其实都是老实巴交的农民，多年遭“流贼”之害，一直怒气满胸。最重要的是，他们根本不知道有数千农民军在附近，以为只是一股几十人的小部队，故而有胆上来厮杀。如果他们知道对方其中一人是“大顺皇帝”，如果他们知道附近有数千农民军，吓死他们也不敢出头。

李自成正在欣赏雨后青山绿水的风景，山上的村民突然出现，纷纷抛举大石往下砸。李自成手下人马立刻惊散。仓促之间，李自成拍马就跑，与同行的二十多人完全失散。

逃到牛背岭，慌不择路，又遇山间小气候的滂沱大雨，李自成的坐骑陷于泥中动弹不得，他只好下马牵着坐骑深一脚浅一脚地前行。

农民程九伯见李自成一人独行，身边又有匹好马，立刻手持锄头蹿了出来。李自成毕竟是身经百战的大将，反应自然灵敏，徒手与程九伯格斗起来。程九伯当然不是李自成的对手，被对方骑在身下。李自成压住程九伯，回手抽刀，但刀鞘中因雨水沾泥，一时间拔不出刀来。

此刻，程九伯的外甥金二狗赶到，见舅舅被一个大汉骑在身下要挨宰，情急之下，他抡起铁铲冲李自成砍去，“嚓”的一声，一下子削去“大顺皇帝”半个脑袋。于是，舅甥二人欢欢喜喜，不顾李自成脑浆迸裂的尸体，牵马而去。

后来，李自成余部被活捉，地方官府知道了山间的尸体乃李自成，就多次到山中晓谕，表示杀李自成者可受重赏。

程九伯起初不敢确认，后来听说李自成的样子和被杀地点与自己当天所遇一模一样，才大着胆子出山“认功”。由此，他不仅获赏银千两，还得到清朝总督的“亲切接见”。

李自成所率的农民军残部，刚刚吃饱饭，忽然，跑回的一个卫兵哭诉“万岁爷被乡民杀死”，一时间农民军满营痛哭。

可叹这一切，杀人“真凶”程九伯根本不知道，正与外甥一起在山中小屋看着草地上的大马傻笑。

至于日后流传的李自成病死或出家之说，均是野史逸闻。清初以来无数史家证推断，确系无稽之谈，只是把简单之事弄复杂而已。

覆巢之下无完卵

清廷对崇祯三子及明宗室的杀戮

崇祯自杀后，李自成入京，对其三个儿子太子朱慈烺（周皇后生）以及朱慈焕（田贵妃生）、朱慈灿（周皇后生）均未加以杀害。自山海关败后，李自成逃出北京，明太子绯衣乘马跟随于乱军之后，虽然颠沛流离，仍旧活了下来。

乱离之中，兄弟三人运气还算不差，凤子龙孙，金枝玉叶，沦为街边巷口厮养仆役，搬砖乞食，总能弄口饭吃。

太子朱慈烺在兵荒马乱中生存下来，回到北京，投往其外祖父周奎处。

周奎这个老坏蛋，明亡前不肯出银子饷军，李自成入京后，他由于献媚及时，竟免于被处死的命运，连刘宗敏的大夹板也没能把他夹到。

太子朱慈烺先是找到宦官常进节，细诉因由。太子虽出生在北京，但一直养于深宫，只去常家玩过，记得他府门的特征，故而寻摸着找到了这位前明太监。常公公不敢怠慢，但当时已是大清天下，也不敢留他，就对太子说他妹妹长平公主（被其父亲崇祯帝杀而未死的那位）在姥爷周家。兄妹情深，又是血亲，太子便让常公公带自己去见周奎。

太子时年十六七岁，他之所以如此胆大露面，也与清军入北京后的政治大气候有关。

多尔衮入京后装模作样殡葬崇祯皇帝、皇后，追谥崇祯为“怀宗端皇帝”，陵号为“思陵”，明白表示天下是取于“贼”，而不是取于明，宣扬清军是为明朝“复仇”。这种政治秀使得明太子误认为他可以以“真身”示人。他可能想，大顺政权不仅让他活着，还给他个“宋王”封号，那么，“仁义”的大清，应该不会比李自成差吧。崇祯太子毕竟是年轻人，就是这样天真！

周奎初见太子外孙，非常惊讶，即时引长平公主来见。兄妹二人相持痛哭。初见时候，周奎与其侄周绎待太子非常客气，行坐宴饮间均待之以君臣之礼。到了晚间，长平公主持一锦袍送给太子，嘱咐他不要再来。兄妹依依不舍地告别。

太子在外冻饿数日，思念妹妹，更思念外祖父家锦衣玉食的温暖，隔了几日，他忍耐不住，再次登门。此次，周奎的侄子周绎负责接待，周奎本人没再露面。

周绎诫嘱太子说："千万别说你是太子，有人问你，你就说姓刘，说书为生，如此可以免祸。"太子是皇家脾性，非常固执，坚决不肯。这种偏执，颇类其父。周绎很生气，就把这位表弟逐于门外。太子吵嚷，双方隔门大骂，周绎还冲出去对太子拳打脚踢。

恰巧，清兵巡逻队经过，见前明皇丈门前喧哗，事出可疑，就把太子与周绎一同抓起，送往刑部审问。

官府中堂之上，清朝一般是由满汉两名官员共审。汉官是刑部主事钱凤览。他问明情由后，怒从心起，撩衣下堂，冲着周绎的脑袋猛击一拳，大骂他"背主负恩"。从人情上讲，周绎如此对待前朝太子爷，确实说不过去，且钱凤览本人也是儒家思想教育出来的汉人，尤觉不能容忍。

在堂的满人刑部尚书定不了案，此事关系重大，只能下令把两人先收监再说。

老坏蛋周奎急了，他深知此事关涉自身性命，连夜奋笔疾书，具疏上表，直递多尔衮。他坚称被逮的不是真太子。

多尔衮听说崇祯太子落案，非常紧张，马上派人押崇祯的太子到宫，进行廷勘。同时，他召集昔日太子的锦衣卫扈从十人以及明朝宗室晋王前来认人。十人一见太子，立即下跪敬拜，异口同声说："此真太子！"明藩宗室晋王则支吾不语。

太子激愤，恨外祖父家寡情，切齿道："我来周家，只为看望我公主妹妹，没别的想法。现为周奎叔侄出卖，无论真假，大概逃不出一个

‘死’字，也不用再审，给我一刀就好！”

话虽这样说，少年人实际求生的愿望很强。

多尔衮弄清楚堂上所立玉面少年真的是崇祯帝太子，立即下令，把做证的十名锦衣卫官兵及前明宦官常进节都关入牢狱。

刑部主事钱凤览上疏道：“观周奎疏中所言，他已明说是要大义灭亲，以真为伪，为大清除害，请朝廷以仁义为重，认真对待此事。”

多尔衮自有主张。经过安排后，又进行审讯，在刑部会集更多官员听审，并派明宗室晋王和前明大学士谢升来当庭质认。

晋王下死口说不是真太子；谢升看了一眼少年人，也摇头称不是。

太子高声对谢升说：“谢先生，您在东宫给我讲课，城陷前还给我讲‘临危授命’一题，不知您还记得吗？”谢升大惭，一揖而退，仍旧默不作声。

主审汉官钱凤览见状愤恨，怒斥谢升与明宗室晋王不仁不义。此时，他仍未揣摩到清廷主子多尔衮的真意。

审毕，各人仍皆送监严加守护。于是，多尔衮坐便殿，把满朝文武大臣（包括在北京降清的前明朝臣）都唤来，探究大家对此事的意见。前明臣子们多是人精，皆唯唯而已。只有钱凤览与另外一个汉臣赵开心力争这个崇祯的太子为真，希望清朝恩养。

多尔衮沉默了一会儿，忽然拍案而起，大怒道：“真假且不必争，朝廷自有处分。但晋王乃前明王子，谢升前朝大臣，钱凤览出言不逊，无上蔑尊至极！伪太子及有关涉案人员，包括钱凤览、赵开心，皆斩首示众！”

有人假惺惺求情，多尔衮“开恩”：“钱凤览毕竟为本朝臣子，赏他全尸，斩刑改为绞刑，赵开心免死。”

清廷定案，认定崇祯太子是“伪太子”，而案件的“证人”为崇祯的妃子“袁妃”和明朝的宗室晋王。晋王不必讲，此人乃外藩，先前为清军在山西所俘，他本人根本没有见过太子，清朝主子让他说啥他就说啥。另外一个“袁妃”，也是假冒的，真袁妃在北京城陷前已被崇祯帝亲手砍死，清政府入京时曾布告过“礼葬”故明的帝、后、妃子，其中就有袁妃。这件事情大概多尔衮自己都忘了，或者他就是强权当真理，说什么就是什么，毫不顾及。

至于定案时做证的“袁妃”，其实是当年魏忠贤的“义女”，即送给天启皇帝玩弄的任妃。这个任妃居冷宫多年，为巴结清朝新贵，自告奋勇做假证，不足为怪。

最终，不仅崇祯的真太子被杀，引他见周奎的宦官常进节以及十名承认他是太子的前明锦衣卫官兵，皆一同被杀。

大约在北京“太子案”的同时，南京也有“南都太子案”。这个“太子”乃前明驸马都尉王昺的侄子王之明，他冒充太子名号想是为了求富贵。当时，在南京即位的弘光帝也很紧张：“太子若真，将何以处朕！”奸臣马士英等人为了保住自己的地位，自然严刑拷问。当时，南方地区广大士民痛恨马士英等人，对他们怀有成见，所以大多数人反而认定这个太子是真的。各地将帅，包括史可法、何腾蛟、左良玉等人均上疏力挺这个假太子。后来，史可法从前往北京的南明使臣左懋第处知道真太子在北京，非常后悔，曾致书马士英承认过错。左良玉这个弄权跋扈的大将，却反而以拥护“太子”的名义起兵“窝里反”，发兵向南京进攻。

所以说，当时南北两个“太子”，北京的是真，南京的是假。如此明白的史实，至今却仍有不少学者吵个不停。其实，早在二十世纪早期，学者孟森已经列出翔实的历史档案，对此有了定论，但由于孟教授以古汉语笔法写出，今人基础不厚，又不钻研，故而仍旧争来争去，实为荒谬至极。

清廷对待明朝宗室，表面加以恩礼，其实养起来的是疏远小宗，明皇近亲直系，屠戮无遗。究其心机，险刻深远。他们对前明公主等女性宗亲不以为意。长平公主知道哥哥被杀后，愤然出京，但清廷强迫她出嫁，不久这位公主便抑郁而死（金庸把她变成女侠，实无此事）。

清朝初建的几十年间，打着“朱三太子”旗号起兵的有好几起，最有名的当数康熙时吴三桂起兵后那个以“朱三太子”为名起兵的“天地会”首领杨起隆。康熙十八年，湖南抓到了一个和尚朱慈灿，这位确是崇祯帝的另外一个儿子。他从北京逃出时年仅十二岁，多年流落，幸免于难。康熙帝把他与杨起隆列为同宗，诬之为假，借口是北京城陷时朱慈灿年少，不可能逃脱，于是以“伪皇子”名义处死。

这还不算，康熙四十七年（1708 年），清廷又找到了崇祯帝唯一幸存的儿子朱慈焕。明亡六十余年后，康熙帝以“伪皇子”的名目诛杀了此人。在多尔衮时代，杀崇祯真太子，尚可谅解，当时南明未下，全国未定，明太子活着是个大隐患。但康熙后期，太平盛世，清朝坐稳天下，康熙下此毒手，无非是要对前明皇族斩草除根。

这件事情，案件当事人李方远在笔记《张先生传》中记得清清楚楚。康熙二十二年，李方远在一路姓大户家中首次见到“张先生”，其人“丰标秀整，议论风生”，是个侃侃能言的美男子。他自称姓张，号潜斋，在浙中大户张家为西宾（教师）。于是，二人交往密切，诗词往来，半年多内成为密友。后来，“张先生”南行，二人拜别，二十多年没有互通消息。康熙四十五年，做过县令并已经卸任家居的李方远又见到找上门来的“张先生”，他要求谋一教职养家糊口。老友相见，分外亲切，两人立刻欢饮畅叙。此后，“张先生”同时在不远的张岱霖家和李方远家教子弟读书。

康熙四十七年四月初三，李方远正与“张先生”下棋，忽然闯进一批捕快，把二人一起抓起审问。李方远做过清朝饶阳县县官，确实不知自己犯了何罪。审至“张先生”，此人马上“坦白交代”：

> 我乃先朝皇子定王朱慈焕。崇祯十七年流贼破北京，先帝（崇祯）把我交给王内官。城破后，王内官把我交与闯贼

领赏。不久，吴三桂与清兵杀败流贼，我被贼军中一姓毛的将军带往河南。他弃马买牛，种田过活。不久，由于大清捕查流贼很紧，毛将军弃我而逃。当时我十三岁，自己就往南走。行至凤阳，遇见一王姓老乡绅，知我是先朝皇子，就收留我在家，遂改姓“王”。过了几年，王先生病故，我就找寺庙出家。后来我云游至浙江，在古刹中遇见一位姓胡的余姚人，他叹赏我的才学，就把我请回家中，让我还俗，并把女儿嫁给我。后来，我又改姓张，以逃祸患。

清朝主审的钦差和两江总督等多名高官在场，问：“现在江南有两处叛逆造反案，皆称扶立你为君，恢复明朝，你知罪吗？”

朱慈焕表示：“大清于明朝，有三大恩：第一，诛灭流贼，为我朱家复仇；第二，善保明朝宗室，从不杀害（此非实情）；第三，当今圣上亲自祭奠我家祖宗（朱元璋），命人扫墓。有此三大恩，我怎能造反呢。况且，我今年已经七十多岁，血气已衰，须发皆白，我不在三藩作乱时造反，而在如今太平盛世造反，于理于情说不通。况且，如果造反，一定会占据城池，积蓄屯粮，招买兵马，打造盔甲，而我并没有做一件类似的事情。还有，我曾在山东教书度日，那里距京师很近，如果我有反心，怎敢待在那里？”

清朝官员马上押解生俘的大岚山造反首领，让他认人。这位造反的首领看了半天，表示说：“我不认得此人，只是想假借朱氏皇子名义来鼓动百姓。”

审了多日，一层一层把案件呈上去，最终刑部接康熙朱笔御批：“朱某虽无谋反之事，未尝无谋反之心，满门处斩！其人假冒前明皇子，判凌迟。”至于与“张先生”老早相识的李方远，也被全家流放到东北宁古塔给披甲人为奴。朱慈焕家在余姚，有一妻二子三女一媳，皆被清政府派人绞死在家中（传闻讲这七人是自缢，实际是被谋杀）。

自崇祯帝上吊自杀，至康熙四十七年，时光已流逝六十五年，小皇子由昔日的十二岁孩童已成为衰朽老翁，仍被押入北京城在闹市凌迟。

清朝所谓“恩养”的明室后裔，皆非正宗明裔。雍正二年，清廷找出个汉军镶白旗中名叫朱文元的人，称为明太祖第十三子代简王的后人。这一支宗王在皇太极时被清军俘获。但查朱家宗谱，此人名字可疑，排行无据，实乃假冒无疑。宣统皇帝的洋老师庄士敦所著的《紫禁城的黄昏》中，写溥仪逊位后有一猥琐朱姓男子拜访“谢恩”打秋风，大概就是“代王”这一支的后人。

明朝宗室在末期很走背运。在明末农民战争中，他们成为农民军屠戮的首要对象。从崇祯十四年至十七年，就有福王、唐王、崇王、岷王、代王、蜀王等十四个显贵王爷被农民军整家杀掉。至于郡王及将军之下，被杀的更是不计其数。

清朝方面，出于政治需要，自入关到顺治二年以前，对明朝宗室人员以诱降、“恩养”为主。清军攻克南京后至顺治八年这一段时间，清朝开始对明宗室展开屠杀。自顺治八年至康熙早期，清廷又施以杀抚并用。早在皇太极入关侵掠时代，后金军抓住明宗室王爷一般都将其处死，比如德王和鲁王。由山海关入京后，多尔衮开始以招抚为诱饵，在诛杀崇祯帝直系血脉的同时，把清军逮到的明宗室假装养起来。清军攻陷南京后，由于明宗室在中国南方纷纷被人拥立起兵相抗，清廷接二连三地罗织罪名，很快就把本来“恩养”在北京的明朝十几个王爷均残酷加以处死（包括曾经指认崇祯太子为“假太子”的晋王）。直至顺治亲政后，清廷对明宗室的控制才稍稍放缓，但彼时朱家血脉至近的“皇族”也没剩下多少了。

欲向江南争半壁

弘光君臣的梦呓

1645年的南京，初夏夜里，夜色沉沉。夜空中，璀璨群星的光亮，皆被奉先殿周遭无数大红灯笼所发的强光所夺。

殿内，软榻上斜倚着一位肥胖的男人。距他不远处，坐着个一脸大胡子的老头儿。巨胖男人是南明的弘光帝；长髯老头儿，乃大名鼎鼎的无良文人阮大铖。二人聚精会神，正十二分沉迷地欣赏着阮大诗人亲自编写的戏剧《嫦娥思凡》。

地毯上，扮演嫦娥的是位十二岁的女伶，她飞袖宛转，正与一个年纪相当扮演玉兔的男童轻舞曼歌。少男少女，四肢交摩，惟妙惟肖地表演《偷情》一折戏。

肥胖的弘光帝目光迷离，不停举杯入口。随着美酒杯杯落肚，他的呼吸越来越重。忽然之间，这位刚才还是“戏剧审美大家”的皇帝忽然站起，顿时从一名欣赏者变成了强奸犯。他三下五除二撕去正在随乐声甩袖舞唱的那对年幼男女身上的纱衣，全然不顾周遭十几位乐工和大臣阮大铖在场，开始当众蹂躏两个孩子。诸乐工深深垂头，默惧如僵尸。

大胡子阮大铖脸上没有任何表情，只是嘴角抽搐了一下：“可惜了，两个优伶辛苦培养了近两年，一下子就完了。”不过，“兵部尚书”的一顶官帽能把一切皆抵销掉。

"我醉欲眠，爱卿且去。"泄欲后的弘光帝长吁了一口气。他深饮一巨觥，向阮大铖挥了挥手……

惨淡月光下，殿门两端的长幅木刻柱联依稀可辨：万事不如杯在手，今生几次月当头。字体遒劲有力，苍然中透出一股秀媚，那是弘光帝大学士王铎的手迹。

雄鸡一唱天下白？

崇祯帝死后的时局

1644年，在中国历史上，是个非常奇怪的年份。在这一年里，总共有三个帝王的年号存在：大明崇祯十七年，大清顺治元年，大顺永昌元年。

这一年的三月十九日，崇祯皇帝自杀，二百七十七年的大明朝，轰然落下了它沉重的帷幕。但是，北京政权的落幕，还没有完全终结这个王朝的历史。

对于攻入北京的"新天子"李自成而言，历史曾经向他展示出无比灿烂的笑脸：首先，人心可用。在北京的数千大明官员中，自尽殉节的不到三十人，衣冠士人，叛降如云。其次，几乎整个中原地区，全部落入大顺农民军之手。不仅明朝山海关总兵高第已经接受招降，除了辽东尚为满人所占之外，淮河、秦岭以北的前明军队，绝大部分放械归降。

改朝换代，已是不可否认的事实。

李自成，仅仅差半步，就会成为新的刘邦或新的朱元璋。历史的事实证明，多种因素共同作用下，加之他个人素质方面存在着不可弥补的缺欠，丧失了由千百万偶然性的砖石堆砌的大好机会。

李自成及其手下，缺乏远大的、正确的政治眼光。在明朝的象征人物崇祯帝死后，他们中没有任何一个人意识到迫在眉睫的危险日益临近。山海关外，满洲铁骑已经跃然成为汉族政权最大的敌人。明朝的亡国，恰恰是败在两面作战的消耗当中。新兴的大顺政权如果能迅速收拾人心，挥转矛头，以新王朝乍起之锐，凭借雄关坚墙，完全可以把清军抵挡在长城以外。运气加上决心，李自成很有可能重新上演大唐王朝李世民最终击灭突厥那样的历史大剧。

短视的大顺政权，自上而下，没有一个人能意识到关外那个从未正面交过手的异族政权的危险性。在北京城内，大顺旗帜飘扬，可惜他们并无任何有利于当地人民士绅的减免赋税以及用人唯才的举动，而是大肆“追赃”，毒掠士民，以助军饷。

巨大的失望弥漫在北京和各地渴望新朝新气象的人们心中。为渊驱鱼，为丛驱雀，大顺政权丝毫不懂得“统一战线”，把一个又一个士绅和读书人推入敌人的怀抱。

最让人慨叹的，是李自成等人在军事上的傲慢。近在几百里以外的清军部队，大顺军好像从未意识到他们的存在。

当时，大顺军最主要的力量，除了北京地区的十余万人以外，非常多的部队都分散在西北、河南、荆襄、山西、山东等地。最重要的京东地区，竟然没有一支雄师拱卫。李自成在西北不少地方留下了自己的嫡系人马守卫，对于关乎中原王朝命运的山海关，却表现出十足的淡漠。明朝的山海关总兵高第投降后，他仅仅派出另一个明朝降将唐通率领不到一万人马前去接管防务，同时下令同清军作战最有经验的吴三桂入京“觐见”。

即使吴三桂不降清，乖乖入京成为玉食囚徒，唐通也远非镇守山海关之才。

清朝在李自成心目中，可能只是一个多次来信约攻明朝分肥的化外蛮邦。大顺政权对他们的状况完全不了解。

历史的发展，终于在关键时刻发生了陡然的转折。

白皙通侯最少年

关键人物吴三桂

一般的史书，包括根据“史实”改编的文学作品，都言之凿凿地描述：北京崇祯帝上吊后，吴三桂已经完全接受李自成的招降，并亲自率兵马往北京方向进发，欲“觐见新主”。中途，他听说爱妾陈圆圆被李自成的大将刘宗敏掠走，又闻其父吴襄被拷掠，登时冲冠一怒为红颜，带兵掉头扑转山海关，首先击败老同事唐通，然后联合另一个老同事高第，举兵宣布反对李自成的大顺政权。

事实果真如此吗？

其实，在崇祯帝死后的几年间，社会上从未有过吴三桂投降李自成的传闻，倒是曾经反清的夏允彝（夏完淳之父）在《幸存录》中言之凿凿地为他辩护过：“（吴）三桂年少勇冠三军，边帅莫之及。闯寇（李自成）所以诱其甚至，（吴）三桂终不从。”

而且，崇祯帝死后一直住在北京的士大夫，皆未听过吴三桂投降李自成一说。比如著《崇祯甲申燕都纪变实录》的钱邦芑，也讲过吴三桂之父写信招降其子被拒绝的情况：“贼（农民军）挟其父手书招之，三桂得书不发，入拜谢父，咬破中指，扯裂家书，随约王永吉借清兵十万，以图恢复。”夏允彝、钱邦芑二人，皆是生活在北京被攻陷之时的大明朝。如有吴三桂投降李自成一事，他们自然会大加渲染。

最详细记载吴三桂对李自成降而复叛的，是钱轵的《甲申传信录》，但此书成书于顺治十年，原文如下：

> 三月，（明廷）廷议撤宁远镇，并调吴三桂剿秦寇，封三桂西平伯，上（崇祯）手敕谕之。（吴）三桂方奉诏，未及行，而闯寇已陷京师矣。闯（贼）入，各镇将皆降，三桂道未通，闯（贼）令诸将各发书招三桂，又令其父（吴）襄亦

书谕，使速降。三桂统众入关，至永平西沙河驿，闻其父为贼刑掠且甚。三桂怒，遂从沙河驿纵兵大掠而东，所过糜烂。（吴三桂）顿兵山海城，益募兵议复京师。

即使在这部书中，作者也没指明吴三桂是接到父亲书信后前往北京投降，只讲他“统众入关”，往北京方向行动，更没有言及他“冲冠一怒为红颜”的事情。

顺治十二年，历史大家谈迁入京修《国榷》，也没有采纳吴三桂投降李自成之说，反而这样写吴三桂：吴三桂上书其父，“父既不能为忠臣，三桂亦安能为孝子，三桂与父诀，请自今日”！义正词严，很有郑成功斥其父郑芝龙之风。

再后，加入降官行列的吴伟业作《圆圆曲》，讥嘲吴三桂为女人而“冲冠一怒”，也没说他带兵去向李自成投降。有人可能说，诗中纪事，自然不可能完全按照实际去写。但是，吴伟业的笔记《绥寇纪略》，依旧没有记录吴三桂有降闯之事。

所以，当时和后来严谨的史家，如谷应泰、张岱等人，均在著作中不收吴三桂降闯之说。

至于《流寇志》《吴三桂纪略》等笔记小说中所载的只言片语说吴三桂降闯的内容，也没有什么枝叶可寻，只可当作“小说家言”。

乾隆时期修成的《明史》，是清朝官方钦定的史学著作，只讲了吴三桂对李自成“欲降”，突出他因爱妾陈圆圆被劫所生的愤恨，并不讲他投降过李自成。

真正大肆宣扬吴三桂投降李自成之说的，是爆发“三藩之乱”后的康熙时期。当时，为了暴露吴三桂的“大奸大恶”以显示其发动叛乱的非正义性，康熙帝在诏旨中大骂吴三桂“委身从贼”，目的完全是政治宣传。清方的主要目的是要把吴三桂塑造成一个反复无常、唯利是图的道德小人。

其实，只要看过多尔衮在顺治元年（1644年）击败李自成后向小皇帝所上的报告，就可以明显看出吴三桂根本没向李自成投降过：“（李自成）于三月二十二日僭称帝，遣人招降（吴）三桂，三桂不从，随自永平返据山海关。”

“三藩之乱”被平灭后，众恶归焉，众口一词，《庭闻录》《圆圆传》《四王合传》等笔记小说纷纷渲染吴三桂先降李自成而后为爱妾降而复叛的事情。渐渐地，传闻、小说，就变成了信史。成王败寇，日复一日。吴三桂成为完全定型的、胎里坏的典型样板。

真正的历史情况是，吴三桂接到崇祯帝诏令后，并无故意迁延，而是立刻奉诏勤王。他之所以行动迟缓，是因为要把关外人民拖家带口一同迁入关内，这种仁义之举，倒真正拖慢了吴三桂一军的步伐。

李自成攻下北京时，吴三桂应该已进入山海关地区，而非像许多书中所讲他还在宁远城磨蹭。而且，仅仅休整了四天左右，吴三桂就率整军抵达永平，然后向西前往玉田。

特别值得注意的是，投降了李自成的唐通从居庸关前往山海关接防，途中并没遇见吴三桂，所以不存在唐通代替李自成接受吴三桂投降之事。

在永平、玉田的十多天里，吴三桂在获悉明朝崇祯帝已亡的消息后，徘徊逡巡，做出了他人生中也是中国历史关键时刻的重大选择。

从感情上讲，从民族情绪上讲，吴三桂投靠同为汉人的李自成，又能“父子封侯”，自然是上佳选择。确实，明廷对吴家不薄，其父吴襄、其舅父祖大寿以及他本人，皆为明朝总兵官。从吴三桂本人来讲，在此之前，他一直在为明王朝浴血奋战。先前杏山大败，即使他提兵先逃，崇祯帝也未加以治罪，反而升他为提督。作为回报，皇太极病死后，吴三桂多次上疏，希望明朝趁清廷新旧交叠之际发动进攻。纵使日后清军重兵攻宁远，兵寡力弱的吴三桂仍旧为明朝誓死拼守，无任何怯战之心。

但是，一俟明朝社稷无主，面对改朝换代的现实，吴三桂冷静下来思考，确实一时难以定断。向与自己所辖辽东军没有血仇的李自成大顺政权投诚，自然是他的最佳选择，何况亲生父亲以及重要家属皆被扣于北京做人质。此外，他的昔日同事，文臣不说，武将如唐通、白广恩、姜瓖、黎玉田、高第等人，无不向李皇帝修表归诚，这自然也会影响吴三桂的选择。投靠大顺新主，谋取高官厚禄，应该是吴三桂当时的不二之选。

不仅时人这样想，吴三桂本人这样想，李自成等人也这样想，而且大家皆是想当然：穷途末路的吴三桂，先前一直与清军在辽东血战多年，不久前还在宁远城重创济尔哈朗部清军，他怎么可能出关投向清军怀抱呢？

一切的一切，皆是李自成一方以及北京明朝降官的想当然而已。对于吴三桂来说，曾经最凶恶的敌人，当然也是可能的投靠路径之一。

早在崇祯十五年，松锦大战之后，明朝辽东军将的中高级军官不少人被俘变节降清，其中最重要的人物，当属曾经一手提拔吴三桂的恩师洪承畴和吴三桂的舅父祖大寿。而后，皇太极亲笔写信招降吴三桂的同时，还让洪、祖二人以及其他一些高级明朝降将写信劝说吴三桂投降。但当时的吴三桂，对明朝忠心耿耿，毫无二心。倒是猜忌刚愎的崇祯帝对他放心不下，假装调吴三桂之父吴襄入京为官，实际上是把吴三桂一家人弄入北京城做人质。

北京陷落后，吴襄等吴三桂的家人自然落入李自成之手。

吴三桂徘徊于玉田附近，一直没闲着，不断派人打探北京城中的情况。李自成政权的违背常理，以及刘宗敏夺掠其妾的肆无忌惮，使得吴三桂头皮发奓：纵使自己前往北京归顺李自成，也有可能是一去无回！趁着手中仍有一支生力军，不如拼死一搏，向清朝“借兵复仇”，或可死中求生！

就这样，吴三桂来了个突然回击，打跑了替李自成镇守山海关的唐通，与明朝原山海关总兵高第一起，宣布讨伐李闯，恢复大明。而后，“借兵复仇”变为“藩王相报”。

山海关一失，整个局面，全然大变。

李自成在山海关“亲征”大败后，只可用“兵败如山倒”来形容。他率残兵撤回后，迅速放弃了北京，携带大批金宝窜回陕西。吴三桂带路，多铎、阿济格等清军铁骑一路追击，马不停蹄地蹑尾而进，不给李自成任何喘息机会。

五月初二，坊间哄传吴三桂将军在山海关大败贼军，并夺回崇祯太子。兴高采烈的北京士民争先恐后出城，大排皇帝法驾，准备迎接太子入城为君，重复大明天下。

不料想，烟尘过后，马蹄声静，映入北京士民眼帘的，不是明朝太子，而是风尘仆仆，身骑高头大马、脑后拖着大辫子的多尔衮清兵。瞠目结舌之余，迎接人群中的前明官员脑子快，将错就错，把清朝王爷多尔衮迎入武英殿。

无论如何，北京城内，又有了一位“新主”。

甫进京城，多尔衮很会随机应变。他以“为明报仇”为名，为崇祯帝发丧，并把前明大臣陈名夏、冯铨等人招致幕下效力，大肆笼络汉族士人，表示要把被农民军侵夺的土地“归还原主”。不久，多尔衮宣布北京士民要在为崇祯帝戴孝三日后剃发，引起极大反感。在京汉官纷纷上疏，竭力反对。深知自己立足未稳，多尔衮暂时收敛怒气，一个多月后下令“姑依明式速制本品冠服”，让各级汉官尽快办公视事，为清朝新政权服务。

但是，多尔衮暂时的收敛为日后的“留发不留头”埋下了伏笔。剃发后来更掀起了血雨腥风。

李自成撤退后，北直隶、山东、山西等地，乡绅士兵纷纷起事，誓要灭“流贼”，复明朝。短时间内，数十个州县并举，抬出一个明朝远支“济王”做号召（其实那个宗室不过是个“奉国中尉”，九竿子才能打着的朱明远宗）。不久，先前降附李自成的大同总兵姜瓖，忽然宣布归降清朝，在保德州的唐通也向清廷上表投附。

“大顺”的灭亡，只是早晚的事情。“兴也勃焉，亡也忽焉”，用来形容李自成，再恰当不过。

可向江南争半壁

南明政权的有利条件

崇祯帝虽然死了，但淮河以南基本上所有的地区仍然是明朝的天下。特别值得注意的是，明朝一直实行“两京制”（明成祖之后），所以，南京保有一整套完备的中央机构。当然，以往北京政府正常运作时，明朝的南京各府衙只是象征性的虚位部门，可它确确实实又是有形的实体。在南京，不仅六部完整，还有一套都察院班底。

多尔衮进北京之初打出“为明朝报仇”的旗号，接踵而来的却是剃发、圈地等一系列不得人心的举措，很快导致大批前明士大夫纷纷南奔，寻找“大明”的精神家园。

本来，改朝换代，国家易主，对于数千年来王朝更迭不休的中国人来讲，是可以用“天命”来加以解释的过程。可是，留着辫子，身着异服的辽东满人拍马而来，处处血光，不能不让中原汉人顿发“亡天下”的哀叹。

为崇祯戴孝的制令发布没几天，多尔衮立刻限令北京北城内的所有居民把房屋腾空，交予八旗兵士使用。京城周围，满洲贵族大肆圈地，强逼农民为奴，实施残酷至极的“逃人法”，激起了一系列的反抗运动。

在这种大形势下，清朝当时把主要注意力放在了追击李自成大顺军，这就为明朝残余势力在南京建立新政权提供了历史机遇。

空间方面自不必讲，清军主要在北中国与大顺军展开殊死搏斗。

从时间上讲，从崇祯十七年（1644 年）五月初开始，一直到当年十月，清军根本无法顾及江南的态势，他们把主要精力皆投于消灭李自成残军方面。当时，大顺军余部在山东、河北等地仍旧保有数十万大军，清军东扑西搏，忙个不停，根本没有任何军事力量可以抽调出来去跨越淮河收取江南。

南京的明朝官员效率也不算低，仅仅十几天工夫，就以最快速度建立了一个新的政权——弘光政权。

新的南明政权，无论是经济、政治、军事，还是人心方面，皆有着极其有利的态势。

明末以来，北中国内忧外患，战乱不断，江南地区却一直比较平稳，农业、商业、手工业发展迅速，经济积累丰厚，是明朝得以支撑的最大财赋地区，也是大明帝国最重要的经济基础。仅税收方面，江南就占全国的将近一半，可谓财源滚滚，既富且庶。

更重要的是，明朝军队在江南地区还保有一百多万人，远远超过清军的数目。在这些军队中，力量最大的当数驻守武汉的左良玉部，有八十万之多，其余如高杰、刘泽清、刘良佐、黄得功部，人数从数万到数十万不等。这几支军队，皆是能拉出一战的部队。除此以外，郑芝龙家族在东南沿海的军队，还是一支能打水仗的海军力量，势力也不容小觑。而远在云南的沐氏家族，一直对明王朝忠心耿耿，其手下又多骁勇善战的少数民族士兵。数量可观的军队和广阔的地区，为明王朝的延续提供了一个巨大的回旋空间。

南京，从地理位置上讲，自古形胜之地，虎踞龙盘，又有长江之险，文物繁多，田野富饶，军事地理位置十分独特。况且，明太祖朱元璋在此定鼎天下，使得南京本身就成为一处极具政治象征意义的城市。它不仅北有长江天险，且长江东延一直到江阴、南通，均有天险做凭恃。特别是南通往下，入海口处，江面辽阔，宽有三十多里，让人顿起插翅难渡之感。再往北推，淮河本身可作为一道天然防线。如果南明政权真有远见，凭临淮河，步步北推，即可以慢慢收复失地。如此，自可扫清河朔。

从人才方面讲，南京本来就是物华天宝，人杰地灵，江南一带是东林、复社等士大夫集团的传统老巢，人才荟萃。加上从北方不断涌入的士人，以及驻扎于江南各地等待观望的武将，乃文乃武，比起北宋灭亡之后的南宋政权，南明政权无论天时、地利、人和，都要比赵构君臣初创南宋时拥有更多的复明条件。

依据常理推断，南明新朝廷再怎么不行，也能与清朝划江而治。南明保存江南半壁江山，应该不成问题。

恰当时机中不恰当的人

弘光帝即位

北京陷落于李自成之手后，南京的官员们忧急万分，非常想知道崇祯帝及其三子的下落。

本来，南京兵部尚书史可法准备率兵渡江“勤王”，但有消息说崇祯帝已经乘舟入海南下，大家只能按兵不动。不久，忧喜参半的南京官员终于得到一个明白无误的情报——崇祯帝已经自缢殉国。如此，他们的当务之急，就是马上拥立一个新君，以此作为恢复大明朝的政治象征。

在南京，最有实权的当属手中握兵权的南京兵部尚书史可法，其次是南京守备太监，再次是提督南京军务的勋臣。以史可法为主，南京及附近地区的明臣展开了立新帝的大讨论。

崇祯帝已经“龙驭宾天”，他的三个儿子仍旧下落不明。当务之急，是要保证皇位继承有人，否则天下群龙无首，就谈不上重整旧河山。

立君这个大问题，有些当代的畅销书作家认为："大臣们要从皇帝宗亲中选出最聪明的人当皇帝。"

完全不是！立嫡不以长，立长不以贤。如果谁最聪明谁就有资格当皇帝，封建宗法早就乱了套。对于南明大臣们来讲，拥立新君，最要紧的是依据血统，谁与崇祯帝血统最近，谁就最有资格当皇帝。

依据血统，最有资格当皇帝的，非福王朱由崧莫属。而且，他与潞王朱常淓近在淮安，立时可至南京。从明神宗一系来讲，福王朱由崧是明神宗之孙，与崇祯帝同辈（其父老福王已在河南被李自成农民军吃掉）。虽然惠王和桂王当时仍旧活着，二人都是明神宗之子，但他们远在广西，辈分比崇祯帝高一辈，不如福王朱由崧"弟终兄及"名正言顺。至于史可法等南京大臣心仪的"贤王"潞王朱常淓，乃明神宗之侄，血统稍远。

福王朱由崧虽然最有资格当上新皇帝，但他几乎当不成。为什么呢？

不为别的，源于明末愈演愈烈的党争。本来，天启帝时东林党与阉党争斗甚烈，崇祯帝继位后大力打击阉党，已经使党争基本消失。恰恰是福王朱由崧的继位，引发了南明新一轮党争，朝臣们斗来打去窝里反，直至南明灭亡。

说到晚明党争，不得不提老福王朱常洵。他的生母郑贵妃，乃明神宗宠妃，所以神宗皇帝一直有意立他为帝，冷落长子朱常洛。一念之动，引发了长达二十五年的"立储之争"，群臣为了"争国本"，互相抨击，各方焦头烂额之下，直到万历二十九年，明神宗才不得不封长子朱常洛为太子。为了补偿，他又封爱子朱常洵为福王，建藩河南，以天下膏血供养这个痴肥儿子。

在因立储而兴起的党争中，吏部郎中顾宪成被贬回原籍无锡，与高攀龙等人在东林书院讲学，逐渐结派兴帮，形成了一股很大的政治势力，时称"东林党"。同时，以首辅沈一贯为首的"浙党"联合"齐党”“楚党”（均以老乡关系结党），与东林党在朝中朝外互相攻击，而后魏忠贤一派“阉党”也加入其中，双方势同水火，不能相容。

相对而言，自然是东林党多君子，阉党多小人。但党争之下，意气用事，东林党人多尚空谈，误国不少。这些以王阳明“心学”为思想指南的士大夫，太过清高自重，凡事爱讲大道理，根本不考虑解决实际问题的办法，嘴里整日谈讲性命之理，务虚名，弃实用，最终使得朝政一发不可收。

由于明末三案“梃击案”“红丸案”“移宫案”均与老福王朱常洵及其母郑贵妃有关系，所以，聚结于南京的以东林党为首的士大夫阶层，自然对小福王朱由崧极其敏感。正因当年东林党人据理力争，老福王才最终没能登上皇储之位。东林党人神经非常敏感：倘使老福王之子小福王朱由崧在南京登位，他翻起旧账，打击报复，东林党人自然不会有好果子吃。

南京兵部尚书史可法是东林党人左光斗的高徒，对福王之立，当然有所顾忌。而游走于江南的东林党党魁钱谦益，也从私利出发，联合南京户部尚书高弘图、詹事府詹事姜曰广以及南京兵部侍郎吕大器等人，四处游说，竭力主张“立贤”，即准备拥立潞王朱常汸。

东林党人的出发点是党派利益，但是，福王朱由崧的确德不配位。

这位福王朱由崧，是明神宗宠儿老福王朱常洵的庶长子。十岁那年（万历四十五年），朱由崧便被封为“德昌王”。由于老福王的王妃邹氏自己没儿子，朱由崧便得为福王世子。

真是有其父便有其子，朱由崧和他爸爸老福王恰似一个模子刻出来的，爷儿俩不仅长相相似（都是巨胖身材），而且吃喝玩乐方面的低级趣味，也是一模一样。这父子俩在洛阳王宫内，花天酒地，渔色无度。如果没有李自成造反，估计这一对活宝父子会安然度过余生。

崇祯十四年，李自成农民军进攻洛阳，老福王被烹杀，朱由崧腿快，趁乱跑掉，捡得一命。

崇祯帝对朱由崧这位堂兄很照顾，不但遣人好生安顿，而且不久后就下诏，让朱由崧嗣福王之位，由此，他就由“德昌王”变成了“福王”。

好景不长，洛阳很快又被农民军攻下，朱由崧再次踏上逃亡之路。经过卫辉府时，与潞王朱常淓同病相怜，结伴一起逃至淮安。这一次，朱由崧再无堂弟皇帝的亲切关怀，因为崇祯帝本人已经在北京自缢而死。

策立新君，有两个人举足轻重，一为史可法，二为凤阳总督马士英。二人手中握兵，又是督师文臣，所以说话分量最重。

一开始，不仅史可法主张立有贤名的潞王，马士英也十分赞同。这是因为，虽然从伦序上讲福王最为合适，但他的名声非常不好，酗酒好色，粗鄙无能。由此，东林一系以此为借口，使不少最初主张立福王的士大夫缄默而退。特别是史可法，在他给马士英的信中，写明了福王朱由崧的“七不可立”——贪、淫、酗酒、不孝、虐下、不读书、干预有司。马士英先是表示完全同意，风向变后，他灵机一动，把这些白纸黑字当成要挟史可法的证据。

从东林党来讲，他们推开伦序想立潞王，其实完全出于私心，正如钱谦益所讲的那样：“潞王，穆宗之孙，神宗犹子（侄子），昭穆不远，贤明可立。福恭王（老福王），觊觎天位，几酿大祸，若立其子（指朱由崧），势将修衅三案，视吾辈为俎上肉。”害怕福王为帝后念其父旧恶对东林党“反攻倒算”，这才是他们最大的忧虑。

史可法与马士英浦口密议后决定，既不拥立福王朱由崧，也不拥立潞王朱常淓，走第三条路线，准备往广西迎接明神宗之子桂王。

这一来，潞王派和福王派都傻了眼，谁也不好再说什么。南京的礼部准备好皇帝法驾去广西，想接桂王来南京继位。

关键时刻，一个绰号“胎里红”的太监卢九德出场，终于使帝位归于福王朱由崧。这位卢太监，当时是“守备凤阳太监”，与马士英是同事，他之所以倾向于立福王，是因为他少年时代在宫中伺候过老福王朱常洵，并深得后者喜爱。一个太监，兵荒马乱中本不能成事，关键在于，卢太监背着马士英，暗中与江南的几位手握重兵的军爷高杰、黄得功、刘良佐（皆为总兵官）联系，这几个人为贪“定策”“拥立”之功，纷纷同意，表示要立福王。

依理，这三个武官，只是总兵而已，皆受凤阳总督马士英节制，可是，非常之时，身为文臣的马士英恐怕武将趁机作乱，不敢再坚持他与史可法先前的定议，就墙头草般即刻转向，表态拥立福王。

不少史籍都讲马士英骗史可法立桂王，然后暗中向福王买好，并非实情。他拥立福王也是出于不得已。因为，从立场上讲，他最初倾向于东林一系。

马士英转向立福王，其老友阮大铖也出了大力。

阮大铖受东林党排挤多年，怨毒满胸，常言“不杀尽东林，不成世界”，所以，他提出要拥立与东林党有“世仇”的福王，并对马士英表示：“向年福王（指老福王朱常洵）未出藩时，为东林人所排挤催逼，受‘妖书’‘梃击’二案种种诬陷，致使（郑）贵妃、福王深受荼毒，今世子（指小福王朱由崧）在淮安，若迎正大位，以报旧仇，则东林可杀也！”此番记述，来自笔记《石匮书后集》，有可信之处，说明了阮大铖对东林党的挟怨报复，可书中讲马士英似乎也深恨东林党，实不尽然。

当时的马士英，与东林系士人还没有大的过节。而且，事情也不像许多笔记以及后来以讹传讹的那样，马士英阴险，认定福王好色昏庸容易控制等。要知道，好色昏庸之君，并不一定好控制。

正是由于马士英手下几位武将的转舵，才使得这位冰雪聪明的文臣转向，由原先拥桂王继位，改拥他原本并不看好的福王。老马身为凤阳总督，高杰、黄得功、刘良佐三个总兵本来是他手下的将领。承平之时，几个武将万不能有如此重要作用。但混乱年代，凡事都本末倒置。

在此，一定要讲一讲明朝的监军制度。

说起监军，特别是明朝的监军，受电视剧的歪曲、夸张影响，大家首先会想到太监监军。其实，明朝文臣监军系统非常发达，与太监监军彼此制约。也就是说，在明朝，并非公公们在军队独大。明朝文臣监军有四级——总督、巡抚、巡按以及兵备道。

从景泰年间开始，侍郎以上文臣出任总督、巡抚时，都会带一个“都御史”或“副佥都御史”的衔位，这样，更能张大其事，显示威权。挂上“纪检”名义进入都察院体系，文臣在军，自然可以尽彰“天子耳目风纪之司”的事权。最初，总督等文臣还非“文帅”，很少直接指挥战役，他们主要是协调、监督和考核将领们的业绩，弹劾失职行为。总兵、副总兵、参将、游击等武将，他们才真正负责各级的军事行动。由于监军文臣系统又有总督、巡抚、巡按等相互牵制，宦官监军另成一系，所以明朝军队系统由一庞大的监军网所笼盖，谁想独揽大权都很难。从前大太监魏忠贤只手遮天，却因为明朝这种军队监军体系，也没能轻易掌控军权。

特别是自明仁宗开始，“以文制武”逐渐成为常式，加上内阁制度的形成，武将地位日益低下。这一点，也符合封建王朝的政治需要。太平年间，君王当然要防备手握重兵的武夫，而士大夫阶级深受儒教陶冶，一般不会弄出兴兵犯上的事情。特别是嘉靖皇帝以后，卫所制度解体，兵源主要来自“募兵制”，为管治职业雇佣军人，控制武将，不使兵士成为其“私兵”，明廷只能加强文臣等监军的力度。

明朝前期，各地总兵还能与总督、巡抚分庭抗礼。成化朝以后，总督称“军门”，到达地方后，巡抚、总兵等大小官员均要谒见，总兵官有事禀告，要“甲胄行跪”，即使是各地勋臣，对总督也要“旁门庭参”。张居正当国时，大将如戚继光、李成梁，均向这位文臣自称“门下”“沐恩”“小的”，一口一个“万叩头”“跪禀”，十足凸显出文臣的威风。

所以说，有明一代，“以文制武”的策略行使效果最佳，基本上没有武将造反的可能。依据这种文官监军的制度，总督等监军文臣不仅可以对总兵等各级武将黜陟进退，甚至对所辖的地方军政大员，均有监督考核权。所以，按常理，马士英这位凤阳总督手下的几位总兵，应该只是指哪儿打哪儿的武夫而已。

但是，势异时移，崇祯帝已死，大明朝已亡。兵荒马乱中，有时候就会出现顺序颠倒的情况。内有绰号“胎里红”（应该是“胎里黑”）的宦官卢九德出手，外有手握兵权的军头响应，马士英左思右忖，从本人利益出发，一改初衷，他没与史可法协商，立刻以凤阳总督和三总兵的名义，正式向南京守备太监韩赞周递表，表示拥立福王朱由崧。

韩太监倒很“民主”，邀请南京诸臣集聚自己家中，把马士英等人的“公开信”给大家看。愕愕之际，众人只得唯唯。乱世之中，手中无兵，文臣们只能听天由命了。

不仅文臣如此，山东总兵刘泽清本来与东林系一起支持潞王继位，听说三镇总兵拥立福王，立刻转向，表示全力支持福王。

东林魁首钱谦益听说此事，瞬间脑子转了十万圈，很快也表示赞同。

这样一来，最尴尬的当属史可法了。

假使当初史可法当断就断，以王朝伦序作为最佳选择，拥推福王当皇帝，马士英就无从居功，高杰等四军镇也无法因“定策”之功而跋扈。正因东林党钱谦益等人万般游说，致使史可法一误再误，失去了独当一面首推福王即位的历史机遇。

有人会问，福王乃酒色昏庸之徒，史可法直接推他当皇帝，合适吗？当然合适！崇祯帝倒是清廉之君，乾纲独断，刚愎自用，结果又如何！南明举步维艰之下，其实推拥福王这位庸懦之君，反而能最大限度发挥正人在朝的效力。

假使史可法有第一位的拥立之功，福王继位后，自然会把国事皆交予他及东林系诸位在朝正直之臣。至于福王本人花天酒地，对于一个国家来讲，帝王私人品德方面的事情，纯属鸡毛蒜皮的小事。而众人认定是“贤王”的潞王，其实就是个古玩爱好者，他平时保养着长六七寸的大指甲，竹筒护之，行步顾影，娘娘腔一个，谈不上雄才大略，只是给人印象较谦恭而已。

舍福王立潞王之议，正如扬州进士郑元勋所讲：“祸乱由此而始矣！神宗在位四十八年，德泽犹系人心，岂可舍其孙而立侄？况且，应立者不立，则谁不可立！万一左良玉、郑芝龙等人各有所意，挟天子以令诸侯，又有谁能禁之？倘立潞王，置福王于何地？杀之？幽之？如此，天下骚动，干戈相向，万万不可！”

卑鄙是卑鄙者的通行证。既然手中有史可法亲笔所书福王“七不可立”的证据，又有高杰等武将做后盾，马士英和太监卢九德等人大张其事，与众将集体在凤阳皇陵搞“宣誓”，拥立福王，并即刻率兵迎接朱由崧向浦口进发。

为了震慑史可法等人，马士英还四处张发文告，表示说：“听闻江南有人尚持异议，谨率兵五万，驻扎江干，以备非常。”一下子让史可法下不来台，把他推到了乱臣贼子的边缘。

懊恼之余，一肚子苦水的史可法只能承认现实，顺水推舟，在浦口上船，跟随福王一起去南京。

福王开始时还假意谦虚，表示“宗社事重，我不敢当”，但是，“群臣固请”，福王也就顺坡下驴，坐上皇位。

退朝之后，姜曰广、高弘图质问史可法为何改变主意，史可法忧虑满腹，摇头叹气而已，不敢明说自己曾向马士英写信诉说福王“七不可立”的事情。

诸臣之中，给事中李沾之很能表演，当众大叫：“今日不立福王，我要撞死在此！”勋臣刘孔昭（刘伯温后代）不甘示弱，假装四处找剑，故作自杀杀人状，大喊：“大家一起死！”乱哄哄好不热闹。旁观诸人心内明白，相顾微笑，都知道这二人是在演戏，目的是博取定策拥立之功。

由于崇祯太子下落不明，福王朱由崧暂称“监国”。但仅仅过了十二天，他就正式即位为帝，改元“弘光”。

马士英拥策立之功，便成为文臣第一，史可法倒变为第二。马士英为东阁大学士、兵部尚书兼凤阳总督；史可法为东阁大学士、礼部尚书；原南京礼部尚书王铎与原詹事府詹事姜曰广兼东阁大学士，入阁办事。

史可法知道自己被马士英所卖，不可能受到新帝信任，只得自请出朝，督师江北。由此一来，马士英在朝变为“首辅”，史可法的加衔，一直只是虚衔而已。朝内大权渐渐为马士英所拢。南京东林党人以及士大夫虽然大喊“秦桧在内，李纲在外”，但都是空嚷嚷而已，于实事无补。

东林党人的私心游说，造成了史可法对立储问题的犹豫；柔懦不决，又造成了马士英等人拥立弘光帝的既成事实。

弘光帝既立，一方面信任马士英，另一方面依赖推举自己的四位武将，终于造成日后尾大不掉的局面，致使武人跋扈，不听节制，最后把弘光朝廷送上不归之路。

痴如刘禅，淫如炀帝，如此弘光帝，加上文有马士英、阮大铖，武有左良玉、刘泽清等人，难怪南京小朝廷那么短命。正是这样一个朝廷，面对北中国沸如汤火、清廷自顾不暇的大好局面，坐失良机，且很快大祸临头。

最无远见的政略

南明“借虏灭寇”的国策

弘光帝继位后，立刻宣布要为崇祯帝“复仇”，把矛头直指农民军。这一帮朝臣，无论贤愚，都似乎忘记了现在与南明争天下的不是“贼”，而是“虏”——清朝政权。

弘光政权之始，有史可法、姜曰广、高弘图、刘宗周等正人君子在朝，他们首先裁撤南北镇抚司，清除特务组织，看上去很有新气象。

在设立四镇的同时，大为可笑的是，弘光朝廷还天真地封早已剃发降清的吴三桂为“蓟国公”（人家已是清朝“平西王”）。在最关键的对外政策方面，无论是史可法还是马士英，皆一心奉行“借虏灭寇”（“款清灭寇”或“酬虏灭贼”）的政策。

此举，谬莫大焉。

历史的事实早已证明，对于明王朝来讲，除农民军以外，清军是最凶恶的敌人。早在皇太极时代，后金就打算与中原各路农民军瓜分大明朝，严禁士兵与农民军“交恶”，很想浑水摸鱼，趁火打劫。多尔衮掌权后，得知李自成占领北京，他立即派使者携亲笔信向“闯王”示好，表示要“并取中原”。只是李自成当时太过张狂，没把他们放在眼里。

后来，在汉人范文程等人的怂恿下，多尔衮终下决心，要趁乱入主中原，与大顺政权一决高下。可巧的是，天上掉下来个吴三桂，这位爷把山海关拱手献与清廷，联兵共击李自成，终于使多尔衮来到了努尔哈赤、皇太极做梦才能到达的北京皇廷。

当然，以马士英为谋主的弘光朝廷，最早提出“借虏灭寇”，不是出于对形势的误判，确实是由当时信息不灵所致。他们认定吴三桂一心为明朝社稷，尤其是他率军大败李自成，在南明诸臣眼中，简直就是“不贰功臣”。至于吴三桂已经献出山海关、投降清军的事，弘光君臣完全不知情。在这种情况下，马士英提出，借助吴三桂之力，联合清军打击农民军，并天真地认为此举可以使清军与农民军在交战中“两败俱伤”。同时，江北诸镇明军可以与左良玉等军队四下出击，最终能进往山西，追堵农民军的东下之师。取得阶段性胜利后，再与清军讨价还价，最终的目的，是送钱送物把清军“请”出关外。

不仅仅马士英这样想，史可法、刘宗周等也是如此想，他们皆认为“雪先帝仇耻”（为崇祯帝报仇）最重要，所以“款虏不为无名”，借虏灭贼，誓要把农民军消灭干净。可见，南明诸臣，没有一个人能清楚认识到当时最大的敌人不是“贼”，而是“虏”。

清军占领北京地区后，日子一直不太平。北直隶地区人民纷纷揭竿而起，道路阻塞，清朝统治岌岌可危。而在山东一省，清军只有数千残兵散勇，正规军主力去追击大顺军了，当地的清朝官员心急火燎，唯恐南明政权会乘虚而入。河南基本处于无政府状态，盗贼四起，清军很难有效管制。

在这种形势下，南明君臣没有任何进取的动作，只有偏安坐等之心，丧失了趁乱收取山东、河南的大好机会。当然，南明内外几个中下级军官，如兵科给事中陈子龙、吏科给事中章正宸，都曾上疏，指出秋高马壮之后，清军肯定会控弦南指，饮马长淮。他们都认为，清廷表面上声称为明朝报仇，实则“蓄谋难测”，提醒朝廷不可盲目仿效唐朝利用回纥军队平定叛军的故事来麻痹自己，并语重心长言及北宋借金灭辽、南宋借元灭金的历史教训。可惜的是，南京朝中，无人听信。

弘光政权的文臣们抱定“借虏灭贼”之心，武将们内心更怯，他们连农民军都打不过，又怎敢与打败农民军的清军交手！

南明朝廷逡巡犹疑之下，黄河流域大部分地区，一块一块沦入清军之手。

事实上，清军初取北京，已经是意料之外的大喜，大多数贵族皆主张在北直隶等地大肆屠戮一番后，饱掠而归关外老巢。雄才大略如多尔衮，一直坚持皇太极以北京为都城的进取政策，但他当时最大的野心只是立足于北中国，与南明讲和，划江而治。但是，清廷内部的汉人和在北京降清的明朝官员，纷纷上言，请求清廷一统天下，竭力张扬江南经济漕运对清朝立国的重要性。特别是那些南方省籍的降臣，大讲特讲江南的民风脆弱，不堪一击。所有这些“劝告”，最终使多尔衮下定了统一中国的决心。

当然，此时清廷属下汉人文臣奴才众多，远非努尔哈赤时代动辄喊打喊杀的小边酋味道。他们开始喜欢“礼尚往来”。先以多尔衮名义，给史可法发去一封书信，大讲清朝为明朝“报仇”的“功劳”后，指斥南明诸臣拥立弘光帝是自取灭亡，恫吓之意，非常明显。

由于这份由汉臣起草的恫吓书文采太好，笔者不得不摘录全文（此文大概是降清的上海籍东林党人李雯写原稿，范文程亲自润色。括弧内文字系笔者所加，下同）：

清摄政王致书于史老先生文几：

予向在沈阳，即知燕京物望，咸推司马。及入关破贼，与都人士相接，识介弟（指史可法堂弟史可程）于清班，曾托其手勒平安，权致衷绪，未审何时得达？

比闻道路纷纷，多谓金陵有自立者。夫君父之仇，不共戴天。《春秋》之义，有贼不讨，则故君不得书葬，新君不得书即位，所以防乱臣贼子，法至严也。

闯贼李自成，称兵犯阙，手毒君亲；中国臣民，不闻加遗一矢。平西王吴三桂介在东陲，独效包胥之哭。朝廷感其忠义，念累世之宿好，弃近日之小嫌，爰整貔貅，驱除狗鼠。入京之日，首崇怀宗帝、后谥号，卜葬山陵，悉如典礼。亲、郡王、将军以下，一仍故封，不加改削；勋戚文武诸臣，咸在朝列，恩礼有加。耕市不惊，秋毫无犯。方拟秋高气爽，遣将西征，传檄江南，联兵河朔，陈师鞠旅，勠力同心，报

乃君国之仇，彰我朝廷之德。岂意南州诸君子，苟安旦夕，弗审事机，聊慕虚名，顿忘实害，予甚惑之！（指南明诸臣拥立弘光帝）

国家（清廷自指）之抚定燕都，乃得之于闯贼，非取之于明朝也。贼毁明朝之庙主，辱及先人。我国家不惮征缮之劳，悉索敝赋，代为雪耻。孝子仁人，当如何感恩图报？兹乃乘逆寇稽诛，王师暂息，遂欲雄据江南，坐享渔人之利。揆诸情理，岂可谓平？（你们南明）将以为天堑不能飞渡，投鞭不足断流耶？

夫闯贼但为明朝祟耳，未尝得罪于我国家也。（我们大清）徒以薄海同仇，特伸大义。（你们）今若拥号称尊，便是天有二日，俨为劲敌。予将简西行之锐，转旆东征；且拟释彼重诛，命为前导。夫以中华全力受制潢池，而欲以江左一隅兼支大国，胜负之数，无待蓍龟矣。

予闻君子之爱人也以德，细人则以姑息。诸君子果识时知命，笃念故主，厚爱贤王，宜劝令削号归藩，永绥福禄。朝廷当待以虞宾，统承礼物，带砺山河，位在诸王侯上，庶不负朝廷伸义讨贼、兴灭继绝之初心。至南州群彦，翩然来仪，则尔公尔侯，列爵分土，有平西（王）之典例在。惟执事实图利之。

輓近士大夫好高树名义，而不顾国家之急，每有大事，辄同筑舍。昔宋人议论未定，兵已渡河，可为殷鉴。先生领袖名流，主持至计，必能深维终始，宁忍随俗浮沉？取舍从违，应早审定。兵行在即，可西可东。南国安危，在此一举。愿诸君子同以讨贼为心，毋贪一身瞬息之荣，而重故国无穷之祸，为乱臣贼子所笑。予实有厚望焉。记有之："惟善人能受尽言。"

敬布腹心，伫闻明教。江天在望，延跂为劳。书不尽意。

史可法接到书信后，不敢怠慢，亲自回信，措辞润色再三（可见《史可法集》中的墨书原稿），想方设法说服多尔衮能像从前历史上契丹、回纥民族那样帮助中原王朝平定贼寇，表明最终明朝会以大量金银作为回报酬谢。同时，史可法还申辩江南士民拥立福王为帝，是因为“天意”“民心”所归，法统理应继位。

但纵观全书，史可法卑辞下意，不仅完全把大明昔日的藩属当成平等之邦来对待，且无任何中原王朝峻烈激昂的精神来驳斥多尔衮信中的恐吓和威胁。而且，史可法在信中列出了弘光帝继位时的种种“祥瑞”，更是迂腐可笑：

大明国督师、兵部尚书兼东阁大学士史可法顿首谨启大清国摄政王殿下：

南中向接好音，法（史可法自称）随遣使问讯吴大将军，未敢遽通左右，非委隆谊于草莽也，诚以大夫无私交，《春秋》之义。今倥偬之际，忽奉琬琰之章，真不啻从天而降也。循读再三，殷殷致意。若以逆贼（李自成）尚稽天讨，烦贵国忧，法且感且愧。惧左右不察，谓南中臣民偷安江左，竟忘君父之仇，敬为贵国一详陈之。

我大行皇帝（指崇祯）敬天法祖，勤政爱民，真尧舜之主也。以庸臣误国，致有三月十九日之事（指崇祯帝自杀）。法待罪南枢，救援莫及，师次淮上，凶问遂来，地坼天崩，山枯海泣。嗟乎！人孰无君，虽肆法于市朝，以为泄泄者之戒，亦奚足谢先皇帝于地下哉！

尔时南中臣民哀助恸，如丧考妣，无不抚膺切齿，欲悉东南之甲，立剪凶仇。而二三老臣，谓国破君亡，宗社为重，相与迎立今上（弘光帝），以系中外之心。今上非他，神宗之孙、光宗犹子，而大行皇帝之兄也。名正言顺，天与人归。五月朔日驾临南都，万姓夹道欢呼，声闻数里。群臣劝进，今上悲不自胜，让再让三，仅允监国。迨臣民伏阙屡请，始以十五日正位南都。从前凤集河清，瑞应非一。即告庙之日，紫云如盖，祝文升霄，万目共瞻，欣传盛事。大江涌出楠梓数十万章，助修宫殿，岂非天意也哉！

越数日，遂命法视师江北，刻日西征。

忽传我大将军吴三桂借兵贵国，破走逆贼，为我先皇帝发丧成礼，扫清宫阙，抚戢群黎，且罢剃发之令，示不忘本朝。此等举动，振古铄今，凡为大明臣子，无不长跪北向，顶礼加额，岂但如明谕所云感恩图报已乎！

谨于八月，镨治筐篚，遣使犒师，兼欲请命鸿裁，连兵西讨。是以王师既发，复次江淮。乃辱明诲，引《春秋》大义来相诘责。善者言乎！推而言之，然此文为列国君薨，世子应立，有贼未讨，不忍死其君者立说耳。若夫天下共主，身殉社稷，青宫皇子，惨变非常，而犹拘牵不即位之文，坐昧大一统之义，中原鼎沸，仓猝出师，将何以维系人心，号召忠义？紫阳《纲目》，踵事《春秋》，其间特书，如莽移汉鼎，光武中兴；丕废山阳，昭烈践祚；怀愍亡国，晋元嗣基；徽钦蒙尘，宋高缵统，是皆于国仇未剪之日，亟正位号，《纲目》未尝斥为自立，率皆以正统予之。甚至如玄宗幸蜀，太子即位灵武，议者疵之，亦未尝不许以行权，幸其光复旧物也。

本朝传世十六，正统相承，自治冠带之族，继绝存亡，仁风遐被。贵国昔在先朝，夙膺封号，载在盟府。后以小人构衅，致启兵端，先帝深痛疾之，旋加诛戮，此殿下所知也。今痛心本朝之难，驱除乱逆，可谓大义复著于《春秋》矣。若乘我国运中微，一旦视同割据，转欲移师东下，而以前导命元凶，义利兼收，恩仇倏忽，奖乱贼而长寇仇，此不惟孤本朝借力复仇之心，亦甚违殿下仗义扶危之初志矣。

昔契丹和宋，止岁输以金缯；回纥助唐，原不利其土地。况贵国笃念世好，兵以义动，万代瞻仰，在此一举。若乃乘我蒙难，弃好崇仇，规此幅员，为德不卒，是以义始而以利终，贻贼人所窃笑也，贵国岂其然欤？往者先帝轸念潢池，不忍尽戮，剿抚并用，贻误至今。今上天纵英武，刻刻以复仇为念。庙堂之上，和衷体国；介胄之士，饮泣枕戈；忠义兵民，愿为国死。窃以为天亡逆闯，当不越于斯时矣。

语曰："树德务滋，除恶务尽。"今逆贼未伏天诛，谍知卷土西秦，方图报复。此不独本朝不共戴天之恨，抑亦贵国除恶未尽之忧。

伏乞坚同仇之谊，全始终之德，合师进讨，问罪秦中，共枭逆贼之头，以泄敷天之愤。则贵国义问，照耀千秋，本朝图报，惟力是视。从此两国世通盟好，传之无穷，不亦休乎！

至牛耳之盟，本朝使臣久已在道，不日抵燕，奉盘盂以从事矣。

法北望陵庙，无涕可挥，身蹈大戮，罪应万死。所以不即从先帝于地下者，实为社稷之故。

传曰："竭股肱之力，继之以忠贞。"法处今日，鞠躬致命，克尽臣节而已。即日奖率三军，长驱渡河，以穷狐兔之窟，光复神州，以报今上及大行皇帝之恩。

贵国即有他命，弗敢与闻。惟殿下实昭鉴之。

总而言之，面对清廷咄咄逼人的威吓，南明诸臣，依旧不放弃“借虏灭寇”的天真幻想，他们对眼前事实根本没有清醒的认识。更为可笑的是，降清鹰犬吴三桂，仍被史可法称为“我大将军吴三桂”。当时，人家已是清朝的“平西王”！而且，清朝王爷手下的汉人走狗，时时为主子出谋划策，他们的智商和谋划，皆高于他们南明的同胞们。

清朝建立后，销毁了无数对他们“形象”不利的史料，但多尔衮和史可法的这两封书信能够保存下来并且为世人所知，确实要感谢乾隆帝这个“好事者”。在一份谕旨中，他先“深刻表扬”了一下多尔衮，然后指出史可法的“孤忠”可嘉：

> 朕幼年即羡闻我摄政睿亲王致书明臣史可法事，而未见其文。昨辑《宗室王公功绩表传》，乃得读其文；所为揭大义而示正理，引《春秋》之法斥偏安之非。旨正词严，心实嘉之。而所云（史）可法遣人报书，语多不屈，固未尝载其书语也。夫可法，明臣也，其不屈，正也；不载其语，不有失忠臣之心乎？且其语不载，则后世之人将不知其何所谓，必有疑恶其语而去之者；是大不可也。因命儒臣物色之书市及藏书家，则亦不可得；复命索之于内阁册库，乃始得焉。卒读一再，惜可法之孤忠，叹福王之不慧；有如此臣而不能信用，使权奸掣其肘而卒至沦亡也！福王即信用可法，其能守长江而为南宋之偏安与否，犹未可知；而况燕雀处堂，无深谋远虑！使兵顿饷竭，忠臣流涕顿足而叹无能为力，惟有一死以报国；是不大可哀乎！

如果说南明诸臣皆无知、昏聩，也不是事实。崇祯时代曾任大学士的魏德璟就曾上书，认为顺治帝年幼登基，诸位清廷贵族争权，李闯仓皇奔命，明朝大可乘机恢复中原，文武合力，逐次收拾旧山河。高杰、黄得功等武将，也曾想挥师北入河南然后进陕西，他们对朝中大臣向清朝示弱讲和之举大不以为然。

但是，当权文臣马士英、史可法的态度决定了南明的政策指向，这些人沉浸于“借清灭寇”“南北分治”的梦想中，咬牙切齿想先灭掉“流贼”。他们不懂得，清朝才是南明最阴险、最凶恶的敌人。

由于南明政权在几个月内力图讨好清朝，不思进取，多尔衮风风火火加快了对农民军的军事行动，毫不顾忌地着力平灭李自成余部。

十月下旬，多尔衮传檄江南，派多铎为定国大将军，统领汉人二王孔有德和耿仲明，共率两万多精兵，直往江南杀来。

多尔衮举兵的借口有三：第一，南明擅立福王；第二，南明不思“讨贼”，诸将拥众害民；第三，崇祯帝自缢，南明诸臣穴鼠思懦，无人臣之礼。

幸亏其间李自成大顺军对怀庆府展开猛攻，多尔衮忙令多铎进入河南与阿济格联手作战，这才给了南明小朝廷一次喘息的机会。

使臣碧血洒北京

左懋第的凛然北行

马士英、史可法等弘光大臣定下“借清灭虏”的基调后，明朝前都督同知陈洪范上疏弘光帝，“自告奋勇”，毛遂自荐，要替朝廷充当使臣，前往北京与清廷谈判。

弘光朝廷很高兴，陈洪范是军将出身，与吴三桂有深厚的交情。他作为使臣去北京，是非常合适的人选。

其实，陈洪范与降清的明将唐虞时早就搭上线，暗与多尔衮书信往来，是清朝的奸细耳目。日后，北使数人，仅他一人生还。为了掩盖自己的变节和暗中通敌，他作《北使纪略》一文，为自己的行为涂脂抹粉。这个笔记虽是涂饰之文，但南明使团出使的详细经过也正因为他的记载，得以非常完整、周详地记录下来。

得知陈洪范即将去北京的消息，大臣左懋第因其母灵柩在北京，主动表示要充当使节。最终，南明朝廷进左懋第为南京兵部右侍郎兼右佥都御史，进马绍愉为太仆寺少卿，进陈洪范为太子太傅，让三人率使团出使北京。一般中原王朝派使臣去敌国谈判，为隆重其事，都会为使者加官衔。

左懋第受命后，却认为马绍愉不该同行，因为以前在崇祯朝，马绍愉因"款虏辱国"曾被左懋第弹劾过。弘光帝不许。确实，这位马绍愉和皇太极以前颇有交往，属于清廷的老熟人。

左懋第临危受命，明知是去往虎狼之穴，心中却充满凛然正气，也由此踏上不归之路。

南明与清朝的谈判筹码，基本是依据大臣高弘图的章奏而确定，其中最重要的内容不外乎以下几条：

第一，割山海关以外地方与清朝（本来就为清军所占，何"割"之有！）。

第二，承认清朝，以南北朝之例平等待之（太晚）。

第三，确定十万"岁币"的数目（可笑至极，清廷岂能接受这种"微薄"之礼）。

第四，改葬崇祯梓宫（想把自杀的皇帝从田贵妃墓中挖出，重新隆重埋葬，荒谬之甚）。

第五，弘光帝年长，称"叔"；顺治帝年幼，称"侄"，保留大朝面子（政治就是讲实力，谁强谁当"爹"，所以，此条也是南明可笑的自大）。

左懋第抱有必死之心，临行前，他提醒弘光帝要时时整顿兵马，准备渡河收复故土，并且指出："必能扼河而守，方能画江而安！"弘光帝唯唯，根本当作耳边风。

七月二十一日，南明使团浩浩荡荡从南京出发，除弘光帝给“北国可汗”顺治帝的亲笔信以外，还有封吴三桂为“蓟国公”的诰敕、白银十万两、黄金一千两以及一万匹绸缎。

荒谬至极的是，弘光君臣还准备派人用船运出十万石粮食给吴三桂“剿寇”用，幸亏军阀刘泽清把船只抢去给自己的“水军”使，才免使大量粮食为清军所用。

使团之中，还有一个祖泽溥，他是降清明将祖大寿的儿子。由于吴三桂是祖大寿的外甥，南明派他去，是想让他和表哥吴三桂“联络感情”。

一行人走走停停，九月初五，行至济宁，但守城的清军不允许南明使臣队伍入城，并在城上放炮呐喊，作欲出城搏杀状。由于北行使团连护卫多达数百人，济宁清军只是虚张声势，并不敢贸然出城相拼。

九月初九，南明使团在汶土县遇到清将杨方兴（当时是个河运总兵），听完南明诸人的通好陈述后，他殊不以为意，大言道：“谋国要看大势！我大清兵强马壮，如要与我们和好，你们应该先行多运漕粮送给我们，我们往上面交代也好说话。交好没别的办法，你们央求摄政王（多尔衮）早行统一大业吧。本镇现在主要关心逆贼李自成的动向，没时间与尔等周旋。”虽为大言，却可见出，这位清将的见识远远高于南明大臣。

行至德州，更可诧异的是，清朝山东巡抚方大猷满大街张贴告示，给南明使团来了个下马威：“奉摄政王令旨，陈洪范等人所径之处，有司不必敬他们，让他们自备盘费。只允许陈洪范、左懋第、马绍愉率百人进京朝见，其余人等均留置静海，祖泽溥所带多人，俱许入京。”

如此告示已经明白无误地表明，清廷不会以平等身份接见南明使臣，只把他们当成来京“朝见”的地方政权代表。

左懋第很生气，对陈洪范等人出示南明阁议的文本，表示此行目的主要是“酬夷而非款夷”，重申“不屈膝不辱命”，要大家见清人时保持大明尊严。

九月二十六日，清廷派汉人骆养性到静海县，宣布只许百人进京，其余几百人皆集中关押在县内一个古寺中，严禁走动。

骆养性原本是明官，与左懋第等人相见时语多礼敬，似有不忘故国之意。清廷间谍很快上报，多尔衮大怒，立刻派人把骆养性削职逮问。此后，降清明臣皆杜门噤声，再无人敢明里暗里与南明使团互通消息。

九月二十九日，南明使团百余人到达河西务。这时，他们已经听说顺治帝要于十月初一在北京正式宣布为“皇帝”。因此，一行人停留当地，先派小官王廷翰和王言，以“副将联名帖”的名义往清廷内院送帖。

降清汉官冯铨见帖大怒，厉声责问：“知道‘入国问禁’这一说吗？怎么你们不报摄政王，径自持帖来见我？”

王言小心回禀：“大明使臣奉本朝皇帝之命，致谢清朝。过济宁时，我们已准备发启通告摄政王，但德州有方巡抚‘不必敬他’之语的告示，因此中辍上启之事。现在使臣派我来见您，正是向您‘问禁’。”

冯铨语塞，脸色稍平，只简短言道：“我不收你们的帖子，可即进京来见。”

左懋第乃明朝大臣，熟知礼仪。行至张家湾后，不肯再前，派人送书启，对摄政王多尔衮表示：“依礼，我大明三位使臣奉御书礼币来北京，大清应遣官郊迎，岂有呼之即入之礼？”左懋第看似书呆子气，但铮铮铁骨，不辱使命。而后，他又写一封信，让王言持之遍示清廷内院的汉臣。

据王言陈述，洪承畴见书，“有不安之色，含泪欲堕”；崇祯帝时代的大学士谢升“时而夷帽，时而南冠，默然忸怩”，只有昔日的阉党冯铨侃侃大言，傲然自恣。

主持内院的满人贵族刚林（刚陵榜什）厉声喝问：“为何使团不直接入京？”

王言答："大明皇帝有御书，不可轻亵。大清如不派官依礼郊迎，使臣宁死不进北京。"

十月初十，清廷派出礼部官员到张家湾见南明使臣。先行入京的祖大寿之子祖泽溥派人传说，表示"摄政王见启，颜色颇善"，并转达其父祖大寿（先前在锦州降清）的话："只要我们有机会，一定效力！"

南明使团派人暗中与吴三桂联系，得到吴三桂的回复："清朝法令甚严，恐致嫌疑，不敢出见。"他暗中也派亲信表达："终身不敢向大明以刀枪相见！"

其实，祖大寿、吴三桂此时如此表示，并无"心怀故国"之念，只是当时天下局势还未明朗，对南明使臣说几句宽心话，周旋而已。

过了两天，清廷派出仪仗队，鼓吹前导。南明使臣手捧弘光帝"御书"，从正阳门入北京城，左懋第一身孝服，凛然而行。

南明使臣一行人，均被安排住在鸿胪寺。大门紧锁，外面兵丁层列，有如监视囚徒。由于禁止生火取暖和做饭，南明使臣们又冻又饿，挨了一宿。

转天一大早，清廷派来几个普通的礼部吏员，询问："南来诸公，有何事至我国？"

左懋第回答："我朝新天子继位，来贵国借兵破贼。听说贵国又为大明先帝（崇祯）发丧成服，所以派我们来携银币致谢。"

清朝礼部官员漫应曰："有书信，可交予我们。"

左懋第："御书御礼，应送入贵朝，不能轻易由礼部转交。"

清朝礼部小官面露不快："凡是进贡文书，都由我们礼部转启。"

左懋第怒言："天朝御书，怎能与其他藩国文书相比！"

礼部小官拂袖而去，临走撂下一句话："既然你说是'御书'，我们不收也罢！"

十月十四日，清朝内院学士刚林率十余人，各自佩刀而入。刚林大大咧咧，在鸿胪寺大堂找个椅子居中坐下，其手下清官清将均坐在他右首的地毡上。负责充当翻译的，是刚林的弟弟车令，此人狡黠善辩，精通满汉语。他指着刚林左首的地毡，对明使臣说："你们坐这里！"

左懋第正色厉声："我们大明，不像你们有坐地的习惯，快取椅子来！"

刚林等人相顾，为左懋第气势所折，让人取来三把椅子。

左懋第亲自把椅子摆好，与刚林相对而坐。

刚林阴沉着脸，忽然发问："我国发兵，为你们破贼报仇。江南一兵不发，却突立皇帝，这是怎么回事？"

左懋第："当今皇上，乃神宗皇帝嫡孙，夙有圣德。先帝（崇祯）既丧，伦序应立，怎能说不宜？"

刚林沉默片刻，问："崇祯帝可有遗诏让他为帝吗？"

左懋第："先帝变出不测，安有遗诏？南都大臣，听闻先帝之变，心胆皆碎，刚巧赶上当今皇上在淮安，万民归心，告立于大明太祖皇帝神庙，安用遗诏？"

刚林不屑："崇祯帝死时，你们南京臣子不来相救，今日突立新皇帝，岂有此理！"

左懋第正色说："北京失守，事出不测，南北地隔三千多里，诸臣闻变，整兵练马，正欲北来剿贼，传闻贵国已发兵逐贼，以故不便前来，恐与贵国生疑。今我前来，正是答谢贵国，相约共同杀贼。"

刚林轻蔑一笑："你们早干什么去了，今日却来多话！"

左懋第慷慨陈词："先帝遭变时，我正在上江催兵。"

刚林："你在催兵？曾杀得流贼否？"

左懋第："我在上江催兵剿张献忠，闯贼知我有备，未曾敢犯上江！"

言来语往，唇枪舌剑，刚林觉得自己占不了上风，便悻悻道："毋多言，我们已发大兵下江南！"

左懋第丝毫不让："江南尚大，兵马甚多，贵国莫小觑我们的力量！”紧接着，他补充说，“我等数千里来此，本为答谢贵国摄政王替我大明破贼，又为我们先帝发丧。阁下您为何以兵势相恐吓？果真用兵，我岂能言语阻之？但我以礼来，贵国以兵往，恐怕这并非摄政王当初起兵破贼的原意吧？况且，江南水乡，北骑真能保证在那里得胜吗？”（在《北使纪略》中，陈洪范把这番言语记在他自己名下。）

刚林不答，作色而起，径出不顾。

多尔衮闻报，召集内院诸臣，问如何处置左懋第等人。数位满臣主张：“杀了算了！”

洪承畴跪禀：“两国相争，不斩来使。如果杀了他们，下次无人敢再来了。”

多尔衮连连点头：“老洪所言极是。”于是，清方有意放回南明使臣一行人。

十月十五日，清廷派人来鸿胪寺收取银币。收足礼单上所开列的数目后，清将见明使行李中仍旧有许多银子，就争相抢夺。

南明使臣上前阻拦，说那些银两是弘光帝赏给吴三桂的。诸清将不听，攘夺装车，欢喜雀跃而去。

左懋第见清方大不为礼，忙修密表，派人急忙赶回江南，希望南京方面及早防御。

由于李自成余部的威胁，清廷一下子还来不及马上集中兵力攻打江南。他们把在北京的使节一行牢牢看死，不许他们出大门一步。

又过了五天，刚林之弟车令与祖大寿之子祖泽溥回来，声称要遣送南明使臣回去。祖泽溥说自己被父亲留住，不能同还。左懋第看他的打扮，发现他已经剃头，心中明白此人已经随父降清，不好再说什么。据与祖泽溥同行的明朝参将讲，祖泽溥是被逼剃头，并“痛哭一日夜，还表示过‘至死不忘国家’”。祖氏一族，好坏掺杂，对他们真不好妄下评语。这位祖泽溥后来对清廷忠心耿耿，官最大时做到福建总督，康熙十八年病死。咽气之时，不知他是否仍旧“不忘国家”。

复被扣押数日，至十月二十六日，清朝内院学士刚林突然出现，对左懋第等人讲：“你们明早就走！天津使团余众，我已派人押送济宁，马上就去告知他们。你们回江南后我们大清马上发兵南来！”

左懋第知道与清廷谈判无望，便提出最后要求：“我们此来，还想去昌平祭告先帝。”

刚林摇手摆头：“我朝已替你们哭过了，祭过了，葬过了！你们哭什么！祭什么！葬什么！你们先帝死后，江南拥兵不讨贼；你们先帝在天之灵，肯定不受你们这些江南不忠之臣的祭！”

未等南明使臣多作辩解，刚林派人当庭朗读清朝檄文，大抵是指斥南明擅立皇帝，表明清朝马上要兴兵讨伐。

憋了许久没敢发言的陈洪范忽然说话：“流贼在西（指李自成），猖獗未灭，贵国又发兵而南，恐非贵国之利！”

刚林拂袖道：“你们赶紧走，不要管我们大清的事情。”

十月二十七日，清廷派出三百多精兵，押送南明使团出北京，中途严禁人员私语、停歇。

走了两天，明朝使团人员到达河西务，仰望明朝皇陵在近，大家皆相顾痛哭。

到达天津后，南明使团中的陈洪范密奏多尔衮，要清廷截留左懋第、马绍愉等人，只放他自己南归。信中，他保证会率兵归顺，为清朝招降江南诸将。

摄政王多尔衮闻之大喜，即刻派学士詹霸前往天津暗中约见陈洪范，封官许愿，勉励他回江南后帮清廷“策反”明朝诸将。

所以，十一月四日，刚过沧州十里，忽然有清军骑兵追上南明使团，逼迫左懋第、马绍愉等人返回北京，只许陈洪范带少数人回江南。

见此，陈洪范佯装不知，还假意高声质问：“三人同来同归，奈何留此二人？”

清将心里也笑，表面作色道：“留二位暂住，你可速回南京传报，我大清兵即刻要下江南！”

左懋第异常平静，对陈洪范表示：“我以身许国，不得顾家，请致意在朝诸公，立刻派兵防河防江！”

为此，陈洪范在《北使纪略》中还假惺惺地写道当时的感觉是“肝肠欲裂”，并大骂“夷狄豺狼，变幻莫测”。其实，清廷拘押左懋第，他正是幕后总策划。

回行途中，陈洪范入高杰军营，游说高杰降清，被后者拒绝。由于害怕被杀，陈洪范酒宴间假装中风发病，得以乘夜逃回南京。他回朝后，很为清朝卖力，一面告知弘光帝清廷方面有意讲和，一面密报黄得功等人暗中与清朝交往，想借南明君臣内乱自相残杀为清朝帮忙。

弘光帝和马士英等人虽庸陋，也能看出这陈洪范只身一人回朝，大为可疑。但又无他通敌的实据，只好把他打发回家。

左懋第被清军押回北京后，关在太医院的高墙内。清廷对这位大明忠臣很感兴趣，先后派洪承畴、李建泰来劝降。

左懋第见到洪承畴，睚眦俱裂，斥责道：“你是个鬼魂吧，速速退去！洪大人为大明殉难，先帝赐祭赐葬，已死久矣，鼠辈怎敢冒洪大人之名来劝我投降！”洪承畴老贼闻言，脸红心颤，满面惭色而退。

李建泰刚入门，左懋第即大骂：“这不是先前蒙先帝宠任、御饯督师的李建泰吗？老贼你不能殉国而降闯贼，又有何颜面来见我！”李建泰连屁也没敢放一个，仓皇离去。

转年五月，南京陷落的消息传来，清廷派人送来驼酥羊肉，进一步劝降左懋第。左大人痛哭不食，来者被挥斥而去。晚间，坐念家国沦落，左懋第满含热泪，题诗院壁：

峡坼巢封归路回，片云南下意如何？寸丹冷魄消难尽，荡作寒烟总不磨！

听说南京朝廷已经被灭，南明使团中有军将艾大选私自剃发，准备向清朝投降。左懋第怒极，立即召集太医院被拘押的南明使团余众，斥责艾大选无耻，当众杖杀了他。

清廷知晓此事后，派人来“问罪”。

左大人凛然答称：“我自行大明法律，杀我部下，与你们何干？”

摄政王多尔衮闻之益怒，派人勒兵闯入太医院，严令剃头，大喝：“留发不留头！”

淫威之下，使团中不少人投降，唯独左懋第以及从官陈用极、王一斌、王廷佐、张良佐、刘统等六人坚决不降。于是，诸人均被清廷打入水牢，断绝饮食，百般折磨。

过了数日，左懋第等人仍旧不降。多尔衮又好奇又钦佩，便亲自审问左懋第诸人。

左大人面见大名鼎鼎、杀人不眨眼的摄政王，长揖不跪，铁骨铮铮。

多尔衮见过很多无骨似狗的汉人降臣、降将，却很少见到左懋第这般人才，心中爱之，欲活其一命，便当场咨询在场的汉人降臣。

陈名夏知多尔衮之意，又不好明说，便模棱两可地表示：“左懋第之命，如他为崇祯帝奔丧而来，可饶；如为福王继位通告而来，不可饶。”

左懋第闻言一笑，讥讽道：“你在大明曾中过会元榜眼，应该知道当今皇上（弘光）是先帝的什么人吧。”

陈名夏俯首不言。

又有降臣金之俊来劝：“先生您何不知天命？”

左懋第反言相讥：“先生您何不知天理？”

多尔衮一旁厉声问：“你自谓知天理，我问你，为什么你吃我大清朝粮食，半年犹不死？”

左懋第的从官陈用极在一旁高声回答：“你们来夺我大明江山，却反说我们吃你们的粮食，是何道理！”

多尔衮大怒：“汝辈何人，也敢不跪！”立命卫士棍棒交下。

陈用极喷血狂呼：“士可杀不可辱！”

多尔衮闻言改容，沉吟久之，说：“汝等不畏死，都是忠臣好汉。如果降我大清，必得厚待！”

左懋第等人慷慨从容，唯求速死。

满堂汉人降官缄默无声，羞惭之下，无人再为左懋第等人请命。

见此情状，多尔衮只得下令，把左懋第等人牵出处斩。

一行六人，左懋第居首，从容步行至菜市口。站定后，左懋第问身边挺立的五人：“你们不后悔吧。”五人异口同声：“求仁得仁，又有何悔？”

左懋第容光焕发，连呼：“好！好！”然后，他南向四拜，端坐待刀落。

炮声已响，忽然一清将飞骑而来，高喊：“如果有人投降，立刻封以王爵！”闻此言，左懋第坚定而清晰地说出他生命中最后八个字：

“宁为南鬼，不为北王！”

似乎英雄义举，感动天地。晴明天气，忽然风沙四起，屋瓦皆飞，其情其景酷似当年文天祥大英雄北京受刑之日。

行刑刽子手杨某也是汉人，他向左懋第等人涕泣叩头行礼，然后行刑，落刀。

萦绕不去的阴影

与国偕亡的党争

南明弘光朝的党争，一般史书和史家皆众口攻讦马士英、阮大铖二奸挑事，其实，此见过于偏颇。

弘光小朝廷的党争，乃东林党人首先发难。正是史可法的犹豫和短见，使得四镇军阀得拥弘光帝继位。武人自此骄恣，东林一系再无全掌朝政的可能。在此打击下，东林党一腔邪火无处发泄，拼命对马士英和他所推荐的阮大铖展开攻击，大揭“逆案”。为求自保，阮大铖发起“顺案”，引联群小，与东林一系在朝中展开恶斗，大施拳脚。双方争得你死我活，完全不顾国事危在旦夕的大局，浸沉于党争派斗之中，最终把南明拖向灭亡。

言及明朝党争，有必要理顺一下脉络。

自万历朝张居正去世，昔日被压制的言官力量忽然反弹，他们频频上书言事，指斥执政。党论之兴，自此勃然不可控制。此后，明神宗一朝的“争国本”“妖书案”“禁宗案”以及癸巳京察引起的贬黜接踵而来，门户渐趋明显。首辅沈一贯出于私心，为争阁权，对党争推波助澜，终于造成朝臣派系交恶日甚一日的情况。

万历二十二年（1594 年），吏部郎中顾宪成因在推选阁臣问题上惹恼明神宗，被黜为民，回乡闲居。十年后，他在老家原有的东林书院中与高攀龙等人以讲学为名，讽议朝事，品评人物，并与北京朝臣同志者遥相应和，终于形成了“东林党”。

后来，朝中又出现了宣党、昆党、齐党、楚党、浙党，皆因其首领籍贯而得名。这些党人互相勾结，与东林党人作对，只要是他们的异己，就把对方斥为“东林党”，这才造成东林党中正直之人越来越多的局面。

而后，“梃击案”“红丸案”“移宫案”的发生，更使得晚明党争趋向高潮。三案之中，东林一系大都为持正君子，但也造成朝野诸党联合、共击东林的局面。

明熹宗继位后，魏忠贤大太监乱政，与东林党的对手们联手，形成阉党势力，霍维华、崔坚秀、阮大铖等人纷纷加入，形成了“五虎”“五彪”“十狗”“四十孩儿”等阵容强大的阉党集团。有皇帝和魏公公撑腰，这些人在朝中大翻盘，屡兴大狱，接连以熊廷弼“封疆案”为由头，弄死了东林党杨涟、左光斗、魏大中、周朝瑞、袁化中、顾大章“六君子”，然后编著《三朝要典》，以官方语言，对万历三案等事进行歪曲记录，把东林党人描述成罪不可赦的大奸巨恶。

崇祯继位后，诛杀魏忠贤，清除朝中阉党。而后，在翰林编修倪元璐等人发起下，正直朝臣们纷纷要求为东林党人平反昭雪。对此，崇祯帝大力支持，下旨焚毁《三朝要典》。可值一讲的是，当时的侍讲官孙之獬冒天下之大不韪，在东阁痛哭，大声嚷嚷不可毁焚先帝（明熹宗）时代御定的《三朝要典》。此人正是日后给多尔衮出主意使之决意施行“剃发令”的败类。

东林党恢复名誉后，钦定“逆案”，诏示天下，一百多从阉官员名列其中，阉党势力几近灭顶。可是，阉党中漏网分子也有不少，他们一直在朝野中蠢蠢欲动，时刻欲翻案。

崇祯二年，太仓学者张溥成立“复社”。这本来是为了“复兴古学”而成立的文学团体，但日趋壮大，江南地区各文学、政治团体纷纷加入，名人荟萃，吴伟业、黄宗羲、陈子龙等大批宿儒名士联袂而入，一时间声名大噪，显然是东林一系的延伸。当时的首辅温体仁特别讨厌东林党人，借机打击复社，疏奏张溥等人结党不法，遥控朝政。

张溥见情势不妙，就主动找到宜兴人周延儒（此人原为东林党人的对头），鼓励他再返北京，从温体仁手中夺回首辅之位。周延儒借助东林（复社）之力，最终回北京重返相位，悉反温体仁时代之政，并召回被罢斥的倪元璐等人（当然，周延儒本人并非君子，所以在《明史》中此人列于《奸臣传》）。

周延儒再相事件明白无误地表明，复社已经不是文学团体，而是完完全全的一股政治力量。这也说明了晚明党争的如火如荼。党争并非仅仅是正义与邪恶之争，其中夹杂不少个人恩怨或团体利益，彼此攻讦，不择手段，最后对明朝的时政没有任何好处，只能加速朝政的紊乱和大明的衰败。

清朝士人总结明朝亡国的原因，认为“明朝之亡，始于朋党，成于阉竖，终于盗贼，南渡继之”（《南疆逸史》），此言非常确切。所以，南明成立后，党争不灭反炽。

在南京，东林系痛斥马士英援引阮大铖，似乎马士英是阉党成员，其实根本不对。马士英原来还属东林党人的支持者。至于阮大铖，更非阉党骨干。

这里，还需交代一下阮大铖的为人以及他和马士英的关系。

阮大铖的仕途，是个走霉运的过程。由于他是安徽怀宁人，和左光斗同乡，所以他最早意属东林，是个老东林党人。但在朝中，顾宪成从中阻挠，把本应属阮大铖的吏科都给事中一职转给魏大中担任，如此，嫌隙构成，激使他与东林党人反目。虽反目，却未成仇。崇祯帝继位，久居乡间的阮大铖急于在新君前有所作为，便弄个双保险，写成两份疏奏，一份专攻阉党，一份把阉党和东林党指斥为朋比奸徒，交给北京的友人杨维垣，让他相机而行，代为上疏。

杨维垣出于私心（为反驳倪元璐），也不观察当时政事的进展是否对阮大铖有利，就把第二份攻击阉党和东林党共为“奸党”的疏奏呈交给皇帝。由此，东林党人把阮大铖视为大奸大逆，并在随后对阉党的清算中把他打入“逆案”名单，惩罚结果是“永不叙用”。

投机不成的阮大铖虽然倒霉，但他是大地主出身，有钱有闲，又是大戏曲家，就流寓于南京，弄出一支高级戏班子，借戏遣愁，自娱自乐。

这位落魄老才子，使得当地的一些东林党士子大为不爽，以顾杲、黄宗羲等人为首，他们发扬痛打落水狗的精神，联合签名，写了一篇名为《留都防乱公揭》的“大字报”，把阮大铖说成南京可能发生的“动乱”毒瘤。

这样一来，阮大铖有口难辩，毕竟他名列钦定“逆案”名单，东林仇人遍地，只能灰溜溜离开南京，跑去牛首山“隐居”。

张溥的“复社”用巨款行贿崇祯帝身边的司礼太监，使得周延儒能重返北京政坛当首辅，当时的阮大铖也从中出钱出力。对此，周相爷准备“投桃报李”。但碍于东林党人势力强大，周延儒不敢公开起用阮大胡子，就取用中间手法，让阮大铖推荐一个好友当官。思来想去，阮大铖就推荐与自己同中万历四十四年会试榜的朋友马士英重新出山。

这位马爷本来当过宣化巡抚，中间因为贪污罪被罢职。至此，周延儒为还阮大铖“人情”，把马士英的职位恢复，使他坐上凤阳总督的位子。马阮二人由此成为莫逆之交。

弘光帝继位后，马士英把持朝中大权，自然首先想到昔日的恩人阮大铖，说服弘光帝直接任命他为兵部右侍郎。

从马士英本人讲，他举荐阮大铖入南京，只是人情还人情，起先绝无为“逆案”翻案的意思。不料，此举却捅了东林党这个大马蜂窝，他们群起而攻之，以刘宗周、黄宗羲等人为代表，不断上书，危言耸听，指斥阮大铖是阉党骨干，如果起用他，国将不国。

于是，大学士姜曰广、户科给事中罗万象、兵部侍郎吕大器等人，纷纷痛心疾首，上疏弘光帝，责斥马士英不顾崇祯帝尸骨未寒就翻逆案，是浊乱朝政的大恶之事，指责马士英有意把弘光帝当成曹髦那样的末世庸君来掌控。

言语汹汹之下，马士英极其窝火，但也不得不暂时中止让阮大铖入朝的行动。

不久，在左良玉军中当监军的巡按御史黄澍入朝觐见弘光帝。黄澍此来，主要是受左良玉所遣，伺察弘光朝廷虚实。出于门户私见，这位东林党人在朝堂行礼完毕，即呼奏道：“臣今来朝，誓当冒死以击奸贼！”

弘光帝愕然，问：“卿以谁为奸贼？”

黄澍大声回答：“奸臣大贼，乃马士英也！此人被先帝殊宠，由罪人擢为凤阳总督，逢北京被困，他拥兵坐视，不发一兵相救，全无人臣之心。马贼既不忠于先帝，又怎能忠于皇上！此外，凤阳乃祖陵，大明发祥之地，马士英闻警即逃，不守祖庙，不仅他自己是不忠之乱贼，又陷皇上为不孝之子孙，万死而有余辜！”

黄澍边骂边哭，上前大扇马士英嘴巴。在场群臣，无不凄然动容，弘光帝也面红耳赤，熟视良久，对阁臣说：“黄御史所言有理，可详细奏之。”

于是，黄澍当庭历数马士英罪恶，使得这位大学士脸面皆无，“惶急无以应，气索声嘶”，只得向弘光帝叩头乞罢。弘光帝当时准奏。

马士英当然不甘心如此退出南京政治中心。他回家后，立刻上书，吓唬弘光帝说：“为臣一旦离京而去，四镇皆失势，朝中大臣肯定拥立潞王为帝。”此外，密得马士英重金贿赂的原福王府两个太监也在宫内“流涕”劝说弘光帝：“皇上您如无马公，不可能正大位。如果逐出马公，天下人皆会认定皇上是忘恩负义。而且，马公在内阁，万事担当，皇上可以整日悠闲自在。如无马公，朝臣有谁肯顾惜皇上？”

弘光帝本来就是昏淫之君，耳根极软，很快就重新召马士英回朝。

这时的马士英，恨极了东林党人，召阮大铖密议，想方设法击垮朝中反对势力。

阮大铖咬牙切齿：“彼攻‘逆案’，我们应作‘顺案’以反击。”所谓“顺案”，就是要清算北京明臣投附“大顺”的失身降贼行为。当时降附农民军的官员中有不少人是东林一系，马士英就上疏，准备兴起大狱。

由此，东林党势力大损。吕大器、姜曰广、刘宗周等人，因先前在“策应”时没有拥戴福王，不安于位，纷纷离职而去。

姜曰广陛辞时，南明小朝廷还上演了一幕忠奸争骂的戏。

弘光帝上朝，群臣陪列。姜曰广说：“微臣我触忤权奸，自分万死；圣恩宽大，犹许归田。”

马士英勃然大怒："我为权奸，你是老贼！"随即，他叩头对弘光帝说："臣从满朝异议中推戴皇上，愿以犬马余生归老贵阳，避贤路。如陛下留臣，臣亦但多一死而已！"

姜曰广叱之："拥戴皇帝登基，也是人臣居功的口实吗？"

马士英反唇相讥："我无功，难道你们谋立潞王有功吗？"

二大臣争吵不休。最后，还是弘光帝在御座上面和稀泥："潞王乃朕之叔父，贤明当立。两先生毋伤国体。"

二人既出，复于朝门相对破口诟骂。

姜曰广骨鲠廉介，有大臣风范。但弘光小朝廷，确实难容这样的正人君子。这样一来，正人去位，小人在朝，弘光朝廷，可想而知。

在太监李承芳的进一步活动下，弘光帝亲自下旨，任命阮大铖为兵部右侍郎（李承芳从前落魄时，曾得到阮大铖的帮忙，所以，阮大胡子确实是个会押政治赌注的人）。不久，即令他兼右佥都御史，巡阅江防，进官左侍郎。

阮大铖兴起"顺案"，株连甚广。有人劝他："天下未定，您如此罗织，专为报复，不知最后到底是为虏还是为贼？"

阮大铖"心直口快"，说："钟鸣漏尽，时日无多，我只要能及时报复这些仇人，管他为虏为贼！"

转年二月，阮大胡子就坐上了兵部尚书之位。誓师江上时，他身穿素蟒服，腰缠碧玉带，一身戏子装束，可谓过足了戏瘾。不仅他如此作秀，东林领袖钱谦益入南京时，也让其爱妾柳如是戎服骑马，头插雉尾，作昭君出塞状。

马士英、阮大铖当政后，先弄出如下当国"大计"：第一，迎接弘光帝嫡母入南京；第二，迁老福王"梓宫"（福王已被李自成军队吃掉，空棺而已）；第三，因皇子未生，应大选淑女充实后宫；第四，要防备诸王，立刻把幸存的宗室迁入南京近地安置。

于是乎，南京的皇宫内一阵大忙，四处搜罗年轻男子净身充当太监，并追认老福王为“恭皇帝”。宦官四下寻摸，只要见到民间女子有姿色者，即刻用黄纸贴额，拉入宫中。市肆骚然，致使民间有不少妇女自尽相拒。

弘光帝又觉宫殿狭隘，大兴土木，四处搜寻巨木大柱。有人找出朱元璋时代存放在工部仓库中即将朽烂的大木若干，立刻上表称“神木自至”，以哄皇帝高兴。城内斧锯叮当，好不热闹，一派升平气象。

搞工程要花钱，苛捐杂税已经太多，马士英就想出一计：榷酒助饷，每斤一文，真正是苍蝇腿上找肉。

马、阮自己也不闲着，贪污纳贿，无所不至，谁只要给钱，就立刻有官做，以至于民间歌谣四起：“中书随地有，都督满街走，纪监多如羊，职方贱如狗。荫起千年尘，拔贡一呈首。扫尽江南钱，填塞马家口。”

除夕之时，弘光帝在兴宁宫中愀然不乐，眼神阴郁。太监韩赞周见状，就问皇帝：“新宫华丽舒适，应该高兴才对。皇上您似乎心中有事，难道是思念皇考（老福王）和先帝（崇祯）吗？”

弘光帝良久不应。过了好久，一声深沉叹息后，他才开口：“进宫演戏的班子，男女优伶，色艺双佳者，太少了！”

飞扬跋扈为谁雄

“四镇”与“左镇”

弘光帝之所以得立，军头们出力最多，成为定策元勋。为此，继位之初，南明小朝廷就封高杰为兴平伯，镇守徐州、泗州地区，刘良佐为广昌伯，镇守观阳、寿州地区，刘泽清为东平伯，镇守淮安、扬州地区，黄得功由伯进侯爵，镇守滁州、和州地区，并在扬州设置“督师”，由史可法担任。

从四镇驻地和督师驻地就可明显看出，南明弘光一朝只想留守于江南，根本无任何北进之意。

下面，简要叙述一下四镇军将的个人经历。

高杰，陕西米脂人，与李自成是老乡。“老乡骗老乡，两眼泪汪汪。”崇祯七年（1634年）十月，明将贺人龙围李自成于陇州。困急之下，李自成派高杰假装向贺人龙约降。不久，贺人龙的军使与高杰来往密切，似乎假戏成真，所有这一切让本来善疑的李自成疑窦顿起。同时，高杰一表人才，姿貌魁伟。这位美男子偶然到军资仓库去支粮米，与李自成的老婆邢氏“一见钟情”。邢氏勇武多智，兼掌军资，因李自成日日在外攻城略地，很少有时间相见，见到高杰相貌堂堂，又是一口流利的乡音，很快就勾搭成奸。

妇人本性多疑。邢氏给李自成戴顶大绿帽，自己反而先着慌，就撺掇高杰向明朝官军投降。当时的李自成还不成气候，高杰本来与明将贺人龙关系不错（贺人龙也是米脂老乡），趁机带着李大嫂（邢氏）及一帮兵士归降明朝，一变而成为受招安的“官军”。这些摇身一变的军士当中，就包括日后大名鼎鼎又反反复复的李成栋。

高杰由“贼”变成“官军”后，非常能干，数次大败李自成、罗汝才、张献忠等人。即使后来他的老上司贺人龙、孙传庭等人或为朝廷诛杀或为贼兵所害，唯独高杰能独善其身，一直保存“有生力量”。

崇祯十七年（1644年），明廷授高杰为总兵，命其驰救山西。天下纷乱之际，高杰面对势若山来的李自成农民军连战连败，但在败退途中仍纵兵大掠，一丁点儿没有“官军”气象。相反，当时的李自成一改昔日作风，爱民如子，加上李岩（此人历史上不一定真有其人）等知识分子出身的书生帮忙，宣传搞得不错，老百姓乐呵呵地唱着：“吃他娘，穿他娘，闯王来了不纳粮。”

崇祯皇帝吊死煤山后，高杰率兵南遁。南明的弘光帝封他为兴平伯，以扬州为驻地。

由于高杰的部队恶名远扬，扬州士民把四城紧闭，防贼一样地紧守，不让高杰的部队入城。

高杰震怒，勒兵攻城。同时，他还派兵在扬州城外到处掳掠，这一切使得他臭名远扬。如果在平日，不用等御史纠劾，朝廷早会有人挟旨而来，光是攻城抢掠人民的罪过就够杀他一百个脑袋了。但当其时也，内忧外困，南明小朝廷正倚重武将，而且弘光帝又深感其“推戴之功”。无奈之余，史可法也从中“和稀泥”，把瓜洲让给高杰部队进驻。

高杰知道扬州城很难攻下，就顺势收下史可法的“人情”。不久，他奉弘光朝廷命令，移镇徐州。

刘良佐，直隶人，经历与高杰类似，原本是李自成手下，当时高杰护李自成内营，刘良佐护外营，骁勇能战，常骑一匹斑驳大马，人称“花马刘”。投降明朝后，因敢战而受淮抚朱大典重用，多年在六安、庐州一带与农民军抗衡，与黄得功一起曾在潜山大败张献忠部。因功被擢为总兵官。

北京被李自成攻陷后，刘良佐在河南正阳沿路劫掠不已，大肆扰民。后来，刘良佐率部大掠淮上，并猛攻临淮。

相比高杰，刘良佐更是多一份贼性，少一份忠心，日后，他拥十万众向清军投降。

刘泽清，山东唐县人，字鹤洲。这位刘爷有将才，人长得漂亮，“白面朱容”，望之若画中人，但这个人的禀性卑鄙残暴，好货取利，是明末跋扈恶将的典型。他最早发迹于平定登州孔有德之乱，小打小闹，混上个山东总兵。

崇祯十六年，刘泽清奉命去河南攻打李自成，他见“贼”就跑，对当地百姓倒是发狠猛杀，虚报战功，获取赏银。

李自成进围北京，崇祯帝令他勤王，他托言堕马受伤。明廷下令让他扼守真定，他根本不奉诏，反而在当天大掠临清，统兵南逃，所到之处焚劫一空。崇祯帝君臣为求他增援，本要封他为东安伯，但已进入江南地区的刘泽清大掠瓜洲，复又盘踞淮安，专心做一方军阀。

此外，刘泽清对外作战胆怯，对内极其凶残，平时爱取死囚心肝佐酒，杀表兄杀亲叔，恣意而为。

刘泽清的叔叔刘孔和，性豪迈，工诗文。北京失陷时，他在家乡起兵，杀掉大顺政权委任的县令，率众南下依附刚刚即位的弘光帝。刘泽清使幕客游说，刘孔和便领兵归附自己的侄子。

一日，刘泽清张盛宴作诗，宾客交口赞誉，唯独刘孔和不语。刘泽清不悦，数次强问叔叔，让他品评自己的诗作是否精工。刘孔和在侄子军中日久，非常郁闷，便说："国家举淮东千里付足下，但不闻你北向发一矢以抗敌！诗即精工，何益国事？况且，你作诗还未必精工！"

刘泽清大怒，为之罢酒，座客皆震慑不安。刘孔和拂衣徐出，不顾。怨愤之下，刘泽清暗中派士兵追及舟中，以弓弦缢杀了叔叔。弘光朝廷不知，已经下命任刘孔和为副总兵。等谕旨到达，刘孔和已经被杀三天。

在淮安时，刘泽清为了显示清雅，大治宅邸，花费千金构建水阁，招致诸生吟咏歌颂他的"功业"，颇自矜诩。

如此对外怯懦对内凶残之将，靠拥戴弘光帝得以升官，平日傲慢无礼，逢人夸耀："我二十一投笔，三十一登坛，四十一列土，竟不知二十年中所作何事！"

清兵南下时，有人问他御敌之策，他笑道："我拥立福王而来，以供我休息耳。万一有事，吾自择江南一郡去也。"

国难之时，他唯一的"功业"，就是在淮安大兴土木，建造僭拟皇居的豪宅，壮丽非常。后来，清军一到，刘泽清即率众六万降清。

黄得功，字虎山，开原卫人，貌伟多髯，膂力绝伦，天生一个将才。此人出身贫贱，赶驴为生，因非常勇武，被马士英常识，不仅婚娶由老马主持，老马还派人教他兵法。

后来，马士英当凤阳总督时，黄得功才力得施，堵截"流寇"，建功河北，多年与张献忠部、“革左五营”等血拼，立功不少，声达御座，崇祯帝曾亲赐其药，以彰其勋。

弘光帝继位后，由于察觉到黄得功忠心耿耿，非常看重他。黄得功虽然受知于马士英，但本性淳朴，对明朝始终没有二心。他部下人马，也有五六万之多。

除上述四人以外，还有左良玉部。左良玉是山东临清人，早年与后金激战于辽东，因作战勇猛而逐渐升官。此人长身赤面，善左右射，目不知书，智略颇多，善抚士卒。

后来，杨嗣昌督军，左良玉在与农民军作战过程中时而大胜时而大败，逐渐拥兵自重，并在崇祯末年已经挂“平贼将军”印，获封宁南伯，坐镇南昌。如此，他控遏南京上游，拥兵八十余万，气势汹汹，对外号称“百万”。

弘光帝继位，左良玉自恨无策立之功，本来不赞成，后因湖广巡抚何腾蛟、巡按黄澍苦劝，他勉强上表拥戴，被晋封为“宁南侯”。但是，弘光帝、马士英等人，对他最有戒防之心。

乱世重武将，可南明比南宋远远不如。宋高宗赵构偏安江南，杀一岳飞易如反掌。弘光帝继位于南京，却只能听任四镇及左镇跋扈称雄。

日后，南明数帝均在武将掌握之中，日益衰弱，次第而亡。

以刘泽清为例，此人原本书生意气，年轻时因为猜忍好斗，被学政禁止参加考试，无奈之下，他才改武科。从骨子里，他对士人有极大的反感。所以，面见弘光帝后，这个武臣竟敢说出这样的话：“祖宗天下，为白面书生坏尽。此辈宜束之高阁，待臣等杀贼后，再逐次择用，故请罢制科。”

由于他先前在崇祯朝曾为东林党人排挤，故而不遗余力与马士英站在同一战线，尽显武将骄横。

有样学样，其余三镇军头，曾与刘泽清一起，在党争最激烈时，联合上疏，指斥姜曰广、刘宗周“谋危社稷”。这种武将弹劾文臣的“本末倒置”，在以前的明朝政治中，从未出现过。此时拥兵自重的军阀们，已是肆无忌惮。

同时，四镇之间为争夺地盘，扩充势力，相互间多有摩擦、冲突，几乎酿成内乱。黄得功、高杰二部火并，差点儿造成两支军队几十万人之间的混战，如无史可法从中弥缝，当时窝里死斗几不可免。

但话又说回来，倘使无东林党和史可法等人的私心，弘光帝依伦序顺利继统，根本就不可能出现四镇参与“策立”而造成的拥功自专。所以，追根溯源，史可法难逃其责。

高杰驻扬州，史可法安排黄得功驻仪征，本来就是让他牵制高杰。与黄得功同宗的明朝登莱总兵黄蜚想入南京觐见弘光帝，怕路中为高杰、刘良佐等人劫掠，就写信给黄得功，让他接应一下自己。黄得功率三百精骑出迎，至距邗关五十里以外的土桥时，饮马吃饭，高杰派出大队人马突然杀出，矢石如雨一般密集，尽杀黄得功三百精骑。幸亏黄得功本人悍勇，只身逃免。高杰乘胜，又趁黄得功离镇，派大兵进袭仪征，反被早已有备的黄军打得大败而逃，千余人被歼。于是，二部将领各自整军备马，意欲仇杀。

史可法无奈，亲自至仪征调停，苦劝苦说，表明天下人皆知土桥之变曲在高杰，并自己出银补偿黄得功的马价，黄得功勉强接受。最终，高杰也受史可法劝说，送千金与黄母作寿，二人之间的仇怨才稍稍得释，但高、黄二部已是势不两立。史可法只得调黄得功移驻庐州，派高杰移镇徐州。

诸镇军阀各自拥兵自重，他们在军事上毫无作为，军饷开支却极大，使得南明政府捉襟见肘，入不敷出。羊毛自然出在羊身上。由此，江南百姓顿入水火之中，倍受压榨。

南明赋税倍增，百姓骨髓殆尽，家财粮食，全被政府搜刮，以奉养这些骄兵悍将。即使是丰年，江南一带的财赋仅仅六百万两白银，可四镇及左良玉的军队，竟然需要七百万两白银来养，所以，南明只得对江南百姓加征赋税，来满足军需。

清朝方面马不停蹄，一直处于高度的紧张和亢奋之中，连连占有山东、山西大部分地区。由于弘光朝廷“借虏灭寇”的基本政策，南明军队上下醉生梦死，根本不向北方推进，任由山东、河南日渐成为清朝的稳固统治区。

崇祯十七年（1644 年）十月十二日的怀庆战役，大顺军获得大胜，攻克沁阳，让多尔衮大惊，从而把所有重兵皆调入陕地，合击李自成余部。倘若弘光君臣审时度势，即使打最简单的人海战术，也能向北方跃进一大步，最差也能把防线推至黄河岸边。彼时，北直隶、山东、河南东部等地，清军兵力空虚。

可笑的是，弘光君臣小人心态，存有坐山观虎斗的幸灾乐祸心理，谁也不懂在大乱之中设法保有第三种力量的绝对重要性，任由清军放心大胆、倾注全部老本在陕西追围大顺军决战。

丧钟不仅仅为大顺军李自成而鸣，也将为南明弘光朝廷而鸣。

顺治二年（1645 年）三月，被清军追着打的李自成统大顺余部跑到襄阳，向汉川开进，在清河口大败左良玉部。

打不过李自成，左良玉部既不防“贼”也不击“虏”，反而借“北来太子案”，乘船蔽江而下，杀往南京要“清君侧”。

不久，李自成在湖北通山遇袭被杀。大顺政权领袖人物的死亡，也宣告了这个政权的落幕。

清廷的注意力，立刻全部指向了南京。

以下犯上窝里斗

许定国杀高杰的“睢州之变”

许定国在睢州诱杀高杰事件，是南明弘光朝一个事关全局的大事件。

高杰在前文中有叙述，这里要细讲一下许定国其人。

许定国，字肤公，河南太康人，出身贫寒，少入行伍，膂力过人，据说能双手举起千斤大钟，所以有“许千斤”的绰号。

此人年轻时，一直在明朝辽东的军队中闯荡，因在山东平灭白莲教有功，得升为副总兵。崇祯初年，他被调任河南，大概是从崇祯六年待到崇祯十二年。其间，许定国一直同农民军作战，并取得了太康之战的胜利。

总体来讲，许定国战绩一般，主要是与农民军周旋而已，但个人势力日益壮大。

崇祯帝在河南新设河南总兵，委与原为河南巡抚的张任学，把时为“署镇”的许定国调往山西。崇祯十四年（1641 年），许定国才被实授为山西总兵，当其时，他已年近七十。

不久，由于李自成在河南展开猛烈进攻，围困开封，明廷命令许定国率五千精兵从山西赶往河南进行援助。此时的许定国，心怀简慢，上疏崇祯帝，要求朝廷先发赏银、赏缎和银牌。出于事急，明廷兵部满足了许定国的要求，凑银凑物运至山西。

许定国得钱得物却不出力，行至山西沁水时，他就开始磨蹭、拖延，并暗中唆使部下士兵哗变。然后，他就以安抚为名，长时间在沁水一带逗留观变，生怕临老死在河南农民军的刀下。

明廷兵科给事中不久上疏劾奏许定国“挟非分之赏，率援汴之师，阴纵士卒而归，借口招安，逍遥河上”。

由于事实清楚，许定国被明廷逮入北京，下狱论死。如果在平常，老四夫肯定难逃刽子手的大刀。

但是，崇祯十六年，李自成农民军在河南大败明军后直扑陕西，打死明朝大帅孙传庭，进军延安、榆林后，直向山西进发。

病急乱投医，毕竟许定国是个具有作战经验的老将，在兵部尚书张缙彦保举下，明廷把许定国从狱中放出，授河南援剿总兵一职，让他跟随兵部右侍郎余应桂收拾孙传庭死后留下的残局。

余应桂是文臣，又无胆略，没到山西就停步不走，很快被猜忌多疑的崇祯帝削职逮问，这样一来，许定国上面没有了文臣“督师”，重新回到他的根据地河南。

由于他先前在河南待了六年多，培植了不少私人势力，所以如鱼得水，旧部纷纷来归。

北京的牢狱生涯使许定国对明朝上层心怀怨恨，他专心经营自己的势力，以图在乱世中自保。

于是，他以睢州为根据地，散尽家财，购买军械，召集军士，专心拥兵自固。在一年多时间内，聚集了一万多能战之士。

崇祯十七年（1644 年）三月间，农民军兵临北京城下，崇祯帝四处下诏让各将“勤王”，并提升许定国的官职。但许定国不为所动，根本无任何报国忠君之心。相反，他率部下军将，趁乱大掠商丘、宁陵，与当地明军互相攻击，杀人盈野，蹂躏地方。

崇祯帝自杀后，清军入据北京，弘光帝继位于南京。河南一带，变成了“三不管”地带，但各方势力盘根错节，各自盘踞。河南南部、东部，残明将领居多；河南西部的洛阳、陕州、灵宝，有不少农民军的队伍；而清军，主要集中于豫北的卫辉、怀庆二府。

思前想后，在局势未明的情况下，许定国与南明弘光政权搭上线。弘光帝授他“镇北将军”一职，并让他率兵北进开封。

许定国自然不愿离开老窝睢阳，借机拖延。同时，为了给自己上双保险，他暗中与清朝在卫辉的河南巡抚罗绣锦通气，表示愿意归顺清廷。虽如此，他也只是口头表示，没有实际行动，因为清廷当时在河南的力量非常薄弱。罗绣锦也不傻，他向清廷打报告，指出许定国心怀叵测，有可能趁清军南下或西入有所动作，不得不防。

许定国虽是南明在河南的重将，但他名义上是四镇中势力最强的高杰的部属，因为当时高杰有统辖河北、河南等地的权力。

许多历史书籍皆讲高杰与许定国有“私仇”，特别是史学大家谈迁，在《国榷》中讲高杰为农民军时，曾杀许定国一家。此种说法多为日后正史所采纳，敷衍成篇，以此作为许定国杀高杰的原因。

仔细研究各种史料，可以发现，谈迁的说法似乎站不住脚。

1645年，即顺治二年年初，许定国遣其子许尔安、许尔吉两人渡河，赶到清朝的王爷豪格处投降，当时二人皆是成年人，为明朝参将；七月间，归降清朝的许定国随清军南下，其妻邢氏年老多病，上书清廷乞还老家——从这两条就可以看出，许定国的老妻、壮子活得好好的，哪里有一点儿“全家被杀”的影子。

此外，许定国杀高杰后给清廷上揭帖，也只讲高杰诬称他结交清朝，并未称二人之间有杀家毁宗的私仇。如果真有这种仇恨，在价值观首推孝道忠义以及看重家族血脉的明清之际，许定国一定会把家仇拿出来说事，因为这些更可凸显他投效清朝的无辜和“孝勇”。

所以，流行的有关许定国杀高杰是为全家报仇的说法，基本没有什么可靠的史据。

吴伟业在《绥寇纪略》中讲，许定国自负有功，久不得晋官，就上疏诋斥高杰从前是贼头，由此二人生怨，结下了梁子。

许定国每对人称：“我见高杰，一定要亲手捅死他！”但是，从个人经历看，许定国是老兵油子一个，曾下狱吃过亏，当时他隶属于高杰，仅有万余兵丁，一个小小总兵对一个“集团军司令”叫板，还是公然叫板，似乎不太可能。特别是讲他指斥高杰曾为“贼”，这更触忌讳，因为在南明将领中，昔日的“贼”数目不少，遍布军中。许定国不可能冒天下之大不韪，如此攻讦高杰而为自己广树仇人。

究其事实，许定国杀高杰，更多是出于个人利益，私怨并不是导火索。

1644 年秋，怀庆的清军大败于李自成后，清军主力的进攻方向改变了。正拟进攻江南的多铎转向，在年底抵达河南卫辉、孟津一带。也就是说，清军的主力后撤到黄河一线。先前，正是由于战线拉得太长，使得清军非常狼狈。

睢阳是个军事重镇，只要守住这个地方，南明的两淮和长江下游地区皆可安全无虞。

许定国闻讯，根本没有考虑要为明朝守城，他如惊弓之鸟，立刻派人到多铎处请降。不久，多铎率军开拔，许定国复派人携书至山东向清朝肃亲王豪格乞降。为表达“诚意”，他还在转年年初遣其二子渡河到达清营。

由于对当时的情势拿捏不准，多铎又无多尔衮之命，没敢即刻渡河。

多铎不急，许定国着急，他写信哀求清朝河南巡抚罗绣锦，让他允许自己的家属过河入清营。主动送亲人到清营为人质，可见许定国是真心归降清廷。

此时，意欲北进恢复中原的高杰来到了归德。

高杰虽然跋扈，但经史可法激劝，感奋思进，于 1644 年十月十四日挥师北征。祭旗之时，风吹大纛折断，红夷大炮无故自裂，时人迷信，以为出兵不吉。高杰不顾，毅然登舟。据撰写《青磷屑》的庄廷吉（此人是史可法幕僚）讲，十四日那天，俗称“月忌”，常人恶之，不行大事，高杰偏不忌讳，毅然登舟进发。

十一月十三日，高杰大军已抵至徐州。

先前降清的副将唐起龙之父唐虞时与高杰有旧交，致书招诱，表示只要高杰投降，清朝一定“大者封王，小者封侯”。高杰不为所动，反而身先士卒，沿河筑墙，专力备御。同时，他致书清朝肃亲王豪格：

> 逆闯（李自成）犯阙，危及君父，痛愤于心。山川俱为羞色，岂独臣子义不共天！关东大兵，能复我神州，葬我先帝，雪我深怨，救我黎民，前者朝使谨赍金帛，稍抒微忱；独念区区一介，未足答高厚于万一。兹逆成跳梁西晋，未及授首。凡系臣子及一时豪杰忠义之士，无不西望泣血，欲食其肉而寝其皮。昼夜卧薪尝胆，惟以杀闯逆、报国仇为亟。贵国原有莫大之恩，铭佩不暇；岂敢苟萌异念，自干负义之愆！杰（高杰自称）猥以菲劣，奉旨堵河。不揣绵力，急欲会合劲旅分道入秦，歼逆成之首，哭奠先帝。则杰之忠血已尽，能事已毕，便当披发入山，不与世间事。一腔积愤，无由面质。若杰本念，千言万语，总欲会师剿闯，以成贵国恤邻之名。且逆成凶悖，贵国所恶也。本朝欲报大仇，贵国念其忠义所必许也。本朝列圣相承，原无失德。正朔承统，天意有在。三百年豢养士民，沦肌浃髓，忠君报国，未尽泯灭！

其文大意，与史可法书信相仿。

人在徐州的高杰，日夜不宁，大宅门内，白昼无故起火，烧得他须眉几尽，焦躁之余，他决意加速北征。

到归德后，高杰写信给许定国，顺致大量金银之物，要后者与他共图中原大业。对于许定国遣子降清的活动，高杰当时完全被蒙在鼓里。

由于家属皆已送入清营，许定国百般拖延，最终激使高杰发怒，自统十三营约万人的军队，在距睢州二十里以外扎营。

事已至此，许定国无路可退，只能诱杀高杰自保。

为了麻痹高杰，许定国立刻出迎，表示要马上率军与高杰共同北进。

高杰轻信其言，尽遣属下拔营往开封方向挺进。身边，他只留数百亲兵，轻入睢州城内，正入许定国圈套。

此时，高杰已经听说许定国遣子降清之事，然而并不尽信。如果他有智，趁许定国出迎时先下手为强，把他抓起来再说，就不可能出后来的大事。

陪同高杰入睢州的南明河南巡抚越其杰，感觉不对劲，也劝说高杰要警惕，高杰不以为意。他根本没把许定国放在眼中，又被老许孙子一样的谦恭卑顺所迷，自动进入睢州城内的“鸿门宴”中。

临入城，睢州城欢迎的人群中忽然闪出一位千户，指称许定国要谋害高杰。言语一出，许老贼吓得差点儿拉裤子。高杰瞪眼，怒斥这位千户挑拨离间，当众打了这个倒霉蛋六十军棍，送与许定国处理。

许老贼不敢怠慢，立刻抽刀砍下那位千户的脑袋，竭力表示自己没有二心。

可见，高杰真是自己找死。

许定国在城内请高杰一行人宴饮，挑出多名美女陪酒。不少史书都讲高杰沉湎酒色，大意纵饮。其实，据时人庄廷吉讲，高杰当时严拒美人，并正色对许定国说：“行军出兵，不应贪色！”当时，还怕许定国不安，高杰进而安慰说：“贤弟可为我先养着这些美女，待我扫清中原后，以美人娱老温欢！”

酒过三巡后，高杰忽然责问许定国遣子降清之事是否属实，又严限他出兵北征的日期——这一切，皆是死催，许定国再怯懦犹疑，也不得不连夜动手。

酒宴间，高杰部将发觉许定国的弟弟许泗举动失常，暗劝高杰小心。高杰鄙夷一笑：“这厮何敢谋我！”很快，又有许定国的女侍私告高杰的女侍说：“今晚许将军要害大将军。”

酒酣的高杰知悉后，竟然面责许定国：“你敢害我吗？”

许定国慌忙跪下回禀："卑职不敢！"

高杰大笑："我就知道你不敢！"

至于高杰夜间被杀之状，《明史》《绥寇纪略》《平寇志》《北游录》等记载不一，唯独李清《三垣笔记》所记最为"香艳"，多为后来者所引用：

"（许定国）多选诸妓，以二妓縻（高）杰一兵，又选四艳妓侍（高）杰。及中夜伏兵发，一兵已为二妓所掣，故败。"

但是，想想高杰亲兵数百，一人佐以两个歌妓，睢州城内，似乎难觅如此多的美貌三陪女郎。

总之，许定国于夜间忽起伏兵，把高杰亲兵数百人击杀殆尽，只有两三人幸免。

高杰本人善战，平日手持一根铁棍，可敌百人。仓促之时，他铁棍已失，犹步战达旦，连杀数十人，最终被许定国手下杀死，开膛破肚，死状极惨。

许定国杀人后，知道高杰手下部队必来报复，便连夜逃跑，率残部向黄河方向逃窜。

开封、归德等地的高杰部下听闻主将被害，悲不自胜，四面而来，以高杰的外甥李本深和部将高进库为首，把睢阳城以及附近二百里的人民屠杀殆尽。

睢民无辜，皆由许定国一人引致，遭此荼毒。

许定国跑到黄河南岸，这才敢喘口气，不断派人催促清军渡河。多尔衮接帖甚喜，让他在南岸等候多铎大军。

许定国越想越怕，不敢在南岸多待，逾河先到清朝河南巡抚罗绣锦处"避难"。

而后，他一路充当向导，为清军带路，由归德而南京，直到灭掉弘光政权。他回到北京后受到多尔衮的"亲切"接见，并被编入汉军镶白旗。

不过，此人也没活多久。转年三月，许定国被江阴义军所杀，时年七十一岁。

顺治五年，清廷追授他一等子爵，由其长子许尔安袭爵。多尔衮死后，政敌清算这位摄政王。许尔安不识时务，上疏要求为多尔衮大修坟墓，比之为“周公”，这次马屁没拍对，他被多尔衮的政敌郑亲王济尔哈朗盯上，参劾他“结党惑众”，论刑应处死。最后，特旨“从宽”，许尔安一家被流徙宁古塔，与披甲人为奴。

史可法听闻高杰被杀，顿足流泪，哀叹道：“中原不可复矣！”

但是，善后之事，不得不处理。高杰一死，部众繁多，军中无主，黄得功等人念起旧恨，乘机派兵，欲图分高杰部众和地盘。刘良佐和刘泽清、黄得功一起上奏：“高杰无寸功，骄横淫杀；（史）可法乃欲其子承袭、本深为提督，是何肺肠？请分其众将之。”

镇将骄横，可见一斑。

对此，朝中的马士英倒是还算有一定的主见，表示：“高杰属下将士众多，他们怎么肯轻易归属他人统辖！”

为了稳定军心，史可法只得再次入高杰军中，立高杰的儿子高兴平为世子，又以高杰的外甥李本深为提督，并委派其部将李成栋为徐州总兵。

高杰之妻邢氏有大略，深知儿子年幼不能服众，想让儿子拜史可法为义父。

史可法不答应，又不好太推辞，只得让高兴平拜太监高起潜为义父。

如此，高杰部将寒心，心知史阁部看不起他们这些“诸贼”出身的部队。

此时，如果有大略，史可法应该指挥高杰部队继续北进，可以在山东、河南展开军事行动，再不济也要在徐州大陈兵马。

但灰心丧气又不知兵的史可法只求南保，率兵退往扬州。

南明河北之地，一无可保。

马士英闻知高杰被杀后，立刻派心腹卫胤文前往高杰军中，夺取高杰外甥李本深的军中大权。众将大哗。刘良佐趁机添乱，上疏说高杰溃兵作乱，并与黄得功、刘泽清一起联奏，要朝廷解除李本深的提督一职。同时，黄得功提军直趋扬州。

高杰部将中许多人的家眷在扬州，闻之惊惶不已，纷纷上马持兵，准备前往与黄部士兵血斗。最终，还是史可法出面劝谕，才避免了又一次大规模内斗。

但从此开始，高杰部军心解体。日后，李本深、李成栋等高杰旧部，十多万人一齐投降清朝，并成为扫平江南、两广的主力军。

黄得功虽为南明忠臣良将，但其提兵直趋扬州之举，使得高杰部众军心大乱，纷纷弃地南归。由此，其误国之罪，不可谓不大。

马士英出于私利，高杰北征出发后，就借故拖欠军饷粮饷，主要原因倒不是为了北行款清使团的议和，而是他深恨从前一直与自己在同一条战线上的高杰渐渐与史可法站在一起。这样，不给饷银，就是给高杰一个下马威：让你知道谁才是朝中说话算数的人！

而高杰死后，马士英立即安插自己人准备控制这支军事力量，可谓机关算尽。

衰世争出离奇事

弘光朝的“南渡三案”

弘光朝有“南渡三案”，即“大悲和尚案”“童妃案”“北来太子案”。

这三案中，“大悲案”是和尚假冒明室亲王，而“童妃”和“太子”，当时和后来也都证实百分之百全系假冒。

奇怪的是，当时和后世，都有不少人深信不疑，认为“童妃”和“太子”是“真身”。近世的不少文学作品以及电视、戏剧，均渲染“童妃”的可怜和“太子”的无辜，以此痛斥弘光帝与马士英等人的无耻。

就史论史，三案“主角”，确确实实都是冒牌货。可巧，他们又都出在仅仅存在一年的弘光朝。真是乱世多怪，让人现在读之，亦觉得非常荒唐。

先说“大悲和尚案”。弘光帝即位的这年年底，一名光头大和尚半夜出现于南京，忽然在洪武门大叩门环，大叫大嚷，自称是大明亲王，惊动了不少人。

守门军兵不敢怠慢，立刻把这大胖和尚抓起来。上报弘光帝后，这位皇帝觉得很吃惊，马上派人严审。

大和尚语无伦次，自称他本人就是崇祯帝，立刻挨了一顿大板子——先帝已经龙驭宾天，天下皆知，哪里又冒出一个崇祯帝！

和尚哀号之后，忽然改口，一会儿说自己是“齐王”，一会儿说自己是“吴王”，一会儿说自己是“定王”，颠三倒四，语无伦次。

各种大刑用尽，大和尚挨不过，只得说出实话：“我本名大悲，在苏州当和尚，见天下大乱，想趁机取富贵。”

取富贵的道儿很多，大悲和尚非走这么危险的“捷径”，而且连皇家宗谱有谁都不清楚，就敢夜叩宫门，真是胆大脑残之辈。

阮大铖听说这件事很兴奋，想通过此案攀引得罪过自己的东林党人。老小子能写，笔头快，几天之内就弄出一个涉案人员排名，为了更形象化，他造出“十八罗汉”“五十三参”，把东林党人一个一个罗织其中，煞有介事，“罪行”历历，却完全是“文学创作”。

还好，马士英不想惹麻烦，对大狱不感兴趣，主动把此案压下，只以“妖言罪”杀了大悲和尚了事。

大和尚富贵没有享到，这回倒无头一身轻，西归去也。

按倒葫芦又起瓢。

“大悲案”正审着，河南巡抚越其杰上报，说是当地有个妇人，自称是弘光帝当“德昌王”时的妃子童氏，据说在明末战乱中与王爷离失，现已经派重兵护送入南京。

本来是想讨好皇帝，谁料大胖子弘光帝见疏立刻拍案大怒：“我哪里有这么一个童妃！”一脚就把桌案踹翻了。

结果，弘光二年三月初一，“童妃”刚入南京，立即被逮入诏狱，遭到严刑审问。

不久，锦衣卫送上供词，弘光帝御览：

“妾年三十六岁，十七岁入宫，册封之人为曹内监。时有东宫黄氏，西宫李氏。李氏生子玉哥，寇乱不知所在。妾于崇祯十四年生一子，名金哥，啮臂为记，今在宁家庄。”

一看这供词，弘光帝就来气：“我从前只是个王爷，何有东宫、西宫之说？两个妃子姓名不差，一个病死，一个兵乱时自杀，这位‘童妃’，即使有这么回事，郡王娶妾，何来‘册封’之说？”

愤怒之余，朱由崧提笔在案卷上猛写猛批，可以说是他当皇帝一年来最认真批签的一个文件。

可以想见，“童妃”肯定是个见过世面的戏迷“二百五”，可能在战乱中遇到过福王府的侍女，知道一些福王藩府中的事情，然后充分发挥想象力，自编乱造，说不定是想给自己宁家庄的亲骨肉找个富贵皇帝爸爸。

找谁都行，找到弘光帝，那就是找死。

而且，这位“童娘娘”完全是戏子风范，在河南至南京的途中，她一直以“皇后”自居。所经州县，地方有司只要贡献略薄，她会立刻破口大骂，甚至掀桌撩席，完全是市井泼妇的本色。有时，看见有马屁精官员跪于道左迎谒，“童娘娘”肯定会自掀轿帘露出大粉脸，娇滴滴脆生生喊一句：“免礼！”往往吓人一跳，“闻者骇笑”。

虽然举止轻浮，这位女子却是个“文学女青年”，她在狱中执笔挥洒，写出一篇让好事者可以下泪的情实始末：

中宫臣童氏谨奏，为臣义原不可逃，臣情百有可怜，事属彝伦，计关宗社，密控从前掖庭始末，译（详）诉临歧天语叮咛，沥血再陈，仰恳慈鉴事。

臣具有别离情由事一疏，奏圣旨：“童氏系假冒，着该抚驱逐，其主使奸臣，一并严究。钦此。”臣拜捧之余，心魂交碎，血泪成枯。其来历始末，已细细述之广昌伯矣，不敢复为渎听。其家人骨肉之言，细微琐屑，人所难知，人所难言，臣不详切再陈，谁为臣代吁乎！臣闻贫贱之交不可忘，糟糠之妻不下堂。

臣自福藩侍中宫，此民间士庶，犹之糟糠妻也。今值龙飞九五，普天之下皆沾恩泽，而臣犹遭弃捐，故旧不遗，想非仁慈之主忍弃置者。

独记辛巳二月，贼寇临城，亡在旦夕，于十三日三更时分，皇上亲语分付。彼时东西两宫，俱是花言巧语，惟臣质实可保，命臣逼死东西两宫。如贼进城，可藏民间，俟便逃出，期十日可遇。此十三日三更时分叮咛天语也。

缓延一日，至十五日，河南府城为贼陷没，臣同奶子苗氏怀抱金哥往煤山，三日后而遇贼。此臣致陷之缘，并皇上临歧叮咛可记忆者。

犹记皇上出城时，止携金三两，别无他物。身穿青布小袄，酱色主腰，戴黑绒帽，上加一顶乌绫首帕。临行，尚穿白布袜绸脚带，匆忙中始易白布脚带，是臣亲为裁折，皇上宁失记否？此皇上临歧衣冠形容，历历可记者。仓猝分散，天语谆切，口血未干，言犹在耳。

且太子为社稷之本，宗嗣之续，臣身收认关系犹小，而太子关系宗庙社稷，天下人民瞻仰者大。为臣母子被陷贼中，不便直认。从来国难蒙尘，散而复聚，离而复合，代不乏种，岂以患难流离，而夫妇恩义遂至断绝？

或谓臣当日在宫中，性过鲠直，不合于众，今日艰苦备尝，岂复有不体人情，故性复萌者？与其留臣腆面偷生，令臣民知国母明知皇上忍心谓之假冒，留一不明不白之疑，成一若是若非之混局，何如容臣直叩御首前，面为剖质？

皇上若忍弃置，身甘斧锧，犹得望见君门，死而无悔。

臣赖祖宗之福，皇上之恩，诞生一子，厥名金哥，掌上之珠，咬痕在腋，患难携持，万死一生，不忍弃，无非为皇上三十无子。而现在皇子混处民间，终同草木枯朽，臣得罪于祖宗不浅矣。此时不敢望皇上收认，只是金哥原系皇上骨血，祈念父子至情，遣官察取，臣即髡发自尽，亦所甘心。

从《爝火录》中收记的这份供词看，谬误百出，漏洞多多。编造出的细节，乍看有模有样，仔细思考，根本禁不起任何推敲。

案词中，所谓“糟糠之妻不下堂”以及她为弘光帝生子“养于民间”二事，为戏中高潮，估计有不少渲染是狱中文吏所润色——这就说明，狱吏中也有不少人为这位“童妃”所感，戏迷惜戏迷，难怪假亦能真。

此事传得沸沸扬扬，连马士英都私下同人讲：“人非至情所感，谁敢冒称陛下之妃！”

至于东林党人，更是坚信弘光帝是厌恶糟糠之妻，喜新厌旧，并四处嚷嚷，大造舆论。

弘光帝这个气啊，而且是又急又气，急的是冒出这么桩离奇的“婚事”，气的是妖妇如此大胆，敢冒充自己的“另一半”。

怒极之下，他下令锦衣卫不给“童妃”吃食，把这位“娘娘”活活饿死。

本为“锦衣玉食”而来，结果，遇见的是“锦衣卫”，吃的是空气食，文学女青年加女戏迷，终于在高墙内断命。

“南渡三案”中影响最大的，要属“北来太子案”或“南都太子案”。

大概在“大悲和尚案”发生的同时，即1644年年底，鸿胪寺少卿高梦箕有个仆人名叫穆虎，自北方逃难往南京方向赶路，半路遇到一个年轻人，二人结伴而行。晚间住宿，穆虎忽然发现年轻人的内衣织有龙纹，大惊而问，年轻人回说：“我乃皇太子也！”

穆虎一路小心巴结，南行途中对年轻人呵护有加。

转年开春，穆虎到南京，立刻把这件事禀告主人。高梦箕闻言，脑子一热，立刻密报弘光帝，同时派人把这位“太子”送往苏杭一带，半是保护，半是软禁。

这位小爷不知收敛，四处招摇，元宵灯会，稠人广众之中，观灯浩叹，唯恐周围人不知道他是“崇祯太子”。

弘光帝非常紧张，不辨真伪之余，马上亲笔写信给这位“太子”，让他入南京一见，并让宦官李继周派人把这位年轻人从金华带入京中。

野史载，李继周、杨进朝二位宦者（皆东宫侍奉太子的旧人），见到“太子”后，马上就抱住他的脚痛哭，似乎“太子”是真。据笔者忖度，估计李、杨二人为利益所迷，觉得弘光帝本人都有亲笔信给这位小爷，已经认假为真，他们不该居于人后。

“太子”见二位宦官把自己当“真品”，还有弘光帝的亲笔信，自信心大增，开口就问二位宦者：“汝辈迎我入南京，是让皇帝之位与我坐否？”

二位宦者泪眼正迷离，听“太子”这样一问吓得不轻。宦官都是人精，他们看到周围卫士众多，答话可不能有所疏失，二人忙跪禀：

“这事，小的们不知。”

但是，李继周、杨进朝二位东宫旧人拜哭“太子”之事已经传出，途经杭州时，城内巡抚及阖城文武官员均上前拜谒。江南一带百姓雀跃，皆传太子逃出生天，来到南京。

弘光帝气得一佛出世，二佛升天，立刻派人把李、杨两个宦者秘密逮捕，板子、夹子、绳子一齐上，把这两位“群众演员”活活打死。殊不料，这样一来，授人以柄，更显得弘光帝有杀人灭口之嫌。

东林党、复社一系的人终于抓住把柄，四处煽风点火，大造舆论。后世之人研究南明史，往往把“正人君子”黄宗羲、王夫之等人的著作当作信史来读，不仅误认为“北来太子”是真，还深信“童妃”也是弘光帝“原配”。其实，黄宗羲当时做得更过头，文笔之中，他甚至影射弘光帝本人都是假冒的，连从河南跑来的弘光帝嫡母邹太后，在他笔下也成为冒牌货。

后来，数位东林系文友纷纷大做文章，撰写“回忆录”“亲历记”，对此大肆附和，扰乱视听——一切都是为了一个目的：斥责马士英奸人弄权，树假为真，弘光帝之帝位不正。马士英是奸人，弘光帝淫庸，都不错，但弘光帝确确实实是福王正身，按伦序也应得立，黄宗羲等人捏造事实，完全是党争行为，是文人以笔墨宣泄报复，发泄门户私怨。

但是，由于黄宗羲等人活得长，他们又以“正人”面目出现，当时后世，他的《弘光实录钞》以及他弟子、党人的作品，哄住了不少人。

所以，马士英上疏中所弹劾的东林党人丑行，不是全无根据：

> 缙绅之贪横无耻，至先帝末年而已极。结党营私，招权纳贿，以致国事败坏，祸及宗社。闯贼入都之日，死忠者寥寥，降贼者强半。侍从之班，清华之选，素号正人君子之流，如科臣光时亨力阻南迁之议而身先迎贼，龚鼎孳降贼后每语人以“我本要死，小妾不肯”为辞。其他逆臣，不可枚举。

台省不纠弹，司寇不行法，臣窃疑焉。更有大逆之尤者，如庶吉士周钟劝进未已，复上书劝贼早定江南，寄书其子，称贼为新主，盛夸其英武仁明及恩遇之隆，以摇惑东南亲友。昨臣病中，东镇刘泽清来见，诵其劝进表云："比尧、舜而多武功，迈汤、武而无惭德。"又闻其过先帝梓宫之前，扬扬得意，竟不下马。臣闻之不胜发指……（《小腆纪年附考》）

由于东林党人的煽动，南京士民更是个个义愤填膺，本来他们就恨马士英等人专权贪黩，如今有"太子"入京而被囚禁，百姓们终于找到宣泄口，公开叫嚷要替太子"申冤"。

小民之见，大可不听，但军头中有人出面，不能不让弘光帝心慌。

"四镇"之一的黄得功出于公忠之心，上疏说："东宫未必假冒，各官逢迎。不知的系何人辩明，何人定为奸伪？先帝之子，即陛下之子，未有不明不白付之刑狱，混然雷同，将人臣之义谓何！恐在廷诸臣，谄徇者多，抗颜者少。即明白识认，亦谁敢出头取祸乎！"

众议纷纷之下，弘光帝不敢怠慢，一再嘱咐执掌诏狱的人不要对"太子"用刑，并让人拿出北京皇宫的样式图叫"太子"辨认。

当时，这位小爷很聪明，估计事先做过一些准备，竟然能指出皇后和东宫的位置。三月初，众官会审，他还认得出哪位是太子东宫从前的日讲官方拱乾。

但是，等到曾亲教太子读书三年的弘光朝大学士王铎出场，假太子马上原形毕露。

首先，真的崇祯太子浓眉大眼，声高背厚，行庄立肃，有储君之风（现在的电视剧中，无论是崇祯帝还是康熙，不管是汉武帝还是唐明皇，皆侧倚斜坐，完全无人君之风。古代帝王，当王子时皆受正统教育，个个会摆端庄之态，绝不似电视剧中皇帝们的作风），而这位假太子，唇红齿白，清秀伶俐，一看就是个人精。

所以，王铎看一眼即知此人是假，便上前问："你认得我吗？"

"假太子"不知这位爷是谁，本能地回答："不识。"（估计王铎长相不如方拱乾有特色）

"你在何处接受大臣的讲书？"王铎问。

"太子"想了想："文华殿。"（其实应该是端敬殿）

王铎问："案几之上，平时所置何物？"

"太子"懵懵然，回答不出。那样的细节，现编是编不出的。

又经一系列质问，"太子"汗流色战，呆在当场。

王铎知其是假冒，便大喝左右锦衣卫把这位小爷绑上。

这一折腾，年轻人忽然下跪，泪流满面，招供说："小人名叫王之明，乃驸马都尉王昺的侄孙，南逃途中，遇见穆虎，他教唆我冒充太子，本来是想到各地方官员处敲诈些钱财……"

不仅王铎察觉王之明是假太子，在朝曾经给真太子朱慈烺讲过课的刘正宗、李景廉以及东宫伴读太监丘执中，都认定他是假冒。所以，弘光朝满朝大臣，当时绝对是在场静观，皆知此太子为假太子。就连在外地的史可法，也根据左懋第从北京发来的秘密报告，上疏弘光帝表示这个太子是假冒的。

日后，"太子案"之所以沸沸扬扬，皆是东林一系好事者所为。

如此，真相大白。高梦箕家的仆人狡黠（不排除稍后高梦箕本人有想拥假太子入福建称帝的可能性），最初可能只想让他冒充太子合伙骗银子，谁知越玩越大，最后把好多人都玩了进去。

即使如此，弘光帝也没有即刻派人杀掉王之明，并对臣子们说出下列掏心窝子话：

"先帝（崇祯帝）与朕，初无嫌怨，朕岂因贪图天下而害其血胤之心！但太祖之天下，不可以异姓顽童混乱之！"

两个多月后，南京被清军攻陷前，一群乱民入狱劫持"假太子"，为他穿上戏服当龙袍"登基"，最终为明朝大臣赵之龙所弹压，并持

"伪太子"向清军投降。

弘光帝被擒后，多铎还故意设宴，让伪太子坐在弘光帝上首，质问："崇祯太子逃难而来，你不让位，又下狱关他，于心何忍？"

弘光俯首不答。

多尔衮、多铎这些大清廷权贵，绝非好杀好打的简单武人，北京的崇祯太子是真，他们力称是假，杀之；南京的太子是假，他们反而当众声称是真，做过"道具"后，押往北京，秘杀之。真真假假，依时局而定！

纵观"南渡三案"，离奇曲折，很简单的事，愈演愈烈，究其缘由，最主要是弘光君臣腐败，小人在朝，民心不附。

弘光一朝，文恬武嬉，腐败成风。国难当头，南都士大夫彻夜饮酒观戏，欢呼雀跃，比承平之时更加奢侈安乐，毫无失君亡国之痛，只有麻木不仁、恬然安乐之心。同时，为了支付巨额军费开支，南京小朝廷大肆搜刮、敲骨吸髓，时时加派，四镇四处抢掠，竟公开声称"奉命打粮"，最终使得社会矛盾愈演愈烈。

"太子案"的最大后果是左良玉起兵南下，上演南明弘光朝最大的窝里斗。

山雨欲来风满楼之际，弘光朝廷还就崇祯帝的庙号和谥号之事争论不休。

弘光帝继位后，为崇祯帝所上的庙号是"思宗"烈皇帝，大臣赵之龙认为这个庙号不是太好，上奏要求改动。弘光帝不许。

最后，礼部官员余煜据理力争：

按谥法：道德纯一曰思、追悔前过曰思。先帝（指崇祯帝）忧勤十七年，念念欲为尧、舜者也，遭家不造，乱阶频起；而所用之人，又皆忍于欺君，率致误国，于先帝何咎焉？道德纯一则似泛，追悔前过则似讥，于觐扬无当也。且唐、宋以来，未有谥“思”者。周之思王、汉之后主，闇弱何足述乎！

谥法：有功安民曰烈。今国破家亡，以身殉国，何烈之有？若激烈之“烈”，又非谥法之谓也。周之烈王、威烈王、汉之昭烈、魏之烈宗、唐之光烈帝，未尝殉难也。他日书之史册，将按谥法乎，不按谥法乎？故曰“思”“烈”二字举误也。

然则谥宜云何？先帝英明神武，人所共钦。而内无声色狗马之好，外无神仙土木之营；临难慷慨，合国君死社稷之义。千古未有之圣主，宜尊以千古未有之徽称。考订古今，不得已而拟其似，当谥曰毅宗正皇帝。

所言义正词严，心怀鬼胎的弘光帝不得不下诏批准。

八十万众齐渡江

左良玉以“清君侧”为名的反叛

左良玉与弘光朝权臣马士英的矛盾，其实也可以追溯到“党争”的源头。

最初提拔左良玉为副总兵的文臣侯恂，本人就是东林党人（这位侯恂，现在的读者可能不知道，他儿子就是孔尚任所撰传奇剧本《桃花扇》的男主角侯方域）。左良玉最早在辽东当兵时，因抢劫军装曾被判死罪，同案的哥儿们一人顶罪，他就被改判为免去都司之职。左良玉在昌平再投军时，侯恂时任昌平总督，对他信用有加，二人之间的“私恩”正是在彼时结下。

出于门户之见，马士英、阮大铖等人，自然害怕左良玉成为东林党的队伍。其实，东林党根本指挥不动左良玉。

弘光帝继位初，由于左良玉见事起仓促，自己又没参与“策立”，很不情愿，不想拜受新帝诏命。多亏以兵部侍郎身份督军江西的袁继咸以及湖广巡抚何腾蛟苦劝，左良玉才勉强承认弘光帝。

当时的南明，论军事实力，左良玉手下兵源最广，有八十万众，号称百万，阅兵之时，武昌诸山旗帜飘扬，山谷皆漫，远望天边无沿。但是，由于他手下兵丁皆是昔日的“群贼”，非常不好统领。

这支大军，人心不齐，各自思变，如果驭之以忠，导之以礼，就是一支铁军；假使主帅本人三心二意，居心叵测，这支如散沙暂聚的大部队，很可能有样学样，层层造反。

弘光帝初继位不久，湖广巡按御史黄澍受左良玉之托去南京拜谒新帝，实际上是入朝观察弘光帝，为左良玉当探子。

黄澍，是明末那种爱出风头的士大夫，自恃背后有八十万左军撑腰，才敢当着满朝文武的面痛斥马士英是奸臣，狠抽老马大嘴巴，又用手中笏板猛砸，差点儿断送马士英的政治生命。

当时，马士英说服弘光帝并得以还朝后，自然要报复黄澍，便派一个与其有私怨的人上告他受贿，据此免了黄澍的官职，还要派锦衣卫逮捕他入狱。

关键时刻，左良玉以“兵乱欲南下索饷”为名，向马士英施压，最终弘光朝廷没敢逮人。

黄澍跑入左良玉军中避难。

别看黄澍痛打、痛骂马士英的一番表演很卖力，其人实际上不是什么好东西。后来，正是在他的强力主张下，左良玉之子左禁庚投降清军，所以说，搞投降、搞阴谋，这个人非常积极踊跃。

黄澍最终的“大节”，远不如为南明殉国的马士英。

黄澍没能把马士英怎么着，马士英也没能把黄澍怎么着，但左良玉因为黄澍与马士英关系紧张，一下子成为马士英的对立面。

黄澍火上浇油，天天在左良玉面前痛陈南京太子之冤情，劝左良玉发兵到南京“清君侧”。

当时李自成余部在清军追击下遁入襄阳地区，先前与农民军作战屡战屡败的左良玉心中着慌。正犹豫之间，他正好拿“南都太子案”当借口，提兵东下：一来躲避兵锋，二来拣软柿子捏。于是，左良玉对外声称奉“太子”密谕，向南京发兵去“救驾”。

出兵需要“名义”，左良玉四处散发檄文，表示发兵的目的是“讨伐”奸臣马士英。

左良玉出兵前上疏揭发马士英八大罪状，非常具体。他手下文士撰写的檄文非常好看，可谓字字珠玑：

盖闻大义之垂，炳于星日；无礼之逐，严于鹰鹯：天地有至公，臣民不可罔也。

奸臣马士英，根原赤身，种类蓝面。昔冒九死之罪，业已侨妾作奴、屠发为僧；重荷三代之恩，徒尔狐窟白门、狼吞泗上。会当国家多难之日，侈言拥戴、劝进之功；以今上历数之归，为私家携赠之物。窃弄威福，炀蔽聪明。持兵力以胁人，致天子闭目拱手；张伪旨以詟俗，俾臣民重足寒心！……江南无夜安之枕，言马家便尔杀人；北斗有朝彗之星，谓英君实应图谶。除诰命、赠荫之余无朝政，自私怨旧仇而外无功能。类此之为，何其亟也！

而乃冰山发焰，鳄水兴波。群小充斥于朝端，贤良窜逐于崖谷。同己者性侔豺虎、行列猪猳，如阮大铖、张孙振、李宏勋等数十巨憝，皆引之为羽翼，以张杀人媚人之赤帜；异己者德并苏黄、才媲房杜如刘宗周、姜曰广、高弘图等数十大贤，皆诬之为朋党，以快如虺如蛇之狠心。

道路有口，空怜“职方如狗、都督满街”之谣；神明难欺，最痛“立君由我”“杀人何妨”之句！

鸣呼！江汉长流、潇湘尽竹，罄此之罪，岂有极欤！若鲍鱼蓄而日膻，若火木重而愈烈。放崔、魏之瘈狗，遽敢灭伦；收闯、献之猕猴，教以升木。用腹心出镇，太尉朱泚之故智，几几殆有甚焉；募死士入宫，宇文化及之所为，人人而知之矣。是诚河山为之削色，日月倏兮无光。又况皇嗣幽囚，列祖怨恫。海内怀忠之士，谁不愿食其肉；敌国向风之士，咸思操盾其家。

……

泣告先帝，揭此心肝：愿斩贼臣之首，以复九京；还收阮奴之党，以报四望。倘惑于邪说、诖误流言，或受奸臣之指挥、或树义兵之仇敌，本藩一腔热血，郁为轮囷离奇；势必百万雄兵，化作蛟螭妖孽。玉石俱焚之祸近在目前，水火无情之时追维痛心。敬告苦衷，愿言共事。

鸣呼！朝无直臣，谁斥李林甫之奸邪！国有同心，尚怀郑虎臣之素志。我祖宗三百年养士之德，岂其决裂于佥壬？大明朝十五国忠义之心，正宜暴白于魂魄。速张殪虎之机，勿作逋猿之薮！燃董卓之腹，膏溢三旬；籍元载之厨，椒盈八百：国人尽快，中外甘心！

檄文文采斐然，朗朗上口，大义凛然。但是，从起兵性质来讲，左良玉的兴兵，是不折不扣的谋反。

正是他的兴兵内斗，才在最大程度上加速了南明弘光政权的灭亡。

左良玉大军出发时，为造成不可挽回事实，派兵把武昌烧掠一空，并劫持巡抚何腾蛟一起随军。

何腾蛟是文臣，深知造反是灭族覆宗之事，本来想自杀，却为左军逼持，拥入船中。左良玉本邀他同上指挥大船，何腾蛟宁死不从，左良玉只得派四名壮汉将他严加看守，单置于一船。在汉阳门停船时，何腾蛟身着官服跃入水中。他水性很差，顺水漂流，漂浮二十里后竟被渔船救起。

看守他的四个军将非常倒霉，怕左良玉找他们算账，几个人稍一合计，集体跳江自杀了事。

造反大军蔽江而下，气焰蒸腾，从汉口直达蕲州，沿江杀掠。到九江后，在当地督军的文臣袁继咸前来迎接，苦口婆心地劝左良玉回心转意，不要自相残杀，他说："您称有太子手谕，可否告诉我是谁送给您的？况且，先帝旧恩不能忘，今上（弘光）新恩也不能负！"毕竟弘光帝升左良玉为侯爵，也算是有恩了。

见左良玉沉默不语，袁继咸以督师之重，亲自下跪，遍拜船上诸将，恳求他们爱惜百姓，不要肆意杀掠。诸将动容。袁督师语重心长，反复陈说，"兵谏"之事，出于不正。作为臣子，干出这等事，道义上就已经落了下风。

怕军心动摇，左良玉态度有所软化，答应袁继咸不占领九江城，并把从前所发的"檄文"修改成"疏奏"，"清君侧"变为"请清君侧"，语气上大有变化。

但是，左良玉部下人员极其复杂，流贼、骗子、野心家多多，不少将领已经暗中约结九江城内袁继咸部下的兵将，里应外合，当晚就攻下九江。左军将士蜂拥而入，在城内烧杀抢掠。

在江上望见九江城内火光冲天，已经身患重病的左良玉于舟中惊醒，顿足大叫："我负袁公！"

想自己重病在身，造反事实已成，吉凶难卜，左良玉百感交集，悔忧攻心，吐血数升，昏死过去。

这位侯爷死得很不是时候，他眼一闭，就再没有睁开。

左氏军将并未停止行动，他们推拥左良玉之子左梦庚为主将，继续杀伐，劫持袁继咸，烧掠彭泽、左流、建德后，再下重镇安庆。

弘光朝廷大惊，在召黄得功前往抵拒的同时，又命史可法回援。

在左良玉兴兵的同时，清军自归德也开始大规模进攻。归德至象山八百里间，南明竟无一兵防堵，扬州、泗州、徐州之地，势如鼎沸，人心惶惶。

史可法救火一样，在清江浦召集军事将领开会议事后，渡洪泽向泗州进发。

清军为了分兵势，忽然变成两路，一趋亳州，一趋砀山，汹汹而来。

四月三日，史可法正准备督大军正面堵截清军，弘光帝派人送来手诏，让他即刻率兵赶往庐、皖上游，以扼左良玉大军的攻势。史可法上书痛陈左良玉军不是主要敌手，指出左军未明言造反，只言“清君侧”，并表示自己可以只身往谕，大不了给他个王爷封爵，可以与其释解前嫌，一同赴前线抗清。同时，史可法力争急谏，三次上疏报急，请弘光帝下令各部镇军，分屯泗、临、淮、凤阳、寿州等地，控淮河防线，堵遏清兵渡淮。

史可法还写信给马士英，乞求他以国事为重，赶紧增兵，集中力量抗击最凶恶的敌人——清军。

听闻清军攻破亳州的急报后，弘光朝廷本末倒置，竟然还有心思在南京把牵入“顺案”中的几个官员处斩，然后再召集大臣商议抵御之策。

有人建议应先防清军的进攻，对左良玉军示以招抚之意。

马士英不顾阁臣仪态，破口拍掌大骂：“你们这些东林狗党，想借防江为借口，纵容左良玉逆贼入犯南京！清兵至，犹可以议款讲和。如果左逆得志，你们东林党人高官厚爵，唯独皇帝与我二人难免一死！我宁可死于清军之手，不死左逆刀下！”

对此，弘光帝不发一言，如泥胎一样，脸上也无任何表情。群臣噤口。

马士英派人拟旨，切责史可法，让他带兵入援。阮大铖当然是遵马士英之命，以兵部尚书身份督黄得功、刘良佐二镇堵截左军。

黄得功很有勇略，在江上迎头痛击左良玉军，灰河、荻港二战，打得左军掉头鼠窜。

左军虽败，但因江北空虚，清军乘势一举攻占泗北淮河桥，顺利渡过淮河，并于四月十七日逼近扬州坚城。

徐州方面，南明总兵李成栋早在四月八日就弃城不守，南奔扬州。

左梦庚手下军队败后，减员不少，但仍旧有二十万之众。如此一支大军，竟然不战而降。五月十三日，左梦庚在九江附近向清将阿济格投降。

当时，阿济格并非专门去打左梦庚，而是追击李自成残部正好赶到那里。左军不仅不以逸待劳打击清军，反而以众降寡，连阿济格开始时都不敢相信是真降。而为左梦庚拟降文的"大手笔"，就是先前一直撺掇左良玉与南京方面反目的巡按御史黄澍。

左梦庚很快就入京陛见清帝，被指入汉军正黄旗。当年十月，他深体主子心意，主动上疏清廷，要清廷防范他从前那些手下，出主意以各将家属为人质，以此更便于挟制他们。后来，山西的姜瓖，据大同叛清，左梦庚身先士卒，无比"英勇"，攻克大同左卫，得授正黄旗汉军都统。五年之后，他病死于家中。

降清明将中的"一把手"，一般的境遇，是养在北京闲置，比如刘良佐、左梦庚、董学礼等，如果他们表现"良好"，入旗后都是投闲置散，算是颐养天年，得了善终。比如刘良佐，他在顺治五年随谭泰征剿江西金声桓，然后一直任散秩大臣至死。左梦庚仅仅在顺治六年随阿济格到大同与姜瓖作战，之后没有什么作为。河南的董学礼一直到顺治十六年才有机会出山，郑成功北伐时，他出任随征浙江总兵官，驻温州防剿，事后调往湖广参加围攻李来亨。然而，清朝对著名降臣手下次一级的将领，却往往放手任用，不仅让他们领兵作战，还对他们极力提拔。降而又反的，有李成栋、金声桓、王得仁、姜瓖等人；而一直为清朝卖命的如李国英、卢光祖、田雄（原黄得功手下总兵，把弘光帝抓住献给清廷的那位），都升迁迅速，不少人很快成为清廷镇守一方的大员。

人们往往以为明朝的降臣们被清廷编入旗籍是一种荣耀和奖赏，其实并不完全准确。降将入旗，他们对于“旗主”就产生了一种奴隶制的人身依附关系，其日常行动，甚至家居生活，都要受到八旗各级官员（特别是佐领）的监督和控制。这样一来，那些明末以来牛哄哄、拥兵自重的武将入旗之后，就只能乖乖给满人或者汉人旗主当“孙子”，连出城扫墓、与其他人往来，都要禀明旗主。

左氏父子以“清君侧”为名的内叛，使得弘光朝廷在清军大敌当前的危险时刻必须在两条战线作战，为清军迅速扫平江南创造了最佳条件。所以，左军叛乱，其实是造成南京弘光朝廷崩灭的直接原因。

几十万左军面对凶恶但兵力薄弱的清军，竟然不发一矢，齐齐解甲投降，这真是战争史上的一大奇观。可悲的是，日后清军迅速扫平江南的战斗中，这支昔日不战而降的大军，顿时变得威风凛凛、杀气腾腾，打起南明军队来势如破竹。

左良玉军队向清朝投降的将领中，不少人都参加过明朝的辽东战争，是和清军打过硬仗的指挥者。金声桓、卢光祖、李国英、徐勇、郝效忠等人，日后都成为平灭南明的主力干将，为清朝立下汗马功劳。

相比于这些武夫，文臣出身的督军袁继咸一身忠骨。他被左梦庚押解到清营后，拒不投降。多尔衮劝降，他写字回答：“大官好作，大节难移；成仁取义，前训是依。文山、袁山（袁山，袁继咸自号），仰止庶几。”见到清朝王爷，他一直长揖不拜；清王为他设宴，他不饮亦不言。送北京途中，自缢不死，绝粒八日又不死。入京后，清朝内院学士刚林劝他投降，对袁继咸说：“我大清朝廷为明讨贼；今贼未绝，您入仕，可为明帝报仇。”袁继咸曰：“讨贼者，新朝之惠也。今弘光何在，而臣子图富贵乎？”刚林又说弘光帝昏庸。袁继咸说：“君父之过，臣子何敢知！”囚牢之内，他幅巾衲衣，端坐读书，坚持不剃发。

关了近一年，六月二十四日，被清廷处死。临死，袁督师高言："吾得死所矣！"坚贞不屈的忠臣，慕文天祥之节义，以死明志，不愧为大明义士。

数点梅花亡国泪

史可法血洒扬州

史可法受弘光帝诏旨，日夜兼程奔至南京附近的燕子矶，得到黄得功击败左良玉军的消息，他心中稍感宽慰，准备入南京陛见皇帝，拜慰老母。

不料，马士英等人唯恐他入朝对自己的政治地位产生威胁，怂恿弘光帝发一手诏："闻北兵（清兵）南来，卿不必入朝，速回扬州料理军务。"史可法无奈，只得回转。临行，他作《燕子矶口占》一诗：

来家不见母，咫尺犹千里。
矶头洒清泪，滴滴沉江底。

清军方面，占领徐州之后，分兵进围盱眙和泗州。此时，盱眙的地理位置显得十分重要，如果失陷，清军自盱眙东南可以直抵淮安，从正南出发，一直可至扬州，从西南又可径抵浦口，如此，盱眙只要失却，扬州就会面临三面被围的险境。

史可法急得心内冒烟，立刻檄调黄得功、刘泽清等镇兵驰援，他率手下兵马，先行往盱眙方向飞奔。

四月十二日，他在天长刚刚喘口气，就收到盱眙守将降清的消息。情急之下，史可法想进援泗州，刚刚出发，又传来泗州守将投降的确切情报。

史可法悲愤交加，只得带人急奔扬州。

豫亲王多铎统领清军，人数虽然不多，却一路得城占地，如入无人之境，心中好生诧异。

占领战略要地盱眙和泗州后，他反而十分谨慎，深恐明军诱敌深入，决定暂缓攻势，休整部伍。

降清的许定国却摩拳擦掌，力劝多铎要一鼓作气，不要给明军喘息的机会，直捣扬州。

多铎犹豫，表示说江北多雨泥泞，地形复杂，怕轻易深入会陷入史可法的埋伏。

许定国屈下老膝盖跪禀："王爷，我在这里经营多年，对周遭十分熟悉。明军江北防地，一片空虚。原先确有四镇大兵，但黄得功、刘良佐二镇已被调往江上同左良玉军争斗，现今只有刘泽清一部与高杰残部，人人心怀鬼胎，早无斗志。如果王爷能早做决断，我许定国甘为前锋，愿效犬马之劳！"

多铎一听，深觉有理，果然提兵直向扬州杀来。

由于哄传许定国引清朝大军来扬州要寻高杰部下报睢州之仇，高杰的外甥李本深被副将吴胜兆等人撺掇，竟然裹胁高杰夫人邢氏与高杰幼子，纵容兵士在城内大掠一番后，逃出扬州，去往寿州。倘若当初史可法受高杰儿子之拜为其"义父"，高部士兵心中会因小主人与史可法的"父子之恩"而卖命于他。如今，兵荒马乱之际，众将无主，又感觉史可法待他们无恩，竟然在关键时刻弃他而去。

高杰部将李成栋驻军高邮，听说自己的老友们都跑了，他不敢怠慢，拉起队伍也跑了。

这些高部士兵的逃跑，使得南明又丧失了一道重要防线。

高部诸将皆想渡江逃往南京，马士英忙命郑鸿逵扼守江口，发炮相击，打死不少高部士兵。

叛将许定国率领清军一路无阻，顺利到达扬州城下。

到了这个时候，由于太过容易就行进到扬州，许定国心中开始打鼓，发毛得厉害。他开始思忖：是否史可法真有什么秘密部署，引敌深入，要把清军一网打尽？

胡思乱想好久，许定国劝与自己一同充当前锋的满将汉岱暂时在扬州就近的斑竹园一带停留，观望形势，等待多铎王爷的主力清军。

忧懑之下，史可法得报，扬州城外运河中忽然有大批明军战船驶近，乃是自淮安而来的刘泽清部。

大喜过望的史可法亲自去码头迎接。岂料，刘泽清等人并不下船，站在那里嚷嚷说，他们不是来援扬州的，而是去南京“勤王”——其实，刘泽清见盱眙、泗州不保，心中害怕，便假称接到圣旨，逃往南京。

史可法大怒，立责刘泽清：“左良玉兵已被黄得功击败，何来旨意要你去南京？”

刘泽清无语。呆怔片刻，他表示要重回淮安驻守。想请他救援扬州就地卖命，他绝对不干。于是，这支南明的精兵扬长而去。

接到史可法的求援信后，确实也有数部明军来援，如兵部主事何刚、左都督刘肇基、副总兵庄子固以及职方郎中黄日芳等人。但这些人手下兵士根本不多，几部相加之后，保卫扬州的明军不过万把人。

倘使刘泽清对明朝有一点儿忠心，能派兵留下来，扬州守卫的形势会顿然改观。

四月十八日，清豫亲王多铎率主力赶到，后续部队也陆续赶到，渐集十五万大军于扬州城下。

当清军主力未完成最后的集结之时，明将刘肇基劝史可法乘清兵不备，派兵出城背城冒死一战。

史可法本人并不知兵略，推辞说：“锐气不可轻试，且养全锋以待其毙。”如此，坐失千载良机。

扬州旧城西门一带地势低下，城外有高丘耸然，俯瞰城中，最难守御。史可法凭一腔对大明朝的忠心，主动担当此地防守。

城外高地之上，乃明朝阁臣李春芳的家族墓地，其上长满高树灌木。兵将们劝史可法派人烧掉树木，以免清军在那里藏兵架炮。史可法极其迂腐，认为不应踩毁功臣坟茔，不听。

如此一来，后患重重。

由于清军用于攻城的大炮还未运到，他们没有即刻贸然攻城。

多铎多次派人持书劝降，最多时一天来使五人，皆为史可法所拒，焚书逐使，坚决不降。

深知扬州必陷，史可法已持殉节之心，他召跟随自己多年的副将史德威入室，想以他为嗣，托以后事。

史德威力辞："相公为国杀身，我义当从死，何敢偷生！"

史可法向史德威下拜："我为国亡，希望你为我而存身，善养我母！"

无奈，史德威泣拜受命。

史可法写五封遗书，一上其母，一致夫人，一致叔父兄弟，一付史德威（证明他入嗣史可法），一书致清朝多铎，并嘱咐史德威说："我死之后，当葬我于太祖皇帝之侧。如不能，则葬于梅花岭。"

史可法给多铎的遗书很简单，寥寥数语，估计是想让对方手下留情，不要伤害百姓：

> 败军之将，不可言勇；负国之臣，不可言忠。身死封疆，实有余恨。得以骸骨，归钟山之侧，求太祖高皇帝鉴此心，于愿足矣！

四月二十一日，史可法写给母亲、夫人的遗笔，最显大英雄苍凉心态：

> 北兵于十八日围扬城，至今尚未攻打，然人心已去，收

拾不来。（可）法早晚必死，不知夫人肯随我去否？如今世界，生亦无益，不如早早决断也。太太（母亲）苦恼，须托四太爷、大爷、三哥（叔父、叔伯兄等）大家照管。峀儿好歹随他罢了。书至此，肝肠寸断矣。

这一天，甘肃镇总兵李栖凤、监军副使高岐凤率四千多人“入援”。但此二人来入扬州，非是矢志援救，而是见风使舵，想拥劫史可法投降清军以求富贵。

晚间，二人入大营见史可法，劝他一起投降清军，遭史可法怒斥：“扬州乃我应死之地，汝二人欲富贵，可自图之！”

二人见计不成，便于当夜二鼓斩关拔营而去，临行，他们还引诱护饷的几支明军一起出城降清。

二十四日，清军的红夷大炮自泗州运来，试放一炮，直飞扬州府堂，落地轰然，扬州满城军民惶怖。

自此，清军围攻益急。

二十五日，清军蚁附，密密麻麻，展开猛攻。史可法下令开炮，轰死数百清军。

多铎大怒，亲督劲卒，下令用巨炮猛轰。在史可法的感召下，守城明军血战，杀掉不少进攻清军，城下叠尸如累丘。

清军奋不顾死，踩着积与城平的尸体，先有二卒登城，守兵心散溃败，清朝大军最终蜂拥而上。

扬州告陷。

见大势已去，史可法让副总兵庄子固把自己杀掉，后者不忍下手。

史可法抽出刀来，欲自刎殉节。

庄子固与另外一个参将抢持，刃下不深，血溅官服。

史可法无奈，唤史德威把自己杀掉。史德威不忍。

众人拥史可法从城楼往外跑，想借清军没有完全占领全城之际，趁

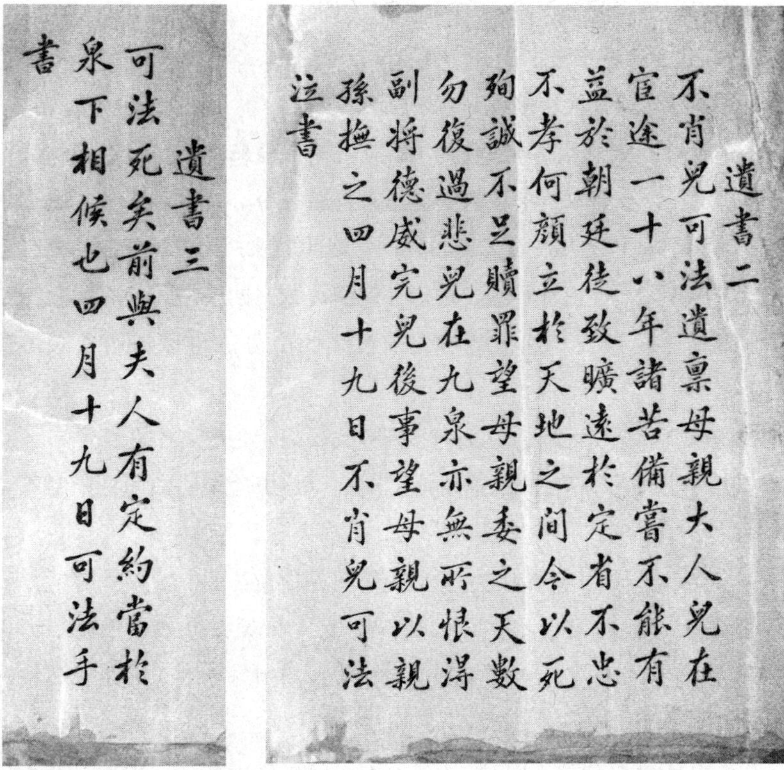

遺書二

不肖兒可法遺稟母親大人兒在宦途一十八年諸苦備嘗不能有益於朝廷徒致曠遠於定省不忠不孝何顏立於天地之間今以死殉誠不足贖罪望母親委之天數勿復過悲兒在九泉亦無所恨得副將德威完兒後事望母親以親孫撫之四月十九日不肖兒可法泣書

遺書三

可法死矣前與夫人有定約當於泉下相候也四月十九日可法手書

史可法写给母亲、夫人的遗笔

乱自小东门出城。

行至东门时，一行人发现那里已经有大量清兵拥入。正想折返，被清军发现，矢箭如雨，跟从史可法的庄子固等人当即中箭身亡。

史可法厉声问史德威："攻城主将为谁？"

史德威："豫亲王多铎。"

于是，史可法大声唤喝："我史督师也！"

正在激斗的清兵非常骇愕。要知道，一般来讲，身陷绝地的敌军高级官员，往往避匿，极少有人会出来自暴身份。

清兵中一个汉人张鹰富贵心切，立刻冲上来，抡刀砍死砍伤充当卫士的明兵数人，生擒史可法，把他押到南楼城上见豫亲王多铎。

多铎没见过史可法，就唤先前投降的史可法幕僚杨遇蕃来辨认真伪。

杨遇蕃一见史可法，立刻向多铎点头，表示是史可法真身。

史可法轻蔑一笑："我主动报名被擒，是想落个明白死，绝对不是假冒！"

多铎肃然起敬，待以宾礼，对史可法好言道：

"我们多次以书信招先生归清，先生一直不从。如今您已竭力报国，做到了一个臣子的责任，不能说是有负明国。如肯为我大清收拾江南，当以大官相酬！"

史可法闻言而怒："我为朝廷大臣，岂肯偷生苟活，为万世罪人！我头可断，身不可辱，只愿速死，从先帝于地下！"

多铎劝诱："史先生不见洪承畴吗？如降，必有大富贵！"

史可法："洪承畴受先帝厚恩，不能以死报之，真畜生不如！我怎能学他。"

一直站在旁边屏声不吭气的降官杨遇蕃低声劝史可法，让他主动降清，以全一城百姓。

史可法高声叱骂："你父亲只是一名校官，先前还能为国死节，况我大明阁臣，安能降敌！”

多铎怒起，快步向前，抽刀对史可法做欲砍状。

史可法迎立而前，伸颈迎白刃，高声道：“来，来，给我一个好死！”声色更壮。

多铎乃杀人不眨眼的屠夫，见此情景竟也连退数步，大叫：“好男子！好男子！”

他上前复劝，史可法背过身，默无一语。

多铎高言：“你既为忠臣，我当杀你，以成全你的名节！”

史可法脸色凛然，厉声道：

“城亡我亡，我意已决，把我碎尸万段，我甘之如饴。但扬州百万生民，不可杀戮！”

清军中的数名汉将汉兵冲上，枪挑刀砍，杀掉了史可法大英雄。

为了在主子面前显示忠勇，这几个人杀掉史可法后仍不住手。血雾腾腾中，他们把已经倒在血泊中的大英雄肢解剐碎，变成一堆尸块。

豫亲王多铎脸色渐趋阴沉，呆立片刻，他下令清军对扬州屠城。

扬州城本来只有三四十万人。清军过长江后，对百姓残杀屠害，沿江一带幸存的百姓一路奔逃，不少人逃到扬州。当时，扬州城已经戒严，外来人民稽首长号，在城外哀求开门相纳。史可法不忍，令军士开门收纳。这样一来，使得扬州城内人数多达八十余万。

多铎令下，八十万人顿成鬼魂！

史德威被俘，自称受史可法之命为其后嗣。多铎派人对他百刑俱加。为查明真假，他又派许定国验看。最终，得知史德威不是别将假冒，就下令将他释放。

此时，距史可法死日已过了十二天。

扬州经十日大屠，处处皆是尸山血海，天气蒸热，尸腐不可辨别。

无奈，一年之后，史德威只能在梅花岭为史可法建一衣冠冢。

清军占领南京后，并没有对史可法母妻下手。三年后，盐城汉人起义，打着史可法的名号。清政府很紧张，立刻拘押了史可法的家属。

幸亏一名当年杀掉史可法的清军汉将稍有心肝，出面说："当年攻克扬州，我为前锋，得豫亲王令，亲手杀掉史可法。今日之人，必定是假冒其名姓，何必为此拘其母妻！"

由此，清廷下令释放史可法家属。

史家之中，史可法有一堂弟史可程，降附清廷，优游林下四十年，晚年还与顾亭林等人诗文唱和，但从未有一诗一字言及他凛然捐躯的堂兄。

扬州失陷后，刘肇基将军及四百军卒巷战至死；李应魁、何刚、楼云、江云龙、李大忠等二百多文武将吏，或搏斗而死，或自杀殉国。特别值得称道的是，马士英先前派到高杰余部接收兵权的心腹、扬州总督卫胤文，也能一死殉国，坚拒清军招降。他在城上指挥作战，血战到最后一刻。

由于扬州人民的殊死反抗，使得清朝王爷多铎大起杀心，下令屠城十天，总共杀掉八十万人，制造了骇人听闻的"扬州十日"大屠杀。

不可否认的是，史可法无将相之才，无论是策立问题、高杰身后军队处置问题、扬州城守问题，他均犯下严重错误。所以，弘光朝灭亡之速，史可法不无责任。

扬州军民可歌可泣，江北的明朝军队却怯懦如羊。高杰的部下李本深、李成栋等人，还有广昌伯刘良佐、东平侯刘泽清，均望风而降。

据《清世祖实录》记载，扬州城破后，共有二十四万明军缴械投降，其中总兵二十三人，副总兵四十七人。殊为奇怪的是，这些不战即降的军头剃头换装之后，为清朝打起仗来，顿时如同换了个人一样，勇猛无比，纷纷成为清朝平定江南、两广地区的得力干将。

铁蹄密麻震天地。南京，已经处于颤抖之中。

清末人绘的“扬州十日”图

忽喇喇华厦一时倾

弘光朝廷的覆灭

扬州已失，按常人的想象，南京城内，弘光帝、马士英应该急如热锅上的蚂蚁吧？

答案是否定的。

弘光帝终日与梨园子弟酣饮长歌，切磋台上和床上的“技艺”。马士英仍旧沉浸在击败左良玉军、运筹帷幄的良好感觉之中。对他们来讲，长江天险不仅仅是地理天险，也是他们醉生梦死的心理屏障。他们如此自欺欺人：赤壁之战，孙刘联军三万人可敌曹操数十万大军；淝水之战，八千东晋健儿击败苻坚百万兵。

在他们心中，长江天险说不定正是南明大翻盘转危为安的转折点。

这种天真的想法，不仅仅是对历史的误读，更是对弘光朝廷自己的误读。

相比于三国时代的孙氏政权及东晋时期的司马氏政权，弘光小朝廷没有任何同仇敌忾之心，朝无正人，君臣贪淫，不可能负起大明中兴的历史重任。弘光帝本是昏庸之主，对于国家大事麻木不仁，天天热衷于修宫造殿和渔色听曲。

弘光帝继位后，短短数月竟然在南京督营兴宁宫和慈禧殿两大建筑，然后，他派宦者外出，四处为他选取“淑女”，并弄成吨的麻雀和癞蛤蟆到宫中，不顾恶臭，撷取雀脑和蟾酥，配制春药。此外，他还专心致志地与小太监趴在地上斗蛐蛐，以致得到“蛤蟆天子”和“蟋蟀皇帝”的绰号。

有个道士袁本盈，进献了一个春药方子，制作极其麻烦。

据说，弘光帝吃后，每每欲望大增，祸害死不少年幼的宫女。

一旦有人进谏，就会被这位皇帝一句驳回：“天下有老马（马士英）在，我又何虑！”

马士英是庸常之人，胸无大略，终日气骄腹满，结党贪黩，信用阮大铖，卖官鬻爵，搜刮江南。所以，时人在长安门上写下一副对联，把马、阮二人讽刺得一步到位：

弘主沉醉未醒，全凭马上胡诌；羽公凯歌以休，且听阮中曲变。

如此君臣如此事，难怪以江南之广、财粮之富，最终弄得士气不振，人心涣散。

面对强敌逼境，弘光君臣还推行了许多莫名其妙的“政事”：追尊被朱棣篡位后下落不明的建文帝为“惠宗让皇帝”；追尊被明英宗废死的景泰帝为“代宗景皇帝”；追尊弘光帝的老子福王为“恭皇帝”；搜集北京殉难大臣人名，为这些人追谥；起用阉党杨维垣，为列入“逆案”的阉党平反；大铸“弘光通宝”……以危在旦夕之国家，徒兴不急之虚务，让后人觉得十分莫名其妙。

清歌漏舟之中，痛饮焚屋之下，不亡何待！

四月二十六日，扬州失守。过了三天，马士英才召集大臣在宫内商议防御之事。

由于意见不合，马士英与姚思孝等人在殿上大打出手。大臣之间你踹我一脚，我掴你一掌，好不热闹。

一直对国事不发一言的弘光帝，忽然大喝一声：“住手！”

众臣凛然，终于等到了皇帝表示意见的时刻。

终年沉默，一鸣惊人。

“大婚要紧，争吵什么！”

弘光帝这个“包袱”一抖，大出众臣意料。

于是，马士英等人加紧替他甄选秀女近二百人，最终挑出三个送入宫内。三个淑女中，有一个还是阮大铖的“私货”——他的亲侄女。

皇帝忙，太监更忙，宫内四处索求猫眼、祖母绿以及上好珍珠，仅皇后礼冠一顶开支就达四万多两白银，小朝廷几天内采办货物花去数百万两白银。

五月初九，夜间大雾弥漫，清兵在瓜洲一带的江面上纵放众多临时编束的门板、桌椅和土排，上面点燃灯烛，然后大放号炮，无数漂浮物乘流而下。

明军以为是清军渡江，大放火炮箭矢，浪费无数弹药。

在京口（今江苏镇江市）一带负责江防的明将郑鸿逵当天过生日，张灯大宴，并无任何防备。

转天早晨，清军中的明朝降将张天禄带领数百先锋军，乘乱上岸，在高岗处打鼓吹号。还没有见到清军的人影，郑鸿逵吓得魂飞魄散，未做任何抵抗，打马先逃。主将跑掉，几万大军全部逃走。

接下去，镇江告陷，门户大开，清军主力陆续顺利过江，长江天险，形同虚设。

弘光帝在宫中，得知清军渡江的消息，做的第一件“大事”，是下旨送刚选入宫中的三个淑女归于母家。然后，他才召“诸葛亮”马士英议事。

马士英此时一反常态，再无平日的神气活现。他唉声叹气，坐了半天，才用毛笔在纸上写了一个大字，然后告退。

弘光帝拿起那个大字，一看，气极而苦笑，原来上面写着：逃！

弘光帝此时倒显得非常沉着。从中午到晚上，他一直与宫内大小宦者杂坐饮酒，与民同乐，观赏梨园杂剧，对政事没有任何安排。

夜间，三鼓时分，忽然酒醒的弘光帝命人备马，连夜偷开聚宝门，逃往太平府（今当涂）。当地官员以为来人是假冒，闭门不纳，于是一行人奔往芜湖的黄得功处避难。

见到青衣小帽的皇帝，黄得功惊呆了，他没料到南京如此坚城，竟然不战而弃。

黄得功泣言：“陛下坚守京城，臣等犹可效力，如今至此，大势去矣！”

弘光帝这时很会礼贤下士，他亲斟三杯御酒递与黄得功，诚恳地哀求说："敬仗将军神威。"

黄得功感奋，把酒杯掷于地上，跪拜朗言："有不尽犬马力以报陛下者，有如此酒！"

于是，他不顾在铜陵与左军大战时被打折的右臂，立刻督催手下八名总兵级将官迎战清军。

黄得功虽有一腔忠心，无奈其手下将士皆无战心，其中马得功、田雄等将军早已与清军暗中约降。

清军当然不会怠慢，刚刚投降的刘良佐自告奋勇当向导，率精兵马不停蹄，以迅雷不及掩耳之势，杀至芜湖。

刘良佐与黄得功旧日关系不错，二军对阵之时，他在马上亲自招降。

黄得功睚眦皆裂，大骂刘良佐背主求荣。

正说话间，黄得功手下的军将田雄暗发一箭，正中黄得功咽喉。

深知大势已去，黄得功大叫一声，拔刀自刎而死。其手下明军纷纷缴械。

弘光帝知事不妙，立刻窜入小船之中，准备趁乱逃走。

叛将田雄射中黄得功后，飞奔至江边，背上弘光帝就走。

另一个叛将马得功在身后配合，用双手牢牢抱紧弘光帝双脚。

弘光帝大嘴一咧，痛哭失声，哀求二人放他走。

田雄疾步如飞，背上三百多斤的肥猪，他全然不喘，笑说道："陛下，你就是我等的功名，怎能放你！"

弘光帝大哭，挣扎不已。见挣不脱，他猛然抱住田雄的脑袋，死命咬他的脖子。

正在收拾战场的清军清将忽然愣住，他们看见这样一个让人骇异的场景：

一位身着明军总兵服色的黑大汉，身背一个巨胖男人，大笑摇头而来。巨胖男人嗷嗷大哭，大嘴不停啮咬黑大汉的耳朵和脖子，血流渍衣……

刘良佐不敢怠慢，把弘光帝押起，即刻上表豫亲王多铎：

“敬献皇帝一枚。”

如此“皇帝”，“一枚”而已。

一路之上，弘光帝乘小轿，穿素袍，以油扇障面。沿途百姓知是弘光帝，夹道唾骂，甚至不少人投以瓦石相击。

押在府署后，旧臣之中只有两个人前去探视。他们发现，被俘的弘光帝嬉笑自如，毫无辱身亡国之戚，只问：

“马士英何在？”

而后，弘光帝被清军押送回北京。途中，这个胖哥的待遇说起来还算不错：每天供应美酒二十壶，菜肴二十品。但弘光帝自己不能进食，清军怕他逃跑，用竹筒把他的两只胳膊牢牢束起，让他从前的两个“贵妃”喂他吃饭。听上去挺美，其实弘光帝根本吃不上东西。每次供应物品上来，负责押送的清将清兵立刻过来抢走，最多给弘光帝剩下些残羹冷炙。而他的两个“贵妃”一路遭受凌辱，没到北京，早已气绝身亡。到北京后不久，弘光帝即被清廷处决。

坚城南京，自弘光帝逃跑后，一群乱民劫狱，把被押的“伪太子”拥出，为他披上一件戏服龙袍，立为“皇帝”。

时任南京守备的明朝勋臣之后赵之龙做事“果决”，立刻逮捕首事之人杀头，然后押起“伪太子”，与钱谦益、王铎等人献城投降。

另外一个握有兵权的南京镇守太监韩赞周，比起这些身体健全的男人来倒更多男人气。他听闻清军进城，即刻上吊自杀，以残身殉国。

常在秦淮河百川桥下行乞的一个乞儿，听说国亡，在桥上题诗：“三百年来养士朝，如何文武尽皆逃。纲常留在卑田院，乞丐羞存命一条。”写毕，投河自杀。

数百南明的文武大官，气节方面，远不如一个太监和一个乞丐！

洪武门大开，赵之龙率保国公朱国弼、隆平侯张拱日、临淮侯李祖述、怀宁侯孙维城、灵璧侯汤国祚、安远侯柳祚昌、永康侯徐洪爵、定远侯邓文郁、项城伯常应俊、大兴伯邹存义、宁晋伯刘允极、南和伯方一元、东宁伯焦梦熊、洛中伯黄九鼎、成安伯郭祚永、驸马齐赞元垂首迎降。文臣除了王铎、钱谦益以外，还有大学士蔡奕琛、侍郎朱之臣、梁云构、都御史李乔等，皆跪降，而翰、詹、科、道、部、寺官，投降者不可胜记。

赵之龙出降前，为“大清”入户部封库。进士出身的户部郎中刘成治奋拳殴之。

听说众臣齐降的消息，刘成治慨然道：“国家养士三百年，难道就无一忠义之人以报大明朝廷吗？”

于是，他持笔题壁：“钟山之气，赫赫洋洋；归于帝侧，保此冠裳。”然后，掷笔于地，自缢殉国。

钱谦益在明末和弘光朝号称“清流”，是东林领袖，在南京献城之时立刻加入投降队伍。其爱妾曾劝他自杀殉国，激劝之下，他步入湖中要自沉。岂料，水刚刚沾湿鞋袜，钱谦益即掉头往岸上走还，边走边絮叨：“湖水太冷，不好死，等等再说……”

不仅如此，他还亲自操刀，以赵之龙的名义传檄四方，谕命降顺：

> 自辽、金、元以来，由沙漠入主中国者，虽以有道代无道，靡不弃好而构衅，问罪以称兵；曾有以讨贼兴师、以救援奋义逐我中国不共天之贼、报我先帝不宴目之仇，雪耻除凶，高出千古如大清者乎？有肃清京阙、修治山陵，安先帝地下之英魂、臣子狱中之哀痛如大清者乎？有护持我累朝陵寝、修复我十庙宗祧，优恤其诸藩、安辑其残黎、擢用其遗臣、举行其旧政，恩深谊崇、义尽仁至如大清者乎？权奸当国，大柄旁落，初遣魏公翰而不奉词，继遣陈洪范而不报命；然后兴师问罪，犹且顿兵不进，纡回淮、泗以待一介之来。自古未有以仁礼雍容揖让如大清者也。助信佑顺，天与人归。

渡大江而风伯效灵，入金陵而天日开朗。千军万马寂无人声，白叟黄童聚于朝市。三代之师，于斯见之。靖南覆辙，谁为一旅之师？故主挟归，弥崇三恪之礼。凡我藩镇督抚，谁非忠臣？谁非孝子？识天命之有归，知大事之已去；投诚归命，保亿万生灵。此仁人志士之所为，大丈夫以之自决也。幸三思而早图之！谓予不信，有如皎日。

钱谦益真是文章大家，洋洋洒洒，几个排比问句，把“大清”的赫赫功德，渲染得淋漓尽致，义正词严。可惜他这些才学，皆成为谄谀异族新朝的工具。

马士英父子掌权时贪黜误国，但在大难临头之际，表现远远超出南京城内那些平日大喊“尽忠报国”的诸位文武。马士英的儿子马銮护驾弘光帝出逃，死于乱军之中；马士英率数百贵州士兵，保护弘光帝嫡母邹太后逃往浙江，最终辗转来到杭州。

当地的潞王朱常淓以及地方官员，均来拜见太后。大家本来以为黄得功忠勇，能扭转战局，但很快就有消息传来：

黄得功战死，弘光帝被俘。

于是，在马士英和杭州官兵的拥戴下，潞王朱常淓就任“监国”（代理皇帝）。

这位平日一向以贤王著称的潞王，其实也是个软蛋。众官朝见之时，他泪如雨下，深恐自己被拥为帝会立刻招致杀身大祸。

马士英想先稳住局势，就派先前为清军当过奸细的陈洪范再次充任使臣，渡江与清军“讲和”。

事到如今，南明哪里还有讲和的本钱！

陈洪范到了清营，把明朝在杭州的老底全部端出，并自告奋勇返回杭州，说降了潞王。

马士英见势不妙，仓皇又逃。

于是，杭州坚城内的潞王朱常汸剃发白服，大开城门，跪于道左，率众官投降。城中本来有一万多名明朝精兵，闻讯纷纷逃亡，日后不少人加入反清队伍。

杭州投降的示范效应出现，湖州、嘉兴、绍兴、宁波等地不战而降，江南大部沦于清军之手。

潞王朱常汸被带到北京，天天摇尾乞怜，活了仅仅不到一年，就被清廷以谋反罪杀掉。假使他当时在杭州坚守或辗转江南各地抗清，南明其实应该还大有可为。

马士英屡败屡战，仍旧不死心，后来跑去投靠鲁王，但众人嫌他名声太坏，拒而不纳。深省阮大铖误事的马士英仍旧不屈不挠，忙率明将方国安等人想夺回杭州。水战失败，明军被淹死无数。马士英还想提残兵入闽，却遭唐王（隆武帝）拒绝。

绝望之下，马士英仍旧不投降，跑入台州野寺中削发为僧。后来，他被家仆出卖，清军把他斩于延平城闹市，死后剥皮示众。

马士英一生没干过什么好事，唯独死得壮烈，不愧为大明之鬼。

南京城破之际，自杀殉国的除了太监韩赞周以外，只有十二个人。十二个人中，高级官员仅刑部尚书高倬一个人，其余十一人皆是中下级官员以及读书人，难怪时人叹息：

“国家无事，公卿大臣享其尊荣；不幸有变，儒生小臣奋其义烈！”

特别值得一表的，是弘光朝礼部主事黄端伯。

听说赵之龙、钱谦益等人献门率众投降，黄端伯在城门大书数字——大明礼部仪制司主事黄端伯不降!

豫亲王多铎听说后倍感奇怪，派人上门“邀请”，黄端伯坚卧不起。

清兵当然不客气，把黄大人连架带扛到多铎面前，并吆喝使跪，黄端伯不屈。

多铎拍案叱喝：“你认为弘光帝是何种人物，想为他一死？”

黄端伯朗言：“皇帝圣明！”不愿再多说一句。

多铎问："马士英，又怎样呢？"

黄端伯："马士英，忠臣也！"

多铎又气又笑，问："马士英乃大奸臣，何得为忠？"

黄端伯说："马士英不降，拥送太后入浙江，当然是忠臣。"他指着已经剃发易服的赵之龙等人说："这些才是不忠不孝之人。"

多铎点头良久，问："素闻黄先生耿介孤直，能否在大清做官？"

黄端伯断然拒绝。

多铎当众竖大拇指："南京硬汉，仅见此人！"一席话，说得降臣赵之龙等人面色发赤。

被押一月有余，黄端伯始终不降。

于是，多铎下令处斩黄端伯。

清军劲骑押送至水草庵，黄端伯停下脚步："愿毕命于此！"

清兵一卒以刀捅之，被黄先生的凛然精神所震慑，手颤刀落地。

黄端伯大声言道："何不直刺我心！"

凛然大笑后，英勇就义。

与史可法、黄端伯、马士英等明朝大臣相比，阮大铖是个彻头彻尾的"机敏猾贼"。

吴伟业所撰《绥寇纪略》（原名《鹿樵纪闻》）一书，详细记载了阮大铖的丑态。

南京失陷时，阮大铖逃出。到了金华，由于他名声太坏，当地士绅群起逐之，无奈何他转投方国安部明军。此时的马、阮二人，再无昔日沆瀣一气的相互"提携"。特别是马士英，想到弘光朝之坏事，多由阮大胡子所致，对他满怀怨气。待清军攻杭州时，阮大铖与谢三宾等人立刻向清军投降。

投降清军后，阮大铖做的第一件事就是为清军做向导，对当初拒不接纳他的金华展开报复，大肆屠城，杀得鸡犬不留。

江南兵荒马乱，清军大都供应匮乏，唯独阮大铖长袖善舞，常常邀清军高级军将和文官到他的府宅，变戏法一样罗列鲜美佳肴，出人意表。

见来人惊异赞叹，阮大铖得意扬扬："一切不过是日用应酬罢了，我这人用兵打仗也是百计多端，到时候一定让诸公刮目相看！"

清军官将吃得开心，又听说这位江南大才人著有《春灯谜》《燕子笺》等大戏，就有人问他："阮先生能自己作曲吗？"阮大铖闻言，即刻起身，手执竹板，顿足而唱。

清军官将多是北方人，不晓吴地方言，愣怔不懂。

阮大铖反应快，马上改唱弋阳腔，以北方戏娱乐清官清将。

丝竹声中，酒肉阵里，清官清将纷纷拍掌叫好，连赞："阮先生真是大才子！"

阮大铖人来疯，精神饱满，不仅白天流连军营府署，夜间也窜入诸将官的营帐中与人闲聊，往往听者倦睡，他才闻鼾而出。不料，转天一大早，清军高级军将还正熟睡，他又窜入，聒聒饶舌，最终让那些人苦恼不已。

饱受骚扰之余，清军将官们不好意思明说，婉言相劝道："阮先生您精力充沛，确超常人。不过，鞍马劳累，您能否休息一下，不要太过费神。"

阮大胡子掀髯大笑："我平生从不知倦，六十年来如一日。"

他把别人的规劝当耳旁风，待清军诸将起床，每见多桌酒肉杂陈——阮大铖已经送货上门。

待清军开往福建时，阮大铖脸面忽肿，变成大猪头。

清军高官们终于长吁一口气，唤其仆人来，说："阮先生恐怕得什么病了，你对他说一声，让他暂住衢州，等我们平定闽地，必派人来迎。"

阮大铖闻言大骇，顿足捶胸，立刻大叫：

"我何病？我年虽六十，能挽强弓。我何病？我视八闽如在掌握中。我仇人多，一定有东林党奸人背后散布我坏话，不让我随军！”

清军高官们听闻此语，相视苦笑：“此老真是多心，既如此，一起走好了。”

于是，阮大铖随军，往仙霞岭开进。清军将官虽多是青壮年，个个骑马上山。

阮大铖为显示自己身体矫健，下马步行，猴跳狗窜，边爬边喊：“看我精力，超过你们这些年轻人十倍！”

山路弯绕，没多久，阮大铖已不见了踪影。

过了许久，诸将骑马行至五通岭，见到了阮大铖。

他背坐在一块大石之上，身板挺立。

众人连呼“阮先生”，阮大铖不应。

其中一名清将开玩笑，用马鞭挑其长辫，又用脚轻轻踢他。

阮大铖慢慢倒地。原来已经气绝。

他为了显摆自己体健无病，在深山之中与马赛跑，心脏病发，死了。

如此奸佞，死得真是颇有传奇色彩。

降清的东林党领袖钱谦益，并没有被清朝重用，郁郁不得志，于是暗地里“伤怀”故国：

海角崖山一线斜，从今也不属中华。
更无鱼腹捐躯地，况有龙涎泛海槎？
望断关河非汉帜，吹残日月是胡笳。
嫦娥老大无归处，独倚银轮哭桂花。

《后秋兴之十三》

后来，他作《一年》之诗，对南明弘光小朝廷加以论定：

一年天子小朝廷，遗恨虚传覆典型。

岂有庭花歌后阁，也无杯酒劝长星。

吹唇沸地狐群力，嫠面呼风蜮鬼灵。

奸佞不随京洛尽，尚流余毒蛰丹青。

黄宗羲闻之而叹，认为此诗乃“诗史”佳作。

留发与留头：两难的抉择

被征服者的反抗

2007年4月，在古人所谓“烟花三月下扬州”的时候，笔者从北京沿高速公路驱车到达扬州。出于对伟大英雄的景仰，笔者并没有立刻去游览闻名遐迩的瘦西湖，而是直接去了位于扬州广储门外街的“史可法纪念馆”。

不出笔者的想象，史可法纪念馆门庭冷落。窄路曲折，一条污浊的古运河在门前悄然流过。

进门后笔者径直向纪念馆后面梅花岭方向疾走。

出人意料的是，史可法祠堂并不在正对大门的梅花岭下。穿行过后，赫然出现一木阁，丝竹阵阵，音乐嘹亮，七八个油头粉面的中老年男女，身穿所谓的对襟软款“唐装”（实际上是满服），正翘兰花指走小碎步，高唱当地的扬州乱弹。此情此景，让人诧异非常。

史可法，堂堂一个中华民族的象征性人物，倘若阴间有灵，看见这些男女在他坟边大唱阮大铖的《嫦娥思凡》，九泉之下，岂无恨乎！

“数点梅花亡国泪，二分明月故臣心。”清人张尔荩所撰之联，在轻软浓艳的丝竹声中，显得那样突兀和苍白……

衣冠发型比命重

江南人民的流血抗争

弘光小朝廷腐朽昏庸，人心思变，在清朝打击之下，被一扫而亡。对这样一个腐败朝廷，江南人民内心并不留恋。此外，由于南京人民先前未与清朝打过交道，清军处处以令箭宣示“不杀人，不剃发，安民乐业”，所以普通百姓都对清朝抱以厚望。

南京街道上，居民在清军入城时，纷纷高举“大清国皇帝万万岁”“顺民”等字牌，向清军表示归顺。而且，由于南明诸部军阀残兵的凶蛮，不少百姓还有“清兵如蟹，曷迟其来”的盼望之语。老百姓很现实，他们特别希望清军统治本地区之后，能减免田赋，大展新朝抚民的善举。

南明弘光朝廷灭亡后的中国，对清廷来讲，形势“一派大好”：张献忠远遁西南，李自成败死湖北，南方各地虽有残明势力分布，但权力分散，明朝的鲁王与唐王互相争斗，势同水火，清王朝一下子处于绝对的优势地位。

正是在这种情势下，由于降臣孙之獬的撺掇，清摄政王多尔衮下达“剃发令”。

剃发令一下，以水泼油，九州鼎沸，血如浪流。千万人命，丧于一纸文书。

清廷强迫剃发，并非入关后才施行。

满族为女真人的一个支系，为建州女真。早在宋代，金国人就剃发，并高压强迫占领区的汉人剃发。1129 年（宋建炎三年，金天会七年），当时的金太宗就下过这样的强硬命令：“禁民汉服，及削发不如式者，死！”所以在金人统治区，士兵常常窜入市肆，见居民发式稍不符合标准，立即牵出，当场斩首。

几百年过去了，满族人的发型一直没变。满族男子一般是将头顶中间一撮如钱大之头发留长，结成辫子，其余四周头发皆剃光，所以称为“金钱鼠尾”。一般来讲，满族人只有“国丧”和“父母丧”内百日不剃，平时，除中间一小撮外，周围头发不能留蓄。

努尔哈赤建后金称汗后，强迫被占领区的汉人和投降的汉人必须剃发，所以，剃或不剃，成为一种政治性标志。汉人只要剃头，就免死收降，否则就砍头。后金军占领辽阳后，当地成千上万的汉民不愿剃头，自投鸭绿江而死（见朝鲜《李朝实录》）。当时当地，有时候汉民被剃发后结果更惨。由于明清之间经常打拉锯战，剃发汉民常被明军杀死，士兵们割头后冒充满人首级去“报功”。皮岛的毛文龙，当时就杀了不少剃发的汉人，然后拿着首级向明廷邀赏。

皇太极继位后，在杀人方面有所收敛，但对剃发则要求更严。

皇太极之所以如此强调剃发，正源于他读过书，对历史上的女真帝王金世宗非常钦佩。他坚定地认为，女真如果汉化，肯定会速亡。

清军初入关，占领北京后不久，即发布剃发令。由于吴三桂等明朝降官劝说，加之北京及周围地区人民反抗连连，多尔衮不得不收回成命。但是，他对率先剃发的明朝兵部侍郎金之俊等人，还是表现出特别的信任。清军入据北京后，好长时间内，明朝旧官变成清朝官员，仍旧身穿明服，冠裳不改。

清军进入南京城，豫亲王多铎还对率先剃发献媚的明朝都御史李乔加以斥骂：“剃头之事，本国相沿成俗。今大兵所以，剃武不剃文，剃兵不剃民，尔等毋得不遵法度，自行剃之。前有无耻官员，先剃求见，本国已经唾骂！”

但是，当北京的多尔衮得知南京已定，又有汉臣孙之獬紧劝，他即改变初衷，于六月十五日让礼部在全国范围内下达“剃发令”。

南明弘光朝覆亡后，以钱谦益为首的明朝朝臣多主动投降，劝多铎说：“吴地民风柔弱，飞檄可定，毋须再烦兵锋大举。”

虽然文人无骨，但此话水分也不是太大。除了太仓农奴为了抢夺先前主人的财产造过几次反外，江南大地一时还真没出现对清军像样的抵抗。各地乡绅为了自保，也纷纷在城墙上大书“顺民”二字，向清军降附。钱谦益与各地乡绅的信中，也称大清“名正言顺，天与人归”。扬州大屠杀在一向生活安逸的江南人民心中确实产生了极大的震撼，他们开始认真思考顽强抵抗后的毁灭后果。

南京和扬州的结果昭然在目——“扬州十日”杀了八十万人。南京在弘光帝逃跑后，由赵之龙、钱谦益等人手捧明境图册和人民户口向清豫亲王多铎行四拜礼献降，二十余万兵马束手缴械。清军兵不血刃，果然没有大行杀戮——这两种截然不同的遭遇，确实在江南士绅民众的心里打上了深深的烙印。

孙之獬，山东淄川人，明朝天启年间进士。此人因人品低下，反复无常，一直郁郁不得志。清军入关后，他求官心切，是第一批摇尾乞降的汉官，并当上了礼部侍郎。

他很想报新主提拔之恩，一时间又想不出什么平定大计，在让全家女眷放大脚之后，就走了个“偏门”——主动剃发。

孙之獬前脑门一溜精光，后面也拖个大辫子，穿上一套四不像的满服，施施然上朝来，想博个满堂彩。

不料，当时汉人官员仍是明朝装束，见到这么一个不伦不类的家伙，心中都觉得可笑又可鄙，扬袖把他排挤出班；满族官员自恃是统治征服民族，也都纷纷脚踢笑骂，把他踹出满班。

恼羞成怒加上气急败坏，孙之獬下朝后立马写了一道奏章，向清世祖建议在全境范围内要求汉人剃发，其中有几句话直戳清帝（也就是当时摄政的多尔衮王爷）心窝：

“陛下平定中原，万事鼎新，而衣冠束发之制独存汉旧，此乃陛下从中国，非中国之从陛下也！”

清帝顺治当时年仅七岁，国家大事全部由摄政王多尔衮一人说了算。多尔衮等人本来就是北方武人性格，被孙之獬这一激，深觉其言甚是有理。而且，早在1644年多尔衮入关之前，满人大学士希福已在盛京向朝廷进献了用满文写的辽、金、元三朝史料，想吸取过往异族入主中原的历史经验教训，“善足为法，恶足为戒”，其中最主要的警示就是防止上层“汉化”。特别是辽、金两朝，“汉化”最终导致皇族的消沉和委琐、懦弱。

孙之獬的进言，正好挑起了多尔衮的警惕之心，他想先从形式上消除“汉化”的潜在危险——好！我先下手为强，先给全体汉人来个“满化”，强迫剃发！

恶法逼人，本来渐趋平静的江南地区顿时如水入沸油般四处激起反抗的怒潮。

“身体发肤，受之父母，不得毁伤。”一直以孔孟伦理为原则的中国人，无论官绅还是普通百姓，都不能接受自己在形象上变成野蛮的“夷狄”。遥想前朝，即使是统治中国近百年的大元也从未下令要汉人改变装束。

一朝天子一朝臣。以宗法儒学为生活准则的中国人，能把朝代更替看成天道循环，但如果有人要在衣冠发式上强迫施行改变，把几千年的汉儒发式强行改成剃发梳辫，这不仅仅是对人格尊严的侮辱，简直是类似精神“阉割”的大痛。而且，在明朝人心目中，以这种“夷狄”形象死后都无面目见先人于地下。

如果说在文化、财产、等级等方面，士大夫和平常民众还存有歧异的话，在保卫精神特质和生活习俗方面，所有的汉人几乎表现出惊人的一致性。

原本已经降附的地区纷纷反抗，整个中国大地陷入血雨腥风之中。连真心归附清朝的汉人学者王家桢，也在笔记中愤愤不平地记述道：

> 我朝（清）之初入中国也，衣冠一仍汉制（其实朱元璋下令是遵依唐制）。凡中朝臣子皆束发顶进贤冠，为长服大

袖，分为满汉两班。有山东进士孙之獬，阴为计，首剃发迎降，以冀独得欢心。乃归满班则满以其为汉人也，不受。归汉班则汉以其为满饰也，不容。于是（孙之獬）羞愤上书……于是削发令下，而中国之民无不人人思螳臂拒车斗，处处蜂起，江南百万生灵尽膏野草，皆（孙）之獬一言激之也。原其心，止起于贪慕富贵，一念无耻，遂酿荼毒无穷之祸！（《研堂见闻杂记》）

报应真快。三年多以后，因为受人钱财卖官，孙之獬受到弹劾，被夺职遣还老家淄川。天道好还，这老贼恰好赶上山东谢迁等人起义。义军攻入淄川城，孙之獬一家上下男女老幼百口被愤怒的民众一并杀死，“皆备极淫惨以毙”。

孙之獬被五花大绑了十多天，被押期间，义军百姓在他头皮上戳满细洞，人们争相用猪毛给他重新“植发”。最后，百姓们把他的一张臭嘴用大针密密缝起，然后把他肢解碎割至死。

“嗟呼，小人亦枉作小人尔。当其举家同尽，百口陵夷，恐聚十六州铁铸不成一错也！”

孙之獬此种下场，连仕清的汉人士大夫也不免幸灾乐祸。

顺治二年（1645 年）六月二十八日，清廷再次传谕：“近者一月，远者三月，各取剃发归顺。”这样一来，剃发就成了绝对命令。

如此野蛮的“留发不留头”政策，引发了江南汉族人民的强烈反抗。从苏州开始，抗争怒潮波延而起，常熟、太仓、嘉定、昆山、江阴、嘉兴、松江，处处义旗，人人思愤。清军王爷多铎大肆镇压，江南胜地，顿时血流成河。

“华人变为夷，苟活不如死。”悲愤之下，江阴这个素以礼仪之邦著称的城市，人民纷纷起义，誓死不剃发，不投降，并推举前明典史阎应元入城主政，紧闭城门，拒不开门。

江阴剃发的过程非常具有戏剧性。本来，清军派一名二十多岁投降的前明进士方亨为江阴县令。此人自以为是运筹帷幄的诸葛亮，穿一身明朝服装，只带二十多个家丁，前来江阴当“接收大员”。

剃发令下，江阴诸生百余人，率领民众约万人，到县衙请求免剃。方亨不知死，犹拿架子端坐堂上，唤衙役下堂收取兵器。这时，他的老师无锡人苏某恰好来贺学生当官，见民众议论纷纷，便入堂大骂：“这些奴才，留发不留头，个个该砍！”

一句话激起众愤，百姓大噪：“打死这个降贼！”你一拳我一脚，立毙苏某，然后拆下门板焚尸。

方亨犹大呼，被众人抓住，关入牢狱。清军攻城时，这个强迫百姓剃发的河南籍青年县令，被江阴人民活活打死。

一不做，二不休，民众忽然想起在同察院还有四个与方亨同来的满洲打扮的军人，据说是清政府派到江阴监察剃发的，于是众人持刀，冲入同察院。这四个“满洲兵”，刚入江阴时满口满语，当庭食生肉，随地大小便，睡觉也是铺块席毡倒地而卧。众人杀入时，他们还发箭抵抗，但很快皆被生擒。

仔细搜查后，大家发现这四个人是冒牌货，他们外表假装凶蛮，可屋里面床帷灶釜，皆精致无比。枪捅脚踹之下，四个人立刻满口苏州话：“我们本是苏州人，爷爷们饶命！”

民众闻言更恨，几个肉贩上前，用刀碎剐了四人。

四人临死哭号：“方县令害我们，让我们假扮满兵吓唬人……”

阎应元被江阴人民推为城主后，想尽办法守城，歼毙清军无数，致使清将咬牙切齿发狠说：

“我们一路得北京，下南京，未尝费力。江阴拳大的地方，怎敢如此抵抗！”

清廷震怒，刘良佐、李成栋、土国宝等降将以及满将石堪、博洛等人统二十万大军，把江阴城团团包围。

刘良佐骑马，环城高喊，让江阴人投降。阎应元凭城大骂：“我只是一个小小典史官，尚为国尽忠。汝为朝廷侯伯高官，不能以死报国，如今还有脸面来见江阴父老！”于是，阎应元大书一帜：“留千古半分忠义，存大明一寸江山。”

刘良佐惭甚。但是，为了向清廷主子交代，他“发明”了用三层厚牛皮做的攻城皮帐，让士兵躲在下面，进逼城墙。

牛皮坚韧，城上矢石投之，皆反跃弹起，不能射入。

阎应元派人取人粪和以桐油煎煮，在城头上煮开后立即泼下，牛皮帐顿时被烫穿，下面的清军非死即伤，损失数百人，攻城只能暂停下来。

相持数日，清军无法破城。

一日，清军见江阴城门洞开，以为有人献城接应，立即开始进攻。城中百姓在阎应元事先安排下，皆伪降。有清军将领占据官署，以为得计。

没高兴多久，江阴士民伏兵大发，有壮士挟双斧，舞动如飞，杀入官署，一斧砍下清将头颅，然后大呼杀出。伏兵四合，江阴人民又杀掉入城未及逃跑的数百清兵。

阎应元布疑兵于城外江岸之上，“大明忠义营”字样的灯笼此起彼伏，引诱清军来攻。清军发兵，却不见一人。疑惑之中，江阴城中有民兵缒城而下，主动劫营，趁乱杀死不少清军。

混乱之中，先前杀掉高杰降清的许定国竟然也被砍去脑袋。

阎应元躯干丰硕，双眉卓坚，目细而威，面赤臂长，活像关云长再世。每次巡城，他身后皆有一人手执大刀跟从，貌类周仓。清军中的满人都喜欢听《三国演义》，他们在城下望见，更是心怀敬畏，以为阎应元是关公转世。

延至八月二十一日，清军从南京运来二十四门巨炮，连轰连击，江阴城墙倒塌数处，清军趁机攻入，江阴失陷。

江阴义兵皆血战而死。城内男女老少，争相赴水、投火、自刎、上吊自杀。

清军连杀二日，直到找不到活人才封刀。

江阴一城，共有近二十万人被杀。

积尸如山，血流漂杵，难怪时人作诗叹息："提起江阴城破日，石人也要泪千行。"(《江山孤忠录》)

阎应元知事不济，提笔蘸墨，在东城敌楼门上题字："八十日带发效忠，表太祖十七朝人物；十万人同心死义，留大明三百里江山。"

题讫，他上马提刀，杀清兵数十人，最终身负重伤，摔于马下。

挣扎间，阎应元拔刀自刺己胸，跃投湖中，有义民上前援救。恰好，刘良佐手下兵卒忽至，大呼："阎公乃刘将军老友，一定要活人！"于是，阎应元被押入佛寺，去见刘良佐。

刘良佐见阎应元至，跃起近前，手拍阎应元肩膀大哭，真不知他当时心中是何感受。

阎应元怒斥："哭为何来，事已至此，只有一死，速杀我！"

未及刘良佐劝降，清朝豫亲王多铎突入佛寺，坐于堂上，点名要阎应元投降。

大英雄挺立不屈，背对多铎，骂不绝口。

刘良佐忽然变脸，为向满洲主子表忠心，他抢过一个士卒的长枪，直刺阎应元大腿，把英雄刺仆于地。

血如泉涌，阎应元依旧大骂不屈。

日暮时分，阎应元被押至栖霞阁，虽然因失血过多而奄奄一息，他仍旧高呼"速杀我"不绝。

多铎闻之恼怒，命刘良佐率人施酷刑处死了阎应元。

大明烈士，一魂冲天。

昆山方面本来局势平静，剃发令下，人心大骇，民众争起，杀掉清军委任的地方官员，烧掉县衙，并把巡抚官署一把大火烧为平地。

清军将领李延龄受李成栋指派，以铁骑围城，先杀义民数千。而后，清军入城，开始屠城，大杀三天，方下令“封刀”：

> 是两日天气晴明，而风色惨淡，空中无一飞鸟，暮皆大雨，震雷轰烈……初八日，王师（清军）拘掠千艘，载虏获西去。约计城中男妇踰垣得出者，十无一二。巧掩得全者，百无一二。骤遇炎雨，尸皆变色……其死亡状，有倚门、卧床、投阁、扳槛、反缚、攒捆、压木柱、斩首、斫颈、裂肩、断腰、剜肠、陷胸、肢解、才磔种种之异，以至悬梁挂树，到处皆是；井坎池潭，所在皆满，呜呼惨矣！（吴伟业《鹿樵纪闻》）

再讲嘉定。

顺治二年（1645年）七月底，李成栋率所部五千多人向嘉定进逼，在路上就开始奸淫杀烧。

嘉定居民在明朝进士黄淳耀等人的带领下，用大木、巨石填塞城门，誓死拒守。

八月中旬，李成栋猛攻嘉定城北的娄塘桥，杀死上万民众。八月二十四日夜，由于天降大雨，城上不能张灯，李成栋趁黑，派兵潜伏于城根下挖地道，在其中暗埋火药。

黎明时分，李成栋用大炮猛轰，引燃火药，“地裂天崩”，城墙倒塌，清军乘间蜂拥而上。由于清军军士在屋顶上奔驰，一时间通行无阻。最终，城内难民逃生不得，皆纷纷投河自杀，河水为之不流。

黄淳耀兄弟奋战力竭，最后相对自缢殉国。

由于李成栋的弟弟李成林此前在伏击战中被杀死，出于野蛮的报复之心，他下令部下屠城。“（李）成栋持刀，下令屠城，约日入后闻炮即封刀。时日暑正长，各兵遂得悉意穷搜，家至户到……”（吴伟业《鹿

樵纪闻》)

清军受命，挨家挨户，小街僻巷，无不穷搜。乱草丛棘，必用长枪乱搅，一心要杀个鸡犬不留。

当时的惨景，有亲历者朱子素的《嘉定屠城略》做证："市民之中，悬梁者，投井者，投河者，血面者，断肢者，被砍未死手足犹动者，骨肉狼藉"，一幅活的人间地狱图。

清军遇见年轻女人就肆意奸淫。如遇抵抗的妇女，他们就用长钉把抵抗妇女的双手钉在门板上，然后再加蹂躏。

一顿杀戮过后，李成栋属下四处劫掠财物。他们见人就喊"蛮子献宝"，随手兜头一刀，也不砍死。如果被砍人拿出金银，清兵（其实是前明军）就会欢跃而去；那些腰中金银不多的居民，必被砍三刀，或深或浅，刀刀见骨。当时，"刀声割然，遍于远近。乞命之声，嘈杂如市"。

由于李成栋是先前高杰的部下，而高杰军在扬州等地与当地居民结下私仇，所以，这些北方军人对江浙一带人民怀有私愤，乘机发泄、报复，这也是李成栋部犯下如此罪行的一种潜在的心理原因。

最后，这五千拖着大辫子的汉人清军，竟抢夺了三百船的财物，统统在李成栋的指挥下运离嘉定。

此为嘉定一屠，共有近三万人被屠杀。

几天之后，一位叫朱瑛的义士把两千多逃跑至周边地区的民众聚集起来，重新回到嘉定，处死归降清军者和清军委派的官吏，在葛隆一带设伏消灭了李成栋部一支小分队。

气恼至极的李成栋忙率军回攻嘉定，并在路上把葛隆和外冈两个镇里的居民全部杀光。之前被民众赶走的清军委派的县令浦嶂为虎作伥，领着李成栋军士直杀入城里，把还在睡梦中的居民杀个精光，积尸成丘，然后放火焚尸。

这个浦嶂不仅把昔日的朋友娄复文等人整家杀尽，还向李成栋进言："若不剿绝，必留后患！"清军杀得兴起，嘉定又惨遭"二屠"。

二十多天后，原来南明的一个名叫吴之番的将军率余部猛攻嘉定城，周边民众也纷纷响应，竟在忽然之间杀得城内清兵大溃出逃。

不久，李成栋整军反扑。吴之番所率兵民大多未经过作战训练，很快便溃不成军，吴将军自己提枪赴阵而死。

李成栋军第三次攻城，不仅把吴将军手下数百士兵砍杀殆尽，顺带屠杀了近两万刚刚到嘉定避乱的民众，血流成渠，是为"嘉定三屠"。

经过如此残酷的"三屠"，江南大部分地区才剃发，自称大清顺民。

在血海肉山的杀戮淫威下，反抗的烈焰终于渐趋熄灭。李成栋因为这些"赫赫"功劳，被清廷提拔为江南巡抚。不久，清廷把他调往东南，派他去平灭南明的另一个皇帝隆武帝。

在嘉定一带杀人的是前明降将李成栋，而在江阴一带杀人的，是前明另外一个降将刘良佐。

这两个前明降将，在江南犯下累累罪行，罄竹难书。

剃发令下，血流成河，江南人民以百万头颅的代价，终于认清了清朝统治者的凶残面目。至此，他们对"大清"的幻想，告于终结。

当时在江南的一个外国传教士感慨："辫发胡服之新制，大招汉人之反感，彼等对于满洲政府，群起反抗。汉人以为，受此强制，辫发胡服，较诸处于任何异族之徽号为耻辱。先前为保头颅而柔顺如羊之汉人，今因为保其发服而奋起如虎。如当时江南诸王（指南明诸王）能一致奋起不生内讧，则满人能否统一中国，尚属疑问。"

强迫剃发之举，不仅仅戕杀了无数人命，其实，从清王朝本身来讲，也严重阻碍了它在中国的统一进程。

以李自成余部为例：自李自成在通山被杀，其属下数十万人，一时间群龙无首。马进忠、王允成、牛万才等人皆在岳州等地向清朝英亲王阿济格归降；刘体纯、田见秀等人向清将佟养和归降，被安置于荆州；李锦、高一功等人向武昌清军投札，表示在湖南归顺；郝摇旗等人也写降表，皆有归降之意。而且，根据清朝档案，这些农民军头领的降表书札，一应俱全，绝非空穴来风，且当时他们绝非“诈降”。因为，农民军与明军二虎相斗，两败俱伤，当时的胜利者，唯有清军一方，向他们降附，是当然之举。但是，所有这些农民军军将，皆要求以“不剃头”为条件。

清廷“剃头诏”下，各地的府衙奉命死催，各部农民军残部纷纷而起，转投明臣何腾蛟和堵胤锡。为留发而复叛，几十万大军登时与清廷成为敌手。

日后，金声桓、李成栋、吴三桂反清复叛，也都是以“留头发、复衣冠”为号召，致使无数民众为恢复大明衣冠而群起响应。

顺治十一年（1654 年），清廷与郑成功谈判。本来因父亲被羁押，郑成功已在福建安平会见清使，大有讲和示好之意，并欲接受清朝“海澄公”之封。但是，恰恰因为清使要郑成功先剃发，致使双方丧失回旋余地，谈判终告破裂（江日昇《台湾外记》）。

留发复衣罪当死

陈名夏案始末

顺治十一年，清朝的内翰林秘书院大学士陈名夏，因“南党案”被诛。而其被杀的最大原因，正是他说了这样一句话：

“只要留了头发，恢复明朝衣冠，天下就太平了！”

不少浅薄学者以为陈名夏是心怀故国大明朝。非也，此人死心塌地地忠于清朝。正是由于清廷中各派汉臣相互倾轧，最终才使他被清朝主子以弓弦绞死。

陈名夏之死，当时有些汉人学者暗中深感同情，以为他“衣冠复明”的主张非常正确。也有人认为他是忠臣见忌被杀。

其实两者都不是，陈名夏被杀，完全是因为他自己说错话，被清廷之中同为汉人的政敌大臣抓住把柄，急往清廷主子处告发。猜忌之下，他不死，也难。

陈名夏乃江苏溧阳人，在崇祯朝当过兵科都给事中。李自成入京后，他投降过，后来趁乱跑回南京。见阮大铖、马士英等人要追究“顺案”（即追究向李闯投降的明朝官员）的罪责，陈名夏复跑回北方，向清朝归顺。

由于站队及时，陈名夏一直受多尔衮重用，在清廷步步高升。顺治五年，他已经做到吏部尚书。顺治八年，为弘文院大学士、少保兼太子太保，堂堂当朝正一品。但到了顺治十一年，他就获罪被杀。

据实而言，投降清朝的汉人，特别是在北京被动归顺的汉官，除孙之獬、冯铨、李若琳这几个特别寡廉鲜耻的人以外，大多数人对满人特别跋扈的现象非常反感。

“首崇满洲”是清朝国策，这些汉官不敢明白直说，只是不停上谏，希望清廷决策层能够对满汉一视同仁。他们表示，只有这样做，清帝才能是中国共主的样子，才能长治久安。

清初的满洲贵族作为占领者的优越感极强，连他们的仆人都敢在街上任意拦住汉人高官的轿子大声笑骂，无礼争道，歧视汉人。而且，北京城内的上好地段，皆为满人所占，尽逐汉人于南城。当时，北京城内汉人身上出麻疹或患皮肤病，必死无疑：全家都被强迫安置于荒山野岭，任其冻饿而死。因为，满人最怕“出痘”（天花），一旦被怀疑有“痘”，全家倒霉，有时牵扯得四邻汉人性命不保。

作为江南汉人，陈名夏有着天然的文化优越感。这种态度不仅使得满人憎恶，连北方籍的汉人也对他心有怨气。顺治八年，汉官张煊弹劾他“结党营私”，推升南人陈之遴；奏劾他“谄事睿亲王（多尔衮）”。由于此事牵涉当时还在台上的满人吏部尚书谭泰，顺治帝帝位还未坐稳，就下令处死张煊，罪名是“心怀妒忌，诬蔑大臣”。

没过多久，清算多尔衮的运动兴起，谭泰是多尔衮的铁杆亲信，被多尔衮的政敌济尔哈朗告发，很快被抄家处死。济尔哈朗与皇太极是平辈，二人为堂兄弟。皇太极死后，他本来是与多尔衮同辅六岁的顺治帝，却很快被排挤出清廷政治中心。所以，多尔衮一死，他势必要进行报复。

谭泰被杀后，陈名夏“结党”之案重新由济尔哈朗审问。慑于高压，陈大学士只能哭诉自己“投诚”之功，实际上是承认了“罪名”。由于他在与多尔衮共事时还是“公心”居多，亲政的顺治帝没有深究，只是把他罚为闲散官而已。过了一年多，他被重新起用，复为秘书院大学士，并充任《太宗实录》总裁官，兼吏部尚书。再过一年多，由于宁完我等人的奏劾，陈名夏被罢官。

受小说、电视剧的影响，人们通常以为顺治帝是一个为美女董小宛殉情的多情帝君。真实的历史上，甭看这个人二十四岁就“崩”了，但确实是一个心机深沉之主。他心中痛恨多尔衮跋扈，对多尔衮时期实行的剃发易服等政策，又从心中大感赞同。因为，剃发易服这些作为，完全符合清朝统治权贵的利益。顺治帝十分警惕满人“沿袭汉俗”的苗头，生恐汉化会造成满人民族性的消解。

宁完我是汉人，年轻时是明朝东北地区的举子，很早就投靠了满人，在贝勒萨哈廉家为奴，曾为当时的后金政权效尽犬马之劳。由于嗜赌，他被皇太极一废十年。多尔衮时代，才重新起用他编译史书。由于会察言观色，他慢慢当上了国史院大学士。

宁完我得到多尔衮的重用，但他转向很快，所以多尔衮死后被清算，他也未受大的牵连。

清廷之中，宁完我这个早降的汉人，对陈名夏这个新降的汉人一直心怀妒忌。于是，他便与前明阉党冯铨等人联手，不停在顺治帝面前攻击陈名夏。

由于陈名夏选人荐官时多用“南人”，双方结下的仇怨步步加深。

冯铨对顺治帝讲：“南人优于文而行不符，北人短于文而行可嘉。”意思是说南人笔杆子厉害但品性不行，北方人质朴拙讷却品行端厚。此后，顺治帝对陈名夏的疑虑加重了。

凡事都有一个爆发点。“任珍议罪”就是陈名夏倒大霉的开端。

任珍乃明朝降将，为西安镇总兵，他因擅杀家人被革职。居家无聊，任珍大发怨言，被家仆告发。清廷刑部逮捕他后，审讯“为实”，判罪为斩首抄家。

案件最后复议时，陈名夏、陈之遴等人认为处死任珍没有实据，但又不敢直言他无罪，就主张“勒令自尽”，想给这个汉将留个全尸。

顺治帝大怒，怒斥陈名夏等人的疏议是敷衍欺蒙，削官罚俸，并派宁完我拟旨，痛斥陈名夏“纳交结党”。

千载良机要抓住。宁完我落井下石，立刻趁顺治盛怒之时，告发了如下事情：

一日，陈名夏与宁完我二人在朝中议事，言及当时南明永历政权在广西、四川、湖南等地攻势大盛、清军节节败退的时局，陈名夏说：“如要天下太平，只依我两件事就可——一是留起头发，二是恢复明朝衣冠，天下就可太平！”

对陈名夏的这句话，宁完我添油加醋对顺治帝说：“陈名夏居心叵测，痛恨我大清剃发之举，鄙陋我大清衣冠，蛊惑人心，号召南党，私通东林，实是布局行私，藏祸倡乱！他之所以倡留发变服，实是变清为明，弱化我大清！”

为了加深顺治帝的恶感，宁完我列举了陈名夏种种“罪行”，包括陈氏父子在江南私占公产，横行不法，甚至敢“鞭打满洲”，让满人“破面流血”等。

最终，宁完我给陈名夏的案子定性：“怀奸结党，阴谋潜移，祸关宗社。”也就是说，他想“谋反”。

顺治帝自然不能饶过，立命三院、九卿会审。墙倒众人推，群臣共责严审。陈名夏此次嘴很严，对别的指斥概不承认，只承认自己讲过“留发复衣冠”——恰恰是这一条，正能要他性命。

经大臣会审推定，陈名夏论斩。顺治帝特旨开恩，改成绞刑。

痛恨陈名夏多年的满洲贵族与宁完我、冯铨等汉官齐集宣武门内的灵官庙，一边喝茶，一边欣赏卫士们用弓弦把陈名夏慢慢勒死。

陈名夏之子在父死之后，被遣送至东北苦寒之地。

从此以后，清廷再无人敢有“留头发、复衣冠”之议。

四海狼烟美少年

壮烈殉国的夏完淳

明朝末年，世风浇薄，道德沦丧。上层士大夫们寡廉鲜耻，朝中文人爱钱，武人怕死，风尚相袭，华靡承蹈，以至于亡。帝国大厦倾覆之际，“潇洒西园出声妓，豪华金谷集文人”，虽然清军铁骑的蹄声以及势如燎原之火的农民军喊杀声渐行渐近，明王朝的“中坚”们仍怡然观望，文恬武嬉，不少人已经与“虏”和“贼”暗中勾结，随时随地准备献城投附，好做异族或“新朝”的臣民。朝代的更迭，于这些人来讲，不关乎身家性命与国家民族的命运，反而是他们飞黄腾达的最佳契机。世态炎凉，尔虞我诈，钩心斗角，忠奸泯灭，就是在这样一个大伪季世，人民坚贞不屈的精神，仍旧在不息地脉动。而秦良玉、夏完淳，正是这种精神典范，一妇人，一孺子，舍身忘家，殒身赴国，其大义凛然与坚定不屈的事迹，数百载之后思之，仍能使人拍案叫奇，感佩不已。

明清交叠之际，壮烈殉国的仁人志士和儒生士大夫数以十万计，但许多人湮灭于历史的烟尘之中。时至今日，百分之九十五的国人知道雍正、康熙、乾隆、多尔衮以及“刘罗锅”、纪晓岚等清朝帝王及其臣子，绝对不会有超过百分之五的人知道夏完淳——这位明末殉国的翩翩美少年。他牺牲时年仅十七岁（虚岁），是集文才、志气于一身，千年才可一见的卓然英豪。

香兰秀竹生雅庭

夏完淳的父亲与老师

清朝文人所修的《明史》中并无夏完淳传。其父夏允彝附于《陈子龙传》后，传中在交代了夏允彝自杀后，只有这样二十三个字讲述了夏允彝之兄夏之旭以及夏完淳的结局："（夏）允彝死后二年，子（夏）完淳、兄（夏）之旭并以陈子龙狱词连及，亦死。"这些文人，吝于以笔墨描述英雄，竟把《明史稿》中非常简略地介绍夏完淳性格、才能的百余字尽数删除。

说到夏完淳，一定要先讲他的父亲夏允彝与他的老师陈子龙。

夏允彝，字彝仲，松江华亭（今上海松江）人，崇祯十年进士出身。崇祯初年，大名士张溥在吴江把南北许多知名文社的负责人召集起来，其中包括江南应社、苏州羽明社、浙西闻社、江西则社、中州端社等，结成新的"复社"。与"东林党"相比，复社强调的是"以学救时，以学卫教"，而东林党人在末期鱼龙混杂，不少人"急功名、多议论、恶逆耳、收附会"，严重违背了孔子有关君子"群而不党"的圣训。后来，复社因其精神领袖张溥的去世而渐趋衰落。夏允彝自起炉灶，成立了新的师生相传的"几社"，诗文酬和，社友们以文章道德互相激励。

夏允彝的仕途很短暂，只做过福建长乐县令，时间约为五年。为官期间，他政绩优秀，成为当年由吏部点名表扬的全国政绩突出的七位"优秀"知县之一，并受到崇祯皇帝亲自接见。可惜，由于母亲病逝，他只能丁母忧回老家守丧。

崇祯十七年（1644 年），明朝灭亡，夏允彝急忙拜谒史可法，商议恢复大计。由于南明弘光政权的迅速崩溃，夏允彝才不获展，但他在林野乡间仍旧想有所作为。当时清朝在江南的统治还不稳固，义师纷起，明朝残余军事力量散落其间。于是，夏允彝暗中写信给自己从前的学生、明朝江南副总兵吴志葵，商量准备合兵攻取苏州，然后收复杭州，再进兵南京，以图保有明朝的江南半壁河山。也就是在那时，年仅十五岁的夏完淳匆匆完婚后，马上和父亲一道加入戎旅军中。可惜，吴志葵无长远谋略，军将多懈怠、怀有二心，苏州城未被攻下，这些残明的乌合之众，大败四溃。

坏消息一个接一个传来，夏允彝反而变得愈加平静，他决定要自杀殉国。乡人劝他可以趁乱渡海去他曾任地方官的福建，招纳兵马，再图恢复。夏允彝考虑再三，没有同意，怕举事再败以至于蒙羞万世。松江清军主将早闻夏允彝大名，表示只要他出山，一定给大官做。清将还表示，即使夏先生不愿在新朝为官，出来见一面也行。夏允彝以“贞妇”自比，明白无误地表达了自己不事二朝的决心。

他给好友陈子龙等人写信交代后事，然后平静地与家人告别，并特意把未完成的文集《幸存录》交予独子夏完淳手中，叮嘱他毁家饷军，精忠报国，代父完成恢复明朝的志愿。然后，夏学士投松江塘自杀。《明史》上讲他“自投深渊以死”，实乃误记。夏允彝自杀时，其兄、子、妻妾家人，皆肃穆哀恸地立于水滨观视。松塘水浅，只达夏允彝腰身，这位大才子生生埋头于水中，呛肺而死，他背部的衣衫都未沾湿，就这样殉了大明朝。

目睹父亲刚烈死状，夏完淳也更加坚定了以死报国之心。

陈子龙与夏允彝乃同年进士，也是当时鼎鼎大名的文学家。本来，陈子龙想与夏允彝同死，但夏允彝以母妻托付于他，他本人又有九十岁的老祖母需要赡养，故而忍死待变，割发为僧隐于乡间。明宗室鲁王监国时，陈子龙暗中接受鲁王的任命，与夏完淳一起策动清朝的松江提督吴胜兆反清。然而天不祚明，兵变失败，不仅吴胜兆被杀，陈子龙也被逮捕。在押解至南京的途中，陈子龙终于做出了与其挚友夏允彝一样的人生选择：跳水自杀殉国。

父亲师尊，这两位忠烈楷模，在少年夏完淳泪水模糊的目光中，逐渐幻化为千古仁人志士的终极典型。

黄花白草英雄路

夏完淳不屈殉节

夏完淳，字存古，号小隐，是夏允彝的妾生子，也是他唯一的儿子。这位英雄天分极高，小时就是个神童，五岁即熟谙儒家典籍，七岁能文，八岁能诗，九岁即印刻文集《代乳集》行世。

观夏完淳十三岁之前的作品，柔媚秀丽，韵致清婉，仍不脱晚明文人流俗：

> 秋色到空闺，夜扫梧桐叶。谁料同心结不成，翻就相思结。十二玉阑干，风动灯明灭。立尽黄昏泪儿行，一片鸦啼月。
>
> （《卜算子·断肠》）

> 几阵杜鹃啼，却在那，杏花深处。小禽儿，唤得人归去，唤不得愁归去。离别又春深，最恨也，多情飞絮。恨柳丝，系得离愁住，系不得离人住。
>
> （《寻芳草·别恨》）

明朝灭亡后，亲历戎旅，又目睹父亲的自杀殉国，悲恸欲绝的夏完淳上书当时在绍兴的鲁王政权，要求予父亲以赠谥。鲁王爱惜夏完淳如此年轻又对大明忠心，立授他“中书舍人”一职，赠夏允彝“右春坊右中允”，谥“文忠”。这一切均极大鼓舞了身在江南的夏完淳抗清复明的斗志。

不久，听闻太湖一带活跃着吴易领导的“白头军”（这支队伍的兵士皆以白布缠头作标志，以此为明朝“戴孝”），夏完淳喜出望外，连忙与老师陈子龙一起携家中所有金银奔赴军中，并充任吴易的参军。

吴易，字日生，进士出身，吴江人，曾为复社的活跃分子，能诗善文，又喜读兵书。北京陷于李自成农民军的时候，他正作为候补官员在京内。幸亏有大德知一禅师相助，吴易有幸从东便门逃出。后来，由史可法推荐，吴易在福王政权中有了一个职方主事（类似军政委）的官职。他离开扬州外出筹集粮饷时，扬州陷于清军之手。清军很快又占领了吴易的老家吴江。县丞朱国佐降清，并斩杀了痛骂他的学生吴鉴。吴易闻之大怒，率数人突入县衙，活捉朱国佐，在吴鉴灵前杀掉朱国佐后，宣布反清。兴兵之初，吴易的“白头军”发展迅速，不少当地的水贼头目如“赤脚张三”等人纷纷入伙，在民族矛盾上升为社会最主要矛盾的关头，这些人由“贼”变成“官军”，在辽阔的太湖水面上给予清军沉重打击。“白头军”最漂亮的一仗是“分湖大捷”，杀敌三千多，斩清中下级军官二十多名，获战船五百余艘。当然，胜利的主要原因是当时清军没有过硬的水军，水战外行，故而使得“白头军”大显神威。

胜讯传出，南明的隆武政权和鲁王朝廷均派人携带“诏书”而来，对吴易加官晋爵，视为中兴大将。飘飘然之余，吴易与“白头军”将领们开始轻敌。许多水贼出身的将卒本性毕露，四处剽掠。清军方面，却加紧准备。海盐一战，“白头军”大败，夏完淳也因军败与吴易等人走散。陈子龙在海盐之战前已经看出吴易手下的乌合之众难成大事，便以筹饷为名离开了“白头军”，想另行发展。

吴易军败后，其父、其妻、其女均投湖自杀，以免被清军俘虏受辱。吴易逃入湖中，仍旧坚持抗清斗争。

1646年夏，吴易听人风传清朝任命的嘉善知县刘肃之想反正，便派人与之联络。孰料，这刘知县是王八吃秤砣铁了心地降清，他之所以散布自己想反正，是想诱捕吴易。见吴易自己送上门，刘肃之立刻派人持信来复，邀请吴易到县衙赴宴。吴易不疑有诈，只带随从数人来会。刘肃之早就让大批清兵埋伏好，待吴易一入门，立即逮捕了这位“白头军”领袖，并很快将其送往杭州处死。

吴易为人虽属轻率无远略之人，但大节不亏，慷慨就义，并作《绝命辞》：

落魄少年场，说霸论王，金鞭玉辔拂垂杨。剑客屠沽连骑去，唤取红妆。

歌笑酒炉旁，筑击高阳，弯弓醉里射天狼。瞥眼神州何处在，半枕黄粱。

成败论英雄，史笔朦胧，与吴霸越事匆匆。尽墨凌烟能几个，人虎人龙。

双弓酒杯中，身世萍逢，半窗斜月透西风。梦里邯郸还说梦，蓦地晨钟。

夏完淳闻讯，立即白服以往，在吴江为吴易起衣冠冢，与文人同道哭吊，赋《吴江野哭》《鱼服》两首诗，祭奠吴易，表达了复仇雪恨的决心：

江南三月莺花娇，东风系缆垂虹桥。美人意气埋尘雾，门前枯柳风萧萧。有客扁舟泪成血，三千珠履音尘绝。晓气平连震泽云，春风吹落吴江月。平陵一曲声杳然，灵旗惨淡归荒烟。茫茫沧海填精卫，寂寂空山哭杜鹃。梦中细语曾闻得，苍黄不辨公颜色。江上非无吊屈人，座中犹是悲田客。感激当年授命时，哭公清夜畏人知。空闻蔡琰犹堪赎，便作侯芭不敢辞。相将洒泪衔黄土，筑公虚冢青松路。年年同祭伍胥祠，人人不上要离墓。

（《吴江野哭》）

投笔新从定远侯，登坛誓饮月氏头。莲花剑淬胡霜重，柳叶衣轻汉月秋。励志鸡鸣思击楫，惊心鱼服愧同舟。一身湖海茫茫恨，缟素秦庭矢报仇。

（《鱼服》）

1647年早春时分，得悉清朝任命的苏松提督吴胜兆要反正的消息，少年夏完淳马上萌发了巨大的希望，急忙为吴胜兆与浙东义师牵线搭桥，积极准备，待事发时亲自参加战斗，做决死之战。吴胜兆（这个名字就不好，“无胜兆”也）手下将领抢先一步把他的计划上告清廷。吴胜兆一卒未出，身已成擒。而浙东方面，屋漏偏遭连夜雨，义师水军刚离岸，飓风忽至，大部分人被淹呛而死，溃不成军。清廷对吴胜兆一案十分重视，四处抓人，陈子龙等人首先遭到逮捕。押送途中，陈子龙投水殉国。

夏完淳喉中咸泪和血吞。由于他也在清政府的通缉名单中，便一度藏匿于其岳父钱旃在嘉善的家中。1647年夏，他决定渡海加入鲁王政权军队。夏完淳是至孝之人，临行前，他回乡间老家探望嫡母和生母，准备与二老告别之后再出发。清廷眼线多多，夏完淳刚到家，即为人告密。清廷人马俱至，逮捕了这位少年英雄。由于他是朝廷重犯，被立刻押赴南京受讯。

在南京被关押的八十天，是少年英雄夏完淳人生旅途的尽头。其间，他不仅智斗明朝降臣洪承畴，巧妙羞辱了这名清廷鹰犬，并且赋诗填词多篇，表达了他“今生已矣来世为期”的冲天豪情和“家国之仇未报”的遗恨。

被羁之初，夏完淳作《采桑子》，从内心深处抒发了他的亡国之愁：

片风丝雨笼烟絮，玉点香球。玉点香球，今日东风不满楼。

暗将亡国伤心事，诉与东流。诉与东流，万里长江一带愁。

清廷主持江南一带招抚的官员乃洪承畴。他听说夏完淳与其岳父钱旃被抓，很是得意，便想亲自劝降这翁婿二人，这样一来不仅能为清朝主子招纳“人才”，又能给自己脸上贴“慈德”金粉。

南京旧朝堂上，洪承畴高坐，喝问下面被提审的夏完淳：“汝童子有何大见识，岂能称兵犯逆。想必是被人蒙骗，误入军中。如归顺大清，当不失美官。”

夏完淳不为所动，反问洪承畴：“尔何人也？”

旁边虎狼衙役叱喝：“此乃洪大人！”又有狱吏在其旁低声告之：“此乃洪亨九（洪承畴）先生。”

夏完淳佯作不知，厉声抗喝：“哼，堂上定是伪类假冒。本朝洪亨九先生，皇明人杰，他在嵩山、杏山与北虏（清军）勇战，血溅章渠，先皇帝（崇祯帝）闻之震悼，亲自作诗褒念。我正是仰慕洪亨九先生的忠烈，才欲杀身殉国，以效仿先烈英举。”

狱吏们此时很窘迫。洪承畴在上座面如死灰。上来一人，厉声叱喝夏完淳：“上面审你的，正是洪经略！”

夏完淳朗声一笑：“不要骗我！洪亨九先生死于大明国事已久，天子曾临祠亲祭，泪洒龙颜，群臣呜咽。汝等何样逆贼丑类，敢托忠烈先生大名，穿虏服虏帽冒充堂堂洪先生，真狗贼耳！”

洪承畴汗下如雨，嘴唇哆嗦，小英雄字字戳到他灵魂痛处，使得这个变节之人如万箭攒心般难堪、难受。食禄数代之大明重臣，反而不如江南一身世卑微的十六岁少年，真让人愧死！（类似故事也发生在同吴易一起被抓的“白头军”领导人孙兆奎身上，他被押南京后，也是洪承畴主审。孙兆奎轻蔑地笑问堂上洪大人：“我们大明朝也有一个牺牲的先烈叫洪承畴，您不会与那位大人同名吧？”狠狠羞辱了洪承畴。）

忽然，一旁久受严刑、勉强支撑的夏完淳岳父钱旃力竭跌倒，伏地不起。夏完淳见状，忙上前扶起岳丈，厉声激励道："大人您当初与陈子龙先生及我完淳三人同时歃血为盟，决心在江南举义抗敌。今天我二人能一同身死，可以在地下与陈子龙先生慷慨相会，真是大丈夫平生之豪事，何必如此气沮！"听女婿如此说，钱先生咬牙挺起，忍耐奇痛。

洪承畴默然久之，只得挥挥手，令士卒把二人押回牢狱。然后，上报清廷，拟判处夏、钱二人死刑。

上述种种历史细节，不见于清朝御用文人"官修"的史书，而是出于被乾隆帝"御封"为"贰臣"的明末大才子屈大均著作《皇明四朝成仁录》中。这位苟全性命于乱世的投机文人，自身品行有亏，但他对全忠全义的英雄，也不由自主地流露出热切的渴慕和深刻的崇敬。

深知自己来日无多，夏完淳在狱中写下了流传千古的《狱中上母书》，派人转送老家的嫡母盛氏与生母陆氏：

> 不孝完淳，今日死矣！以身殉父，不得以身报母矣！
>
> 痛自严君见背，两易春秋（严君：对父亲的敬称。见背：去世）。冤酷日深，艰辛历尽。本图复见天日，以报大仇，恤死荣生，告成黄土。奈天不佑我，钟虐先朝，一旅才兴，便成齑粉。去年之举（指自己于前一年入吴易军抗清。他兵败后，只身流亡，历尽艰危），淳已自分必死，谁知不死，死于今日也！斤斤延此二年之命，菽水之养（指对父母的供养。《礼记·檀弓下》："啜菽饮水尽其欢，斯之谓孝。"），无一日焉。致慈君托迹于空门，生母寄生于别姓，一门漂泊，生不得相依，死不得相问。淳今日又溘然先从九京（九泉），不孝之罪，上通于天。呜呼！双慈在堂，下有妹女，门祚衰薄，终鲜兄弟（意思说家门衰落，福泽浅薄，又无同胞兄弟）。淳一死不足惜，哀哀八口，何以为生？虽然，已矣！淳之身，父之所遗；淳之身，君之所用。为父为君，死亦何负于双

慈？但慈君推干就湿（推干就湿：是指母亲把干燥处让给幼儿，自己睡在幼儿便溺后的湿处。形容为人母者养育子女的辛劳。语出《孝经援神契》："母之于子也，鞠养殷勤，推燥居湿，绝少分甘。"），教礼习诗，十五年如一日；嫡母慈惠，千古所难。大恩未酬，令人痛绝。

……呜呼！大造茫茫，总归无后。有一日中兴再造，则庙食千秋（享受庙祭），岂止麦饭豚蹄（指祭祀一般死者的食品。）不为馁鬼而已哉！……兵戈天地，淳死后，乱且未有定期。双慈善保玉体，无以淳为念。二十年后，淳且与先文忠为北塞之举矣（出师北伐，驱逐满清。这句话意思是讲自己死后再度转世为人，仍要与其父在北方起兵反清）。

……语无伦次，将死言善（语出《论语·泰伯》："鸟之将死，其鸣也哀；人之将死，其言也善。"言善，指说话真诚不欺）。痛哉，痛哉！

人生孰无死，贵得死所耳。父得为忠臣，子得为孝子。含笑归太虚，了我分内事。大道本无生，视身若敝屣。但为气所激，缘悟天人理。噩梦十七年，报仇在来世。神游天地间，可以无愧矣！

1647年，九月秋决，夏完淳等三十多名抗清义士在南京西市慷慨就义。手提鬼头大刀、凶神恶煞般的刽子手，面对昂然站立的这位面容白皙姣好的十七岁美少年，他砍掉无数人头的双手，也不由自主地发颤发抖，最终只能闭眼咬牙才敢砍下那一刀……

面对英烈惭煞人

审讯夏完淳的洪承畴

府署之内，洪承畴呆坐太师椅上，眼望无尽的虚空，叹息自己的一生，悔愧难当，深知再也无法对过去的历史做出选择。

遥想松锦战役时的洪承畴，虽然遭遇大败，仍旧率数千明军死守松山孤城，孤注一掷，誓死以待明朝援军。在极其艰苦的条件下，明军忍受着饥困折磨，缺衣少药，洪承畴率曹变蛟、丘民仰等将领，坚拒清军诱降，坚守长达半年之久。

由于外无援军，城内日久粮尽，出现人相食的惨象。叛将夏承德终于经受不住富贵诱惑，在崇祯十五年（1642 年）二月十八日深夜开门投降，清军一拥而入，攻陷松山。

清军此次收获很大，不仅活捉了洪承畴，还活捉了祖大寿（当时在锦州守城）的三个弟弟和巡抚丘民仰、总兵曹变蛟、王廷臣等高级官将。

当时，清军强迫众人剃头投降，包括洪承畴在内，诸人誓死不降，表示说："我等乃堂堂大明天朝大臣，赶紧杀掉我们！如不然，我们自己也会自杀殉国。"

三月四日，皇太极下令把洪承畴、祖大乐（祖大寿之弟，清朝故意纵放祖大寿另外两个弟弟回锦州）几个人押送到盛京。对明朝巡抚丘民仰以及总兵曹变蛟和王廷民，下令就地处决。这三位英雄忠心耿耿，含笑临刑，为大明朝挥洒了最后一滴鲜血。

三月下旬，洪承畴被押至盛京后，仍旧挺颈临刃，拒不降清。为求速死，他蓬头跣足，日夜在牢中大骂不止。其间，他还曾绝食七天，最后熬不过饥渴，重新进食。

一般史书上都讲，崇祯十五年二月十八日松山陷落洪承畴被擒时就降了清，其实是弄错了日期。一直到四月十六日，在锦州投降的明将祖大寿等人齐集沈阳时，洪承畴仍旧没有向清朝投降。

不知为什么，洪承畴被关押到五月四日后，却忽然主动表示投降。皇太极闻言极喜，生怕洪承畴夜间反悔，立刻派宫中剃头师为这位明朝督帅剃头。这样一来，洪承畴从“内容”到“形式”，真正归降清朝。

五月初五，皇太极在沈阳皇宫内举行了隆重的受降仪式。洪承畴、祖大寿兄弟等人，在庭院向皇太极行三拜九叩之礼。

祖大寿等人早已是清发清服，洪承畴刚刚剃头还不习惯，他戴顶清朝的毡笠，身穿明朝衣服，看上去不伦不类。

皇太极见此，赶忙命令左右为这位明朝的著名官员赶制清朝官服。

仪式结束后，皇太极“亲切”接见了这些明朝降臣、降将。按从前在明朝的官职尊卑，洪承畴坐于东边侧席之首。

当时，皇太极因爱妃刚死不久，心情不是很好，只是问了洪承畴“年纪多大”“日本人与南朝是否有往来”等闲事，茶罢而出。也就是说，由于洪承畴等人毕竟是大败后被迫降附，皇太极对他们的态度不是非常积极，只是想利用他们的降附扩大影响，镇服余人。接见后，皇太极严派军兵看管这些新降臣，实际上形同软禁。

有关洪承畴降清，有不少“版本”，最流行的，一是范文程劝降，二是皇太极亲自劝降感化。

在范文程劝降的版本中，讲他偷窥洪承畴时，见这位明朝督师一人在狱中抖掸身上灰尘，便向皇太极进言说：“洪承畴必不能死，一衣尚惜，况其命乎！”但是，此说无据，也不知《清史稿》从哪儿淘来这样的“资料”。

所谓“皇太极感化劝降”，这条资料源自满洲贵族昭琏的笔记《啸亭杂录》中的《用洪文襄》一条，原文活灵活现，描写得头头是道：

> （洪承畴）誓死不屈，日夜蓬头跣足，骂詈不休。文皇（皇太极）命诸文臣劝勉，洪（承畴）不答一语。上乃亲至洪

洪承畴像

（承畴被押之）馆，解貂裘与之服，徐曰："先生得无冷乎？"洪（承畴）茫然视上久之，叹曰："真命世之主也！"因叩头请降。上大悦，即日赏赉无算，陈百戏以作贺。诸将皆不悦，曰："洪承畴一羁囚，上待之何重也！"上曰："吾侪所以栉风雨者，究欲何为？"众曰："欲得中原耳！"上笑曰："譬诸行者，君等皆瞽目（瞎子），今获一引路者，吾安得不乐也！"众乃服。

正因为写这一笔记的作者乃"铁帽子王"礼亲王昭琏，所以大家皆信以为真。其实，仔细忖度，这位礼亲王乃乾隆时代人，一个文学爱好者，他笔记所记，非亲历实事，小说家言而已。

首先，1641 年秋天皇太极的宠妃宸妃刚刚病死，这位多情皇帝哀不自胜，不思饮食，在国内严禁饮酒作乐等一切"娱乐活动"，所以，他不可能有那么好的心情亲自入囚狱见洪承畴，更不可能在洪承畴投降后大陈百戏来作乐庆祝。

据《清太宗实录》记载，由于皇太极见洪承畴等之后没有"赐宴"，他还特意派人向对方解释说："不赐宴于尔等，非为慢待，乃因宸妃之丧未过期也。"

其实，皇太极对于洪承畴这种级别的大臣投降，内心中不是很爽。从前，明朝太仆寺少卿张春被关押多年，仍旧至死不降。所以，对待刚刚关押数月即降的洪承畴，皇太极叹息："昔日我阵前擒获张春，亦曾恩养，终不为朕效力，一无所成而死，尔慎之，莫效张春！"言外之意，是叹息张春的不屈与洪承畴的降附。

同为明臣，一个软弱无骨，一个始终凛然不屈，洪承畴与张春，分别构成了明朝大臣的耻辱柱和纪念碑。

明廷方面接到洪承畴被擒的消息后，焦急万分。宁远的明朝守将吴三桂数次发塘报入京，均称洪承畴"誓死不屈，只求速死"，但也确实证明他还没有死。

崇祯帝本能地认定洪承畴如此一个知书达理又受恩甚重的大臣，一定会壮烈殉国，所以他马上下旨要吴三桂确察消息，准备大张旗鼓对“死难”的洪承畴加以旌表，以励士气。

真正劝皇太极争取洪承畴这样的人物投降的，不是范文程，而是在清军中服务很久的降臣张存仁，他对皇太极讲：“洪承畴等明朝文官为我们效力，则崇祯帝必视文臣如草芥，此后文臣必不敢贸然出外督帅当负重任；武职如祖大寿辈为我们所用，崇祯帝必视武臣为草芥，日后明朝武将也不愿为明朝效力！”而且，他进一步对皇太极解释说：“只要明朝大臣向我们归降，明廷必根据法律杀其一家。我国留其一身，明朝杀其一家，则降臣归志更坚！”借刀杀人之计，阴险至极，匪夷所思。

洪承畴的家人陈应安受洪家所托，在六月初向明廷报告，说他家主人“义不受辱，骂贼不屈”，已经被清军碎剐处死，但此家仆并未随洪承畴去辽地，所以明廷仍不能确定洪承畴的生死。

崇祯帝虽是沉猜多疑之君，但为激励臣节，鼓舞士气，不久就下诏为洪承畴、丘民仰、曹变蛟、王廷臣等人建立祠庙。为此，他亲临致祭，当坛痛哭，如此哀荣，洪承畴这位已经降清的文臣都“生享”了。

至于所谓崇祯帝在亲祭时听到洪承畴仍旧活着就取消祭奠的说法，是日后清朝乾隆帝为取笑洪承畴贪生怕死，故意让人在《通鉴辑览》中伪造的。皇帝为搞宣传造假，也只有乾隆这个附庸风雅之君有此闲情逸致。

也就是说，崇祯帝临死都还认为洪承畴早已“壮烈殉国”了，是大明大大的忠臣。

清人笔记《广阳杂记》（作者刘献庭）记载洪承畴入北京后，从福建接其老母来京。其母见此叛降逆子，挥杖大骂：“汝来迎我，将使我成为旗下老婢吗？我要打死你这恶人，为天下除害！”

这种记载只是文人小说耳，无非是宣扬忠贞大义罢了。真实情况是，顺治四年（1647年）洪老太太被洪承畴接到南京，母子欢聚。而后，老太太一身清朝贵妇装束，乘船回闽地享福，五年后才病死。

真正看不起洪承畴的亲人，乃其三弟洪承畯。他在洪承畴府第近旁的庙宇牌匾上大题四字："大无莲心"，讥讽其兄对明朝"大无良心"。

所以，相比世受国恩、身居要职的洪承畴，少年夏完淳之精忠报国，犹显伟大、壮烈。

历史有时真是有些荒谬的意味。一百多年后，1775年，即乾隆四十年，总爱卖弄文采和进行历史"翻案"的乾隆帝下诏，承认明末抗清诸臣"茹苦相随，舍生取义"的辛劳，颁布《钦定胜朝殉节诸臣录》，对夏完淳、夏允彝、陈子龙以及一大批明朝的忠臣义士予以"一体旌谥"。由此，昔日清王朝的危险敌人，一变为全忠全孝的大节无亏之人，而洪承畴、祖大寿等曾"事两朝"的"元戎"们，统统进了《贰臣传》。

自乾隆四十年起，夏完淳的生前诗文得以公开刊印、流传，《夏节愍全集》等书纷纷面世，其上千首诗、文、信函，均得以辑成发表。可笑又可叹的是，与夏完淳同时代的投附清朝的明末大文豪、大名士们，包括撰写夏完淳第一手资料的屈大均，都被乾隆帝加以痛诋和讥讽："至于钱谦益之自诩清流，忝颜降附；及金堡、屈大均辈之幸生畏死，诡托缁流，均属丧心无耻。若辈果能死节，则今日亦当在予旌之列。乃既不能舍生，而犹假（借）语言文字以自图掩饰其偷生，是必当明斥其进退无据之非，以隐殛其冥漠不灵之魂！"

清朝学者庄师洛所作之诗，最能为夏完淳这位少年英雄盖棺论定：

> 天荒地老出奇人，报国能捐幼稚身。黄口文章惊老宿，绿衣韬略走谋臣。湖中介义悲猿鹤，海上输忠唼凤麟。至竟雨华埋骨地，方家弱弟可同伦。

乾隆四十一年（1776年）年底，在诏令国史馆修编《明季贰臣传》时，乾隆皇帝已经明白无误地把对“我大清”有赫赫功勋的洪承畴、祖大寿、冯铨等一批人打入另册，其意在于“崇奖忠贞”“风励臣节”：

……因思我朝开创之初，明末诸臣望风归附。如洪承畴以经略表丧师，俘擒投顺；祖大寿以镇将罹祸，带城来投。及定鼎时，冯铨、王铎、宋权、谢升、金之俊、党崇雅等，在明（朝）俱曾跻显秩，入本朝（清朝）仍忝为阁臣。至人于天戈所指，解甲乞降，如左梦庚、田雄等，不可胜数。盖开创大一统之规模，自不得不加之录用，以靖人心而明顺逆。今事后凭情而论，若而人者皆以胜国（明朝）臣僚，乃遭际时艰，不能为其主临危授命，辄复畏死幸生，腼颜降附，岂得复谓之完人！即或稍有片长足录，其瑕疵自不能掩。若既降复叛之李建泰、金声桓，及降附后潜肆诋毁之钱谦益辈，尤反侧佥邪，更不足比于人类矣。……朕思此等大节有亏之人，不能念其建有勋绩，谅于生前；亦不能因其尚有后人，原（宥）于既死。今为准情酌理，自应于国史内另立《贰臣传》一门，将诸臣仕明及仕本朝各事迹，据实直书，使不能纤微隐饰，即所谓虽孝子慈孙百世不能改者……此实朕大中至正之心，为万世臣子植纲常……

在痛诋“贰臣”们的同时，乾隆帝对于清朝开国之初那些与其祖先浴血死战的明臣明将，如史可法、刘宗周、孙承宗、卢象升等人，大加赞诩，表扬这些人“遭际时艰，临危受命”，均可称为“一代完人”，即使对于稍后“负隅顽抗”的南明诸臣，包括夏允彝、夏完淳父子，乾隆帝也称他们是“忠于所事”，乃舍生取义的英雄。这些人，皆入《胜朝殉节诸臣录》，可谓万世流芳。

清初努尔哈赤、皇太极对汉文化的吸收，更多来自《三国演义》《水浒传》等小说，所以对关云长这样义薄云天的人物极为崇敬。关羽成为“帝”（忠义神武关圣大帝），正是清朝顺治帝所封。同时，他们对于历史上的岳飞、文天祥等人也耳熟能详，礼敬有加。当然，清朝全力使用洪承畴一类降臣是当时大势所趋，这些人可以起到不可替代的作用，但内心深处，清朝皇帝和上层对这些人充满鄙夷和不屑，特别是对告以南明永历帝一朝虚实的孙可望，清朝当时虽给了他个“义王”的称号，但没过多久就在打猎途中把他当作猎物一箭射死，简直就是不把他当人看待。相反，对于数位在满洲兴起阶段被俘不屈的明朝大臣，如巡按御史张铨、太仆寺少卿张春等人，清朝帝君们油然起敬，皇太极叹息道：“我从史传中得知文天祥事迹，以为是天降神人，今见张春，乃知文天祥确有其人啊！”当然，皇太极也疑惑过，问汉人谋士范文程：“我见中原名将多矣，只要战败势劣，大多倒戈投降，而那些文臣儒士，却多不为所屈，杀身报国，此何原因？”范文程答：“文臣读圣贤书，忠孝名节，皆其平生所学，所以才危而忘身，一心赴国难，此乃国家养士之报。”

皇太极深以为然，并开始督促诸王贝勒宗室子弟及旗主贵族子弟学习儒家典籍。代代相承，至于乾隆。所以，这位清帝所展现出的“先进”历史观，恰恰是汉文化陶冶所致。

“苟利国家，生死以之！”堂堂中华，数千年礼义廉耻之邦，长久以来支撑我们伟大民族屹立不倒的真髓，正是无数仁人义士胸中那一股浩然之气！

两个太阳照南明

隆武帝与鲁监国两朝为政

受努尔哈赤的孙子博洛王子的直接指挥，李成栋成为清朝平灭南明隆武帝的先锋大将。鹰犬前驱，衣满服，骑骏马，率领满汉大军，驰骋在南中国的大地上。

李成栋要平灭的南明隆武帝朱聿键，原本是明朝宗室唐王，明太祖朱元璋九世孙。

脱却牢笼继帝位

隆武帝的坎坷身世

隆武帝朱聿键的身世说来十分坎坷。他的爷爷老唐王，憎嫌朱聿键之父（当时的唐王世子）嘴唇上长个大瘤子，对这个畸形儿子怎么看怎么不顺眼，心里一直爱惜小妾生的儿子。于是，他暗中把朱聿键父子囚禁起来想活活饿死他们（当时朱聿键才十二岁）。

幸亏暗中有个小官张书堂帮忙送些糙米饭，在囚房中，朱聿键父子苟活了十六年。身处牢笼，志气不小，朱聿键埋头苦读，钻研儒学典籍，没有浪费大好光阴。

朱聿键的父亲唐世子，眼看就要熬出头，却被急切想袭唐王王位的弟弟毒死。这位弟弟也够缺德，他知道哥哥很想把嘴上的大瘤子治好，就送来药，说喝下去可以消瘤。唐世子治病心切，一饮而尽，马上一命呜呼。

于是，老唐王准备封爱妾的儿子为世子，取消了朱聿键的世子位。

结果，地方官员吊唁唐世子时，警告老唐王说，世子死因不明，贸然改变世袭人选，说不定朝廷日后会怪罪。老唐王害怕，怕日后国法追究，赶忙立朱聿键为“世孙”。

老唐王三年后病死，朱聿键的狠心叔叔没有达到袭封的目的。作为唐王嫡孙，朱聿键终于在朝廷恩旨下袭封了本来就属于他的唐王王爵。

被压抑那么久，刚刚熬出头的新唐王朱聿键锋芒毕露，在宗室换授等问题上与崇祯朝臣多有冲突，得罪了不少大臣。而后，崇祯九年，由于报仇心切，他竟然杀掉了毒死他父亲的叔叔。

当时清朝王爷阿济格率兵攻打北直隶等地，唐王立功心切，竟不顾“藩王不掌兵”的国法，招兵买马，率兵从南阳北上，一腔忠勇地前去“勤王”，没有遇到清军，却中途和农民军交手，乱打几阵，互有胜负。

由于明成祖朱棣是以藩王身份反叛得的天下，故而明朝制度对藩王防备极严。依照明朝规制，藩王尽可在王府内恣意享乐、醉生梦死，唯独不能兴兵拥将离开藩属。虽然朱聿键动机纯粹，仍使当时在位的崇祯帝大怒，派锦衣卫把这位唐王关进凤阳皇室监狱。

再牛的王爷，只要变成了“罪宗”，也只能认倒霉。由于掌狱太监索贿不成，就往死里整治唐王朱聿键。幸亏他从前有多年坐牢的经验，熬了七年，终于能保住性命。

崇祯十六年，明朝的凤阳巡抚路振飞到当地巡视，前往监狱拜见这位有名的王爷。唐王当时已经被磨掉许多锐气，待路振飞彬彬有礼，使后者对他非常有好感，并派人对他悉心照料。

崇祯帝在北京自杀后，弘光帝继位，下发特赦令，释放高墙罪宗，朱聿键这才被放出来。

南明隆武帝像

这位金枝玉叶真是倒霉，活到四十三岁的年纪，在囚牢里倒有二十四年之久。

弘光朝并未恢复他的王爵，责其往广西平乐府居住，但朱聿键刚刚走到杭州，短命的弘光朝已经覆灭。朱明又一个王爷潞王朱常淓在众人推戴下于杭州称“监国”（代理皇帝）。三天后，清军杀到，一直被寄予厚望的潞王与属下没做任何抵抗，向清军献城投降。

此前一天，朱聿键已离开杭州。潞王被俘消的息传来，黄道周等明朝大臣上疏劝朱聿键监国。

在郑芝龙家族的拥护下，朱聿键在建宁（今福建建瓯）称监国。二十天后，他在福州正式称帝，改元“隆武”。

隆武政权就成为南明的第二个政权。

其实，如果依据伦序，最有资格继承皇位的，是广西的明朝桂王，但桂王当时距离江南太远，远水不能解近渴。众明臣齐推唐王朱聿键的另外一个原因，在于他的封地是南阳。这里是从前东汉光武帝刘秀的起家之地。众臣推唐王为帝，希望他能做一个明朝的“光武帝”，复兴明朝。

隆武帝举行大典仪式当天，大风雾起，拔木扬沙，尚玺官的坐骑受惊，玉玺摔落，碰坏一角。众人心惊，皆认为征兆不祥。虽然如此，隆武君臣还是很有平复天下的决心，锐意恢复。

由于身世坎坷，隆武帝和荒淫无耻的弘光帝迥然不同。他善于抚慰群臣，乐于纳谏，甚至同意招纳大顺军（李自成军）余部，以共同抵抗清军。这一点尤显大度和富有远见。同时，针对南明军杀害剃发的汉族平民一事，他予以严厉阻止：“兵行所至，不可妄杀。有发为顺民，无发为难民。”这一谕旨，使得一般百姓欢呼鼓舞，纷纷来投。

虽为英明之主，隆武帝却一直为郑氏家族集团所架空。以郑芝龙、郑鸿逵、郑芝豹、郑影为首的郑氏家族，都是海盗出身，数十年横行福建、广东、浙江沿海一带，亦商亦盗。他们在崇祯初年受招安后，趁天下大乱之际一直忙于扩大地盘，充实自己的私人力量。

郑芝龙等人推举隆武帝，其实也是看上了这位爷“奇货可居”。朝中一切实权，都掌握在郑家手里。

郑芝龙从小就不老实，不到二十岁，就因为勾引后妈被父亲逐出家门为盗。郑家其实只有郑成功一个人还算是明朝忠臣。

郑成功原名郑森，是郑芝龙和日本老婆生的儿子。郑芝龙有一次带郑成功入宫，隆武帝见之大悦，以手抚其背，说：“恨无一女配卿，卿为尽忠吾家，毋相忘也。”赐郑森姓朱名成功，命为御林军都督、仪同驸马都尉，时人称之为“国姓爷”。隆武帝此举，也有笼络郑氏家族的意思。

郑氏家族傲慢无上，卖官鬻爵，大肆搜刮百姓，横毒凶暴，甚至超过弘光朝的马士英。他们在败走江南时，依然大肆抢掠，以至于当时造成这种现象：“受害者延颈待清兵，谣曰‘清兵如蟹，曷迟其来！’。”（计六奇《明季南略》）

这群郑姓海盗奸商，经营朝政仍同经营生意一样。如此，其后果可知。同时，由于当时另一个宗室鲁王朱以海在绍兴也称监国，两个朱明政权产生龃龉，最后竟闹出互杀来使的事情。

偏处一隅难抒怀

鲁监国抗清屡战屡败

由于清廷剃发令引发了血腥杀戮，浙江大地上抗清斗争如火如荼。大凡起事兴兵，一定要有个象征性人物。

明朝诸王杀的杀，降的降，走的走，当地只有鲁王这个明朝宗室可以拥戴。于是，原本降清的明朝浙江防倭总兵王之仁重新举起义旗，与张国维等人在绍兴推举鲁王朱以海为“监国”，时为七月十八日。鲁王政权仍旧沿用“弘光”年号。

此时，他们一伙人并不知道隆武政权在福建成立的消息。

朱以海是朱元璋第十世孙。本来其兄朱以派嗣封鲁王，崇祯十五年，清军攻山东，朱以派在封地兖州被杀。朱以海有幸逃出，一年多后袭封鲁王。他和唐王一样，都属明宗室疏宗（第一代鲁王是朱元璋第十子，第一代唐王是朱元璋第二十二子）。也正因两个人都为疏宗，所以，鲁监国一方得知唐王称帝消息后，并未立即退位归藩。双方手下的大臣为争拥立之功，自然都上疏要求不要退位，硬顶各自的“招牌”。

隆武帝起先很有诚意，他派人带信携赏银要鲁监国承认自己的地位，并笼络浙东的明臣明将，答应要个个加官晋爵。

一般人可以接受隆武帝，鲁监国手下最得力的张国维、王之仁等人却不答应，因为如果这样，他们就没有“拥立”大功。鲁监国本人在给隆武帝的回信中，也称隆武帝为“皇叔父”而不称“陛下”，表明他不承认隆武政权。

当时的鲁监国君臣，很想快速攻下南京这个象征性极强的城市。如果南京在手，“监国”成为“皇帝”，自然名正言顺，这样的话，鲁监国比起远在福建的隆武政权，要“合理”“合法”得多。然而鲁监国一帮人军力不行，进攻杭州大败而归，想占领南京更是痴心妄想，只能在浙东一小块地方待着，根本不可能有所作为。

鲁监国当时手下力量最大的将领是镇东侯方国安，但这个人人品不好，把到处碰壁的阮大铖和马士英收留在自己军中，并想把二人弄入鲁监国朝中，导致了朝臣的分裂。而且，方国安打仗也不行，屡屡溃退。由于鲁监国宠信贵妃张氏，她的父亲张国俊得封伯爵，小人得志，作威作福，把国政搞得乱七八糟。

这些还都是小事，最要命的是鲁监国手下的军队耗饷严重，靡费无度，把治下的八郡人民搞得筋疲力尽。

1646 年夏天，清朝的征南大将军博洛率数万大军从杭州对鲁监国的军队发起进攻。不巧的是，一向水深浪急的钱塘江突发数十年不遇的大旱，江流干涸，顿失屏障，清朝马队从江中旱地以及水浅处尽数渡过，明军不敌，绍兴失陷。鲁监国逃往海上避难。其手下文臣如谢三宾，武将如方国安，纷纷向清军投降。大学士张国维自杀殉国；督师大学士朱大典，全家自焚而死；督师余煌投水自杀；大臣陈函辉上吊自杀，死前作诗："生为大明之人，死为大明之鬼。笑指白云深处，萧然一无所累！"

另外一位尽显刚烈的，是大臣王之仁。这位鲁监国手下的"兴国公"派人把家属近百人所乘大船在海上凿沉，尽溺死殉国。然后，他自乘一条旗帜鲜明的大船，身穿明朝官服，大摇大摆驶向松江。

在松江驻军的明朝叛将李成栋以为王之仁是来投降的，马上把他转送给南京的清朝"江南招抚大学士"洪承畴。洪承畴自然以礼相待，要王之仁剃发降清。

王之仁风度翩翩，侃侃而言："我乃前朝贵官，国亡应殉，我怕死于波涛之中，后人以为我逃亡躲避。现在，我自投网罗，只求死个明白！"

洪承畴满面带笑，劝王之仁："您对明朝竭尽忠诚，大势已去，天命有归，还应为大清效力才好。"

王之仁端坐唾骂："先帝为你立祠修庙，亲自祭奠，封荫你一家，谁料你忘恩负义，引狼入室，真正猪狗不如！"

洪承畴老匹夫顿时无地自容。恼羞之下，他挥手让人把王之仁拉送刑场处决。

临刑，这位前明贵官神色自若，对左右观刑百姓讲："活见人，死见尸，我不愧大明朝，青史有证，终不做负国叛贼！"

忠臣殉难帝星落

黄道周出征与隆武朝的覆亡

称帝之后，隆武帝一直处于三面受困的境地：一是受制于郑氏家族，二要防鲁王军队，三则有李成栋率领的清军节节逼近。

清军中的汉将进军迅速。顺治三年春天，金声桓的部队已经占领了吉安，很快推进到赣南。到了九月间，清军中的汉将高进库（原高杰部下）等人攻克重镇赣州。如此一来，这个联结湖南、福建、广东等地的咽喉要地，落入清军手中。

赣州失陷，全因为南明湖广总督何腾蛟等人私心所致。正是因为他先前安置处理农民军不当，造成众心离散，协调不一，最终江西、湖南等地被清军各个击破。明朝的众多文臣武将，国难当头时，首先想到的不是报国忠君，而是个人和党社的利益。

无奈之下，隆武帝声言要亲自北伐，以挽颓势。当时，总领大军的郑芝龙冷笑一声，拂袖出朝，理也不理。这个海盗、商人出身的明朝将领，已经抱定了向清朝投降的决心，他只想割据福建，独享一方。

明朝老忠臣黄道周是个行动派。他以六十花甲之年，要先于皇帝北上抗清。

黄道周，字幼平，福建漳州人，乃天启二年进士，曾为明熹宗的经筵展书官。魏忠贤势焰最盛时，他都不为所屈。崇祯帝继位后，黄道周被起用为右中允，屡上忠言，上疏指斥奸臣周廷儒和温体仁，惹得崇祯帝老大不高兴。

黄道周名气很大，文章风骨为天下人所瞩目，为人特别严刚方正，不随流俗，深为正人君子所拥戴。崇祯帝重用庸臣杨嗣昌时，黄道周极力谏阻，惹恼崇祯帝，被贬往江西穷僻之地。日后，杨嗣昌屡屡遭败，羞愤自杀。崇祯帝忆念起这位直臣，召黄道周回朝。他见帝而泣，心如死灰，请假回家。

这次假期使他躲过了甲申之劫。

弘光帝继位后，由于黄道周名满天下，任命他为礼部尚书。马士英等人当国，黄道周救国匡时之策皆不为所用，只是朝中摆设而已。南京陷落时，他正被排挤在外面祭告大禹陵，因而得免。

忧愤满胸，黄道周在衢州谒见当时为唐王的隆武帝，奉表劝进。隆武爷十分敬重黄道周的为人，立刻拜之为武英殿大学士。

郑氏家族跋扈，郑芝龙一个武人得封侯爵，位居黄道周之上。为此，文臣纷纷上疏表示反对，更激化了隆武朝廷文臣武将之间的矛盾。

眼见郑氏家族按兵不动，军队诸部怯懦观望，已过花甲之年的黄道周对隆武帝表示："与其坐而待亡，不如君臣共出一拼。我为大臣，当先于皇帝而行，以为人臣表率。"

隆武帝非常感动，流涕送行。由于人、财、物皆在郑芝龙家族掌握之中，隆武帝只能给这位老忠臣一百道空白委任状，没能拨给他一两军饷和一个士兵。

黄道周凭一腔忠义，自己出钱，加上朋友资助，仅带万余两白银，携数名弟子慷慨出征。福建各地义民闻之而附，近万人加入他的队伍。

但是，这支拼凑起来的军队，全无作战经验。黄道周救国心切，他出闽入赣，进至江西广信（今上饶）。

清军已经抢先一步，占领了黄道周原拟作为大本营的徽州。

情急之下，黄道周紧急上疏隆武帝，请求增兵益饷。郑芝龙等人丝毫不为所动，光杆儿皇帝只能着急，没有任何办法，坐视老忠臣身陷窘境。

如此临危不惧冒死出征，郑氏家族仍旧在朝中散播闲话，说黄道周交通外臣，欲谋不轨。激愤之下，老英雄上书自辩：

> 臣田无一亩、居止一椽，幸以是见悯于主上，然不能见悯于豺狼。行年六十，独持一片血肠，为高皇帝、列宗与天

下黎献相对于白日。一月之内，四疏乞师。凡诸子弟募义勤王，虽天性使然，亦恐臣孤只耳。每一相见，涕泗沦涟。溽暑未收，毒水四下；建宁以还，渴而道饮，病者八九。一日下操，十队之士，半呼不起，遂损健将陈伯舆。念其射力尽于盂水；四顾环堵，何能不哀？今稍平复，遂劝出关。此亦臣子顾曾受朝廷之眷乎！而摅积若此。在廷之臣不共胆薪；而望影射沙，此何为者？

毕竟是文臣出身，黄道周在兵略方面并无远见，在招兵（文书）中，满是书生规划，语义冗滞，条例烦琐：

钦命直省招征事宜联络恢复两京少保兼太子太师吏部尚书兼兵部尚书武英殿大学士黄为出师事：本阁部行师，贵简练明静。务要十五人为伍，一人挑带粮食兵器、一人挑带衅具、一人挑带帐席被窝，不宿民舍、不穿城市；违者重斩轻馘，不饶。约一百八十人为一阵，游击一员；两游击属一参相。凡参相十员、游击二十员，兵士三千六百五十人。务要精壮晓畅，动遵法令。参相二员属一主，事务大小相承；情法相资，不得偏执己见，致生乖异。今以风、云、雷、雨、虎、豹、熊、骊、龙、象为号，每号填补参相一员、游击二员、兵士三百六十人。准得洪京榜合补象字号营□□□等阵士，务要整齐肃办，不得参差。遇查点失伍及违令者，斩馘不饶。俟功成日，一体题请封赏升赉。此札。隆武元年十月十五日给。

忧急之间，被清军占领的婺源的明朝县令，是黄道周的学生，他给老师发来“密信”，表示说可以充当内应，要老师一定率军前来攻取婺源。其实，此人已经死心塌地为清廷卖命。

黄道周不知是计，贸然发三路兵马前往。结果，乌合之众，上下皆不知兵，半路全被预先设伏的清军击破。花甲老翁，明知不可为而为之，抱必死之心，坚不退回闽地，死守广信府孤城。清军势盛，各个击破。黄道周手下仅剩三百人，战马十四，仍旧义无反顾，向前冲杀。

不料，途中黄道周正遇昔日史可法手下大将张天禄。这个降贼率清军一举击溃义师，生俘黄道周，将其押入婺源县城大牢。

活捉了隆武帝手下的大学士，张天禄欢喜不已，卑辞下意，向黄道周劝降。自然，此举招来老英雄一顿痛骂。

洪承畴闻之，即刻派手下人来劝，奉上好酒、好茶，表达了洪承畴的敬意之后，来人谀语道："请黄相国用清茶一杯。"极尽媚态。黄道周掷杯于地，向来人痛斥洪承畴背恩求荣。然后，他开始绝食，并作《自悼诗》八首，现录其中之三，以彰老义士拳拳救国、忠君之念：

乐毅未归赵，鲁连不入秦；两书传白璧，只手动青苹。
得止吾何憾，徽名世所亲。苍茫樵采者，不易写归麐。

已发英雄叹，仍多亲戚怜；经营文谢后，可在殷房前。
夫子宁欺我，长文尚有天；春秋二百载，研泪纪新编。

求仁何所怨？失道未忘愁；故主日初旭，余生鸟自投。
断崖千尺网，一苇大江舟。狂穉看吾独，驰驱答众尤。

由于黄道周官大名高，他被押送至南京关押。洪承畴亲至关押地（原来是南京宫城内的尚膳监）看望，想趁机劝降。

孰料，黄道周迎面一声断喝："洪承畴为大明死义久矣，哪里又来一个洪承畴！你这个小人，不要冒充大明英烈！"

洪承畴脸红如火，无言而退。

被囚期间，黄道周俨如平日，与一同关押的弟子们讲习经典，吟诗咏文，并著诗文数卷。《台湾外记》中存诗数首，现择而录之：

火树难开眼，冰城倦着身；支天千古事，失路一时人。碧血题香草，白发逐钓纶。更无遗恨处，搔首为君亲。

诸子收吾骨，青天知我心；为谁分扳荡？不忍共浮沉。鹤怨空山曲，鸡啼中夜阴；南阳归路远，恨作卧龙吟。

羹沸犹余鼎，鱼空守暮矶；依然城郭在，仿佛人民非。溪浅须眉照，山深薇蕨肥；黄冠沧海里，望望未曾归。

闻听滩头飞鸟斜，伤心何处动悲笳？英雄运尽无良算，身亦轻来陷左车。

关押两个多月后，清廷下令杀害黄道周。黄道周赴刑场之前，写信给家人："纲常万古，性命千秋。天地知我，家人何忧！"

被押行至南京东华门时，黄道周坐地不起，高声说："这里与太祖皇帝陵寝甚近，可于此处杀我！"扭头之际，看见市坊中有福建门牌，老英雄更坚定了要受刑的决心："福建，皇帝正在那里，临行拜君，臣子之礼。"言毕，他在这里南向再拜，慷慨就义。

与其同死者，还有职方主事赵士超等数位弟子门人。

黄道周精通天文历算，著有《易象正》《三易洞玑》《太函经》等著作，并用以推算自己的命数。他死后，家人整理其手稿，竟发现他早已预言自己将死于丙戌年，而这一年正是他身死之年。

愤懑之下，隆武帝再也不顾郑氏阻拦，携数千明兵"御驾亲征"。

这时候，平日在水上作威作福、杀掠抢劫的郑影等人忽然弃新城（今江西黎川）而逃，门户大开。郑芝龙早已暗中与清兵约降，福建各关隘均无人把守。

李成栋的清军在浙江等地一路大胜，先后攻下绍兴、东阳、金华、平州，很快攻陷郑鸿逵所守的仙霞关。

隆武帝想逃往湖南，不成，又想取道汀州去江西，此时，他的“御驾亲征”，其实已经变成“御驾亲逃”。

一边是隆武帝臣下的众叛亲离，离心离德；一边是李成栋的驭兵有方，指挥若定。此间情形，让人慨叹。

如此危难紧急关头，酷嗜读书的隆武帝仍然“载书十车以行”，边逃边读，边读边逃。小路狭隘，书又死沉，更拖慢了诸人的逃跑速度。

到汀州时，隆武帝的随从仅剩五百人。隆武帝在汀州刚刚歇过一口气，转天凌晨，就有大队身穿明军军服的人叩汀州城门，声言护驾。

守门士兵不知是计，城门一开，发现来人原来都是李成栋派出的化装的清军。

清军喝问：“谁是隆武？”随驾的福清伯周之藩挺身呼曰：“吾乃大明皇帝也。”清军群射之。周之藩拔箭，手杀数十人，最后脑后中箭，坠马被杀。将军熊纬督二十余人格斗，最后喉咙中箭而死。

隆武帝闻乱惊起，持刀刚入府堂，即为清军乱箭射杀。同时遇难的，还有其皇后曾氏和未满月的皇子。

将隆武帝一家三口的人头献上后，李成栋更得清廷垂青，被命与佟养甲一起，驻军福州，以观时变。

南明诸帝中，其实隆武帝是最有帝王气象的人，胸有大志，锐意进取，始终以恢复大明朝为念，坚持抗清。可惜的是，遭遇跋扈的郑芝龙家族，隆武帝常遭掣肘，最终大志难成，含恨而终。

降清反入囚笼内

郑芝龙的悲剧

清军能够迅速占领福建，与郑芝龙密切相关。

乍读《清史稿》中的《博洛传》以及《清世祖实录》，会觉得清军是在博洛以及众多将领率领下，浴血奋战，经过二十多次大战才杀入福建。其实，所有这些记述，皆为博洛等人的增饰、夸大之辞。他们之所以这样做，主要是为了表功，最终把郑芝龙的“功绩”完全抹杀。

首先，闽浙之间的仙霞岭，地势高险，可谓一夫当关，万夫莫开，蜿蜒二十八曲，峻岭之路达二十多里，山道陡峭得只容一人单马，自古以来就是从浙江通往福建难以逾越的险隘。

隆武帝最早派郑芝龙之弟郑鸿逵驻守此地。郑鸿逵只守不攻，龟缩于仙霞岭内。其间，他只率军向徽州的清军发动过一次战役，惨遭败绩，从此再不敢出击。

隆武二年年初，为了“抗议”隆武帝要他出关作战，郑鸿逵“削发为僧”，撂挑子不干了。无奈，隆武朝廷只得转委郑芝龙发兵扼守仙霞岭以北的江山。

郑芝龙十分敷衍，根本没派多少人守卫仙霞岭。福建边境四个县内，他安排的总兵力才寥寥两千人。

隆武二年夏，郑芝龙退往安海，很快就把几乎全部属兵调至沿海一带。仙霞关成为无人据守的阵地。

浙东的明朝鲁王政权大败后，有数千溃兵游荡至仙霞关。当时，南明还有一个阁臣黄鸣骏夹在逃亡队伍中，可惜他无略无才无饷，不能控制这些明朝残军，最终几千人四散而去。正是在这种情况下，清军不费一兵一卒，旅游一般自浙江入福建。仙霞关没能成为阻挡清军的天险，反而成为清军行军中观赏的风景点。

此外，福建与江西交界的分山关，本来有郑芝龙手下大将施福守卫，清军入闽前也被郑芝龙调走。当时，只有铅山县义勇数百人小规模进行武装抵抗，分山关很快被清军攻下。

特别令人痛心的是，闽北重镇建宁（今建瓯）城坚人众，粮多地险，清军初至，守城明朝官员竟不战而降。而作为延平府的南平，郑芝龙一道命令，守军弃城而去，形同虚设。

正是由于南平的忽然失陷，在汀州的隆武帝猝不及防，终被清军杀死。

而后，清军急行军，不到一个月，就在当地汉人大地主黄氏一家的导引下进入福州，这样，清军基本上是不战而得福建省会。

在福州，明朝的礼部尚书曹学佺自缢殉国。曾任崇祯朝大学士的傅冠本想躲到自己的学生江亨龙的家乡泰宁县避难，最终却被江氏父子告发，清军派人来抓捕。傅大学士闻讯，想自杀殉国，被江亨龙之子江忠源亲率家奴捆绑，一路拳打脚踢，把江氏父子的这位恩人送入李成栋军营去报功。

李成栋见到前朝大学士，非常尊敬，劝他投降："傅公，您乃国家大臣也，只要您遵制剃发，一定会得大清重用。"

傅冠诧叹地问："自中华有冠裳以来，难道有髡头宰相吗？"

李成栋复劝："傅公您华发已稀，与髡何异！只要稍稍在头上加块布包头，以掩众目，我就可交差，报闻说您已经遵制剃发。"

傅冠厉声说："你知道传诵千古的文天祥吗？那是我老乡啊。吾乡无髡头宰相，但有断头宰相耳！"

傅冠作诗一首，表达自己的忠贞意念："愤血已成空，往事徒回首；国难与家仇，永诀一杯酒。幻影落红尘，倏忽成今古；名望重如山，此身弃如土！"

李成栋自此不再劝降，礼待甚厚。

后来，李成栋率兵入广，汀州留守镇将李发待傅大学士如初。一日，二人对弈。局罢，李发接到一封文书，忽然下拜说："傅公如果再不剃发，我只能奉旨在汀州处决您！"

傅冠欣然而起，说："早毕吾事，尔之赐也。"

于是，他整衣冠向南拜曰："臣负国无状，死不足赎！"复向西拜："祖父暴骨，我大不孝！"然后，傅冠索笔题诗于壁，引颈受刑。

其诗曰："白发萧萧已数茎，孽冤何必苦相寻？拼将一副头颅骨，留取千秋不贰心！”

李发手下汉人部卒皆流泪，不忍心对傅大学士下手。重赏之下，也没有人报名去行刑。最后，清朝汀州知府李兰友的一个家丁贪赏钱，执刀行刑。

是日，忽然昼晦如夜，悲风震瓦。汀州人听说傅大学士为明朝死节，无不掩涕叹息。

福建发生的所有这一切，均与郑芝龙密不可分。

郑芝龙乃海盗、商人出身，在他眼中，只有“利益”两个字最重要，“忠义”二字对他来讲，只是名词而已。

当初在福建拥立唐王（隆武帝），并非郑芝龙的初衷，乃是其弟郑鸿逵之意。得知福建老乡洪承畴在清军内地位重要，郑芝龙立刻派人把洪承畴的老母接入家中厚养，并把其家眷尽数送至南京。表面上，他对隆武帝讲，此举是为了让洪承畴家属去南京劝老洪反正，其实他是想讨好这位身为清朝鹰犬的老乡，为自己留后路。

郑芝龙为清军进攻福建大开方便之门，所以仙霞关、分山关才没有明军把守，清军可以从容入闽。而且，由于郑芝龙手下的主力军队从未消耗过，清军诱降他后，得到了一支数万人的精军。这些人后来被派发到李成栋手下，配合清军攻打广东。

但是，郑芝龙降清的过程，绝非一帆风顺，最激烈反对他的，当属其子郑成功和其弟郑鸿逵、郑芝豹等人。

郑芝龙降清最主要的原因，并非“顺应历史潮流”和“知天顺命”，其实仍旧是“利益”二字——他一直觊觎广东。

郑芝龙的梦想就是当闽粤王，以福建、广东为基地，扩张海上。如果能拥有两个海洋大省，自然可以割据一方，富甲一带。

退保安平后，郑芝龙毫发无损，拥兵观望。清军主帅博洛顺其所想，先退后数十里“示诚”，然后写信招降：“我之所以敬重将军，正因您能拥立唐藩（隆武帝）。人臣事主，苟有可为，应竭其力。力不胜天，即应投明主，乘时建功。今两粤未平，我已铸闽粤提督之印，以待将军。”

这样一来，博洛不仅打消了郑芝龙对曾拥立明朝皇帝的顾虑，又送上“闽粤提督”的大诱饵，郑芝龙自然甘心上钩。

知道父亲有降清之意后，郑成功苦劝：“父亲大人您在明朝为重臣，岂可轻易转念！闽粤之地，不比北方能任意驰驱，清军铁骑难以纵横，如果我们凭高恃险，设伏防御，清军虽有百万，也难一时能过。相持之余，我们收拾人心，以固根本；大开海道，兴贩各港，以足兵饷。此后，选将练兵，号召天下，渐图进取。”

郑芝龙鬼迷心窍，斥责其子：“黄口稚子，不要妄言！我看你是不知天时人势。弘光有四镇精兵，长江之险，尚且不能抵拒清军，我等占据一隅之地，何敢与大清抗衡！”

郑成功跪禀：“父亲大人只见表面，未审其详。清军兵马虽盛，在闽粤之地绝不能长驱直进。回思我大明朝，文臣弄权，将略乏人，一旦冰裂瓦解，而成煤山之惨（指崇祯帝自杀）。南京君臣，君非戡乱之君，臣尽庸碌之臣，遂使天下英雄饮恨，纵有长江天险亦不可恃。如果父亲大人如今能依仗粤闽地利，凭借崎岖险隘，扼险据守，大可收拾人心，渐图复明大业！”

郑芝龙自以为老辣，摇头一笑：“识时务者，乃为俊杰！今大清招我，礼重于我。如果我贸然与之争锋相抗，万一失利，那时候摇尾乞怜，悔之何及？”

郑成功以头叩地，流泪谏劝：“虎不可离山，鱼不可脱渊，父亲大人三思！”

郑芝龙怒斥：“小子妄言，不要多讲！”

父子二人僵持间，郑芝龙之弟郑鸿逵来到，苦谏道：“兄长您当国难之际，拥立一君，位极人臣。假如事不可为，小弟我不敢虚鼓唇舌来劝。如今，兄长您手下精兵数十万，船舰塞海，饷粮充足，如能再拥一君号召天下，自有八方豪杰响应。大丈夫生于天地之间，何必委身于人，轻入虎穴？”

对兄弟，郑芝龙的态度自然和缓许多，他解释说：“兄弟你刚才所言，只见眼前，不看长远。甲申之变，天下鼎沸，清朝逐鹿中原，天下三分，已得其二。如果我们不自量力，提一旅而敌天下兵，诚乃小丈夫所为。不如乘现在清军招我，全军归诚。此举古来豪杰往往行之，正所谓弃暗投明，择主而事。我们如此主动，清朝能忍心欺我弃我？人以诚心待我，我以诚心应之。贤弟勿虑，我单骑往见博洛，看他如何待我。贤弟你就静听佳音吧。”

郑芝龙临行，清军得知其子郑成功深沉、有大略，让郑芝龙与郑成功同去。当时，郑成功在外练兵，他写信给父亲表明态度：“从来父教子以忠，未闻教子以叛。今父亲不听儿言，后倘有不测，儿只有缟素而已。”

郑成功之信，恰似精确预言，已经一语道破郑芝龙的下场。

《明季南略》中记载了郑芝龙进入清营之后的详情。

清军统帅博洛“热情”迎接郑芝龙，与他“折箭为誓”，欢饮三日夜。第四天中午，忽然军号吹响，大兵四集，包围了参与宴饮的福建士绅名流数百人。包括郑芝龙在内，士绅降将们皆有些傻眼。

博洛脸一变，忽然宣布：“郑芝龙等人，立刻入京听用，马上出发，不得有误！”

龙游浅水，虎落平阳，郑芝龙悔得肠断也来不及了。情急之下，他使出最后一招，表示自己当然渴望进京“面圣”，但放心不下儿子与兄弟辈，怕他们造反给朝廷惹麻烦。

博洛不上圈套，他呵呵一笑，立刻让郑芝龙写下几封亲笔信招降子弟，然后说：“平灭郑氏余部不服顺朝廷者，与你无甚干系，更非我之所虑，朝廷自有处分。”

于是，精骑押送，昔日手握数十万大军而又拱手把福建交予清军的郑芝龙，就如此窝囊地被送入北京。

与日后孙可望被清廷重视得获王爵不同，郑芝龙入京后，立刻遭到软禁，只落个“一等精奇尼哈番”（子爵）这样不伦不类的头衔。四合院中的囚徒，一待就是十五年，最终连同几个儿子在宁古塔被凌迟处死。

清军统帅博洛利用郑芝龙之名，在福建招降了十多万郑氏旧部，其弟郑芝豹降清，大将施福、施琅叔侄也在投降列内。不久，郑氏军队的骨干皆被派往另外一个明朝降将李成栋手下，广受排挤。

李成栋反正后，郑氏旧部借机摆脱，重回郑成功手下。

在当时，反对降清的郑成功、郑鸿逵兵力单弱，仅有数百人，躲避在中左所（今厦门）鼓浪屿上，如惊弓之鸟，随时准备扬帆入海逃遁。

郑芝龙被骗诱入京，对郑氏部伍震动很大。有些人拥隆武帝之弟（日后的绍武帝）逃往广州，而郑氏家族中的郑彩等人则改奉鲁监国于舟山群岛，在浙闽一带继续抗清。

郑氏家族中有名望的是郑芝龙兄弟四个，郑芝龙老大，郑鸿逵老二，郑芝豹老三，还有一个郑芝虎，先前在征伐海盗刘香时战死。明末清初各种史书都讲郑彩是郑鸿逵的儿子，但从史事中仔细验查，似乎又不是，所以此人真实身份存疑。清朝末期写南明史的学者徐鼒，已经对他的身份感到十分迷惑。

鲁监国在张名振等人支持下，有了部分军队，曾在福建有过一番作为，连克建宁、寿宁等地，一度收复三府一州二十多个县，进围福州。

但是，由于郑彩跋扈，鲁监国小朝廷内部仍然是文臣武将内斗不休，丧失了大好机会。郑彩颇有郑芝龙之风，丧心病狂下，他连朝中东阁大学士熊汝霖都敢害，把熊氏父子绑起来投入海中淹死。鲁监国闻之，悲痛欲绝，哭诉道：“杀我忠义之臣，断我股肱，我活着有什么意思！”

由于武臣跋扈，郑彩擅权，鲁监国小朝廷江河日下，一天不如一天。加上郑成功、郑鸿逵部拒不承认鲁监国政权，双方不配合、不协同，福建的大局，最终又为清军占据优势。

清朝大量增兵入闽地，仅仅几个月工夫，鲁监国所得之地，尽数被清兵攻占。

见大势不妙，郑彩这个生意人马上抛弃鲁监国，扬长而去。鲁监国顿成孤家寡人。幸亏张名振来得及时，把鲁监国迎到浙江台州府的健跳所。

荒僻小岛，鲁监国君臣同舟共济，终于暂时稳定了局势。

由于清军屡屡来攻，在张名振等人的建议下，鲁监国向舟山群岛进发。岛上留守的明将黄斌卿想割地自雄，拒不接纳。在张名振的策划下，黄斌卿手下人将他杀死，鲁监国才得到了一块喘息之地，重新组织海上小朝廷，并重用张名振、张煌言等人。

鲁监国的军队，在东南一带牵制了大量清军。

清军诓诱郑芝龙入京，自以为得计，实则犯了一个非常愚蠢的大错误。

先前，左梦庚、刘泽清投降后被挟持入京软禁圈养，清朝自可控制其手下部将。但郑芝龙不同，其弟、其子以及多名大将皆心向明朝，本来就力劝郑芝龙不要投降。如今，清朝如此“背信弃义”，以郑芝龙当人质，郑家子弟和族人皆完全不信清朝日后的任何劝降举动。所以，清朝软禁、拘押郑芝龙，结果适得其反。

倘若当时清廷重用郑芝龙，对他纵放有术，他肯定会竭尽全力，在海上大展身手，为清廷效忠。

郑氏家族经营海上数十年，眼光独特，触角敏锐，日后，郑成功孤旅起家，就能击败盘踞台湾的荷兰人，可以想见郑氏家人的海上经营能力。

清廷短视，以诱捕方式圈住郑芝龙，博洛等人为贪功又谎报军情，最终使得清廷在闽浙沿海为了消灭郑成功折腾数十年之久，耗银费饷无数。

郑芝龙的个人悲剧，其实宣告了中国海洋势力在历史关键时刻的失败，宣告了明清海洋派力量的落幕。

可笑的是，南明二龙相争。鲁监国一方颁布《戊子监国三年历》，郑成功一方颁布《隆武四年戊子历》，二历并行，各称正朔，成为南明一大怪象。

彩云之南的诱惑

大西军进军云贵

与明朝、李自成的“大顺”政权相比，清朝与张献忠的“大西”政权接触最晚。

直到顺治元年（1644 年）六月清军占领北京后，才有明朝降将唐虞时建议清廷招降张献忠。但是，清朝当时所有的注意力皆集中于李自成余部与南明的弘光政权，基本没有理会在巴蜀地区的张献忠。

李自成死，弘光政权亡，张献忠才成为清军最“惦记”的人物。顺治三年（1646 年），肃亲王豪格率清军数万，自西安入川，开始了对张献忠的打击。

大西军在四川杀人如麻，真和清军打仗则心惊胆战，一路自相残杀，不紧不慢往川北移动。

最终，在“大西”降将刘进忠的带领下，清军迅速扑至。搭弦一箭，把猝不及防的张献忠射死。

张献忠死后，其手下十多万人马逃的逃，降的降，大有一朝星散之势。

由于李定国、孙可望、刘文秀、白文选、艾能奇等“大西”政权的主要将领仍在，这支“流贼”队伍最终集零为整，在重庆等地击败清朝军队，窜往云南。

柳暗花明，天降奇缘，这拨人马竟然能趁云南内乱，抓住机会，建立起稳固的根据地。李定国、刘文秀等人，也由前明最凶恶的敌人，一变而成为南明永历政权最坚决、最忠贞不贰的支持者。

历史尽显其诡异奇妙！

说到大西军，有必要回顾一下他们的领袖人物——张献忠。

吃人“黄虎”嗜杀狂

“大西王”张献忠

张献忠，这位与李自成同岁的“大西王”，长就一副堂堂相貌。长身虎颔，面色金黄，故人称“黄虎”。一日不杀人，他就悒悒不乐。某些文人指称那些关于张献忠大肆屠杀的历史记载均是“地主阶级”的胡言乱语，最有力的证据是《明史·张献忠传》中那一句：“（张献忠）将卒以杀人多少叙功次，共杀男女六万万有奇。”明末全国人口也就一万万多，说张献忠在蜀地杀了“六万万”，确实不可能。《明史》中的这种荒唐“数字”素材，取自明末清初文人毛奇龄的《后鉴录》。其实，明末四川一地大概有四百万人，张献忠杀了其中一百多万，其余人口损失为瘟疫、饥荒、满汉武装的反扑与斗争以及清军的屠戮。后来，清廷把清军所杀的近百万人都算在了张献忠头上。

但是，不可否认的是，经张献忠之乱，蜀地基本为之一空。

崇祯十六年年底，本来已在湖南和江西取得重大进展的张献忠，忽然弃两省之地，大举入川。原因很简单，李自成势力太大，张献忠觉得自己打不过他，索性走远一些，以免两虎争食。

四川方面，有一支曾经参加过“荥阳大会”的“摇黄十三家”组织，是一帮极其邪恶的由地痞流氓组成的匪盗，这些人没有任何政治目的和抱负，只知淫杀抢掠，对明朝的四川官兵造成极大的消耗。正因为有这些人在川地活动，张献忠才能从容二次入川，越下牢，渡三峡，如入无人之境，克涪州后，直捣重庆。

本来，重庆三面临江，易守难攻。张献忠让人在城墙根下埋炸药，“轰隆”一声，坚固石墙坍塌，其军队一拥而入。

张献忠入城后，先剐杀守城的巡抚陈士奇等人，然后又把明神宗第五子瑞王朱常洛绑至法场。当时，天色晴朗，空中忽响炸雷。瑞王是宗室中人品很好的王爷，本性好佛，属于少有民愤的那种。

张献忠大笑，大叫：“天若再雷，我当释瑞王不杀。”等了稍许，天竟无雷，张献忠亲自上前砍下瑞王的头颅，并杀其家属及重庆官吏一万多人。

下午时分，山城电闪雷鸣，白昼如晦。张献忠根本不怕，令士兵架炮射天，不久即转晦为明。

此时的张献忠，杀心不算太重，他对被俘的三万七千名明军作如下处理：每人砍掉一只胳膊，尽数放走。于是，操武场上堆了三万多只血淋淋的手臂。

这些只剩一只胳膊的士兵逃出重庆四窜，成为张献忠的“活广告”。诸城士民望风狂逃。

重庆被陷，张献忠的下一个目标就是成都。成都乃二百七十年大明富藩，可惜蜀王也是个财迷（其人倒是知书达理，崇祯帝呼为“蜀秀才”），不肯拿出王府金银犒军。

经过四天攻城，张献忠军队攻入成都。蜀王夫妇、当地总兵皆投井自杀。

巡抚刘之勃被俘。张献忠把他绑在校场上，由于刘巡抚是陕西人，故劝他投降。刘巡抚大骂。张献忠怒，令人慢慢剐他。刘巡抚大声说：“宁多剐我一刀，少杀一百姓！”士兵放箭，把刘巡抚剐后射死。

由于攻城受到过抵抗，张献忠当时下令杀尽成都居民，他的义子、时任“平东将军”的孙可望（当时叫张可旺）跪下苦劝：“大王您转战十年，所过屠灭，无尺寸之地以自守，这不是您属下将士相从的原意啊。如今，我们万死争得成都，应该以此地当成兴王成霸的基地。如果尽屠其众，我们这些人活着还有什么盼头，请大王以您手中剑先杀了我吧！”沉吟之下，张献忠乃止。

成都失陷后，四川大部分州、府、县应声而溃，很快皆为张献忠所占。当时，四川只有遵义（今属贵州）、石柱（秦良玉部）以及黎州未下，其余皆非明地。

李自成败归陕西，曾试图派兵来攻成都，被张献忠打回陕西。至此，两支农民军不仅未再联手，反而公开而坚定地决裂。

张献忠小胜后，得寸进尺，又猛攻李自成所据的汉中府，反被大顺军击败。但仅仅几十天过后，李自成便弃西安而逃，这样一来，张献忠的北面就暴露给清军。

张献忠在成都立稳后，建立“大西”国，称帝。他首先娶大学士陈演之女（陈演在李自成离京时被处决）为皇后。自南门五里外架桥高十数丈，逾城直达蜀王府，遍植彩灯，夜望如长虹亘天，宫女及陈“皇后”由此桥上入宫。

仅仅十天，张献忠对陈“皇后”生厌，一刀砍下她的脑袋，派人杀尽她在成都的所有亲属，算是与“地主阶级”完全划清了界限。

张献忠还“开科取士”，共收取“进士”一百三十人。一夕之间，忽然变脸，把进士们全部杀掉。其中，“状元”张大受，华阳县人，年龄未到三十，身长七尺，弓马娴熟。张献忠见此人仪表丰伟，气宇轩昂，服饰华美，以为奇才，立赐刀马金币十余种。数日之内，张大受每日入宫作陪，有时献诗，有时作文，有时丹青图画，张献忠不停赏赐他，共赐甲第一区，家丁二十人，美女十名。

到了第五天早上，张献忠坐朝，传奏官禀报：“新状元入朝谢圣恩。”

张献忠忽然变脸，自言自语道：“这驴养的！老子爱他得紧，一见他就满心欢喜。咱老子又有些怕他，万一他日后生异心，岂不害了老子！来人，马上把他收拾了！”

张献忠最常说的两个词：一个是“打发”，即杀本人；一个是“收拾”，即杀净全家。

其手下听命，马上把张大受绑起杀了，先前所赐美女、家丁，一个不剩，皆立刻杀头。

当时，川中各地赴试生员皆未离开，张献忠假称再试，尽诱其人于青羊宫，进一个杀一个，共杀约万人。士子们所携应试用的笔砚，一时间堆积如丘。至于生员们带来的女性家属，全部关入青楼当妓女，未几，老张下令，全部杀掉。

杀尽文生后，老张佯称开武科。数千武举齐集校场，皆配发一匹劣马乘骑。忽然间，巨炮一响，金鼓齐鸣，军士据壁射箭，把武举们当成猎物，一一射死。侥幸未死的，堕于地上，被践踏成泥。

文武士子倒霉，然而“大西皇帝”的朝臣更惨。一日，早晨上朝，张献忠打了一个喷嚏，感觉不爽，立即让兵士把三百多人牵出去杀了。有人劝说，他一笑：“文官还怕没人做吗？”

“大西”建国，全无制度，数十万大军衣食所需，只靠抢劫和搜掠，没有任何赋税政策。但张献忠会铸钱，他下令把从王府和大户抢来的所有精钢及佛像熔毁，铸为“大顺通宝”。这种钱颜色鲜亮，光润精致，外观不次于赤金。

张献忠对川地的两个外国传教士却好得不得了。耶稣会传教士意大利人利类思、葡萄牙人安文思，上献红铜制作的地球仪和日晷等物，张献忠看着新奇，大喜之下，下令把二人尊养起来，日日带在身边当顾问。这二人有幸活着，日后在其日记中留下了不少关于张献忠残酷杀人的记载。

由于统治残暴，川地郡县人民纷纷反抗。当然，这与大环境很有关系，李自成败亡，南明政权建立，人心所向，皆痛恨张献忠，各地人民相继而起袭击“大西”官兵。

大怒之下，张献忠下发“除城尽剿”的命令，派出军队到各地屠戮民众。穷乡僻壤，深崖峻谷，军兵无不搜及，按杀人数目依次升官。有一兵士日杀数百人，立擢为都督。所以，张献忠军队灭亡前有“大官”无数，皆因屠杀积功得来官职。

1645年秋，张献忠毁弃成都，尽杀城中居民。

从成都临行前，张献忠下令，命令各营杀尽所掠妇女，上缴所有抢掠金银。

由于从各地及蜀中所掠金银太多带不走，张献忠发数千人为工匠，先掘锦江使之改道，然后在河床上凿洞，垫青石成穴，尽埋金宝银块于其中，大概有数千万两之巨。然后，他尽杀工人，让兵士再使锦江回流，财宝就埋在水流之下，名之为“锢金”。

行至顺庆，张献忠忽然下令，尽杀军中四川籍士兵十余万人，仅有都督刘世忠一营闻讯先逃，自川北遁去，投降清军。

杀完川军后，张献忠嫌所带兵将有家属累赘，他以挑选水军为名，喝令全营兵士及家属从他面前经过受检。只要他说一声：“你！”挑中的人马上被集中。父母被挑者，子女不敢回顾；妻子被挑者，丈夫不敢回顾。最后，共挑出近四万人，押入一木城之中，先用炮轰，毙死大半，然后纵兵斫杀，有数千杀不完者，驱入江中淹死。

无故杀自己的军队，也是张献忠“首创”。

张献忠带着几万兵，攻克顺庆（今南充）城，屠杀居民十余万。从杀自己人以来，张献忠手下多有逃亡者，有时候整营数千人一哄而散，他也不太在意。

一夜，张献忠宿于营中，有一鼠窜入其被窝内，惹得他大怒，满帐篷举剑剁鼠，竟不得中。暴怒之下，他下令士兵转天每人必须上交一只老鼠，逮不着的就杀头抵数。结果，军兵连夜毁屋穿壁，敲仓熏房，转天一大早，辕门处鼠尸堆积成山。

此时的张献忠，想全弃四川，准备回老家陕西发展。他对义子孙可望等人讲："朕得蜀两年，蜀民不附。如回陕得长安，雄视中原，自可图大事。"但他到达顺庆、西充等地后，又命兵士四处伐木造船，声言要攻南京。

此举，或许是声东击西，或者是穷途末路无目的的瞎折腾，反正张献忠最后的几个月躁狂至极，只有杀人时他才稍感平静。

张献忠残忍好杀，为此，明清笔记以及一般的史料中，都把他描述成一个"天煞星"，似乎他就是个魔王转世。其实，仔细推究，此人也不过是个狡黠的凡人而已。

在四川最后的日子里，深恐部下反叛，他常常趁人多时，取出怀中一个黑皮小册子，看似阎王簿，喃喃自语："天教我杀，我敢不杀？"以这种小伎俩，来震吓属下。

与亲信的谈话暴露了张献忠的狭隘胸怀和他杀人的真正动机：

一日，张献忠喝酒，沉默半天，对几个义子说："皇帝真是难做，我手中现有金银数万两、绒货数万挑、驴马百千头，实在不行的话，我们可以往南京作绒货客人，做买卖赚钱过活！"

有人问："如果是这样的话，解散众兵亦可，何必要把人都杀掉呢？"

张献忠回答："我面有刀痕，不把这些人杀掉，恐怕日后有人认出我。"

众人无言。

势随权生，权依势涨，张献忠当时掌握众人生死大权，又能先发制人杀人，所以，众人不敢劝他。

1647年年初，先前投降清军的川将刘进忠熟门熟路，带着清军在川地追踪张献忠。

清军主帅是豪格，得知张献忠在西充凤凰山下扎营，他即刻派鳌拜和准塔两员满将为前锋，在刘进忠带领下，急行三百里，直扑张献忠。

当时，张献忠手下还有近十万人，根本不知道清军在附近。有小校仓皇来报，说“鞑子来了”，张献忠很气，上前一刀砍死了报信人，怒言道：“胡说八道，什么鞑子，不过是摇黄贼罢了。”

不久，又有哨探来报，张献忠复杀之。

他不披甲，手持短刀，带着十几个亲兵亲自出大营四处张望，走了几十米，来到太阳溪边。

刘进忠瞧见张献忠，对满将说：“这就是张献忠！”

清军中闪出一个神箭手，抬手就给了张献忠一箭，正中其左乳。

张献忠大叫一声，倒地翻滚，痛极而亡。

其手下见状，立刻跑回大营，高叫：“大王死了！”全营大崩。清军进攻，大西军数万人被杀，仅官校被斩首的就有二千三百多人，马匹辎重尽为清军所得。

张献忠手下孙可望、刘文秀、李定国、艾能奇等人率残兵奔逃，经重庆、遵义入云南，后来多成为南明永历政权的将领。

孙可望后来降清，李定国、刘文秀等人却成为南明的耿耿忠臣，与清军一直奋战到死。

李定国之所以最后能“尽忠报国”，正因为他从蜀地掠入军中的文人金公趾常为他讲说《三国演义》，此人常把孙可望比为董卓、曹操，把李定国比为诸葛亮，激发他的忠义报国之心。李定国感动：“诸葛亮不敢自比，能学关、张、姜维三人报国，已经足够！”最终他百折不回，直至最终病死，仍忠于大明王朝。

张献忠本人也爱听书，目的在于从《三国》《水浒》中学兵法、学战略。由此可见，民间文学的力量确实巨大。

乌鸡妄想变凤凰

沙定洲的“云南王”之路

北京的崇祯帝上吊自杀，明朝在全国各地的统治顿时呈现岌岌可危之势。

在云南，沐氏家族当然要面对各地土司的挑战和反叛。民间演义之中，说起明朝的云南沐氏，总冠以“云南王”的称谓。其实，沐氏家族从沐英起，一直是公爵，而且是“黔国公”（并非滇国公），只有几个人是死后追封为王爵的。不过，从实际上讲，沐氏世代为明朝统守云南，确实和“云南王”也差不太多。

北京的明政权瓦解，天高皇帝远的云南地方土司们再也按捺不住，蠢蠢欲动。在云南，时任黔国公的沐天波承爵十多年，经验不是很多，他当时并不怕李自成余部或清军，这两方势力相隔太远，不可能对云南有什么大动作。迫在眉睫的威胁，来自邻近的张献忠。为防止张献忠的大西军从蜀地入滇，沐天波加紧派人布防。其实，张献忠罕有入滇的打算。

属于沐天波辖下的李大赉，统领一部明军驻守会川，同周围土司多有摩擦。而引发土司造反的最大原因，在于沐天波为增饷而敛财，向当地土司增收盐税。

云南元谋土司吾必奎见明朝北京政权已亡，而沐天波还增派苛捐杂税，大怒，散布说：“已无朱皇帝，安有沐国公！”于是，他在顺治二年（1645 年）九月忽然叛乱，一下子攻陷武定、广通等地，并占领楚雄。

吾必奎为人强悍，手下兵精，当时他的军队只有石屏土司龙在田、宁州土司禄永命以及阿迷土司普名声可比。

为剿灭吾必奎，沐天波一方面命令明朝的云南金沧道副使杨畏知率军攻楚雄，另一方面檄调宁州土司禄永命和王弄山土司沙定洲率各自属下兵卒协助进剿。

吾必奎起事仓促，不自量力，很快就被打死，乱平。

沐天波刚平一波，才得喘息，实不知祸在心腹。被调至昆明的沙定洲，歹意突起。

沙定洲之父沙源，在万历末年为明朝拼死守边，数败交趾兵，在云南声名卓著，其手下号称“沙兵”。沙源死后，长子沙定源继承土司官位，次子沙定洲没有爵位。而且，自从老土司沙源死后，沙氏势力一直处于萎缩状态。

次子沙定洲不能袭爵，非常郁闷。小伙子长相英俊，黝黑修长，细腰梁，厚背膀，是当地有名的美男子。

其时，阿迷土司普名声恰好病死，其妻万氏继任统治其部。虎狼之年的万氏对沙定洲一见倾心，没对上几句歌，就拉着沙定洲上了竹床。云雨过后，小伙子刚刚手拿万大娘送来的金银眉开眼笑，万氏已经入宅把沙定洲结发妻子的脑袋砍了下来。手心是肉，手背不是肉，望着万氏狰狞的夜叉面孔，想想她的万贯家财和手中的军队，沙定洲大叫一声：杀得好!

对于沙定洲来讲，万氏的肉体没有任何吸引力，他看中的是万氏手下阿迷州的几十万武装势力。万氏在除掉小伙子原配后，立刻对外宣布招沙定洲为婿。

万氏、沙定洲皆大欢喜。但万氏的儿子普服远在大惭的同时大怒，因为，他的这个新爸爸，竟然和自己年岁一样大，这不能不让他倍感惭恨。在喝亲妈喜酒的当夜，普服远借酒劲大号：“我必杀沙定洲！”

沙定洲是行动派，闻信不含糊，没几天就派人袭杀了与自己同岁的“儿子”，并尽据其地。

万氏哀号数声滴下几滴泪，转身扑入沙定洲怀中，化悲痛为欲望，死心塌地给沙定洲当压寨夫人。

由此，阿迷州的土地、兵马、钱粮，一下子皆为沙定洲所有。短短时间内，沙定洲东西兼并，占地数千里，精兵二十余万，成为云南最大的一股地方势力。

由于沙氏家族自沙源时起，尽忠明朝，沐天波非常看重沙定洲，多次邀他入府中宴饮。

在黔国公府中，沙定洲这个土财主大开眼界，才知道了什么叫金山银海，什么叫富贵荣华。心动之余，又有数位汉族士人（最主要的是万氏妹夫汤嘉宾和欠沐天波私款的生员饶希之、余锡朋）不断撺掇，他们劝沙定洲兴兵占据昆明，真正当个“云南王”。

眼见明亡世乱，自己兵势雄盛，于是沙定洲以辞见为名，忽然起事。

顺治二年（1645 年）十二月十日，沙定洲夫妇到了黔国公府邸，三拜未毕，即从靴子中取出明晃晃的匕首，双刀飞舞，格杀沐天波的衙役和仆人数人。同时，埋伏在城内外的士兵同时向黔国公府杀来，整个昆明城迅速被乱兵占领。

事情发生得太突然，沐天波根本没有任何心理准备。情急之下，几个贴身卫士拼死保他从秘道逃出，当时他身无别物，只有黔国公的官印和世爵铁券。

幸亏禄永命、龙在田等土司忠心耿耿，沐天波得命逃往楚雄。但是，其母其妻，皆未能逃出，惊惶之余，两个妇人怕受辱，在尼庵自焚而死。沐氏家族，一时间惨遭荼毒。

占据沐天波的府第后，沙定洲喜出望外：府中所藏之富，超出想象。不仅佛顶石、丹砂、琥珀等珍宝充盈，白银和赤金大锭皆论筐装，每筐百斤，“藏以高板”，一板有五十筐，共有二百多库，其他珍奇异宝不计其数。

世守云南二百多年，沐氏家族富可敌国。

沙定洲、万氏夫妇乐得合不拢嘴，沙定洲立刻命人不停搬运，全部装载送回自己老窝。干完这些，他才想如何做他的“云南王”。

沙定洲占领昆明，明朝的云南巡抚吴兆元等三司官员皆被劫持。为了证明自己的正当性，沙定洲又拘禁了在昆明的东阁大学士（隆武朝任命）王锡衮，并以吴兆元、王锡衮的名义给当时的南明隆武政权上疏，奏称沐天波造反，而沙定洲是率兵“平叛”。

路途迢迢，隆武朝君臣根本不知就里，马上下旨要沙定洲一定擒杀“叛贼”。后来，得知沙定洲造反的事实，隆武朝廷不敢深究，只下旨让沐天波等人上书汇报情况，并没有发出讨伐沙定洲的诏旨。这样一来，就变相承认了沙定洲在云南的统治权。

大学士王锡衮被软禁在昆明贡院，沙定洲派人向他出示以他名义上呈隆武帝的疏奏。王先生大恨，痛骂沙定洲为“叛贼”，提笔写下《风节亭恭纪》等文，揭发沙定洲谋反的实情。《明史》上讲王锡衮“居数日，竟卒”，看上去好像是病死，其实是被沙定洲派人杀死的。这位王大学士是云南禄丰人，天启年间进士，在崇祯朝当过礼部左侍郎，多次进献忠言，后任吏部尚书，任皇帝的讲筵官。崇祯十六年，王大学士因母亲病死，回乡丁忧。不料想，他离京不久，崇祯帝自缢。情急之下，他到昆明想提兵入闽去赞拥隆武帝，偏遇沙定洲谋反，壮志未酬，惨遭杀害。

云南全境，如今基本处于沙定洲的掌握之下。他依循从前沐天波的口吻，自称“总府”，俨然以“云南王”自居。沙定洲的当务之急，就是消灭沐天波以及在楚雄的明官杨畏知和少数支持沐氏家族的土司力量。

螳螂捕蝉，岂知黄雀在后！沙定洲的“云南王”美梦，忽然间被窜至的大西军余部粉碎。

张献忠死后，大西军余部群龙无首，既畏清军，又不能再回长江流域与南明军队交手，思来想去，困兽犹斗，这支军队往重庆方向突围。

南明的曾英所统明军打不过这支“大西”残军，连连败退。在孙可望的指挥下，大西军顺利入黔，占领贵州，获得了难得的喘息。正是在休整期间，孙可望、李定国、艾能奇、刘文秀等人仔细“反思”，达成共识，认为再也不能像张献忠在世时那样杀人抢劫。他们杀掉仍旧坚守张献忠“凡是不顺我者杀，凡是顺我者亦杀”政策的“宰相”汪兆龄和张献忠的伪皇后，采取四将军“共和制”，希望另起炉灶，打出一片新天地。

大西“宰相”汪兆龄确实该杀。张献忠离蜀前惨绝人寰的大屠杀，归根结底，他是幕后总策划。他劝张献忠：“皇上您汗马血战，终得蜀地。但蜀人不怀德，不畏威，屡抚屡叛，是蜀人负皇上，非皇上负蜀人。如今弃蜀奔秦（陕西），说不定会有人趁机据蜀为王……不如将成都人尽数杀尽，四道州县之人，另行分剿屠灭，而宫殿房屋，可效仿楚人一炬（项羽烧阿房宫），使千里蜀地成为废墟。万井无烟，空地难留，可使后来据蜀地者，有土无人，势难久留。皇上您收复中原后，先在长安正位，然后再驱他省人民入蜀，以实户口，如此，不劳而获，大功易收。”

一席话，说得张献忠当时哈哈大笑：“人命在我，我命在天。四方有路，在劫难逃！杀！杀！杀！”由此，才引致了大西军后期在蜀地尽歼蜀民的行动。所以，汪兆龄之恶，甚于张献忠。

贵州民贫地瘠，不能长驻。众将正在痛苦思虑间，天上掉下大馅饼——云南沙定洲“谋反”。来通风报信的不是别人，正是云南石屏土司龙在田。

读者可能奇怪，龙在田是忠于明朝的云南土司，大西军是明朝最凶恶的敌人之一，他们之间怎么可能有联系呢？

原来，中原农民军蜂起时，龙在田曾经被明廷调往内地，在湖广、河南四处参战，屡败“流贼”，多立战功，并得升为副总兵。大草包熊文灿任“总理”时，龙在田正在他手下，驻兵谷城，曾与假装投降的张献忠部往来密切。为了从明军处骗取好马，张献忠当时还曾拜龙在田为义父，双方多次饮宴，畅谈乡土风貌，所以，大西军高级将领与龙在田很熟，对云南也不陌生。后来，张献忠复叛，熊文灿被明朝逮问，龙在田因预事有责也被罢斥回云南。沙定洲作乱，龙在田忠于明朝，便兴兵出击。不料兵败，逃往大理躲避。听说大西军余部占有贵州，他马上派人携密信通知，引导大西军入滇。

再说沐天波。他逃往楚雄后，明朝守将杨畏知劝他去永昌府（今云南保山隆阳区），如此可与楚雄互为犄角，形成协防之势。刚刚布置完毕，沙定洲亲率大军，杀奔楚雄。

杨畏知有智有勇，他紧闭城门，骗沙定洲说："您如今最想得到的，肯定是沐天波，但他不在楚雄而在永昌，您应该西去追赶。我听说，如今巡抚、巡按等长官已向朝廷申请您代替沐天波镇守云南，这样一来，您应该先攻下永昌，抓住沐天波。待您凯旋路过楚雄，朝中任命肯定下来了。到时候，我一定大开城门以礼拜见您。现在，朝命未下，顺逆未分，我不敢开城迎接您。"

沙定洲抓沐天波心切，杨畏知话说得又极有理，他便在城下与杨畏知杀牛盟誓，舍楚雄不攻，分兵攻屠大理、镇南、蒙化等地，自己率军往永昌追赶沐天波。

杨畏知趁此机会，坚壁清野，发檄四处，做足了备战功夫。

听说禄永命等人纠集土司兵拥保沐天波，沙定洲心慌，不敢进攻永昌，怕杨畏知断其归路，他就提兵回头猛攻楚雄。

杨畏知身先士卒，指挥若定，坐守坚城，沙定洲屡攻不下，反被守军杀伤不少。打了八个多月，楚雄巍然屹立，仍旧为明军所有。

正是在这个时候，孙可望、李定国等人率大西军向云南进发。为了进军顺利，他们先行派出不少间谍，在云南各地散布消息，说沐天波之妻焦氏家族为报仇，组织武装入云南。

这招很灵，特别是云南的汉族士庶，深恨沙定洲这种土酋谋叛，听闻焦氏部队要给沐家报仇，奔走相告，欢喜雀跃。大西军一路上基本没遇到像样的抵抗，在云南连占交水、曲靖等重城。而后，为避免直攻昆明受阻，他们大张旗鼓杀向沙定洲老婆万氏的老窝阿迷州（今云南开远）。

沙定洲上当，急撤楚雄之围，迎堵大西军。草泥关一战，云南土兵打不过大西军，沙定洲率残兵逃往老家蒙自，并下令手下退出昆明，齐保老巢。

这样一来，昆明被拱手让给了前来的大西军。顺治四年（1647 年）四月二十四日，大西军入城。

大开城门之后，昆明城内的明朝巡抚吴兆元才明白过来，发现入城的根本不是沐天波妻子焦氏家族的队伍，而是昔日自己一直提心吊胆防备的张献忠军队。

出乎意料的是，这支一直以杀人闻名的队伍一改常态，竟然严守军纪，不扰民，不抢劫，昆明士民安然如常，都觉得遇到了“人民”的队伍。

孙可望等人占据昆明后，四处发兵，既打沙定洲，也打沐天波。李定国一军连战连捷，已经打到阿迷州，沙定洲吓得要死。大西军正欲进攻阿迷州解决掉沙定洲，昆明和晋宁的明朝地方势力忽然闭城拒守。李定国怕腹背受敌，掉头转向，这才给了沙定洲苟延残喘的机会。

由于沐天波、杨畏知等人在滇西，孙可望不敢轻敌，亲自统兵攻打。禄丰一战，杨畏知不敌大西军，兵败，投水自杀未成。

孙可望与杨畏知同为陕西老乡，久闻其名，下马相拜：“我今来滇地，实为讨贼。如果您能与我共事，我当与您共扶明室，绝无他意。”

杨畏知闻言，简直不敢相信自己的耳朵：大西“流贼”，真的能帮助恢复明朝？

再三劝说下，杨畏知心动，就与孙可望定下三条“基本”原则：第一，不能沿用伪大西年号；第二，不得杀人；第三，不得焚烧房屋，奸淫妇女。

孙可望一一答应。由此，迤西八府之地，免遭战祸。相比之下，李定国部大西军当时仍旧收不住手，在临安一地就杀人近十万，所过屠灭无遗。

有杨畏知牵线，人在永昌的沐天波很识时务，特别是孙可望“共扶明室”的许诺感动了他，他立刻派儿子前往大西军营中做人质，决定配合孙可望在云南平定沙定洲之乱。

甭说，沐天波一颗“黔国公”大印，抵上十万兵。孙可望等人在迤西广大地区不战而克，各地汉人、土司纷纷来归。到1648年夏天，云南全境基本平定，只剩下沙定洲困守阿迷州和蒙自地区。当然，代价是有的，大西四将之一的艾能奇在东川中伏，被土兵用毒箭射杀。

大局已定，孙可望开始自大。见李定国空手而返，孙可望怒斥他没能擒获沙定洲，当众杖击一百军棍，然后，下令他与刘文秀立刻出兵，擒获沙定洲赎罪。

憋了一肚子邪火的李定国率数万大军，在云南各地人民的积极支援下，一路奔驰，重新杀向蒙自、阿迷地区。最终，沙定洲连连后撤，死守天险佴革龙山。

佴革龙山易守难攻，但缺乏最要紧的东西——水。没有水，再有精兵良将和天险也没办法坚守。数日之后，穷蹙至极的沙定洲、万氏夫妇迫不得已，喉咙冒烟地下山投降。

李定国很会处理，余众皆安抚，只把沙定洲夫妇以及中高级官员数百人押至昆明。

从前沙定洲夫妇从昆明搬来的金山银山，如今又被搬回昆明。

十月秋凉，沙定洲与妻子万氏被押至昆明闹市剐杀。观刑的人非常多，特别是大西军人，都以为万氏是天姿国色。结果发现，她是个高颧黑皮吊睛丑八怪，众人皆哄堂大笑。

两个刽子手开始不紧不慢活剐沙定洲和万氏。二人号叫一天，方才气绝。这还没完，刽子手用刀割肉锉骨，最终把两个人身上的肉，一块一块地喂了狗。昆明百姓皆拍手称快。

仅仅过了三年“云南王”的瘾，沙定洲夫妇最后以身喂狗。

云南这块大基地、大后方，终为孙可望、李定国等人所得。他们悉心经营，最盛时（1650年左右），大西军能北出贵州、四川，东进两广、湖南，连败清军，大呈风起云涌之势。

一统云南之后，孙可望自称“平定王”，李定国为“安西王”，刘文秀为“抚南王”，仍以沐天波为“黔国公”。当时，南明的永历政权已经在肇庆建立，但并无诏旨发往遥远的昆明。

这时候，有前明官员巴结孙可望，劝他自为“国主”，以干支纪年，铸“兴朝通宝”钱，趁机割据自立。

杨畏知怒极，每次聚议时皆谩骂，惹得孙可望对这位老乡顿起杀心，但是，由于李定国、刘文秀的保护，孙可望一时不能杀他。

定则思乱，昆明城内，众人之间原本和睦的关系，逐渐出现裂痕。

但是，在近三年的时间内，云南全境大抵平静，孙可望等人既没与清军发生战斗，也没与南明永历政权有太多接触，处于一种相对封闭的状态。

1649年，孙可望派杨畏知等人赴肇庆奉表，请永历帝封自己为“秦王”，其表为短视的南明大臣金堡等人扣押。

见无回音，孙可望在1650年自称“秦王”，对外假称是永历帝敕封。

树欲静而风不止。西南波澜，马上就要平地而起。

将军奋剑南天起

李成栋反正

每每读明末历史，总为史可法、张煌言、陈子壮、夏完淳、瞿式耜、何腾蛟、李定国等明王朝的忠臣扼腕叹息，也常常因阮大铖、马吉翔、孙可望、刘承胤、陈邦傅等奸臣佞贼而切齿欲碎。至于吴三桂、耿精忠、尚可喜这样一直食明朝俸禄，最终又因个人私利反复多端的“贰臣”，无论生前死后，都为人们所不齿。上述诸人，黑白忠奸分明，一生事业易辨。就连曾为明朝浴血苦战，最后在内外交困之下不得不降附清廷并“竭尽忠心”的祖大寿、洪承畴等人，也早在乾隆年间被明白无误地列入《贰臣传》，盖棺而论定。无须多言，投降后侍奉新主再诚心，道德上的污点无论如何难以拭揩干净。忠心耿耿与首鼠两端，气宇轩昂与猥琐低贱，刚毅伟岸与懦弱虚伪，坚贞爽直与狡诈奸猾，明末人物皆展现得淋漓尽致。

在波澜壮阔、血肉横飞的明清交替之际，唯独一个人难以用“忠”或“奸”加以评定，更难以用“好”或“坏”来对他进行品评——“扬州十日”大屠杀中有他作为清军卖力杀戮的身影；“嘉定三屠”则完全是由他一人屠刀上举发号施令而造成的惨剧；他是击灭南明诸帝之一隆武帝朱聿键的“首功”之将；他还是生擒绍武帝朱聿𨮁的“大功臣”。

为了清朝，他立下赫赫战功，可称是清朝攻陷南明江浙、福建、两广等广大地区的第一功臣。

不可思议的是，忽然间，这个人良心发现，摇身一变，成为南明永历帝的忠臣，与金声恒、王得仁一起在中国南方反正，重新成为明朝的“忠臣义士”。

重换明朝装束之后，他蹈死不顾，为明王朝死而后已。最后，为了报答一位红颜之死，这位曾经杀人不眨眼的三心二意的将军，竟能置安危于不顾，血战到底，赴水而亡，最终被南明天子亲口谥“忠烈”二字，赠太傅、宁夏王——这个人，就是难以定论的明末大人物李成栋！

率军降清杀人如麻

李成栋的乱世沉浮

据明末大儒王夫之《永历实录》记载，李成栋是陕西宁夏人，字廷玉，出身群盗，后被明朝官军招降，官至都督同知。显然，这位是明末大起义中的佼佼者，乃李自成勇将、“翻山鹞”高杰的属下。

李成栋自己也有个外号，名“李诃子”。虽是盗贼出身，李成栋在“义军”中的时间应该不长。这从他的顶头上司高杰就可以推断得出。

高杰在睢州被许定国诱杀，作为部下的李成栋等人带兵屠戮睢州，杀人盈野，但仍被弘光朝廷视为内部矛盾，加上惹祸的许定国降清，朝廷就更对高杰诸将皆不予追究，仍旧命他们领兵镇守徐州、颍州等地，李成栋还被任命为徐州总兵。

扬州陷落前后，李成栋率军向清军投降。日后，作为清廷鹰犬，他在江南地区所做最大的恶事，就是“嘉定三屠”，对江南人民欠下累累血债。

经过残酷的“嘉定三屠”，江南大部分地区始剃发，自称大清顺民，血腥镇压终于使反抗的烈焰渐趋熄灭。李成栋因为这些“赫赫”功劳，被提拔为江南巡抚。不久，清廷又把他调往东南，派他去平灭南明的另一个皇帝隆武帝。

当把隆武帝一家三口的人头献上后，李成栋更得清廷垂青。清廷下令，让他与佟养甲一起，驻军福州。

隆武帝"御驾亲征"之前，留下四弟朱聿𨮁在福州留守。隆武二年（1646年）八月福州陷落，朱聿𨮁仓皇乘船逃往广州。

不久，隆武帝死讯传出。十月，瞿式耜、丁魁楚等人在肇庆拥立永明王朱由榔（后来的永历帝）于肇庆"监国"。

隆武朝的大学士苏观生与丁魁楚素有过节，福州陷落时他正在广东募兵，出于个人恩怨，他提出"兄终弟及"之说，于十一月在广州拥立朱聿𨮁为"监国"。三天后，一行人就举行了登基大典，改元"绍武"。不到半个月，永明王朱由榔也在肇庆称帝，改元"永历"。

隆武帝时，就有鲁王朱以海称监国。现在，南明又出现二帝并存的局面，大敌当前，形势如此严峻，这些人仍不改明后期的积习，互结朋党，各援派系。

最为可叹的是，苏观生还下令杀掉永历朝的来使，激得永历帝派兵部右侍郎林佳鼎举兵"讨伐"，绍武帝也派陈际泰向肇庆出发，旗号也是"讨伐"。十一月底，两支南明"讨伐军"相遇于广东三水。永历军先获胜利，攻杀八百多绍武兵，陈际泰狼狈而逃。林佳鼎得意忘形，挥军直向广州杀来。

绍武帝一下子着了慌，苏观生倒有主意，他派林察率数万海盗（现已招安成为绍武军）前往迎敌。

林察与林佳鼎是旧相识，就派人诈降。林佳鼎信以为真，置林察兵于不顾，径自带领战船追击往海口方向窜逃的绍武残军。

林察所率的昔日海盗个个勇于海战，又富有经验，暗中设伏，突然向永历军船施放火器。永历兵大惊溃败，不是被水淹死、被火烧死，就是被自家明军杀死。林佳鼎遭到炮击，死无全尸。最后，永历军只有三十余骑人马逃出此动。

"窝里斗"中大获全胜，绍武帝飘飘然，自以为"天授帝位"，开始在广州搞郊天、祭地、幸学、阅兵的花架子。一帮君臣上下安逸，大肆封赏，胡乱赐官。究其实也，绍武帝只是广州一个城的"皇帝"而已，"七门之外，号令不行"（黄宗羲《行朝录》）。

永历、绍武两军在海口血战之际，李成栋、佟养甲的清军已在降臣辜朝荐（潮州人，退休明官）的带领下攻取漳州，袭取潮州，并诱降大盗陈耀，攻克惠州。李成栋的清军一路上最大的障碍是山路崎岖，真正的抵抗几乎没怎么遇到。清军往往在城下一列兵，南明守军就城门大开，府县守官拿着簿册恭谨献降。

为了麻痹广州的绍武帝和苏观生，李成栋让各地官员书写信件送递广州，报告说没有任何清兵到来，致使广州的绍武君臣以为没有任何迫近的危险。

隆武二年十二月十四日，李成栋派三百精骑兵从惠州出发，连夜西行，从增城潜入广州北。清军十多人化装成艄公，从水路大摇大摆乘船入城。这些清军上岸后，直到布政司府前，他们才在众人面前掀掉头上包布，露出满人发式，挥刀乱砍，大呼："大清兵到！"一句惊呼，满城皆沸，百姓民众争相躲避，乱成一锅粥。

说来也真是奇怪，能征善战如李自成的大顺军，杀人如麻如张献忠的大西军，即使是出生入死、血斗无数次的明军勇兵武将，只要听到一声"鞑子来了"，个个魂魄皆飞，立时溃散。

绍武帝正和苏观生等人在国子监"视学"，忽然有卫士急报清兵入城。苏观生非常生气："昨天潮州还有信报说一切无恙，今天怎么会有清兵来此！"他挥手让左右杀掉报信卫士。

入城的清兵很快杀掉广州东门守卫，大开城门，数百清兵策马冲入，大红顶笠满街驰奔。绍武君臣这才知道清兵真的杀到了，可是，绍武帝属下大军都西出和永历军交战未返，宿卫禁兵也一时召集不全。广州明军一时间作鸟兽散。

惶急之下，绍武帝易服化装外逃，但他最终在城外被清兵抓住，重兵围守，关押在府院。

李成栋大概因为广州城攻克得太容易，心情不错，既没下令屠城，也没有立刻杀掉绍武帝。他派人送食物给绍武帝，表示“慰问”。

绍武帝这位一直昏庸无能的朱明爷儿们倒是有骨气，坚拒不受，说：“我若饮汝一勺水，何以见先人于地下！”晚间，趁守兵不备，绍武帝朱聿𨮁用衣带自缢而死，和他哥哥一样，做到了“国君死社稷”，算是条好汉子。

射死一帝，又生擒一帝，至此，李成栋的灭明之功臻至高峰。

最后，也要交代一下大学士苏观生。

呼天不应，唤地不灵，苏观生跑到他一手“提拔”的生死好友、吏部都给事中梁鍙处问计。梁鍙一脸忠义，平静地说：“死耳，复何言！”于是两人商定分入厅堂左右的东西房，准备上吊殉国。

梁鍙入房后，掐住自己脖子嗷嗷叫几声，踢翻凳子“配音”。旁边房间的苏观生认定这位好友已自杀殉国，便提笔在墙上大书“大明忠臣义士固当死”！然后上吊自杀殉节。梁鍙听得真切，马上冲进屋指挥仆人收拾后事，扛着苏观生的尸体向清军投降，声言有献“伪大学士”之功。此举，深获李成栋嘉奖。

乱世纷纷，生死是块试金石，忠奸善恶，亲情友情，美丑正邪，一切人间世相，都表现得淋漓尽致！梁鍙肯定是饱读史书的读书人，故而能把忠臣义士的“戏文”排练得炉火纯青。日后，他还“乞修明史”，得到清人批准。不知他在《明史》中，该怎样描写自己的“戏子”行为！

穷追不舍誓平两广

李成栋对肇庆的进攻

从深圳开车走广深高速公路，行至一半时总会看到一个大大的路标，上写“道滘”。看旁边拼音，才知第二字念“jiào”。如此奇怪而又罕为人知的地方，却是李成栋杀奔广东以来第一次惨遇败绩的战场。

李成栋、佟养甲攻陷广州城后，杀入东莞城（明末忠臣袁崇焕老家）。清军四处烧杀，仍是旧习不改。

顺治四年（1647年）一月，道滘义民叶如日等在江边设伏，忽然出击，杀掉没有任何防备的数百清兵。东莞清军闻讯来援，又被义军杀死二百多人。

时任广东提督的李成栋大惊。他先派总兵陈甲由水路前往，自己率大队人马随后由陆路行军，杀向道滘。

义军集各仓船只千余艘，在虎门与陈甲所率的清军大战，歼灭两千多清兵，并擒杀总兵陈甲。清兵能以数十骑袭破城坚兵众的广州，竟栽在道滘这个“小河沟”。一时间，明朝士民振奋，清军情绪低落。

东莞万江一带抗清的明将张家玉闻讯前往道滘，与叶如日以及博罗县的明朝举人韩如琰所率乡民一起，集兵齐攻东莞。义军勇敢，竟能在一天之内攻下坚城，俘斩当地清军任命的官员，取得重大胜利。同时，起事诸人还上书永历帝，准备收复广州。

刚刚过了一天多，李成栋大队清兵就杀至东莞城，挥兵攻城。不知是有内奸还是火药受潮，义军们事先摆好架在城头的多门大炮，在关键时刻一个也没响。清军很快就攻上城墙，混战半日，东莞城破，多名义军将领在战斗中被杀。

李成栋乘胜推进，在望牛墩与明将杨邦达大战，双方苦战了七天七夜，上千义军战死，杨邦达在混战中牺牲。

部队集结、休整后，李成栋挥兵直奔道滘杀来。明将张家玉以泥砖为垒，遍伏大炮，待清兵攻近时，炮火齐发，清兵死伤甚众。李成栋的坐骑也被炮火击中，他本人摔入泥中，狼狈不堪。这是李成栋数年争战中最危险的一次经历。

正在无计可施之际，张家玉的一个表兄李郝思把道滘防守的详细情况一一禀告，并请求李成栋事成后赏他道滘一块好地。李成栋大喜，马上指挥兵马集中力量攻打道滘防守薄弱的东北角，最终攻入道滘。

入城后，清军遍屠居民，把张家玉和韩如琰的宗族杀个精光。当然，李成栋也不食言，赏给叛徒李郝思一块上好的田地（现在的南丫乡李洲角）。义军首领叶如日等人一起战死西乡。张家玉暂时逃脱。

至此，李成栋的下一个目标，就是在肇庆即位不久的永历帝朱由榔。永历帝是明桂王朱常瀛的二儿子，乃袭爵桂王朱由楥的弟弟。桂王朱常瀛乃明神宗第七子，封地原本在衡州。崇祯十六年，张献忠攻湖南，桂王逃往广西，当时的朱由榔（时封永明王）被农民军抓住。但他命好，张献忠这个大魔头竟然没有杀他，后来他趁乱逃跑，到了梧州与老桂王相会。1644 年，老桂王病死，其子朱由楥袭封。小桂王命也不长，很快也病死。这样一来，桂王就由朱由榔承袭了。

隆武帝“御驾亲征”前，也曾讲过“永明王（朱由榔）神宗嫡孙，正统所系。朕无子，后当属诸永明王”。因此，隆武帝死后，瞿式耜等人就名正言顺地立永明王朱由榔“监国”。虽然绍武帝抢先称帝，又在内讧中获得先机，但不久就在骄傲中被清军攻灭。

1646 年，就任“监国”的永明王朱由榔二十四岁，仪表飘逸，样貌酷似其祖父明神宗朱翊钧。虽然这位爷没有帝王端凝、深沉的气度，但他事母极孝，又无好色饮酒的恶习，在明末诸帝中，可以算是品质不差的人才。

称帝之后，永历帝在与绍武帝的交战中落败，而他御下的朝政也一片混乱。拥戴他登基的大学士丁魁楚贪婪误国，遍树朋党，裙带满朝。

不久，广州绍武帝被擒的消息传来，永历帝惊吓非小，开始了他长达十六年“闻警即逃”的流浪生涯。

当时，只有忠臣瞿式耜坚持死守肇庆，但永历帝要瞿式耜带兵与自己同行护驾。无奈，瞿式耜赶忙在肇庆部署防守阵地，然后飞速赶往梧州与已经逃亡的永历帝相会。不料，永历帝早就在几天前溯流北逃，奔往桂林。急赶数日，瞿式耜才追上这位脚底抹油的皇帝。

此时的永历帝身边众臣零散。当初他在肇庆上船准备逃跑时，大学士丁魁楚、李永茂以及兵部尚书王化澄、工部尚书晏日曙都各携家眷财物上船，表示说准备和永历帝一起出逃护驾。走到半路，这些人和他们的船全都不见了踪影。

永历帝刚在桂林喘息两天，就有消息传来，李成栋属下兵将已经攻下肇庆、高州、雷州、廉州、梧州等重地。永历帝任命的广西巡抚曹烨，已经“肉袒牵羊”，向李成栋投降。这帮人书读得很多，礼义廉耻记不住，古书里讲的投降礼节倒是都依式做足全套。

最工于心计，最富于表演才能，最能走一步看三步，最善于给自己留退路而下场又最为悲惨的，当属永历帝的武英殿大学士丁魁楚。

丁魁楚，河南永城人。万历年间中进士，有吏才，崇祯九年官至河北巡抚。此公胆小，当时的后金兵进攻河北时，他弃军而逃。由于他“善事权要”，崇祯朝执政的大学士温体仁百般周旋，使他免于重罚。弘光在南京称帝时，丁魁楚被重新起用，为兵部右侍郎。永历帝继位后，封他为武英殿大学士、吏部尚书。

自恃有拥戴之功，丁魁楚整日只知受贿卖官，派军士在肇庆灵羊峡一带挖掘端砚老坑石头，制作、玩赏、珍藏精美砚台。

李成栋攻陷广州后，丁魁楚第一个获知消息。他不慌不忙，隐匿不报，派亲信家仆携黄金三万两及大量奇珍异宝向李成栋示好，随时准备降清。李成栋很高兴，写信给丁魁楚让他一切放心，表示“到时自有安排”。因此，当永历众臣大溃逃之际，丁大学士成竹在胸，把几年来搜刮受贿的财物装满四十艘大船，在江面缓缓而行，有如太平时节的太平宰相游江行乐。

李成栋攻下梧州后，丁魁楚得到李成栋亲笔信，要他过来主持两广政务。丁大学士大喜过望，命船夫加紧赶路，往梧州进发。李成栋骑马赶至岸边迎候，设大宴款待丁魁楚父子（丁魁楚本有三子，因战乱、病亡死掉两个，现只剩一子）。

欢饮之间，李成栋搂着丁大学士的肩膀，亲热地说："东南半壁江山，就靠老先生您与我两人支撑啊。"他还表示，转天早晨，清军要择一吉时举行封授仪式，向丁魁楚正式交付两广总督的印信。丁魁楚被感动得一塌糊涂，宴饮临别时老泪纵横。

当夜，丁魁楚正做统管两广的美梦，忽然被兵士叫醒，让他下船入李成栋营帐议事。老东西匆忙赶入帅帐。挑起帐帘，看见李成栋居中端坐，两旁士兵个个立目横眉，刀剑出鞘。

这位明朝大学士知道事情有变，忙双膝下跪，叩头不止："望大帅只杀我一人，饶过我妻儿。"李成栋一笑，问："你想我饶你儿子一死吗？"他一挥手，身边卫士上前一刀，就把丁魁楚身边唯一儿子的脑袋砍下，血淋淋放置于他的面前。哀号未得一两声，兵士拎起这位老谋深算的大臣，一刀结果性命。

接着，李成栋尽杀丁魁楚一家男丁，并把他一妻四妾三媳二女均押入自己帐中，待来日慢慢享用。同时，老匹夫四十艘大船所载的八十四万两黄金和珍宝奇物，尽归李成栋所有。仅这黄金一项，如果拿来招买人马，就足以为南明永历政权抵挡清军两三年。

晚明时代，商品经济发达，政治高压，人欲横流。部分士大夫以诗词歌赋往来，看似萧散、疏远、清远、放达，其实一肚子的势利、浮躁、竞取和焦虑。数十年仕宦浮沉，这些人变得十分世故，而纵欲享乐的积习又使得原本清晰的道德感和君臣大义在生死面前变得苍白甚至可笑。

某些文人士大夫危急关头的卑俗和狡诈，真的让人瞠目结舌，就连贩夫走卒在某些时刻都会比他们高尚得多。他们的高尚庄严变成轻薄无耻，豪气凌人变成臣妾意态，悲怆豪放变成奴颜婢膝，壮士情怀变成鹰犬谄媚。

“岁寒，然后知松柏之后凋也！”朝代更迭、出生入死之际，虽不乏抛掷头颅的书生豪气，但我们更多见到的，是明代士人的“中年世故”和混乱年代的诡谲奸诈。观其结果，一场空忙！

且战且行抵抗重重

李成栋在两广战场连遭挫折

逃至桂林的永历帝一直坐卧不安。在太监王坤等人的撺掇下，他想往湖南方向逃跑。瞿式耜极力谏阻，指出广西乃战略要地，一旦轻易委弃，就会进退失据，后患无穷。永历帝倒没有架子，亲写御书给瞿式耜，辩解说自己去湖南，完全是为了长久的恢复大计，并命瞿式耜以兵部尚书、太子太傅身份总管兵马，留守广西待变。

君命难违，无奈之下，瞿式耜只得上书乞求永历帝先驻跸全州，不要闻警即逃。因为，皇帝逃跑一次，臣民之心就涣散一回，这样下去，后果不堪设想。

永历帝跑到全州，何腾蛟属下的定蛮伯刘承胤迎驾。此人貌似精忠，实际上是个挟主自重、骄横跋扈的武将。见到永历帝，他马上破口大骂太监王坤误国奸逆，逼得永历帝贬放了王坤。王坤虽然不是什么好东西，可这手中握兵的刘承胤更坏，他和永历帝身边的佞臣马吉翔等人一拍即合，获封安国公，由伯爵成公爵，立刻蹿升一级。

桂林方面，自永历帝一行离开，上至总督侍郎朱盛浓，下至桂林知府王惠卿，个个“三十六计走为上”，大小官员一转眼逃个精光，唯有瞿式耜和县丞李世荣等几个当地下级官员连同兵民一起困守孤城。

李成栋部下清兵猛烈进攻，桂林军民拼死抵抗。清军倚恃兵精器良，一时间竟登上西门城墙。危急时刻，刚刚护驾永历帝至全州又急忙赶回的平蛮将军焦琏从阳朔急急杀回，他率军入文昌门，与冲入城的清兵拼死巷战，苦斗两日，杀敌数百，终使进攻清兵落败而逃。此战，明军缴获了战马、甲胄以及许多武器，取得了振奋军心的“桂林大捷”。

艰难困境之中，取得如此殊功，永历帝竟发旨：“俟平、梧克复，即与伯爵”，只给焦琏将军一个红萝卜，告知他日后取下平州、梧州，再赐伯爵。与此同时，永历帝对身边无尺寸之功的马吉翔等三人却立赏伯爵，借口是他们有“护驾之功”，其实，可称是“一起逃跑之功”。

此种做法，真正混账。如说护驾之功，焦琏鞍马劳顿，从桂林一直护送永历帝至全州。焦将军未解征衣，马上星夜兼程赶往桂林浴血死战，获得大捷，兼有护驾以及战胜之功，而马吉翔等人不过是跟从永历帝逃跑，竟能轻易获此高爵，不能不让南明臣下失望。

马吉翔等人封爵，完全是刘承胤的意思，他借此笼络这几个近臣。果然，几个人一齐劝谏，让永历帝移跸武冈——刘承胤的老根据地。如此，刘承胤就完全可以“挟天子以令诸侯”。

武冈位于群山之间，地势逼狭，根本就不是什么战略要地。刘承胤、马吉翔等人硬是胁迫永历帝下旨，与众臣一起转移到武冈。这样，永历帝完全落入刘、马的掌握之中。

刘承胤进入自家地盘后，为所欲为，接连杀害了几个与他意见相左的大臣，又随意斩杀南明其他友军的来使，并想废掉永历帝，另立岷王为帝。

“屋漏偏遭连夜雨。”湖南各地的南明军纷纷落败。孔有德清军直向武冈杀来。刘承胤一面骗永历帝已大败清军，一面向孔有德暗中约降，准备献上永历帝为“见面礼”。从近处逃回的一个明朝宗室慌忙拜见永历帝，告诉他清军已在三十里开外的地方。此话如晴天霹雳，吓得永历帝不知所措。

幸亏清朝的汉人王爷孔有德怕刘承胤诈降，使得这个叛徒不得不又再次返回武冈城剃掉头发“表决心”——这一来一往，给了永历帝及其左右群臣一个机会。刘承胤的老母和兄弟还算有良心，他们向明军交出城门钥匙，永历帝才得以逃出生天。

清军与刘承胤急忙随后追杀。明朝参将谢复荣等五百多明兵拼死断后，最后全部战死，才保得永历帝一行未被清军追及。

逃到半路，永历帝遇到总兵侯性带领的五千多明军，一行人踅回广西，到达柳州。

对于降清的刘承胤，有必要交代一下。他投降孔有德后，天天和这位清朝王爷一起饮酒赌博，每次都搬出无数珍宝奇玩显摆，终于让孔王爷贪婪性起，大动杀心。于是，一天夜间宴饮，孔有德在帐中忽然跃起，用刀砍掉了刘承胤的脑袋。然后，他上报清廷，以刘承胤手下副总兵陈友龙向南明反正为借口，说刘承胤反复多端，想重新反投明朝。这样一来，刘承胤军中的无数珍稀宝贝和银两，皆为孔有德所有。更可叹的是，刘承胤一军五万多人，不久即被清廷下令全部处决。五万多人束手就戮，何如当初为国决死？

桂林方面，由于刘承胤派出的军士与焦琏的军士发生内讧，故而李成栋派出的平乐和阳朔清兵趁机对他们发动突然进攻时，这些人还没有醒过味来，就乱哄哄地溃败了。

瞿式耜等人指挥有方，准备充分，他冒大雨率军与清兵殊死拼斗，再一次大败清兵，取得第二次“桂林大捷”。

数月之间，永历帝之所以能苟延残喘，在广西和湖南之间来回奔逃，主要是因为李成栋大军在广东遇到了大麻烦，一时间脱不开身。

在广东，陈子壮、陈邦彦与先前在道滘大败李成栋的张家玉一直聚集当地民众，袭扰李成栋的军队。义军多次在广州附近与清军周旋、战斗，极大地牵制了李成栋军队的主力。特别是陈邦彦，他率两三万民军由海路入珠江，声言攻打广州城，使得当时的清广东巡抚佟养甲连发急书，命李成栋回援。这样，在广西四处奔逃的永历帝才有机会摆脱李成栋部下的穷追不舍。

张家玉方面，率民军攻陷顺德县城，与回援的李成栋清军打起了游击战。

陈子壮在南海起兵，本来已经约定花山义军一起里应外合攻入广州，不料消息外泄，佟养甲和李成栋两人联兵，把三千多花山义军全部活埋，并大败陈子壮的水军。

李成栋趁势引军猛攻陈邦彦，一路追击，一直打到清远，最终俘获了这位对明朝忠心耿耿的书生，并把他凌迟处死。临刑前，这位顺德义士赋绝命诗："厓山多忠魂，前后照千古。"

数天之后，李成栋在增城大败张家玉义军。身中九箭的张家玉见势不可挽，放弃了逃跑的机会，慷慨言道："大丈夫立身天下，事已至此，焉用徘徊！"言毕，遍拜共同作战的义军将领，转身投水而死。

又隔数日，陈子壮在南海被俘，拒不投降，也被清军于广州凌迟杀害。

在广东剿杀"三忠"（陈子壮、陈邦彦、张家玉）的过程中，虽然最终杀掉了这三人以及数万明朝义军，但李成栋内心深处想必也不会不为所动：同是汉族血脉，同受昔日明朝食禄，二陈一张能够以书生残弱之躯作绝望无援之斗，屡战屡败，屡败屡战，前赴后继，不屈不挠，视死如归。反观自己，堂堂七尺武将，手握重兵，甘为清廷鹰犬，屠戮残杀同胞。

数位义士在自己眼前慷慨壮烈而死，同为人子，同为汉人，不能不令李成栋心中有所触动。

天良发现立意反正

李成栋在广州宣布归明

永历元年（1647年），趁着李成栋军在广东平灭陈子壮等人，瞿式耜把永历帝从柳州迎回桂林。

永历二年（1648年）二月，在全州驻防的郝永忠忽然率军跑回桂林，报说清军正一路追逼，劝永历帝马上逃往柳州躲避。

由于郝永忠是李自成大顺军出身（他从前的名字是郝摇旗，在姚雪垠的小说中是大名鼎鼎的人物），故与明朝诸将之间关系一直不睦。所以，无人信其所言。此次回桂林，郝永忠部的粮饷一直被拖欠供应，使得这位“流贼”出身的武夫气恼之下，竟然纵兵大掠。

乱兵冲入皇宫府堂，不仅百官被抢劫得一干二净，永历帝连龙袍也被抢走。这位帝王在慌乱中，穿着小衣逃出城外。幸亏当时郝永忠部只是愤恨抢劫，没有别的念头。

三月间，完全没有帝王尊严的永历帝逃至南宁避难。

清军杀到桂林时，瞿式耜仓皇应战。恰巧南明滇、楚两镇兵将赶到，焦琏也聚集本部人马，于是诸路明兵殊死战斗，竟又获桂林第三次大捷。

喘息、绝望之时，南明君臣忽然得到了他们做梦也想不到的好消息——江西总兵金声桓、副将王得仁以及广东提督李成栋三人，陆续宣布反正。他们重奉明朝正朔，宣布反击清军。

金声恒是陕西榆林人，王得仁是陕西米脂人。这两人皆是明末农民军出身，金声恒号“一斗栗”，王得仁号“王杂毛”，皆是万人敌的猛将。金声恒在明末降左良玉，是左良玉四十八营中最精锐的部队。左良玉死，其子左梦庚降清，帮助清军反击明军。金、王两人一起同刘良佐和高进库进攻江西，并长期驻兵于南昌。这两人虽是“反贼”出身，但常“邑邑思本朝（明朝）”，平时宴饮之间，言及明朝覆亡，两位前明将军常常泣下沾襟。

恰巧，清朝有个董御史巡按江西，傲慢骄横，在勒索金银的同时，又向王得仁索要一个歌妓。王得仁没有立刻应允。董御史大骂：“我可以让王得仁你老婆陪我睡觉，何况一个歌妓！”听罢此言，王得仁按剑而起，大叫：“我王杂毛做贼二十年，却也知道男女之别，知道人间大伦。人生何乐，我安能跪伏于猪狗之辈以求苟活！”于是，他提剑直趋，寸斩董御史。然后，王得仁拜见金声恒，细诉缘由，两人一起宣布反正。

这两人的兵卒数目相加，共约十万人，又有良马万匹，甲械精良。金声桓、王得仁一朝反正，天下震动。

可见，历史上许多重大事件，导火索往往是一件小事情。如果没有董御史的好色，可能金、王两人只存“恢复”之心，也不一定会激起如此大的变故，二人最终极可能循规蹈矩，一直做大清顺臣。清朝的董御史扬言要睡王大将军老婆，这下倒好，淫念一起，即刻丢了性命，还掀起无数波澜！

清廷听闻二人造反，立刻四处调兵。佟养甲命令李成栋率军入援，救助正为金、王两人急攻的赣州清将高进库。但是，此刻的李成栋，不动声色，静观时变。

本来，李成栋、佟养甲两人级别相当。两广大部分地区都是李成栋一路血战夺得，隆武、绍武两帝均为他所擒杀。殊不料，论功行赏之际，清廷重用“辽人”（佟养甲一族是辽阳大族，早就有族人投效清廷），封佟养甲为广东巡抚兼两广总督，李成栋只落个两广提督（军区司令），而且一切军务大事还是佟养甲一人说了算。

李成栋的家属在从江南入广东的路上，肯定也目睹了金声恒、王得仁等人反正后各地“反清复明”的大势，可能多多少少对他进行过劝说。各种史料中记载最多的，当属李成栋一个宠妾自杀激劝的事迹。连号称考据严谨的美国历史学家魏斐德（Frederic Wakeman）也曾提及这一深明大义的美妇人。查继佐的《国寿录》记载，此烈女名张玉乔；王夫之所著《永历实录》，只讲这位美妇人是松江院妓出身，没有言及其姓名；江日昇《台湾外记》，讲她本是陈子壮的侍妾；而钱澄之《所知录》等笔记，又称这名美妇姓赵，是李成栋的侧室。

本来，降清的明臣袁彭年一直知道李成栋怏怏不快，两人关系又好，酒宴言谈间，常常以言辞挑之。李成栋的养子李元胤也常常劝他反清。一次，爷儿俩登上越王台，密谋三天之久。李元胤纵论天下大事，涕泣陈说大义，劝说义父反正。最后，李成栋拔刀而起，发狠言道："事即不谐，自当以颈血报本朝！"（此言也是一语成谶）

袁彭年为明朝大文学家袁中道之子。袁中道，字小修，是"公安派"三袁兄弟中最小的一位。袁中道的两个哥哥袁宏道、袁宗道都是二十多岁中进士，唯独袁中道四十七岁才中举，因此牢骚满腹。此人天性狂放，年轻时饮酒纵欲，疏狂不羁，特别佩服大哲学家李贽。袁彭年的人品性格，想必半是遗传其父，半是自幼受这位轻狂老子的影响，积习所致，导致他后半生的行为反反复复。

回家后，李成栋那位美貌的爱妾也不断劝他趁机反正。由于怕妇人嘴碎泄露大计，李成栋佯装发怒，对美人大声责骂。不料，这美人是个烈性妇人，她一刀在手，慨然说："明公如能举大义反正，妾请先死于前，以成君子之志！"言毕，美人横刀在颈，用力一挥，登时香消玉殒。李成栋来不及解救，抚尸恸哭。从此，他感愤益甚，决意反清。

根据南明永历帝大学士何吾驺等人的笔记资料，此美人应该姓赵。因为何吾驺在李成栋广东反正后，为赵姓美人写过颂扬其事迹的歌诗。总之，无论美人姓张还是姓赵，红颜玉碎，以死相激，这件事情肯定发生过。正是这位美人，激使一代枭雄李成栋拍案而起，下定反清复明的决心！

永历二年六月十日，李成栋变易冠服，奉永历正朔，发兵逮捕佟养甲属下辽籍亲兵一千多人，全部杀掉。然后，他裹胁佟养甲一起向永历帝递降表。广东十郡七十余县，共十多万兵士，一时间归附南明。

永历帝喜极。李成栋获封惠国公，李元胤获封锦衣卫指挥使，袁彭年为都御史，就连迫不得已投降的佟养甲，也被永历帝封为襄平伯。

在此，笔者为行文方便，完整交代一下袁彭年。这位名士之子，文人习气不轻。他于崇祯甲戌年中进士，年轻时即有才名。在南明的弘光朝，袁彭年获封礼部给事中。由于生性亢直，在南京他上疏揭发马士英、阮大铖的罪恶，立刻被弘光帝罢官。隆武帝立，诏复原职。清军入福建，袁彭年降清。听说金、王两人在江西反正，又闻何腾蛟等明将在湖南湖北连胜，家乡在湖北公安的袁彭年自然心动，便与李承胤一起鼓励李成栋反清。入永历朝后，袁彭年卷入与马吉翔等人的争权夺利之中，后被永历帝冷淡，出居肇庆。清军再次攻陷广东后，袁彭年墙头草，再次去清朝官署自首，声言当初是李成栋逼自己反清。估计他的名气大，又是文人，加上奉送金银，没人追究，特别是因为此人对清朝统治没有大威胁，清政府竟饶他一命。回老家后，袁彭年四处旅游，以诗自娱。后来，此公病死于旅途之上。袁公子性情反复，也算是明末无行文人的一个典型。

否极泰来。广东、江西、湖南、湖北等大片地区一时遍竖明朝旗帜，尽复明朝衣冠，正所谓“乌纱吉服，腰金象简满堂，如汉宫春晓”。不久，靖州、沅州、梧州、金川、宝庆等地相继入明，对于永历朝廷来说，“形势一派大好”。

“重新做人”之后，李成栋忠心耿耿，一心事明。他不仅派人把桂林永历帝父亲的陵寝整修一新，还派兵迎永历帝移跸肇庆。

势穷节见杀身成仁

李成栋的最后岁月

有刘承胤挟帝自重的前鉴，瞿式耜上书请永历帝到桂林。出于偏见，瞿式耜对李成栋和其属下一直心存疑窦。不过，瞿式耜这份担心纯属多余，李成栋对永历帝，确实保有一份纯诚之心。他在肇庆修治宫殿，重建官署，修复城防，填充仪卫，使得“（永历）朝廷始有章纪”。1648年11月，永历帝驾临肇庆。

李成栋“贼”军出身，复与高杰被明军招安，接着又降清军。先前，他只见过隆武帝的尸身和那个登基不到一个多月即被擒的绍武帝的尸体。现在，他奉永历为正朔，确实还没有足够的心理准备面见明朝新君。觐见之前，他向一帮儒臣、宾客学习面君时的进退礼节和应对之语。待陛见之时，永历帝温颜接之，和声赐座，慰问再三。李成栋跪伏在地上浑身乱颤，没有一句答言，最后叩头趋出。

出殿后，他的参谋很奇怪，问他为何没有与皇上对话。李成栋回答说：“吾是武将出身，容止声音，虽禁抑内敛，犹觉勃勃高声，恐怕回言时惊动皇上，有失人臣礼节。”至此，从前杀人如麻、嗜血成性的李将军，一番真心剖白，真令人刮目相看。

不过，永历帝确实有人君之威仪。永历十六年（1662年），他最后被吴三桂抓住关进监狱，清军、汉军各级官将出于好奇谒见这位爷，都不自觉地“或拜或叩首而退”。吴三桂本人前往，永历帝问：“来人为谁？”吴三桂竟然双腿打晃，伏地不能起，惊惶得色如死灰，汗流浃背。这应是永历帝具有帝王的尊贵和堂皇仪表带来的威仪所致。

为了表示对李成栋的尊宠，永历帝特敕拜李成栋大将军、大司马，并效刘邦拜韩信故事，对他封坛拜将，一时间殊荣无比。为报知遇信赖之恩，李成栋马上返回广州，募兵治军，准备入江西声援金声恒等人，恢复大明江山。

在肇庆时，李成栋对永历宠臣马吉翔的熏天气焰已有所见。回到广州，他出于耿耿忠心，上疏永历帝，表示说："恩威不出陛下而出旁门，小人滥进，货贿公行……社稷存亡之大，此非小事，臣不敢不言。"

马吉翔见此疏，深恨李成栋。不久，李成栋集结兵马准备北上南雄进入江西抗清。临行前，他想入肇庆与永历帝辞别。马吉翔闻讯，连忙于宫中造谣，说李成栋想仿效董卓和朱温，要趁入见时解散皇帝亲兵，以他的旧部替代，把皇上当傀儡。由于李成栋昔日疯狂屠杀明军的旧恶，永历帝不能不疑。永历帝派遣鸿胪卿吴侯去安抚李成栋，告诉他不必面君。

李成栋一片赤诚，对此一无所知，直到他见到在朝中任官的养子李元胤，才知道自己被马吉翔冤枉的实情。为此，他叹息说："我初归附国家，诣阙面君是正常的礼节。此次出行，誓死岭北！我只想与皇上辞别，交付公卿大臣后事，不想小人辈汹汹如此，恨吾不能剖心示诚！可叹的是，我坐受无君之谤，徒以血肉付岭表耳！"

行至三水，永历使臣驰至，仍敕其不得入朝。李成栋望阙大恸，就地拜辞。然后，他从清远顺流而去。临行之时，李成栋长叹道："吾不及更下此峡矣！"

清军方面，在中原聚集满、蒙、汉大军数万人，一支军队由孔有德、济尔哈朗指挥，逼向湖广；另一支军队由谭泰、尚可喜、耿仲明率领，直扑江西南昌。

金声桓、王得仁起事后，得知隆武帝遇难的消息，就赶忙和新立的永历帝联系上，表示尊奉。如果他们在占领九江后马上奇袭南京，攻取安徽和江苏，会使长江中下游地区的反清大局发生极大的有利变化。不料，军事会议中，有人认为赣州有清将高进库驻守，一定要首先拔除。由此，没有远略的金声桓、王得仁做出了南下而不是立刻北上的决定，指挥主力军队进攻赣州。

战略决策的失误，决定了日后他们二人失败的命运。二十万水陆大军，合攻赣州，竟然在一个多月内困于城下，对城中不到一万的守兵束手无策。再后，得知清军攻占九江的消息，金、王二人心慌，立刻率军回保南昌，败势顿显，时机全失。

清军虽然在得胜后围困南昌，但他们非常畏惧王得仁的勇武。王得仁脸上有胡子长出腮边，故有“王杂毛”之称。屯军城下，谭泰等人十分害怕城内明军会杀出，清营内一连几天都夜间炸营，士兵惊呼：“王杂毛来也！”可惜，王得仁再无昔日神勇，没有敢出城劫营。

清将谭泰派人在南昌城外掘壕沟，筑土城，逼迫附近的数十万民众来挖工事，掘冢挖墓，强迫当地人民不分昼夜干活，溽暑湿蒸，十多万人累死或者中暑而死，还有十多万人在章江上修桥被淹死，死后就弃尸沟中、河中，臭闻数十里，致使白天苍蝇和食腐尸的鸟类盘旋蔽空。同时，被驱赶去干活的妇女，晚上全部还要遭受清军的蹂躏，致死者无数。

日久，食尽，南昌城中出现人相食的惨象。开始是“择人而食”，后来是“父子夫妇相啖”。1649 年（永历三年，顺治六年）3 月，被围半年多的南昌陷落。

金声恒杀妻子，焚厩舍，自刎而死。王得仁与清兵巷战，被执不屈，惨遭肢解而死。数十万南昌人民，被清军屠戮殆尽。而附近郡县剩余的百姓，皆为清军掠劫，在回军途中，论斤卖到外地。弘光朝的大学士姜曰广，投水自杀殉国。

在此之前，清军在湖南忽然包围了湘潭，俘杀明朝督师何腾蛟，并杀尽了湘潭县城数万百姓，尸骨纵横，血流遍野。清军劝何腾蛟投降，何督师不从，从容就义。

再讲李成栋。

李成栋提师北上，屡战屡败。也真是天不祚明，当他为清朝从北往南打杀时，一路势如破竹。反正以后，由南往北打，他却连连败绩，十多万大军沿路伤亡殆尽。

进军之初，李成栋挥师赣州，他从前的老同事、清将高进库（曾与李成栋同为明将高杰部下）屡屡使缓兵计，表示自己要反正，致使李成栋兵行迟缓。1649 年 4 月，待南昌金、王两人败亡后，高进库再无北顾之忧。于是，他从赣州忽然出击，以少胜多，把立足不稳的李成栋军打得大败。

李成栋心慌，竟然撤军南安，他本人返回广州。其实，此战受挫，李成栋军力并无大损，实力依旧。他往后撤，清军的援军却陆续赶到赣州，李成栋再无攻取赣州的可能。

休整之后，李成栋重新率军北上，度过梅岭，进入江西。清军得知消息后，聚集全部精锐部队，先发制人，在江西信丰大举进攻李成栋部。鏖战一天，李成栋部下大将多战死，士卒溃逃，粮食吃完，处境十分不妙。丧败之余，部下将领请李成栋退师，寻找机会再图重兴。已经十分绝望的李成栋索酒痛饮，投杯于地，大言道："吾举千里效忠迎主，天子筑坛以大将拜我，今出师无功，何面目见天子耶！"言毕，他竟不带随从，控马持弓渡水，直冲清宫大营。

估计加上饮酒过量，伤心欲绝，李成栋竟于中途摔入水中溺亡。由此，这位名将终于结束了他令人费解、充满杀戮、反反复复又不失波澜壮阔的一生。南明朝廷震悼，赠太傅、宁夏王，谥忠烈。

值得交代的，还有李成栋的养子李元胤。李元胤，字元伯，河南南阳人，原本是儒家子弟。李成栋为盗时掠良家子，养以为子。自少年时代起，李元胤一直跟随李成栋出生入死，但他稍读书，知大义。此人心思缜密，饶有器量。李成栋降清时，李元胤快快不乐。日后李成栋反正，李元胤绝对是首功之人。佟养甲被胁迫降南明后，一直郁郁寡欢，暗中与清廷联络，准备做内应反攻明军。他的信使为李成栋所获，恨得李成栋想马上杀掉这位老上司。李元胤劝李成栋说，一定要先禀永历帝后再杀佟养甲，不可擅自杀这么高级别的降将。得到永历帝诏旨后，李元胤自到佟养甲处，假意告知说朝廷派他屯军梧州。佟养甲大喜，本来他一直装病，听说有命派他外镇，觉得终盼到蛟龙入海之日，忙带亲兵上船，沿河而下。李元胤拿着永历帝手谕，忽然于半路邀击，遍杀佟养甲及其亲丁数百。

李成栋战死后，永历帝仍旧信任李元胤。明将杨大甫屯居梧州，常常劫掠行舟，杀戮往来军使，抢夺贡物。李元胤上疏，请永历帝召杨大甫入见，趁机诛杀这个跋扈将领。于是，君臣饮酒之间，永历帝诘责杨大甫。这位桀骜的武将不服，竟想趁势劫持永历帝。他扑向皇帝，一旁侍饮的马吉翔等人立刻趁乱跑掉。李元胤不慌不忙，一脚把杨大甫踹个大马趴，亲自把他逮住缢杀。

永历四年，清军攻梅岭，明将罗成耀弃南雄逃跑。见南明大势已去，罗成耀暗中约降清军，想攻取肇庆先立个功。永历帝知悉此情，忙派李元胤乘间杀掉这个国贼。李元胤平时和罗成耀关系不错，就相约游船饮酒。舟泛中流，李元胤忽然把正在绳床上荡悠的罗成耀掀翻在地，以利刃一刀结果了这个叛贼。众人大惊，李元胤不慌不忙，以皇帝手敕示众人："有诏斩罗成耀。"然后，他"移尸涤血，行酒歌吹如故"。可见，李元胤三斩叛将，有忠有智有勇，确是一个人才。

清军进攻，永历帝逃跑，李元胤孤军守肇庆，领军于西南驿击败清军。由于永历帝及一帮臣下各自鼠窜，李元胤最终孤军不支，被清军重围于郁林。绝望之下，李元胤穿上大明朝服，登城四拜，哭叹道："陛下负臣，臣不负陛下。"言毕自刎而死。从此，广东重又尽陷于清军之手（又有说他在钦州守城被擒，被清军杀死于广州）。

至此，诸师沦亡，南明昙花一现的大好时光终于过去。

相比于一生叛君叛父叛友叛国的吴三桂，李成栋将军为"红颜"而激的"冲冠一怒"，确有让人激奋、让人信服、让人敬佩的一面！

细思明朝历史，满洲八旗在入关时只有六万兵丁，到顺治五年才不过十万余兵丁。而以区区十多万兵丁，清朝最终竟然能灭掉有二百七十多年历史、拥兵数百万、人口近两亿的大明朝，着实发人深省！

在大明王朝摇摇欲坠之时，“数十万人齐解甲，更无一个是男儿”！反而是被圣人归为“难养”的女子中，出现了赵氏姑娘（或张玉乔）以及众位反清英雄烈母贤妻这样的忠烈人物。她们或以义激，或以身殉，为中国历史的壮阔画卷平添了一份壮丽。

封建史家们，对女子总是吝于笔墨。对这样一个义激枭雄、舍身成仁的刚烈红颜，很少有人出于好奇心仔细分析她的身世、思想、起因，而对她愤激的原因和过程更缺乏深入细致的剖析。

扼腕叹息之余，使人想起美国作家米勒对历史中那些德义妇女的评价——“女人看似柔弱、沉默，其实她们比男人更加坚韧，道德和良知更加坚定，能够面对人生巨大的变迁和伴侣的兴衰浮沉，并能在关键时刻比男人更果决、更富有远见……”

南明的北风

华北地区的反清运动

永历二年（1648 年，顺治五年），对南明朝廷来讲，是个于无声处听惊雷的年份。

大喜，大悲。大悲，大喜。

正月二十七，江西的金声桓、王得仁反正；三月十七，广东李成栋反正；十二月初三，姜瓖在山西大同反正。

星星之火，尚且燎原，何况这三把熊熊大火呢？

说到南明，人们总会想到江南和华南一些地方的抗清复明运动，很少有人把注意力转向中国北方。其实，清朝在黄河流域的统治，一直非常不稳固，山西、山东、河北、河南等地的反抗运动，此起彼伏，经久不息。

民族矛盾的激化，使得原本投降清朝的文臣武将纷纷反正。清朝在中国北方辽阔地域的统治，由于山西大同姜瓖的反正，忽然变得岌岌可危。

好汉今日又重来

山东义军的抗清

得到江西金声桓和广东李成栋反正的消息，人在北京的刘泽清坐不住了。这位刘爷是山东曹县人，昔日南明弘光帝的“四镇”之一。多铎围扬州时，他在淮安率五十多名大将、数万精兵以及三十艘大船迎降。对于刘泽清这种人，清朝当然不放心，留他与左梦庚一起在北京，只授一个三等子爵，拨处宅院，名为“恩养”，形同软禁。

郁郁之下，干啥事都不甘人后的刘泽清不禁心动。他预感清朝可能要玩完，便派手下人到南方四处踅摸，和南明的鲁监国一部取得联系。

七月间，刘泽清从前的部将李化鲸首先在曹州起事，拥立明朝一个宗室为王（据说是明宗室朱凤鸣的养子），以“天正”为年号，连陷曹州、定陶、城武、东明等地。

由于曹州和直隶大名府、河南归德府相距不远，造成三省震动，清廷大为紧张，立命大军进剿。战马嘶鸣，清军把曹州城围得密不透风。

李化鲸与刘泽清一样，极爱反复。见曹州城被围，水泼不进，心中又悔，就与清军谈判，表示可以把“伪王”（明宗室）绑缚献出，但要清方退兵。

天下哪里有这等好事，清军不仅不退兵，还立刻把出城谈判的李化鲸逮住，然后大举进攻曹州。当时曹州城内有不少真心复明的榆园军义军，他们拼死血战，死守不降。

曹州举义的时机很不好。十月间，恰巧赶上清朝王爷济尔哈朗率大军往湖广平灭江西、湖南的反正军和南明军，路过曹州，刚好拿此地作为攻城练兵的演武场。清军数十门红衣大炮猛轰，把曹州城墙轰得粉碎。攻入城后，清军依旧是屠城！

李化鲸被逮入京，招出刘泽清与自己通谋之事。清廷内院与六部会审，证据确凿，定为凌迟。于是，做了大半辈子军阀的反复小人刘泽清与子侄数人一起被押入市集，受剐而死。折腾了大半世，最后押宝未押准，刘泽清连个好死也没得着。

除了曹州起义，山东大部分地区都活跃着声势浩大的榆园军。榆园军一直以曹州为中心，在鲁西坚持抗清。对于其名称来历，清朝的《曹州方志》如此记载："明末榆园贼起，以濮州、范县为窟穴，始因地荒不耕，榆钱落地，岁后皆成大树。贼首回任七、张七等啸聚其中，饥民归之，号百万。官军至，无径路可入。贼掘有地道，不时出入，屡败官军，蔓延朝城、观城、郓城、城武诸县，凡数百里，行旅裹足者，几二十年。"可见，这支义军是明末农民军出身。

北京朱明政权灭亡后，榆园军积极反清，吸引了不少士人加入，连阎尔梅这样的大文人也加入进来，成为谋士。弘光时，阎尔梅曾苦劝史可法不要舍弃徐州，联合榆园军抗清。出于"阶级"偏见，一直厌恶"流贼"的史可法不听，没能利用这支具有战斗经验的义军。

为了平灭山东义军，清廷下旨调派汉臣张存仁为总督，负责镇压榆园军。当时，张存仁正在浙江打击鲁监国政权的部队，他闻调即至，准备大干一场，为清廷"肃平"山东。

此人颇有心机，他特意去河南拜会降清的明朝大学士侯恂。老侯头一生致力于为明朝平灭"流贼"（他是提拔左良玉的"恩公"）的事业，经验丰富。但侯恂年已老迈，为报"圣朝"之恩，他立刻派儿子侯方域出面，殚精竭虑，自己口述，儿子持笔，写成了《剿抚十议》，呈给张存仁。

侯氏父子的这一"大作"意义深远，远非浮艳诗文可比，在二三十年间，它成为清廷镇压各地义军的"战略性文件"。这份"文件"虽然立场"不正"，但文笔极好，流韵生动，说理明白，现摘录如下，让读者看看降清文人是如何为清廷新主子竭尽"忠诚"的：

某以草野书生（侯方域自称），荷明公引见督府，赐之曲坐，又数颁手札，询问今日弭盗方略。某诚感遇惭恩，虽自审碌碌，不容无言。

窃惟今日之盗，蔓延虽众，实无远图，不过求衣食，救死亡。其初守令激成之，而后乃更养之，必察知其致盗之原，然后可以收弭盗之效，不尽关系用兵。此须明公经纬东土毕，入觐天子，痛陈利弊，一洗酷贪庸聩之习，得数十贤守令，天下太平可坐致。

某今日书生，徒言无益，语云："救病者，急则治其标。"谨择方略机宜，切于施行者，条具为剿议五，抚议五，惶恐塞命，伏候裁断。

剿议一曰：逼巢穴。窃见草窃偷生，敢抗戎索，实以去军府所屯，远者三百里，近者亦百余里。迩日兵出，鸟飞烟散，归又复蝇聚，我常为客，盗常为主。不若移一旅之师，宽其期会，互为犄角，使逼处傍近村落，随宜扑翦，联楼烧除。兔窟既破，乌合焉楼，庶几十乘，不烦多驾。

一曰：绝径路。窃见盗贼所居，非有城池，不过深林密箐，暂为掩蔽，生聚不多，资蓄易匮，金帛器械之用，牛马之力，皆掠取周道，以延岁月。诚于四旁分布劲卒，扼其出没，防其窥伺，譬若押虎釜鱼，咆哮游沫，旬日可毙，牵制小导，岂必临戎。

一曰：困粮食。窃见岁在夏秋，麦菽满野，巢窟之下，固皆贼田，即东阡百陌，稍附近者，不为贼掠取，亦为协送，徒饱豺虎，何益盖藏。菲若及时兴师，声援土著，俾所至随地收获，七给民用，三济军需，群盗就哺无术，岂能持久，将见枭，日渐消沮。

一曰：鼓敌仇。窃见伏莽啸聚，党与虽多，不甘污染，亦自有人，贼皆累其妻子，荡析其前产。今吾遗民，团结远徙，衣草叶，食木屑，恨不一门。诚得一贤将率师助其夙愤，诸所贼之财物，仍他自取，则斩木持锄，皆为劲旅，既闲地利，又省如募，计一处可得步卒盈万。

一曰：散党援。窃见兵制罔赦，志在渠魁，兽穷则攫，良非得已。今兹饿寒之徒，弄兵潢池，军威一驱，情见势穷，不无内变。莫若设疑以间之，用间以离之，使群盗自生猜贰，互相屠灭，既示必死之期，又可开生之路，利害悬殊，事捷功倍，宣奉遐灵，邀全者多。

抚议一曰：固根本。窃见诸来降者，散处肘腋，蔡人吾人，推心甚善。然闻之指大于臂，则臂不能运指，操纵之势，自古而然。莫若厚集牙兵，以资弹压，无使威重转见轻玩，庶彼鸮音永变，鹰肯不存，未雨早防，可省后图。

一曰：照激劝。窃见降人立功，本求官位，虚数小慈，有文无实，雄心久郁，必至变生。班定远尝言“塞外戍卒，本非孝子顺孙”，何况乎会为盗渠。莫若于此中择一二人之可用者，量补军职，冀彼羡荣目前，望迁事后，从此归化心坚，风靡者广。

一曰：简精锐。窃见首领既降，部曲渐多，概遣恐鼓舞非宜；全留又刍粟难给。莫若十中选一，千中选百，择其超乘，按名补伍，仍付彼渠帅，自为部署，其余悉为安置归农，府帐可壮军实，彼亦不忧枵腹。

一曰：信号令。窃见刀笔之吏，不暇远虑，降人归乡，或挟其仇，或利其有，今日赦条不能行于郡县者，比比皆是，民诚畏死，不免求生。莫若严告且戒，间行破格大法一二事，示吾徙木，杜彼伤弓，庶使毛织栉疏之徒，不以文法挠我抚问。

一曰：责屯种。窃见降人无以为生，虽与其进，难保其往，昔以招降为盗贼退步，今日又以盗贼为招降逋薮，辗转滋蔓，底定载期。今如曹濮莘范之间，无主遗田，盈千累万。莫若责彼邑长，簿记姓名，劝耕桑，捐税役，量口授亩，仍以垦田之多寡，定邑上下，则是人无余时，官无弃地。无余时，则乱心息；无弃地，则生业饶；庶几卖剑之后，不滋隐忧。

以上剿抚十议，自相表里，亦有后先，剿能使见为盗者，必亡。不能使未有盗者，不起。抚可行于群盗未抚之时，不可恃于群盗既抚之后。杀运不除，水火可悯。

明公任兼将相，所愿深图本计，救济苍生，某且得歌诗以述太平，幸甚。

在《剿抚十议》的原则指导下，张存仁竭尽全力，掘河烧林，杀人焚屋，苦干了几年，最终才把山东的榆园军镇压下去，以杀人如麻、流血灌地的代价，将自己的顶子染得鲜红。

关于“戏剧”人物侯方域（字朝宗），也该表一表。这位贵公子是世家子弟，其祖父乃明朝太常卿，其父为户部尚书。他自小随父仕宦京师，深诸朝中诸事，对“小人君子门户之见”尤为熟悉。明朝灭亡前，阮大铖在南京招摇演戏，送优伶班子往侯方域家中读《燕子笺》。侯公子击节叹赏，誉之不已。阮大铖家仆侍立一边，奔告阮大胡子。阮大铖大喜，自以为可以凭新曲美剧结交侯公子诸人。殊不料，曲终歌散，侯方域畅论天下事，痛骂阮大铖为阉党奴徒，与吴应箕等人抵掌大笑，斥骂不已。由此，阮大铖恨极了这些公子哥儿。

侯方域与阮大铖并无私怨，他之所以这样做，乃应侠妓李香君之劝，让他不要受阮大铖之谄而堕家世清望。弘光帝得立后，阮大铖掌政南京，寻仇于侯方域。他跑得快，连夜出城渡江，投奔高杰。

日后，清军占领南京，侯方域投降，回到河南老家。这位雄视一世的古文名家一直才不得展，只能侍父作文，屡次想靠明经及第报效新朝，但运气不好，青衫落第，无由进京为新朝献力。

即使为张存仁献上《剿抚十议》，计议得行，他也未受信用。不久，他又后悔自己失节于明朝，悒悒成疾，病重而死，时年才三十七岁。

翩翩佳公子，竟为浊世尘！

孤注一掷争意气

姜瓖的大同反正

姜瓖也是明末清初的典型人物：一生如墙头草，左右摇摆不定。

明朝对姜氏不薄。姜家一门人才济济，兄弟三个皆是明军高级将领。姜瓖之兄姜让是陕西榆林总兵；姜瓖本人是大同总兵；姜瓖之弟姜瑄是山西阳和副总兵。军侯世家，一门三将，应该尽忠报国才对，但他们的所作所为恰恰相反。

当初，李自成汹汹而来，见明朝天下大势已去，姜氏兄弟中的姜瓖首先在陕西向李自成投降。为表“忠心”，他潜至大同，为大顺军向弟弟劝降。哥儿俩一拍即合，但大同还有一个文官——巡抚卫景瑗。他一心事明，忠心不二。姜瓖于是四处放风，散布说卫景瑗是李自成的米脂老乡，一直想降贼，同时他把自己打扮成忠于明朝的义士，于是，大同守卫尽归姜瓖。当大顺军兵临城下之时，他不敢怠慢，立即大开城门迎接李自成。

大同坚城如此易得，大出李自成的意料，他不喜反怒，责骂姜瓖说：“朝廷以如此要害重镇委付于你，为什么你连抵抗都不做，立即投降？”怒恼之下，李自成拔剑要杀他。多亏大顺的“制将军”张天琳劝说，好歹让闯王消了怒气，依旧以姜瓖留守大同，并留张天琳为主将，率小部分大顺军监军。

明朝的大同巡抚卫景瑗虽为文臣，却是铮铮铁汉，任凭老乡李自成低声下气地相劝，就是不降。最后，李自成叹气："卫先生既然不归于我，我也不杀你，送你回老家养老吧。"卫景瑗趁看守的人松懈，上吊自杀，明白无误地为大明死节。由此，更反衬出姜瓖骑墙派的不义。

后来，李自成兵败山海关。消息传至山西，姜瓖立刻行动。他联合早先和他一起归降大顺军的弟弟、阳和守将姜瑄，出其不意攻入大同，杀掉了大顺军将领张天琳和为数不多的大顺士兵，占据大同，并攻下代州、宁武等地。

但降清之前，他行了一步臭棋：推立明朝的枣强王为主，"奉明宗社"。当时，他以为满洲军是"为明报仇"，迟早要退回山海关外的老窝。

多尔衮大怒，"切责之"，吓得姜瓖心神不定。切责归切责，当时大顺军未灭，南明势力方炽，清廷还需要这些投降的鹰犬，多尔衮仍旧让姜瓖主持大同军务。姜瓖送子入京为质后，以为自己已经和大清穿了连裆裤，上疏要求在山西"练兵十万"。他的初衷是为清朝效犬马之劳，殊不料此举让多尔衮更加生疑——当时"大清"总兵力才十多万，你姜瓖在山西要"练兵十万"，意欲何为？

姜瓖不知情，傻乎乎在山西、陕西卖死力为清军打仗，招抚诸邑之余，与满蒙联军一起合击大顺军高一功部，斩获无算，为清廷立下殊功。

进京入觐时，姜瓖志骄意满，以为多尔衮肯定要好好表扬他。为了保险起见，他事先还给多尔衮的亲信、降臣冯铨送去大批珍宝。不料，冯铨出人意料地扮起了"清官"，把珍宝立刻上交清廷，以摆脱私交前明旧将的干系。

结果，多尔衮没见着，姜瓖在北京遭到了清廷内院大学士刚林的

“质讯”，责问他擅立明朝枣强王等“不法”事情，吓得这位降将叩头如捣蒜，唯恐被清廷立时“正法”。还好，多尔衮只想给他个“下马威”，并无杀他禁他之心，最后由刚林传旨，让姜瓖“洗心革面，功罪相抵，戴罪立功”，放他回大同。愤懑难当，还要装出诚惶诚恐的样子，姜瓖皮笑肉不笑地一直绷着，终于回到大同。自此，他对清朝既疑又恨，重新骑上墙头观风向。

顺治五年接连发生的金声桓、李成栋的反正，让姜瓖十分心动。

当年十一月，蒙古喀尔喀一部入边骚扰，清廷紧张，多尔衮派英亲王阿济格、博洛等率大军趋大同，意在戍守要镇。听到此讯，姜瓖惊疑，认定清廷是要拿自己开刀。与其任人宰割，不如造反。姜瓖趁清廷的宣大总督出城之际，命人紧闭城门，宣布反正，反叛清朝。

行进中的阿济格等人快马加鞭，仅用两天多时间已经兵临大同城下。说句实话，清朝数王齐来大同，实无取代姜瓖之意。

姜瓖自己心虚，见清廷南方多事，想博取更大的富贵。割辫复衣冠后，他派人急奔南方，向永历朝表明心迹。山西诸地奋起响应，朔州、浑源、宁武、代州、繁峙等地皆叛清复明，太原告急。不仅如此，一波成浪，陕西等地也掀起反清浪潮，连榆林重镇也起兵反清。

多尔衮吓了一大跳。他在催促更多军队奔向大同的同时，写亲笔信给姜瓖，劝诱他“投降”：“前因有事蒙古（喀尔喀部落），故命诸王来大同。如果尔真有罪当诛，安用此等诡计？此必有奸人煽惑离间。尔如能悔罪归诚，大清定当宥有恩养。”

姜瓖不傻，当然不听。山西、陕西联动，榆林的故明将军王永强已经杀至西安附近。

骇异之余，多尔衮不断调兵遣将，先后派出亲王尼堪、镇国公喀尔楚浑率兵前往。即便如此，仍旧放心不下，多尔衮在顺治六年三月统兵出居庸关，亲征大同。

这位“皇父摄政王”兵强马壮，一出马就攻克浑源等地，直抵大同城下，与先前诸军一起，共围大同。见大同城坚，难以一时攻下，多尔衮仍旧宣谕城内，表示说允许姜瓖“自新”。

毕竟先前与清军“共事”了好一阵子，无数次参与屠城杀人，姜瓖当然不信这套，固城死守。

没待多久，听说弟弟豫王多铎得天花病死，多尔衮只得回京奔丧。

这时，有五千多明军从山西其他地方来援，建立两大营，与清军对阵。姜瓖不失时机，自率一千多精骑出城搏击，准备给清军来个反包围。

由于明朝援军太少，清军并不畏惧。博洛指挥统领鳌拜及其他诸将，分兵相击，不仅杀败了明朝援军，而且把姜瓖重新打回城内。与此同时，清军在潼关击败陕西的王永强部明军，延绥诸路渐平。这样一来，姜瓖再也指望不上陕西方面的支援。但在山西全境，诸县诸州反清蜂起，特别是因受贿事发被贬回老家曲沃的前明大学士李健泰四处发布文告，召集了不少人马，在太平等地与姜瓖遥相呼应。

清军主力当时不敢放松对大同的围困，只能由多尔衮不断抽调各路人马，赶往山西各地去“扑火”。情急之时，连人在陕西的“平西王”吴三桂也被命令率军助战。当是时也，清廷所有的名王良将，百分之九十全部集中在山西战场。

可悲的是，南明永历朝廷对山西大势一无所知，金声桓、王得仁、何腾蛟、李成栋相继败死，进取锐志顿失，小朝廷内“吴党”“楚党”为争名利，内讧不已，根本没注意到清军济尔哈朗等部为何忽然舍两广不攻而北还的情况。大好时机没有抓住，南明小朝廷在南方得过且过，苟延残喘。

华北方面，清将佟养量一部能战，在代州等地大败刘迁部明军，最终把这支生力军消灭于五台山区的黄香寨，刘迁父子阵亡。由此，大同城下再无腹背受敌之虑，清军虎视眈眈，准备一举消灭大同城内反叛的姜瓖。

顺治六年六月，内乏粮草，外无救兵，大同城内出现人吃人的现象。穷蹙如此，姜瓖仍不投降。于他而言，这倒不是什么“时穷节乃见”，而是绝望、畏惧、惊惶到极点的反应。他深知，降亦死，不降亦死。反正逃不出一个死字。

没想到的是，姜瓖最终没死于清军屠刀下，反死于自己人之手。其手下总兵杨振武变节，为取富贵，率部下数百人忽然冲入姜宅，当场杀掉姜瓖兄弟三人。然后，这些人用高竿挑着三个血淋淋的首级，开门向清军投降。

良可浩叹的是，清军并未轻饶大同军民，除杨振武部几百官兵以外，清军把大同城内十余万军民官吏尽数屠杀。人在北京的多尔衮得知大同被攻陷的消息，高兴之余咬牙切齿，急令清军把大同城墙毁掉五尺，以泄久攻不下之愤。

大同一失，山西各地出现连锁效应，诸城不守，汾州、运城、太谷等地相继沦陷。清军每攻一城，皆把当地人杀光，制造了一个又一个“无人区”。“年年遭丧乱，人民死锋镞。”这就是清朝初期中国各地的真实写照。

固守太平的李建泰坚持近一个月，清军势猛，不得不投降。由于他在前明和清朝均当过“大学士”，属于朝廷要犯，没有被立即处决，押往北京。顺治七年夏，李大学士与整族家人，被清廷于北京闹市凌迟。

人终有一死。这位大学士不死于大明国亡之时以全忠烈，却一直反复多端，最终落个碎剐，真让人替他不值。

木棉花开血样红

两广人民不屈不挠的抗争

平灭金声桓、王得仁、李成栋等明朝反正军队的大规模抵抗后，清廷决意继续南下。满洲八旗官兵的体质不适合在气候炎热的南方作战，于是清廷决定重用三个汉人降将，封孔有德为定南王，耿仲明为靖南王，尚可喜为平南王，即当时所谓的“三王南下”。

孔有德、耿仲明、尚可喜从前都是因膀大腰圆有武功，在皮岛军阀毛文龙手下效力。毛文龙收这三个人为“义孙”，孔有德名毛永诗、耿仲明名毛有杰、尚可喜名毛永喜。

袁崇焕既杀毛文龙，这三个“孙子”日后皆叛明归清，孔有德封恭顺王、耿仲明封怀顺王、尚可喜封智顺王。顺治六年，清廷改封孔有德为定南王、耿仲明为靖南王、尚可喜为平南王。

“三王”均挈妇将雏，举家一起南下，大有为清朝主子不扫南明誓不还之意。其中，孔有德率两万兵由湖南杀往广西，尚可喜、耿仲明二人率两万多人由江西杀向广东。

耿仲明行至吉安时，听闻北京朝廷要追究他放纵属下窝藏“逃人”的“罪过”，心胆俱裂，害怕被抓入监狱受罪，他自己抢先一步，上吊死了。其实，当时朝廷正急需他这样的汉人，根本不可能为了他藏起区区千把人而用“逃人法”治他的罪。

耿仲明一死，“三王”变成了两王，进攻广东的任务，主要交由尚可喜完成。耿仲明的“世子”耿继茂并没有立刻接他父亲的王位，转为尚可喜的副手，爵位仅仅是个“阿思哈哈番”。一年多后，耿继茂才得袭靖南王。

屠刀未放想成佛

尚可喜广州屠城

尚可喜，字元吉，辽左海州卫人。其父尚学礼原为明朝东江游击（明军中级官员），在抗击后金（清朝前身）的战斗中壮烈牺牲。崇祯年间，尚可喜为鹿岛（今辽宁长海的一个岛）副总兵时，邻近的皮岛有明军哗变。尚可喜主动出击，斩拿哗变分子，弹压有功。但不久后皮岛新上任的明朝总兵沈世魁认定他“擅杀”，准备把他抓住治罪。受此小小屈枉，不甘人下的尚可喜顿忘杀父之仇，率数百兵丁向后金投降。而后，他时时充当前驱，杀掠汉人。后金变为“大清”后，尚可喜得封“智顺王”，受到重用。

当然，杀父之仇可忘，受枉之仇必报。尚可喜抓住一次机会，率军攻上皮岛，终于抓住并杀掉了与他有过节的明朝大将沈世魁。日后，多尔衮入关首战山海关，尚可喜也属“功勋卓著”之辈，为满洲主子尽心尽力。

1649 年年底，尚可喜派手下大将粟养志忽然出兵，在南雄大败明军，屠城后，攻陷韶州。清军倍道兼程，直扑广州。其间，英德、清远、从化等地相继失陷。

1650 年 2 月初，清军到达广州后，在白云山依山结营。坚守广州的南明将领，是从前李成栋的副手杜永和将军。对于清军来犯，杜永和准备得很充分，不仅在城周广布炮台，还派人围城掘河三道，使河水和海水相通，只在广州城西北面留出陆地，使得广州呈易守难攻之势。

尚可喜多次招降，杜永和不从。守城的南明军队誓死抵抗，广州城内人民不分男女老幼，全部加入守城战斗。见广州难以猝拔，尚可喜与耿继茂分兵为两大部分，准备持久围城，在打消耗战的同时，时刻寻找机会破城。他们四处抓掳百姓，强迫当地人民为清军挖壕修垒。

广州守城战，持续达十月之久。清军拼死冲锋，南明军奋力守卫，双方拉锯一样相互攻杀，士兵、平民死伤数万，加之溽暑疾疫，城内城外死尸成堆。由于广州城高壁坚，清军久攻不下。

胶着期间，把守西门的明将范承恩降清，开门纳敌，终于使南明守军前功尽弃。此人本为淮安胥吏，乱世中投军，混上个将爷当，实则无文韬，缺武略，在军中一直为人所轻。他是个没有本事的人，自尊心还特强，对别人的评价十分敏感。一日，城中诸将为永历帝祝寿，广州主将杜永和酒喝多了些，笑骂范承恩是“草包”。就为这两个字，范承恩欲报复，暗中向清朝投降，广州城最终为清军所克。

范承恩不仅与清军约降开城门，他还率自己人掘开炮台之外用作掩护的水堰，使得清军能迅速攻入战略制高点。

尚可喜很有演戏天赋，他在命令士兵抱草填水洼后，亲自指挥亲兵用长斧砍开外栅。临进攻的时候，他脱去甲胄，摆出要身先士卒率先登城的样子。其手下亲兵泣谏，几个人死死抱住这位王爷，不让他先上。

尚可喜忽地一声抽出腰刀，作自刎状，大喝：“士兵攻城不下，你们又不让我上，让我如何对得起大清皇上，我今天就死在这里吧！”众亲将听话听音儿，皆奋起率清兵冒死登城。

南明军非常勇武，拼死捍卫城池。由于叛徒范承恩开了西门，又有清军新调来的红衣大炮轰塌数十丈城墙，守军终于不支。经过半天肉搏之后，近万明军被杀，堕入海中淹死的明军达两三万人。见城已破，杜永和只得登船逃走（此人最后在琼州降清，没能善始善终）。

广州城陷，准确日期为1650年11月3日。

攻入广州后，尚可喜怒极，下令屠城。根据各种史料和笔记，可推算出清军在广州城内杀人二十多万（不是笔记《楱坪诗话》说的六十多万），血流成渠，积尸成山。广州方圆四十里，最终被杀得仅剩七人（黄佛颐《广州城坊志》）。

当时在中国的意大利传教士卫匡国（Martin Martini）著有《鞑靼战纪》，他这样记载广州大屠杀："他们（清军）不论男女老幼，一律残酷杀死，士兵们挥刀高喊'杀！杀！杀死这些反叛的蛮子'……最后，他们在 12 月 6 日发出布告，宣布封刀。除去攻城期间死掉的人以外，他们已经屠杀了十万人。"卫匡国所估之数，只是他眼见耳闻的一个数字。广州周围地区被杀的居民，数目远远不止这些。

值得一提的是，浴血奋战的南明将士中，还有不少信仰伊斯兰教的"达官兵"。"达官兵"最早是明初归附的元朝残军，其中包括蒙古人、色目人等少数民族。由于其间回族人众多，明朝官方文件就"达"或"鞑"，称之为"达人""达官兵""土达"等。死于广州城守最有名的三位回族将领，是羽凤麒、马承祖和撒之浮，他们被称为"教门三忠"。明朝遗民诗人陈恭尹曾写诗专门颂赞为大明死难的羽凤麒：

> 天方为教本坚刚，受命先朝卫五羊。生死只殉城下土，姓名不愧羽林郎。血流大地终成碧，骨化飞尘久亦香。世禄几家能矢报，为君歌此问苍茫。

尚可喜攻占广州后，坐镇指挥。喘定后，他在广州旧城为自己和耿继茂大修藩王府。珠江流域本来就是富庶之地，兼有市舶之利，尚可喜富甲一方，连王府门前的一对大石狮皆用上好玉石雕成，可谓穷奢极欲。后来，有人上书清廷，指出广东之地不能忍受"二王"坐镇的盘剥，耿继茂才被调镇四川（后改广西、福建）。于是，广东就成为尚可喜一家的地盘。

还没放下屠刀，尚可喜就想立地成佛。在广州期间，他大盖庙宇，广铸佛像，现在广州的华林寺、海幢寺、光孝寺等处庙宇，皆是当时他督民所建。民脂民膏，又因他为自己一家的“修行”而大量流失。

《鼎湖山志》中载有尚可喜致庆云寺住持的一封信，上面写道：“……（我）向年提师入粤，屠戮稍多。虽云火焰昆岗，难分玉石，然而血流漂杵，恐干天和。内返诸心，夙夜自愧……”此信不打自招，道出他攻占广东时犯下的杀人罪行。所以，供佛养僧，无非是想为他自己和全家祈福消灾罢了。

康熙十二年，吴三桂反清。转年，人在福建的耿仲明之孙耿精忠响应。康熙十五年，尚可喜的儿子尚之信劫持其父，也和吴三桂一起竖起反旗。三王联动反清，即清史上的“三藩之乱”。

知道儿子参与对清朝的叛乱，七十多岁的尚可喜又气又恼，上吊后被人救治，但不久即惶急而死。见吴三桂势蹙，尚可喜的儿子尚之信反反复复，不久即向清军“投降”。

天下大定后，清廷寻衅，杀掉尚之信及其兄弟数人，充公尚家王府的全部财产。但是，尚可喜还有子女一百多人，并未被清廷全部杀掉。主要原因是，清廷派人剖棺验尸时，发现他一身清朝装束。此事深博康熙欢心，觉得他一心忠于大清，就免杀他其余的亲属。死罪饶过，活罪不免，尚可喜家族余人全被遣返回其辽东老家。

有时候，读者可能觉得苍天无眼。袁崇焕耿耿忠心，被明朝冤杀后，竟无一点儿血脉传世；尚可喜大节有亏，杀人无数，身后竟子孙满堂。

是非成败，转头皆空，但人间大义，绝不会因时间的流逝而有所改变。

尚可喜，这个制造广州大屠杀的屠夫，将会被永远钉在中华历史的耻辱柱上！

尚可喜像

丹心难为利刃改

瞿式耜桂林殉节

孔有德部军队的推进，几乎与尚可喜同步。顺治六年，孔有德在平湖南后，提军进入广西境内，攻克要隘龙虎关，又陷全州，直逼桂林城下。

永历政权的留守大学士瞿式耜，坚决不逃，成为中华民族历史上又一个坚贞爱国的典型人物。有关瞿式耜在桂林的表现，其子瞿元锡所作《庚寅十一月初五日始安事略》记载最详。

清军节节逼近之时，桂林城内及附近的南明守军有数万之多，特别是赵印选、胡一青、王永祚的滇军，具有一定的战斗能力。可叹的是，兵为可战之兵，将皆庸碌之将。这几个军将不仅天天为争饷夺利搞内讧，而且脑子里没有任何忠孝仁义的观念。大敌当前，他们考虑的不是如何在战略要地防卫城池，而是日夜谋划如何取得更多的好处。

瞿大学士口干舌燥地对几个兵头晓以“忠义”，但皆成为他们的耳边风。最让人感到诧异的是，瞿式耜派人催促桂林四周留守诸将移营备战，赫然发现诸营皆空。兵将集体逃遁，而且不打任何招呼。所以，清军尖兵还未抵达，明军已经全部逃光。瞿式耜拍胸顿足大叹：“朝廷以高爵厚饷待此辈，百姓以膏血养此辈，今天竟然一矢不发即奔散，真猪狗不如！”

桂林城内兵将尽奔逃无遗，瞿式耜手下的家仆也星散四奔。总算有个把有良心的，南明总兵戚良勋率几个兵士，牵两匹良马赶至，呼瞿式耜出逃。瞿大学士瞋目叱喝：“尔等武臣，要去自去！我今天纵然逃走，不过是多活数日。自古至今，谁人不死，但我死也要死得明白，可有面目见祖宗于地下！莫再饶舌，否则吃我尚方宝剑！”戚良勋呆愣片刻，掉转马头，飞奔而去。

瞿式耜一身明朝官服，在寂寞无人的府署中正襟危坐。

忽然，大门推开，从门外又闯进一人。瞿大学士定睛观瞧，原来是总督张同敞。这位爷不是别人，乃万历年间鼎鼎大名的张居正张阁老的曾孙。李闯入北京，崇祯帝上吊自杀，文武官员降者甚多，时为中书舍人的张同敞跑出城外，奔向南京。弘光政权倒台，他逃入福建，加入隆武政权。由于老家在湖广，隆武帝派他去当地收服首鼠两端的“流贼”残军。可悲的是，时间不久，隆武帝遇害汀州。张同敞忠耿孤臣，闻讯仰天大哭，哀至泣血。永历继位于端州，他立刻奔往依从，一直是大明的耿耿忠臣。

张同敞刚从周围督军而回，隔江遥见桂林城内一片死寂，询问逃亡难民，始知明军早已奔窜，桂林完全无人把守。明知是危城，偏向危中行。张同敞单人独骑，昂然而入。

瞿式耜见到张同敞，稍感慰藉，劝说道：“我乃奉旨守城，城存与存，城亡与亡，您乃军中都督，应该随军俱行。天下事，或尚可为，希望您能出城逃走。”

张同敞凛然一笑：“瞿公您能为朝廷死节，难道我张同敞不能吗？”

二人相视大笑。于是，一直伺候瞿式耜不去的老兵献酒，二公畅饮欢谈，达旦不寐。他们遥见城外火光冲天，整个桂林城寂无声响。

鸡唱时分，老兵禀告：“清兵已经入城。”二人饮酒依旧。

黎明时，瞿式耜平静地对张同敞说：“我二人死期近矣！”

清军马队驰至，喧哗斥问。很快，有一队士兵突入，上前要捆绑二人。瞿式耜慢慢站起，镇静言道：“我二人已经坐待一夜，何用捆缚！”当时，大雨如注，清军押二人在泥泞中蹒跚好久，才抵达桂林城内的靖江王府，被押见清朝定南王孔有德。

据瞿式耜的《临难遗表》所记，当时的孔有德身边，“甲仗如云，武士如林”，排场极大。瞿式耜、张同敞二人抱必死之心，傲然挺立。

孔有德踞地，坐一虎皮垫上。他早闻瞿式耜有忠义之名，举手作恭，问：“哪一位是瞿阁部先生，请坐下说话。”

瞿式耜："我就是大明留守督师瞿式耜！我们中国人不习惯在地上盘坐。桂林既陷，唯求速死！夫复何言！"

孔有德并无恼怒之色，温言相劝："我在湖南，已经知道瞿阁部留守桂林。现在入城更知二公不怕死，故意在此不去。本王绝不杀害忠臣，先生您何必求死？甲申闯贼入京，我大清已为先帝（崇祯）报仇，而且祭葬成礼，明朝人应该人人感谢才对。如今，人事如此，天意可知！希望瞿阁部不要自苦。自今以后，我掌兵马，您为我掌钱粮，安民众，同为大清效力。"

瞿式耜轻蔑一笑："我为永历皇上供职，岂能为犬羊胡虏效力！"

孔有德面有不悦，仍强自隐忍："我位居王位，于您而言，应无屈尊之理。"

瞿式耜嗤之以鼻："安禄山、朱泚（两个唐朝叛将）皆自以为王，那是多么下贱的王爷啊！"

孔有德面红耳赤，争辩道："我乃孔圣人后代，时势所迫，为大清驰驱，事已至此，瞿大人何必太过固执。"

张同敞一旁大喝："孔有德狗贼，你不要污辱孔圣人。想你从前不过是皮岛毛文龙手下提尿壶的家奴，怎敢以圣人之裔自居？"说着话，张同敞扑上前痛打孔有德双颊。

一句话，揭了老底；大巴掌，打得生疼。孔有德大怒，立刻喝令兵士把张同敞五花大绑，逼其下跪。张同敞大骂不止。

孔有德抢起卫士手中铁锤，砸折张同敞两条胳膊，又挥拳打瞎这位忠臣一只眼睛。张同敞仍旧大骂不止。

瞿式耜见此，义愤填膺，呵斥道："这是大明宫詹司马张同敞，自愿入城来与我同死。尔等鼠辈，安能如此折辱义士！"

孔有德不死心，接着劝降："我二十岁左右，起兵海上，如今已经南面称孤为王。我投诚大清后，拥旌节，爵名王；瞿公，如果您今日降，明天就和我一样为大清重臣。常言道，'识时务者为俊杰'，大清自甲申（1644年）入中国，五年之间，南北一统。大清军队，至县县破，至州州亡！天时人事，盖可知矣！瞿公您守一城以扞天下，屡挫大清强兵，才能已见于天下。如果投降，一定转祸为福，建立非常之功业。如果不降，空以身血膏原野，天下人谁复知之！”

瞿式耜轻蔑一笑：“你身为男子大丈夫，既不能尽忠本朝，复不能自起，于天下逐鹿称孤，恬然为人鹰犬，现在怎么还能以俊杰时务之辞欺我等堂堂丈夫？昔有少康、光武二帝，恢复中兴，天时人事，尚未可知。本阁部受累朝大德，位三公，兼侯伯，一直想殚精竭虑，扫清中原。如今，我大志不就，自痛负国。刀锯鼎镬，百死莫赎。别的废话，不要对我多说！”

见劝降无效，孔有德命人把二人拘押于城北一间房子中，饮食床帐皆精美，待以上宾之礼，派人不断前去说降，劝谕百端。面对说客，瞿式耜一直大哭大呼“大明”，张同敞一直大骂大斥来人。劝降之人无奈，皆悻悻而去。

孔有德派人送精美食物，皆被二公斥为“猪狗之食”，掀翻于地。饿了四天之后，前明一个礼部主事为他们送来饭食，二人才受之而食。

被押期间内，二人幽囚唱和，各作答诗篇十余章，总名为《浩气吟》。笔记《明季南略》详记瞿式耜诗八首，现摘录如下，以彰其忠诚报国之心：

其一

藉草为茵枕由眠，更长寂寂夜如年；苏卿绛节惟思汉，信国丹心止告天。九死如饴遑惜苦，三生有石只随缘；残灯一室群魔绕，宁识孤臣梦坦然。

其二

已拼薄命付危疆，生死关头岂待商；二祖江山人尽掷，四年精血我偏伤。羞将颜面寻吾主，剩取忠魂落异乡；不有江陵真铁汉，腐儒谁为剖心肠。

其三

正襟危坐待天光，两鬓依然劲似霜；愿仰须臾阶下鬼，何愁慷慨殿中狂。须知榜辱神无变，旋与衣冠语益庄；莫咲老夫轻一死，汗青留取姓名香。

其四

年年索赋养边臣，曾见登陴有一人；上爵满门皆紫绶，荒郱无处不青磷。仅存皮骨民堪畏，乐尔妻孥国已贫；试问怡堂今在否，孤存留守自捐身。

其五

边臣死节亦寻常，恨死犹衔负国伤；拥主竟成千古罪，留京翻失一隅疆，骂名此日知难免，厉鬼他年讵敢忘；幸有颠毛留旦夕，魂兮早赴祖宗旁。

其六

拘幽土室岂偷生，求死无门虑转清；劝勉烦君多苦语，痴愚叹我太无情。高歌每羡骑箕句，洒泪偏为滴雨声；四大久拚同泡影，英魂到底护皇明。

其七

严疆数载尽臣心，坐看神州已陆沉；天命岂同人事改，孙谋争及祖功深。二陵风雨时来绕，历代衣冠何处寻；衰病余生刀俎寄，还欣短鬓尚萧森。

其八

年逾六十复奚求，多难频经浑不愁；劫运千年弹指去，纲常万古一身留。欲坚道力凭魔力，何事俘囚学楚囚；了却人间生死事，黄冠莫拟故乡游。

张同敞的《和浩气吟》诗，只存一首，也摘录如下：

连阴半月日无光，草蕈终宵薄似霜。白刃临头唯一笑，青天在上任人狂。但留衰鬓酬周孔，不羡余生奉老庄。有骨可抛名可断，小楼夜夜汗青香。

同时，他还写有《自诀诗》一首：

一月悲歌待此时，成仁取义有谁知。衣冠不改生前制，名姓空留死后诗。破碎山河休堑骨，颠连君父未舒眉。魂兮懒指归乡路，直往诸陵拜旧碑。

孔有德劝降不成，退而求其次，表示说，如果瞿、张二人剃发为僧，就说明有放弃抵抗之心，可以饶死释放。

瞿式耜断然拒绝："现在要我们为僧，即是让我们剃发。剃发，就是投降，我们誓死不降。世上岂有降虏的大明督师！"

被押一个月后，瞿式耜对张同敞说："我们两个人待死已四十天，可谓是偷生未决。知我们真实心意的，会认为我们是苏武；不知我们心意的，会斥我们为李陵，何能向世人交代？"

于是，瞿式耜手写一封信，故意让手下老兵送给距桂林不远的明将焦琏，其中的内容大概是："桂林城内仍旧有大明兵士未散，驻扎城内的俱是假虏（降清的汉兵），如果援兵大至，这些人一定会反正。"老兵未出城，即被一名新降的明将魏元翼搜得此信。

至此，孔有德终于下决心杀瞿式耜、张同敞二人。夜长梦多，孔有德唯恐他们引来明军致使桂林得而复失。

新降孔有德的明将魏元翼，此前曾任南明督粮官，因贪黩无耻受过瞿、张二人处罚。出于报复泄恨之心，他一直想置二人于死地，整日窥伺，终于搜得老兵身上的密信，并力劝孔有德杀人。

十一月十六日早晨，忽然有清兵开门，声言"请瞿阁部、张大人议事”。

瞿式耜神色不惊，坦然自若，对来人讲：“稍等片刻，待我写完《绝命词》。”于是，他凝神静气，提笔写道：

从容待死与城亡，千古忠臣自主张。

三百年来恩泽久，头丝犹带满天香！

然后，瞿式耜、张同敞二人整肃衣冠，向南行五拜三叩头之礼（辞帝之礼），把诗稿置于几案之上，携手同步，走出门去。

行至门外，瞿式耜笑对张同敞说：“我二人多活了四十天，今日，真是死得其所！”

张同敞振作精神，大声言道：“快哉此行！我死后当为厉鬼，为国杀虏击贼！”说着，他从怀中掏出珍藏的网巾戴于头上，“服此于地下见先帝”！

行至桂林城北叠彩山，瞿式耜眺望满目风光，对刽子手说：“我生平最爱山水佳景，此地颇佳，可以去矣！”刽子手们心怀敬畏，战战兢兢举起大刀行刑……

据瞿元锡记述，“顷刻雨骤风驰，当空震雷三声”，桂林城靖江王府内的孔有德大骇。城内人民，闻之惊悼，无不泪下掩泣。

广州、桂林两个省城陷落，闻知消息，人在梧州的永历帝肝胆俱裂，慌忙登船，向南宁方向逃奔。

途经浔州，南明的庆国公陈邦傅见大势不好，很想劫持永历帝以为奇货而降清。永历帝逃跑受惊，第六感高度发达，他趁大雨滂沱之际，命令船工冒雨划船，冲险而过。

由于害怕南宁方向高一功的“忠贞营”，陈邦傅没敢追永历帝。挑来选去，他就佯装议事，带兵攻袭近在永安的明朝宣国公焦琏，亲自杀掉无备的老同事，手捧焦将军的脑袋当作“见面礼”，向孔有德投降。

焦琏将军历经无数血战，不料竟死于无耻小人之手。

然后，陈邦傅自告奋勇，主动请缨当先锋，要为清军当向导，杀往南宁。

孔有德心中对陈邦傅很是轻蔑，他看中的是陈邦傅手中的“平蛮将军”大印，因为这个大印在广西境内对那些少数民族土司十分管用。得到大印后，孔有德派人把这个叛将软禁在桂林，连官也没有给他一个。日后，李定国攻入桂林，把这个叛贼押送贵阳闹市，剥皮后凌迟处死。

瞿式耜死后，广东、广西大部分地区，皆遭攻陷。

永历朝廷，风雨飘摇，狼狈不堪。

永历朝廷活曹操

跋扈骄横的孙可望

情景一：永历六年（1652年，顺治九年）正月。在贵州穷僻的安隆千户所，南明的永历皇帝，瑟瑟发抖，坐在茅草房“皇宫”里一张藤椅上，愁眉苦脸地“上朝听政”。泥地上站着的文武臣子，服色不一，总共加起来才四五十人，个个垂头丧气。

情景二：同一时间，贵州省会贵阳城中，永历帝手下的“秦王”孙可望，安居于壮丽宏伟的王府之中。他不仅锦衣玉食贵似帝王，还自设有内阁、六部、科道等官员，完全是个小朝廷，甚至王宫中还有“太庙”（庙里有三位“庙王”，当中是朱元璋，左为大西“皇帝”张献忠，右为孙可望的爷爷）。身着王爷服饰的孙可望称孤道寡，满面红光。

相比于汉末的曹操，孙可望厉害得多。曹操“挟天子以令诸侯”，汉献帝名义上还有一套行政班子。孙可望更干脆，他自己私设一套班底，永历帝的班底倒成为草台班子。皇帝成为囚笼中的凤凰，栖于僻远蛮荒，而这位孙王爷，却高居大城中的“九重”王府。

骄横无聊偏较真

“一字王”还是“二字王”

孙可望原名孙可旺，陕西米脂人，无赖子弟，青年时代跟从张献忠，由于他狡黠多智，为张献忠所喜，收为养子，改名张可旺。

张献忠有四个养子：老大孙可望，老二李定国，老三艾能奇，老四刘文秀。当然，张献忠时代，这四个人都姓“张”。

张献忠在四川被清军射死后，军众溃散，张可旺保有四万多人，一路冲荡，由四川入贵州，由贵州入云南，最终借沙定洲之乱，占据了云南地区和贵州大部。此时，孙可旺认为原名不雅，改名为“可望”。这种改法，很似把“得财”改为“德才”，稍一改动，气象大异。

进入云南后，孙可望为首，称“平东王”，李定国称“安西王”，艾能奇称“定北王”，刘文秀称“抚南王”，至此，大家都过了当王爷的“瘾”。

南明的四川巡按钱邦芑率人收复四川大部后，有人劝说，表示孙可望入据云南，可以招徕。当时就有人反对：“孙可望乃张献忠余孽，狼子野心，恐不为我用。”钱邦芑很有远见，他认为孙可望在云南一改张献忠做法，不妄杀人民，行事大有纪律，应该争取。于是，钱大人亲自修书，派人持往云南招引孙可望为明朝效力。

此举大出孙可望意料，他喜出望外，对来人讲：“朝廷文官，从来与我辈为仇，绝不相通。今遣使来问，我怎能不高兴！不过，我们四人称王已久，请转告钱按院，如能替我们上疏，封我等为王，我们肯定以全滇境土人马，归附朝廷。”

显而易见，孙可望开始非常有诚意与明朝修好。钱邦芑是文人，做事缜密，他在上报永历朝廷详述孙可望想归顺的同时，回报孙可望说：“本朝祖制，从无异姓封王者。”即便如此，他也没放死话。明朝祖制，确无异姓功臣活着封王，时移事易，一切要听朝廷定夺。

依当时情况，南明朝廷屡屡播迁，金声桓、李成栋、姜瓖皆败亡，如果弄个王爷帽子笼络一下孙可望，自可换来对方感激涕零的忠顺。但是，永历朝臣书呆子多，争来吵去，一时间难以就孙可望封王之事达成一致。

当时，孙可望很主动，派本来就是明官的老乡杨畏知为使节，到达肇庆拜见永历帝，献上一份重礼，希望永历朝廷封他为“秦王”。

出于各自的私心，当时在朝的李成栋养子李元胤、袁彭年以及多位文臣皆反对封王。特别是明朝几个在贵州一地的军头，深恐孙可望为王后受其辖制，纷纷上书反对。

杨畏知虽为孙可望所遣，却心向明朝，劝当朝诸公不要吝惜一个王封而变友为敌。变通之下，永历朝廷决定封孙可望为“二字王”，但很快又改变主意，只同意封孙可望为公爵，赐名“孙朝宗”。

正在纠结之际，南明的军阀陈邦傅在广西势单力弱，他为了张大其势，与已经进入两广地区的大顺余部高必正、李来亨等相抗，想拉拢孙可望。陈邦傅的手段很奇特，他趁永历朝廷议论未决之时，自己用黄金偷铸一颗重达百两的“秦王之宝”大印，伪造永历帝敕书，封孙可望为王爷，以此来达到巴结对方的目的。陈邦傅不仅“封”孙可望为“王”，还“封”李定国、刘文秀、艾能奇三人俱为“国公”。执行这项“任务”的，乃陈邦傅的心腹门人胡执恭。

胡执恭本来就是北京专门制造假印私信的游棍，十多年中屡犯死罪，趁明末大乱之际，逃入军中，成为陈邦傅的谋士。他办事很麻利，立刻奔往昆明，一见孙可望，马上拜倒称臣，献上斗大黄金印，说永历帝非常信赖孙可望，然后又详述陈邦傅私下结交之意。

孙可望非常高兴，集结文武和百姓，大庭广众之下，跪受“秦王”之封。高兴了没几天，老孙从探子处得知永历朝廷还在商议对他的封王之事，根本没有结果。

恼怒之下，孙可望亲自去见胡执恭，逼问他，让他说实话。胡执恭当然不敢明说封王之事乃他与陈邦傅所为，就诈称永历帝与其母亲太后两个人秘密商议铸王印与孙可望，“外廷诸臣确实不知此事”。

闻听此言，孙可望非常生气，又不好发作。他之所以如此渴望得封“一字王”，最主要的目的在于威慑李定国、刘文秀等人。所以，虽知封王事假，他也要挺下去、装下去。

李定国、刘文秀已知其诈，坚拒胡执恭对他们的“国公”之封，二人表示说“未为朝廷立功，不敢受爵”。渐渐地，永历朝臣闻知陈邦傅假冒帝敕铸印为孙可望封王之事，一时哗然，纷纷上章弹劾陈邦傅。

老陈死猪不怕开水烫，咬定自己对此事毫不知情。朝臣不敢动陈邦傅这个军头，就派人抓住任南明知州的胡执恭的儿子胡钦华，要把他斩首以治其父亲欺君之罪。永历帝挺厚道：“其父作逆，其子何与？”下诏释放了胡钦华。

不久，永历朝的文臣督师堵胤锡从湖南入朝，劝说永历帝：“孙可望盘踞云南，怎能禁止他自立为王呢？如果恩出朝廷，正可得其效力。假如他先行一步，执送胡执恭入朝诛之，则显得赏罚之权倒置。不如封他为王，免生他变。”永历帝、堵胤锡君臣二人密议，铸“平辽王”大印，差遣大臣赵昱前往云南封孙可望。

得知赵昱来滇以永历帝之命封自己为“二字王”，孙可望十分没面子，想派兵中途拦阻，不让他入昆明。李定国等人相劝：“皇帝使节来，怎能拒而不见！”无奈之下，孙可望硬着头皮接见赵昱。

不料想，赵昱是个马屁精。他预先得知孙可望不高兴，怕自己在昆明被杀，所以，甫见老孙，立马下跪称臣，大献殷勤。见来人如此“懂事”，孙可望也高兴，马上送给赵昱千两黄金，然后他藏起“平辽王”之印，对外佯称弘历帝使节来滇封他为“秦王”。

永历朝臣知悉此情，纷纷咬牙切齿，吓得赵昱不敢回朝。

云南方面，时间一久，军民人等多知孙可望没有得到“一字王”的王封，议论纷纷，使得孙可望如坐针毡。羞恼之下，他派人入朝，恳请永历帝实封他为“秦王”。

阁臣严起恒、户部尚书吴贞毓以及兵部侍郎杨鼎和等人更加较真，就是不同意加封孙可望为“一字王”。老孙派人携数万黄金白银行贿诸人，皆遭拒绝。于是，愤恨至极的孙可望露出狰狞面目，派其手下贺九仪带兵五千人以护驾为由，前往南宁，刺杀了大学士严起恒和杨鼎和，吴贞毓出差在外，得免被杀。杀人示威之后，孙可望再派杨畏知与龚彝二人入朝，一定要得到秦王之封。

当时，入朝面君的李自成妻弟高必正（高一功）得知此事，唤来孙可望来使，正色训斥道：“大明本无异姓封王之例。我等攻破京师，逼死先帝，滔天大罪，蒙恩遇赦，为当今皇上驰驱，得封公爵。你张献忠一党窃据云南，罪固减等，封公爵足矣，怎敢妄求王爵。自今而后，尔等应该与我一起，赤心报国，洗去贼名，勿欺朝廷孱弱。否则，我两家士马相当，当与尔等一战！”

高必正虽如此说，但他手下的“忠贞营”力量，远远弱于孙可望之军。

1644年前，大顺军有一统中国之势。山海关败后，李自成开始走霉运，最后在湖北被农民杀掉。自那时起，大顺军一蹶不振，而且一直没有出现过核心领导人物。高一功、李过二人所统的陕甘部大顺军在李自成大败后减员不多，他们在湖南地区归附明朝，却遭当时南明督师何腾蛟的猜忌。这支军队一直受南明大臣堵胤锡重视，隆武帝赐其名曰“忠贞营”。忠贞营主将是李过和高一功，李过乃李自成的侄子，高一功乃李自成妻高氏的兄弟。隆武帝赐李过名“李赤心”，赐高一功为“高必正”。李过不久病死，只剩下高一功独挑大梁。在湖南时，堵胤锡与左良玉旧部马进忠有矛盾，就让高一功率军进驻本为马进忠所守的常德。当时，高一功部几十万人马，已被气量狭窄的南明督师何腾蛟遣散了一半多，可军队的战斗力还不差，大张旗鼓往常德进发。马进忠害怕自己被吞并，尽驱百姓，把常德抢空后烧成白地。闻知消息，急得湖南主政的何腾蛟直跳脚。再找两支军队，踪迹全无。清军迫在眉睫之际，何腾蛟待在湘潭，竟然找不到任何一支大部队来护卫自己，以至于清军趁机突袭，把这位何督师生擒。

清朝“三王”南攻之时，高一功自提五千精兵朝见永历帝，竭显忠心。当时，陈邦傅拉拢高一功，称之为舅，劝他入肇庆劫驾，吞并李成栋之子李元胤的军队。高一功对此非常反感，对手下讲：“我虽曾为朝廷大贼，行事却磊落光明，怎能做出这等猪狗之事！”不久，见永历朝中朋党斗争激烈，众将不和，高一功只得率部转移。清军大举进攻两广，高一功率忠贞营主力自南宁入夔东。途经湘西时，当地苗兵发动攻击，高一功中箭身亡。他死后，李来亨任主将，在四川坚持抗清达十四年，但那时已不打“忠贞营”旗号，称为“夔东十三家”。

孙可望派来的杨畏知，本来就心向朝廷。入朝之后，他向永历帝具告云南虚实，认定孙可望奸诡难测，请求永历帝要加以预防。

永历帝很感欣慰，拜杨畏知为东阁大学士。与其同来的龚彝是孙可望的心腹，他见杨畏知得大学士之封，与朝臣深交，自己一无所得，妒恨之下，回到昆明就向孙可望告状，说杨畏知“卖主求荣”。

怒极的孙可望立刻招来杨畏知责问，斥责他为何“卖主求荣”。

杨畏知乃耿直人，闻言大怒：“狗贼，我主乃当今皇帝，何卖之有！”几句话讲不顺，二人互骂，杨畏知摘取头上冠帽，击打孙可望。老孙暴怒，抽刀迎头就剁，把这位老乡杀于殿中。

永历朝廷得知孙可望杀杨畏知，怕他狗急跳墙，就派人封他为一字王，但仍不封他“秦王”，封为“冀王”。孙可望不买账，大怒道：“我久为秦王，安得屡屡改封！”他手下心腹进劝：“大丈夫当自己做主，何必朝廷来封！”于是，孙可望再不顾及永历朝廷，索性大摇大摆自称“秦王”，四处用印。

孙可望“王封”问题久拖不决，南明国事衰竭速度倒很快。

清军孔有德部大破桂林，杀督师瞿式耜，明将陈邦傅向清军投降，永历帝乘船奔逃。

本来，永历帝想逃往贵州，被大学士吴贞毓劝止："孙可望跋扈无礼，如果入黔，则满朝俱为其所制，国事危矣！"

永历帝的随行宠臣马吉翔暗中勾结孙可望，在恳请永历帝入黔的同时，他对太监庞天寿私下讲："今日天下大势，已归秦王，吾辈应早早与秦王结纳，以为退身之步。"于是，他们找到孙可望派到永历帝身边护驾的二位军将曹延生和胡正国，告知说要与朝臣一起劝永历帝把皇位"禅让"给孙可望。

曹、胡二将虽是孙可望手下，颇知礼仪，大惊："此等事何可轻议，我二人仅来护驾，只向秦王传报军情，不敢私议国家大事。"

马吉翔不死心，暗中派人持密信劝孙可望为帝。由于有李定国等人在，孙可望不敢乱来。唯恐人心不服，他便先表示要迎永历帝入贵州，挟天子以令诸侯，走一步看一步。

曹、胡二将素有忠心，忙把马吉翔与孙可望之间的阴谋告之阁臣吴贞毓，希望永历帝不要轻易入黔，暂驻广西边境，以维系人心，号召远近。

但是，清朝大军步步逼近，永历帝再不移驾就会成为俘虏。抓住这次机会，孙可望立刻派三位大将率重兵"迎接"永历帝，把从南宁逃出的永历帝接至贵州安隆千户所"安顿"。

安隆之名，也由永历朝臣改为"安龙"，这样一来，听上去还有些心理安慰。此时的永历朝廷，文武官员仅几十人，即使加上所有兵丁、家属以及后勤人员，这位皇帝手下才三千人不到，几乎成为光杆儿皇上。

孙可望派严兵"护卫"这座小城，永历帝成为他的笼中之鸟。

老孙本人移镇贵阳，大造王府，开设六部，使得安隆的永历政权倒成为他的"影子"政权。

幸好，李定国、刘文秀对南明表忠心，派人送来大量银币、食物，永历小朝廷总算能得到一丝心理慰藉。

在贵阳，孙可望俨然一方之主。他大造宫殿，设立文武百官，在四川、云南、贵州三省委派文武官员数百，并令克期朝见，加以私恩。只要发现单线同永历帝有联系的人，立刻诛杀。

孙可望的朝廷不仅有宰相、六部尚书、御史，连翰林院编修都有。他还下令铸印信，印文用八叠文，把明朝原来的印信全部替换掉。

他手下的礼部主事方于宣非常会拍马屁，亲自为孙可望撰写“国史”，书中称张献忠为“太祖”，并作《太祖本纪》一传，把张献忠比为汤武之君，斥崇祯帝为桀纣之君。孙可望见此，也觉过分，说：“也不要如此之甚！”方于宣挺胸讲道：“古来史书皆如此。不如此记述，不足以弘扬开创之勋劳！”

这位翰林还极尽谄媚之事，专门为孙可望订制天子仪驾和“九奏万岁之乐”，作诗歌功颂德，仔细研究大臣朝见“秦王”的朝仪，使得孙可望很有“天子”的感觉。

见火候差不多了，方于宣屡次劝孙可望称帝。

孙可望坦言：“我登九五，又有何难，但恐人心未附。”

方于宣进言：“朝内与国主您相左者，唯吴贞毓几人，川黔两省，仅钱邦芑几人，杀掉这几个人，其余皆不足虑。”

孙可望：“吴贞毓好处理，但钱邦芑在外有兵，川黔人民众望所归，现在杀之，恐士民解体。”于是，他派人持书信，催促人在四川的钱邦芑入贵阳“朝见”。

无奈之下，去也不是，不去也不是，这位南明巡按大人被逼得只能自剃为僧。为此，孙可望“外虽怒骂，内实惭愤”，仍旧让人劝钱邦芑来贵阳向自己表示拥戴。

钱邦芑作诗答曰：“破衲蒲团伴此身，相逢谁不讯孤臣。也知官爵多显荣，只恐田横客笑人。”忠于明朝之意，顿显于诗。孙可望大怒，派人把已经为僧的钱巡按械押入黔。

南明的庆国公陈邦傅劫持永历帝未果后降清，一直待在桂林。李定国攻入桂林后，孔有德自杀，陈邦傅被活捉，父子俱被以重枷、囚车押送贵阳。

孙可望对先前陈邦傅派来送黄金假王印的胡执恭说：“如果你一直与陈邦傅在一起，肯定早就投降清朝了。”于是，孙可望派人在闹市把陈邦傅父子先剥皮，后碎剐，肢解喂狗，并派胡执恭“监刑”。眼见昔日恩公父子惨号被剐，老胡惊悸成病，“监刑”后没几天就死掉了。

文治武攻两不误

孙可望的内外“进取”

稳坐贵阳城内王府，孙可望挟永历帝在手，确实达到了“挟天子以令诸侯”的目的，收编了大量残明武装势力，成为南明各种军事势力的“大盟主”。

他派李定国率军进攻湖广，刘文秀进攻四川。冯双礼率一部万余精兵，最先出发，自贵州直杀向湖南，一下子就攻克了清军所占的沅州（今湖南芷江）。不久，李定国提兵入湘，与冯双礼部配合，攻下靖州和武冈。

湖南的清军向广西孔有德告急，求他发兵相救。由于先前孔有德向湖南借钱饷遭拒，如今得报，不忧反喜，拒绝出兵相救。

李定国等人一路克捷，长江等重镇尽归明军所有，整个湖南地区仅有岳州和常德少数几个州县在清军手中。

孔有德对湖南清军坐视不理，其实也是为他自己掘坟挖墓。由于湖南清军大规模后撤，在广西的孔有德军队实际上被孤立起来。

由于久胜自负，孔有德并未四处调兵回守桂林，仍旧一副运筹帷幄的派头，在靖王府中发号施令。结果，永历六年（1652 年，顺治九年）

六月，乘胜得势的李定国率明军猛攻全州，一下子就全歼了孔有德派驻在那里的守军。这时候，孔有德如梦方醒，赶忙派部将孙龙、李虾头二人提大军从桂林出发趋至兴安的严关据险堵截李定国，结果一战即败，二将皆被明军杀死。

孔有德自率大军与李定国大战于大榕江，再遭惨败，清军弃甲断肢遍布溪谷。

仓皇之下，孔有德只能退守桂林。此时，他急忙下令南宁、梧州、柳州等地清将回援，但为时已晚。李定国手下明军奋勇，仅用四天就攻克桂林坚城。

孔有德唉声叹气，派人把全家聚集于一堂，尽陈多年搜掠的奇珍异宝，命令属下点火，阖家自焚。临死，他自作忠勇状，叹息道："城亡与亡，臣子大义！"此人见识还不如他的老婆。举火之前，孔有德的老婆把年幼的儿子孔廷训交予一个卫士说："如能带此儿逃脱，就让他入庙为僧，千万不要学他父亲，一生做贼，致有今日下场！"不过，孔廷训没能逃出，很快被明军活捉，押了几年后杀掉。

孔家唯一逃出的，乃孔有德的女儿孔四贞。这位孔四贞在传奇小说中很有名，都讲她是顺治帝的梦中情人。真正的历史中，她确实是很了不得的。回京之后，清廷赐她白金万两，食郡主俸禄。后来，她下嫁清朝的抚蛮将军孙延龄。吴三桂造反时，孙延龄投降，孔四贞又陷入危险之中。幸亏吴三桂很快败亡，孙延龄被吴三桂的孙子杀掉。孔四贞再次化险为夷，最终安全回到北京。北京的"公主坟"地名，据说正是得自这位孔姑娘——不过只是传说而已，其实那里葬的是清朝嘉庆皇帝的两个女儿。

孔有德原为明朝东江总兵毛文龙部下，叛归清朝后，甘为驰驱，效忠忙活许多年，落个焚身而死，子嗣无存。

仅仅一个多月的时间，李定国带军四面出击，打得清军全线撤退，广西全省复归南明境土。不仅如此，人在广州的清朝汉人"二王"尚可喜和耿继茂也被吓坏，命令广东与广西接境的州县不要正面抵抗李定国明军，回撤于肇庆一带观望。

倘使李定国步步稳扎稳打，一步一个脚印，广东也必将为明朝所有。

听说清朝亲王尼堪率满洲劲兵向湖南进发，孙可望无远略，把李定国调往湖南，最终丧失了全收两广的良机。明军一撤，清军卷土重来，不到一年时间，原先收复的广西大部分地区次第沦陷。

清朝的尼堪亲王本来是要经湖南入黔与吴三桂等人进攻贵阳，半路听说桂林的孔有德败死，清廷震骇，忙下令尼堪迅攻湖南宝庆（今邵阳），然后往广西行军。

尼堪乃清朝名王，屡立功勋，根本不把明军放在眼里。他率精兵进至衡州（今湖南衡阳），前锋已经与李定国军相接触。果不其然，明军一战即溃，掉头逃亡。尼堪大喜，即刻拍马上前，率领八旗精兵奋勇冲杀。

出乎他意料的是，此次明军的“交战即溃”，不是真逃，乃李定国诱兵之计。二十里外，密林之中，明军早已设下重伏，就等着清军入套。结果，铳炮大发，箭雨狂飞，埋伏明军呐喊冲杀，把清军打得猝不及防，大败亏输。

乱军之中，尼堪亲王从高头大马上被一个南明士兵用长枪挑了下来。由于他一身黄金甲胄和亲王服饰太显眼，登时围上来十几个明军，你一刀我一枪，把尼堪王爷砍刺得七零八落，只剩下脑袋相对完整，被明军用刀挑起交给李定国请功。

清军大败之余，丝毫不敢回顾，奔回长沙，闭门死守。

尼堪亲王以及这么多清军官兵被杀，对清廷的震动，不言而喻。正如黄宗羲所言：“李定国桂林、衡州之捷，两蹶名王，天下震动，此万历以来全盛天下所不能有！”

可堪扼腕叹息的是，面对如此大好局势，南明主政的孙可望却是妒火攻心，竟然在关键时刻下令让明将冯双礼等人撤退，没有参加李定国的合围行动，丧失了全歼尼堪手下八旗精骑的最佳机会。而后，他以开会为名，想诱骗李定国加以杀害。得知内情后，李定国拊膺叹息，于永历七年二月底放弃永州（今零陵），经由龙虎关撤回广西。

见李定国连胜清军，孙可望也想露一手。

岔路口之战，孙可望遭到重创，被清军打得大败，奔返贵阳。清军大掠靖州、辰州、沅州等地，杀死平民数十万人，千里丘墟。至此，孙可望再不敢与清军争胜，只想保持割据一方的地位。

四川方面，孙可望派去的刘文秀一军在永历六年秋天连连取胜，最终把吴三桂等数部清军打得退守阆中。当时清廷已经下令，决定让清军放弃全川，退回陕西汉中一带，全保陕地。

可惜的是，刘文秀不知“穷寇莫追”之说，死缠烂打保宁城内的清军，孤城之下犯险，最终反被吴三桂孤注一掷的决死战法击败。结果，数万明军被杀，清军死里逃生不说，还实现了全面大翻盘，刘文秀率残军退回贵州。

本来就恨刘文秀与李定国穿一条裤子，孙可望抓住机会，削夺刘文秀兵权，把他发回昆明软禁。

保宁战斗结束后，身经百战的吴三桂感叹：“我生平交战无数，平生未遇如此劲敌！”富贵险中求，吴三桂为清朝又立全取四川的大功。

安龙方面，孙可望对永历君臣一直严加注意。其间，本为永历帝亲信的马吉翔，一直向孙可望投怀送抱。

马吉翔是北京大兴人，市井出身，本性狡黠，是个知书识字的高级地痞。他年轻时在北京给宫内太监家中当仆人，后为书办（太监的文字秘书），在太监圈子里人缘很好。后来，他跟随太监高起潜出外监军，窜入锦衣卫籍，获得都司之职，开始有了政治发迹的本钱，送银送物之下，被外派为广东都司。所以，北京甲申之变时马吉翔正在广东，逃过一劫。隆武帝在福建继位，马吉翔自陈原本是锦衣卫世家出身，获授锦衣卫指挥，冒升为皇帝身边的禁卫军高级首领。他奉命到湖南等地巡视时，玩命地巴结当地诸将，只要有鸡毛蒜皮的功劳，就要在奏表中放入自己的名字，于是连连升官，很快做到“总兵”。永历帝继位，马吉翔给新皇身边的人广送厚礼，得封文安侯。

由于马吉翔自小行走于太监门下，他深知巴结皇帝身边宦官的重要性，成日以小恩小惠刻意结交打点，使得宦官们心甘情愿为他当耳目。所以，永历帝的一举一动，他无不预知。由于善于迎合，十分乖巧，永历帝与其母特别喜欢这位马侯爷，认定他忠勤无比，让他掌握朝廷军政大权。

到了安龙，永历帝落地凤凰不如鸡，马吉翔自然要另攀高枝，遂与掌管禁卫军的太监庞天寿交结孙可望，想逼永历帝禅位孙可望，谋求大富贵。为此，他持白绫一幅以及数锭金元宝，找到善画的武选司郎中古其品画一幅《尧舜禅让图》，准备献给孙可望。

古其品人格高尚，愤怒拒绝。马吉翔为此向孙可望偷偷告状，古其品被孙可望抓去贵阳，活活打死。

为了凸显马吉翔和庞天寿二人的威权，孙可望特意向安龙发来指令，表示说朝廷大小机务，一概由二人秉持。如果有大臣“犯法”，也由二人全权处理。

永历帝渐知马吉翔对自己不忠，很想杀掉他与太监庞天寿，但慑于孙可望的势力，不敢轻易下手。马吉翔与孙可望手下大臣方于宣等人密切勾结，想改国号为“后明”，立孙可望为帝。

忧急之下，永历帝对亲信内监张福禄说：“孙可望无人臣之礼，奸臣马吉翔、庞天寿为其耳目，朕寝食不安。听说李定国精忠报国，军声大振，希望你们能把朕的密敕交予他，让他来救朕脱身虎口，脱离孙可望控制。”

内监张福禄对永历帝说，徐极、林青阳、胡士端等人一直疏劾马吉翔，可让他们想办法联系李定国。于是，林青阳以请假回家奔丧为名，前往李定国处联络。

马吉翔不久得知此事，即刻派人密告孙可望，说永历君臣已经联系李定国，准备“谋反”。孙可望大怒，立刻派亲信郑国率兵到安龙问罪。最后，牵引勾连，包括大学士吴贞毓在内，十八个大臣被尽数逮捕，判罪“欺君误国，盗宝矫诏”，皆处以死刑。

永历帝忧愤至极，也救不得人，眼睁睁看着十八个大臣被孙可望军人处死，这就是南明的“十八忠臣案”。

这些人虽然都是文士，皆慷慨悲歌，与朝臣纷纷赋诗作别，勉励说：“我们就这样去了，中兴大业，交与诸位。希望诸位忠于朝廷，切不可像马吉翔、庞天寿那样卖主求荣。能如此，我们虽死犹生！”言毕，诸忠臣引颈受戮。

十八忠臣既死，永历朝廷大权尽归马吉翔、庞天寿，完全成为贵阳孙可望的傀儡附庸。

跋扈更胜曹孟德

孙可望的一意孤行

杀掉永历帝手下十八文臣后，为了阻止李定国迎驾，孙可望派手下总兵张明志、关有才二人率兵前往广西，准备趁机攻袭李定国。

当时的李定国，刚刚处于二次入粤新会大败之际，手下残兵有一万多人，驻扎于广西南宁，势单力弱。听闻张明志、关有才二人提数万精兵前来，计无所出，李定国急召手下文士金维新和总兵曹延生商议对策。这二人倒是不慌，他们讲：“张、关二人所率兵马虽多，大部分都是您昔日的部下，安敢相敌。张明志从大路来，我们可从归朝土司小路走，抄其后路，定然大胜。然后，我等率兵趋安龙，迎皇上入云南，此举名实并收！”

李定国依计，率兵从小路抄张明志等人的后路，果真一举成功，大败来军。除跑掉的兵卒外，又得残兵数千人，连夜直奔安龙。

孙可望听说张明志兵败，料定李定国定要去安龙迎永历帝，就派大将白文选率数百精兵从贵阳出发，要他迅速劫走永历帝。

孙可望虽然算计得很好，但没料到白文选归附明朝后一直与南明四川巡按钱邦芑关系密切，心向帝室。所以，白文选到安龙后，一直以无运输工具为借口，拖延不去，等待李定国来安龙。缓了两天，终于等来李定国大军，白文选长舒一口气。

李定国送白文选回贵阳前，动情地说："我与秦王，原无嫌隙，义为兄弟，应该同辅国家，如此，天下何事不可为！希望你回贵阳后，代我二人调停，我将拥戴圣驾入昆明。"

面君之时，李定国对永历帝竭尽忠诚，倾诉肺腑。永历帝颠沛久之，见有如此忠臣来护，感动得泪下沾襟，他拉着李定国之手说："久闻忠义，恨见卿晚！"

于是，永历十年（1656年，顺治十三年）月底，一行人拥永历帝前往昆明。行至曲靖，李定国请永历帝暂驻跸，他本人率军先去昆明。

昆明城内，有孙可望的手下抚南王刘文秀和固原侯王尚礼。周边地区，大将王自奇驻军楚雄，大将贺九义驻军武定，共两万多人。除刘文秀以外，其余三将皆是孙可望的心腹。还好，昆明城内还有明朝的黔国公沐天波，他与刘文秀一道，劝几位将领迎永历帝入城。

本来几个人还想拒绝，无奈李定国来得快，孙可望与永历帝又没有正式撕破脸，三将不敢公然相抗，只能与刘文秀、沐天波一起出城相迎。由此，永历帝终于进入昆明，找到一块根据地。

永历帝这次很"大方"，立刻封李、刘二人为"一字王"，李定国为"晋王"，刘文秀为"蜀王"，并晋升白文选、王尚礼等人皆为公爵。

昆明城中，孙可望心腹中最狡黠的是张虎，他只得个淳化伯的爵位，快快不快。众人商议，借着派张虎议和为名，打发他前往贵阳。

临行，永历帝从头上亲拔金簪一枝以赐张虎，说："秦晋二王，义当和好。和议若成，必封爱卿为公爵。以此簪赐卿，以为信物！"

张虎临行，密见王尚礼和王自奇二将，说："我此行不久，必与秦王整兵来取云南，不知你二人如何接应？"

王自奇："王尚礼可率亲兵在昆明城内为内应，我兵马驻扎楚雄一带，只要秦王来攻，我定出兵楚雄，夹攻之下，二十万大军对李定国、刘文秀三万兵，定能得胜。"

张虎到达贵阳后，立即把永历帝封他为伯爵的印信交给孙可望，丑表功说："当时如果我不受封，恐因疑被杀。臣受国主您厚恩，岂能相背！"

接着，他取下头上金簪："臣临行时，皇上赐我此物，让我刺杀国主报功，答应封我'二字王'，臣不敢忘恩，告知国主。"

这一番添油加醋，激得孙可望更加愤怒。

见火候已到，张虎又劝："皇上在云南，端拱而已。内外大权，皆归李定国。而李定国所信，唯有中书金维新等人，终日升官晋爵，没有远略。今昆明兵马，不满三万，人无固志。国主您如果出兵，可唾手而得！"

孙可望手下的翰林方于宣也急劝孙可望入云南，取代永历称帝。回家后，他得意地对家人讲："国主登基，我必为首相！"

不久，白文选被永历帝派来见孙可望，差点儿被孙可望杀掉。在众将相劝下，孙可望才饶过白文选。

昆明城中，永历帝为树恩威，大肆封赏，任用了一大批官员，唯独户部左侍郎龚彝辞官不受："为臣在云南受孙可望十年厚恩，不敢受陛下官。"云南官员闻之皆很愤怒，指斥他说："你身为明朝进士，世受国恩三百年而不报，反念孙可望十年之恩，真不是人！"龚彝却不以为意。他倒不是多么"孤忠"，而是认定孙可望兵多将广，昆明很快就要变天。

不过，路到绝处开生面，人到后来看下场。龚彝这个人，当时广为人所诟病，但后来永历帝被清军押回昆明，他却以当着皇帝面自杀的方式，做了永历帝生前看到的最后一个南明忠臣。

至于马吉翔，本来已被李定国派的手下将领拘押。这个马吉翔能说会道又出钱，把看押他的兵将哄得特别开心，引之为友。恰好李定国手下金维新等人常到那位军将家议事，马吉翔又与金维新等人打成一片，一帮人在李定国面前极赞马吉翔之好，齐口为他诉冤，说从前之事，都是别人嫁祸于他。

李定国早知马吉翔的臭名，深不以为然，但禁不住手下这么多人说他好话，便唤来一见。马吉翔一见李定国，立刻下拜叩首，称赞道："晋王您有再造国家之功，千古无匹，从此以后，青史流芳。我马吉翔今天能活着见到您，死也瞑目，至于我自己的是非冤苦，皆不足说！"

马吉翔真有高超至极的口才，他根本不为自己诉冤，就一下子博取了李定国的好感。大悦之下，李定国与他握手谈心，大有相见恨晚之意，并留马吉翔于府中数日。

李定国是个憨直人，从没见过这种能言善辩之人，很快被马吉翔哄得身心俱软，堕入其彀中而不觉。由于老马情商极高，不久就把李定国左右军将皆哄得团团转，交口称赞他是好人。

一次，酒席宴间，马吉翔对金维新等人讲："晋王功高得封，你们却仍旧是原职。如果能让我在皇上左右奔走，必定为诸公讨得高爵。"诸人大悦，马上劝李定国："马吉翔原本是朝廷旧人，应该让他重新入朝担任要职。如此，他归诚殿下，日后一定会在朝中照应我们。"李定国深以为然。于是，他推荐马吉翔入阁办事。

永历帝深恨马吉翔，但又不能驳"恩公"李定国的面子，不得已而从之。

马吉翔否极泰来，重掌朝权。相比之下，太监庞天寿智商就低得多。李定国一入安龙，他就畏罪自杀了。

马吉翔入阁后，一方面挟李定国之威以要挟永历帝，另一方面又借永历之宠以耸动李定国。内外大权，未满一月，重归马吉翔之手。倘若十八忠臣地下有知，肯定是冤气冲天。

以为可以与孙可望相安无事，永历帝就派刘文秀率兵入川。既然得封蜀王，刘文秀很积极，在永历十年春，他提兵复入蜀地。

一年时间不到，由于孙可望犯滇，李定国急忙把刘文秀招回。由此，南明就无法再对川地加以经营，听任清军蚕食鲸吞。

贵阳方面，心有不甘的孙可望遏制不住怒火，蠢蠢欲动。翰林方于宣为当“开国功臣”，更是极力撺掇：“如今皇上在昆明，李定国相辅，人心渐归。臣希望国主早正大号，封拜文武世爵，则人心自定！”于是，孙可望意志益坚，日夜训练兵马，随时准备进击云南。

当时，明朝的四川巡按钱邦芑被软禁在贵阳的大兴寺中，深忧国事。他通过人找到白文选，让他为国出力。

白文选为难：“我本人绝不负朝廷，但只身一人，绝难成事！”

钱邦芑说：“孙可望属下的马宝、马进忠、马维兴三人，皆是朝廷昔日勋臣，世受国恩。孙可望如果犯阙，一定选用他们为将，到时候，他们三人一定帮忙。”听此言，白文选心中稍安，私下与三马相见，相约扶国。

永历十一年（1657年，顺治十四年）八月初一，孙可望于贵阳誓师发兵。他以白文选为“大总统”，以马宝为先锋将，合兵十四万，直扑云南。十八日，兵渡盘江，云南大震。

昆明城中，王尚礼私约龚彝等人为内应。人在楚雄的王自奇本来约好要与孙可望夹击昆明，但他先前因醉误杀李定国营将，畏罪逃走，率兵远达永昌，所以没能及时策应孙可望的军事行动。

行至距曲靖三十里以外的交水，孙可望列三十六座大营，军威赫赫。

昆明城中，李定国、刘文秀二人相顾失色。

刘文秀表示："昆明城中有王尚礼等人为孙可望做内应，再迟二十天，王自奇在永昌得知消息，肯定会引兵而来。到时候，我们腹背受敌，不战自溃。不如现在我们还有时间逃往交趾，犹可自全。"

李定国摇头："交趾兵也有不少，我们兵力总共才不到三万，拖家带口，怎能占领交趾呢？不如我们往沅江、景东方向进发，攻取土司地方安身。"

商讨二日，终不能决。关键时刻，曲靖的孙可望手下"大总统"白文选突然率全营万余兵将拔营而出，决意拥戴永历帝。他安排好自己的部队后，先带十余骑出奔，直入昆明，入宫与永历帝相见。李定国、刘文秀不知实情，闻讯大骇，连忙入宫。

白文选说："此时我们应该迅速出兵与孙可望交战，马宝、马维兴等数将皆暗中与我有约，稍有疑迟，事机必露，大势去矣！"李、刘二人犹疑，以为白文选使反间计，不敢听信他的话。

白文选看出二人心思，大声道："如再迟不发，我辈死无葬身之地！如果我有一字诳骗皇上、有负国家，当死于万箭之下！我现在先赴阵前，你们马上整兵速进！"言毕，白文选上马驰去。

李定国、刘文秀，此时亦无退路，只得整兵策马，前往交水安营。他们与孙可望士军只隔十里。对方有三十六营，而李、刘二人仅三营而已。

本来，当白文选忽然叛走之时，孙可望恐人心不附，打算退兵，召诸将计议。

马宝害怕大军回贵州后，自己先前与白文选的密谋泄露，便挺身激劝："白文选所领不及万人，而我军十倍于对方，为什么国主您以白文选一人之故为进退，难道我辈不是人吗？"

孙可望手下猛将张胜也拍案而起，大叫："我一个人出马就可活捉李定国！白文选算什么东西，何必拿他当回事！"

这样一来，孙可望大喜，以为军心可用，笑说："诸将如此，吾复何忧！”

大清早，孙可望登高，算了算李定国大营人数，知道昆明之兵尽出，就对张胜说：“你可率马宝等人简选七千精骑，连夜走小路去昆明城下突袭。城中有王尚礼等人接应。昆明一破，李定国一军家属尽在城中，定无战心！”

张胜得令，约马宝一同进兵。马宝忙遣人持密信至李定国营，催促对方马上出战，否则张胜提前一步到昆明，大势皆去。

这一天，是九月十八日。本来李定国约孙可望二十一日决战，接此信，骇然大惊，忙遍召诸将，命令连夜拔寨，于十九日黎明提前总攻。

孙可望心中有底，从容应战。

对阵之初，刘文秀手下大将李本高从马上摔下，被孙军杀掉砍头，刘文秀军小却。见状，李定国心慌。孙可望在高岗上望见此景，急挥令旗，命令诸营进击。

李定国、刘文秀与孙可望共事多年，深知其谋多智广，又众寡不敌，心中生惧，商议阵前退兵。

幸亏白文选拍马而来，在旁怒斥：“张胜已提兵往袭昆明。如果现在退兵，孙可望以精骑蹑追我军之后，士兵肯定惊溃散亡，我们不可能活着回到昆明。前进死于战阵，难道不比后退死于追兵马蹄之下强吗？何况，孙可望军中马维兴等人均与我有约，假如我们决志而前，他们必定阵前反戈！”

见李定国、刘文秀仍旧沉吟不决，白文选大喝一声，策马而前，先率手下五千铁骑直冲孙可望大阵。望见马维兴军阵不动，白文选知道对方有心，直奔过去。马维兴军不放一箭，忽然开阵，腾出空档，放白文选马队驰入。片刻之间，二将合营，直抄孙可望后阵。他们所向披靡，连破数营。

孙可望在高岗见此情状大惊：“马维兴与诸营都叛我啊！”其余诸

将见此惊骇，皆无斗志。

直到这时，见孙可望军中旗帜渐乱，白文选、马维兴二部合力击杀，李定国、刘文秀立刻抓住时机，率军队突前奋击。孙可望军败如山崩，拨马返身狂逃。

见战场胜负已决，李定国要刘文秀与白文选等人继续追击孙可望，他本人率兵疾驰，回救昆明。

孙可望的部下张胜走小路，五天内即赶至昆明城下，准备攻城。城中王尚礼披挂骑马，正欲接应，却被沐天波骗入朝中，软禁起来。

张胜等了半日，不见城内有人接应，只得硬着头皮下令攻城。欲挥令旗时，他忽然看见城内碧鸡坊的门楼上高悬“飞报大捷旗”，非常纳闷儿，就问城外居民那大旗是什么意思。居民讲：“李晋王在交水杀败秦王，昨夜差人报捷，故而竖旗。”马宝趁机说：“我们大营兵败，李定国必派兵截我们后路，现在只能撤退为上！”于是，张胜、马宝等人再不敢攻城，纵兵城外大掠一番，趁乱逃走。

城中被软禁的王尚礼听说张胜撤走，知道事情败露，惊慌中以腰带上吊自杀。

张胜回撤途中，在浑水塘正遇李定国，双方列阵死战。由于只有这一条退路，张胜挥兵拼死搏杀，一时间杀得李定国军阵脚大乱。

刚经交水大战，未及休整，又连夜赶路，李定国军战斗力消耗极大，打了近一个时辰，疲态顿现，李定国属下士兵扛不住，呈现全线溃败之势。

列于张胜阵后的马宝发现情况不妙，马上向张胜兵阵连发大炮，呐喊杀来。张胜虽是勇将，见此也不得不惊，大叫：“马宝也反了！”拍马就逃。

跑了一宿，张胜半路见自己的部将李承爵来迎，心中大喜，庆幸自己终于逃得一命。二人正寒暄间，忽然冲出数名兵士，把张胜击于马下，五花大绑。张胜大骂：“汝为部将，何敢叛我？”李承爵回道：“汝敢叛天子，又安能责我！”张胜哑口无言，被押送至昆明后，永历帝下令送入闹市斩首。

十月一日，孙可望逃至贵州境内，忙令留守大将冯双礼把守威清等地要路，相约说：“如果刘文秀追兵至，可速放三炮通知我。”

冯双礼早得到李定国让孙可望疾逃的指令，没过多久就点放三炮，吓得孙可望连水也没喝一口，携妻儿亲信以及大批金银辎重逃出贵阳城。其实，当时刘文秀大军离城尚远，刚到普安。

众叛亲离之际，孙可望这个“国主”狼狈至极，行至新添，他的妻妾、辎重尽为冯双礼手下所劫掠。到达偏桥时，孙可望随从只剩二十个人。路过镇远、平溪、沅州等地，南明守将以及他昔日手下将领皆闭门不纳。到了靖州，他才得喘一口气。

穷愁之下，孙可望有如下几种选择：

第一，隐退山林，与李定国讲和。毕竟二人从前在一个锅里吃饭，他已经失势，李定国饶他一命应该不难。

第二，招收旧部残兵，伺机反扑。看上去虽然很难，但随着时间的推移，仍有东山再起的可能性。

第三，最下的一招，就是向清军投降。

孙可望选择了最下的一招，恨恨表示：“孤不惜此数茎头毛（指剃发），当投清营借兵，以报与李定国之不世之仇！”

孙可望最后确实狼狈，明兵追杀之下，仅与十余人投往武冈清营，身几不免。

不久，李定国与马宝进兵永昌，擒杀王自奇，其余孙可望兵将，皆束手归诚。至此，云南、贵州大定。论功行赏，永历帝下诏，封白文选为巩昌王，众将赏爵有差，皆获厚封。

永历帝先前赐金簪让他与孙可望请和的张虎，情急之下率残兵投奔老同事刘文秀。刘文秀立刻派人把他捆绑起来，痛斥说：“天子派你去讲和，你却挑拨说是让你用金簪行刺，真是小人！”张虎被押至昆明凌迟处死。

那个一直撺掇孙可望称帝的方于宣，本来正在靖州一带主持考试，所出题目有“拟秦王出师讨逆大捷”等。得知孙可望败走消息，他马上派人送信给原被孙可望软禁的巡按钱邦芑，说他要“纠集义旅，生擒孙可望以献功朝廷”。不久，昆明来人把他抓住，宰相未当成，他就地被人宰掉。

黔滇大定之下，永历朝廷并无振作之相。马吉翔与李定国手下亲信金维新等人打得火热，李定国日益受其蛊惑，疏远正人，信任宵小，致使奸党布列朝廷。

见此情形，有识者皆知南明国事已，大不可为。

到死难洗一生羞

孙可望降清的下场

孙可望降清，是南明史上的一件大事。他投降之后，虽未亲自为清朝军队做向导，但把西南三省虚实尽告洪承畴，致使清朝及时调整方略，直捣虚处，使南明彻底丧失了喘息的机会。

交水之战爆发，清廷很晚才得到这个消息。大战发生一个多月后，即顺治十四年（1657 年）十月二十七日，湖南永顺地方军才接到土司送来的情报，得知南明内讧的消息。

十一月初一，孙可望手下将领赵世朝先到清营，报称孙可望要降清。清军总兵李茹春急忙调兵前去接应，在杨田桥巧遇被自己人追得上天无路入地无门的孙可望。重兵相迎，李茹春派人把他护送到宝庆府。

对此，洪承畴极为重视，他本来要去宝庆亲迎孙可望，但又怕南明军突然发动攻击，就派人接孙可望至长沙。很快，他本人也到湘乡翘首而待。十二月初三，两人携手来到长沙。

安置过后，孙可望一行人正式剃发降清。

北京的顺治帝也特别重视孙可望的到来，以极快速度破格封他为“义王”。对此，孙可望感激涕零。回想自己坐拥滇、黔时，南明朝廷为一个王爵迟迟不予的前尘往事，不能不让他感慨万千。

研究南明史，乍看洪承畴给北京清廷的奏表，给人这样一种感觉，即孙可望早已与洪承畴联络，一直准备降清。而且孙可望降清的原因，似乎是洪承畴此前做了许多工作，循序渐进，终于产生成效。

实则不然。

洪承畴任五省经略后，清军在湖广、两广、四川等地举步维艰，进取无兵，驻守无粮，进退维谷，基本上与南明处于战略相持阶段。

清军不仅士气低落，而且在相当长一段时间内，招降招抚的招数也不怎么管用。

从孙可望方面讲，他从贵州出逃的路上准备投降清朝时，就已经向洪承畴发信。他当时的要求是“借兵复仇”，收复云南，其本意还想事成后做一面之王，条件是向清廷按年缴贡纳赋。如果他手里有兵，自然可以以这样的语气来与清政府讨价还价。

孙可望败得太快，跑到湖南时，基本成为光杆儿司令。于是，他只能改变口气，表示只向大清借兵“以雪深仇”，并希望自己能成为清王朝属下的太平百姓，再不敢提及要回据滇黔之事。

洪承畴为清朝主子鞠躬尽瘁，但毕竟精力、体力有限。作为五省经略，在相当长的时间内，他一直误判形势，对李定国、孙可望、郑成功等人的关系搞不太清楚。为了掩饰自己的无能和清军面临的尴尬局面，他总是上疏渲染李定国、孙可望、郑成功等人互相“联合”，对南明各系中的矛盾没有本质的认识。

由于当时洪承畴的误判，北京顺治朝廷非常动摇，不想再拖耗下去，甚至准备放弃湘、粤、桂、川、赣、滇、黔七省，与南明永历政权同为“南北朝”。

清廷内部产生这样的想法，与其当时的满洲高层贵族状况有莫大关联。顺治六年，豫亲王多铎病死。转年，摄政王多尔衮病死。而后清廷内部政治斗争，豪格、阿济格两个王爷均被赐死。再后，郡王罗洛辉、阿巴泰、博洛等人相继病死。顺治九年，敬谨亲王尼堪又为李定国所杀。所以，除郑亲王济尔哈朗以外，名王宿将，凋零殆尽。清朝富有实战经验的军事领导层，基本不复存在，八旗军力迅速下降。在这种情况下，清廷才不得不信用汉人“三王”以及洪承畴等前明降臣，并以绿营汉兵为战斗主力军。

由于征兵转饷，致使数省骚动，又无任何大的进展，洪承畴到任后，不断受到在京大臣弹劾。作为官场“老油条”，洪承畴以退为进，在顺治十三年，他上疏求退，要求回京休养。

顺治帝失望之余，也下诏同意他的请求。洪承畴很能装，他在揭帖里把自己的病情写得活灵活现：“……热症大发，烦躁有加……每一阖眼，则塘报、本章、兵马、钱粮俱聚胸中，魂梦思想，语言颠倒……稍一停歇，则喉舌干枯，气竟隔断……如此者，已将及十日，米食全不想下咽……（我）一身固不惜，倘致有误，封疆大计，关系非小……”

正欲离职之际，孙可望归降信到，郁郁寡欢的洪承畴兴奋莫名，假病变真病的衰态刹那全消。

如同打了一针兴奋剂一样，他马上给顺治帝上疏要求带病留任——其实最大的目的，就是想把孙可望投降之功全部据为己有。

洪承畴一向见人下菜碟，同为“势穷来归”，之前南明将领张名斌带一百多士兵投降，洪承畴立刻下令处决，并把降将的妻妾财产皆没收入官。孙可望仅偕左右二十人来降，由于他名气大，是南明“秦王”，洪承畴知道对方利用价值大，立刻破格对孙可望即时薪俸全支，上疏竭力为老孙争取王爵。

喘定之后，孙可望投桃报李，无论是逢人宣讲还是自己上奏，盛夸清朝“连年湖南、广西以守为战，节节严密，遂致明朝内变，使我决计奔投”——巧妙地为洪承畴歌功颂德，让顺治皇帝和清朝大臣们觉得似乎南明内讧和他自己的投降，皆是因洪承畴在五省经略有方所致。

不仅如此，孙可望投降后，向洪承畴尽告云贵虚实，画山川地形图，把南明诸将士兵的守卫情况一一细禀。洪承畴根据孙可望的指点重新安排军事计划，反复研商修改，最终成为“云南通”。

而后，清军将西南进军计划修改如下：第一，一改昔日三路大军齐集费饷费粮的作为，先发两路军，继发一路军，在云贵步步为营，稳扎稳打。如此，则可免三路大军齐聚争粮之弊；第二，一军入贵州占领省城后，严禁分兵误入崇山深林拼消耗，而是要各军因地制宜，分守要害，蓄锐养威，协调指挥，从四方八面合歼南明军队。

另一方面，孙可望虽大溃败，他在南明的政治影响力仍不可低估。其原先的手下将领士兵虽然暂时投降李定国，日久必然产生新的矛盾。清军打着他的招牌，又有他手下数名降将熟门熟路当向导，进攻云贵，自然是事半功倍。

本来，孙可望还自告奋勇要随清军出征，但清廷觉得他在北京具有更大的利用价值，就把他召回京城。

当云贵渐平，孙可望这位“义王”的利用价值也就越来越小。

顺治十五年七月，孙可望得知失散十多年的弟弟孙可升在上海的消息，喜不自胜。他忙向清廷打报告，要求清政府用公家驿传把他那个当小兵的穷弟弟一家运来北京与自己团聚。殊不料，这么一个小小的请求，却引来清廷御史一阵猛轰。参劾他的疏奏还有理有据：“（孙可望）始以张献忠养子荼毒蜀楚，神人共愤。继而称兵犯顺，逆我颜行。迨众叛亲离，计无复之，方率数百疲敝之卒，亡命来归……”

揭他老底后，御史又称，孙可望之弟只是一个食粮兵丁，白身无官，这样的人，怎敢冒用妄用国家驿传？看到劾奏后，孙可望如五雷轰顶，赶忙上疏谢罪。

不久，又有人揭发孙可望家人在天津有放债取利之事。为此，他很快遭到清廷斥责几天睡不着觉，鬓发皆白。

听闻清军大定云南的消息，孙可望知道自己的利用价值已经不大，只好主动上疏，乞辞王爵，时为顺治十七年（1660年）夏天。顺治帝却假装高姿态，仍下旨让他保有王爵。

孙可望一肚子苦水，满腹郁积“苦衷”，向顺治帝诉说：“臣于明季失身行伍，浪迹疆场，各处人民迁徙逃亡无居所，此怨臣者有之；今臣叨膺（皇帝）宠眷，无寸功可记，一旦锡以王爵，此忌臣者有之；再可虑者，臣下文官如吴逢圣、武官刘天秀等百有余员，蒙皇上格外加恩，官爵太重，每见（他们）出入朝班，诸人睨目而视。臣知朝廷有逾分之（恩）典，众心沸腾之端也。然怨忌既积于心，妒害自生于外，谤议之事，久知不免。”

这年年底，孙可望就死了。正史上说他是“病死”，但《行在阳秋》等笔记中，均说他在是随顺治帝出猎时被皇家禁卫军射死。如果是中箭而死，显非清朝军人误射。还有笔记记载他被清廷毒死。而且，记载他非正常死亡的笔记作者，皆是明末清初的汉族学人，事有所闻，当非空穴来风。

孙可望死后，其子孙征淇袭封，几个月后即死掉，死因更可疑。孙征淇之弟孙征淳袭封后，清廷没再下手。康熙初年，清廷削减“义王”孙征淳俸银。孙征淳死后，清廷把孙家的爵位降为公爵。到了乾隆年间，清廷索性取消了孙家子孙的“世职”。老孙一家，就这样凭空消失于历史舞台，只留下无耻的声名和后人的笑骂。

为行文方便，再讲一下洪承畴。

孙可望降后，洪承畴作为清朝“开国功臣”的形象更加高大和完满。他不再装病，为清军进攻滇黔日夜操劳，夙兴夜寐，日理万机。

由于出身汉人儒臣，不仅在军事上策划进军路线，老洪在政治上还制定出“收拾人心”之策，为清廷主子可谓殚精竭虑。比如，对待当地少数民族，他为清廷出主意，对这些人不要采用“剃发易服”的政策，转而用收买政策。对富于民族自尊心的汉人，清廷一定要坚持剃发易服，从心理上摧毁民族意志，对于这些穷乡僻壤的土著，确实用不着枉费此心。洪承畴这招果然管用，众多的云贵土著纷纷归附。

清军攻夺云南大部之后，洪承畴不避路远崎岖，亲自到昆明坐镇指挥，处理善后事宜。

忙到顺治十六年年底，老洪真的得了重病，上疏乞休。得到批准后，准备回北京养病。

顺治十八年（1661 年），顺治帝病死，人在淮安的洪承畴闻此噩耗，号恸欲绝。他舍舟登岸，以垂老之躯，乘马飞奔到北京奔丧，在景山大哭顺治帝（难道一点儿没有哭崇祯的意思？）。素袍白服，直哭了二十多天。

以后，每至月朔，洪承畴都要哭一次顺治帝，如逢节日，他就要在家摆设香案，身穿朝服，望阙叩拜，以表达他对清朝的耿耿忠心。康熙四年，洪承畴病死于家中，时年七十三岁。

过了两年，清廷才发下碑文，基本上对他的一生做了总结，仔细推敲，褒中有贬：

> 稽古兴朝，必有贤良之臣，坐则荣以高爵，殁亦赐以丰碑，所以劝忠，盖其备也。尔洪承畴，才能敏练，器宇渊宏，我朝平定锦州、松山等处，破明兵十三万时获尔，蒙太宗皇帝宽恩抚育（这两句话最意味深长）。逮克取京城，大兵南下，尔图报豢养之恩，督理绿旗官兵，协同大兵歼逆，首擒伪王，发获奸细，招徕叛党，除党安民，所在著绩。事竣还朝，仍赞纶扉，尔能夙夜宣劳，恪供厥职。旋畀尔经略五省，随满洲大兵，进取云贵，招抚军民土司，供应大兵粮饷，能济军需，边疆有赖。克襄王事，屡建功绩，特授世职之荣，以示酬庸之典。忽闻长逝，甚悼朕怀，特赐谥曰“文襄”。

到了乾隆时期，天下大定，清廷自然要把洪承畴列入《贰臣传》。不过，由于他对清廷劳苦功高，乾隆帝把他安排在《贰臣传》的“上编”。

无论入“上编”还是“下编”，洪承畴都是贰臣，盖棺论已定。

至于后人揣测洪承畴有心存明朝之意，说他到长沙任五省经略后没有尽力南进之事，内心是想给南明喘息的机会。这种揣测，纯属不知历史细节的虚妄臆测。

当时的洪承畴，心血耗尽，在得了眼疾几乎失明的情况下，呕心沥血，一心一意想灭亡南明为清廷主子效忠。只是中国南方局势太复杂，他一时不得要领，所以才招致朝中政敌的攻讦，说他进取不力。

孙可望投降后，尽告两省虚实，洪承畴于是豁然开朗，择将调粮，舍马步行，行走于沼泞崎岖之中，苦心经营，疏请清廷不要干预吴三桂等人的军事行动。正是他不遗余力地出谋划策，才最终灭掉了南明政权。

只有前朝死灰不能复燃，洪承畴这样的降臣才能在晚年落个心安——终于不用担心明朝有人问其反叛之罪了！

倘若没有洪承畴、吴三桂这样的降臣，南明不可能那样迅速灭亡。

国姓爷的私心

海上称雄郑成功

李敖大师在北京大学讲学时讲道：郑成功之母为清兵所奸污，愤而自杀。郑成功悲而大恨，亲自用刀剖开他母亲的尸体，濯肠而洗。

当时李大师发言之意，在于痛斥中国古代的“封建”流俗和落后的男女观，事实上却不是这么一回事。这段记述出自清朝佚名作者的《赐姓始末》一文。这篇文章仅短短三千字左右，其实没有太大的史料价值。有关郑成功剖母之说，原文如下：

> （郑）芝龙既降，其家以为可免暴掠，遂不设备。北兵（清军）至安平，大肆淫掠，（郑）成功母亦被淫，自缢死。（郑）成功大恨，用夷法剖其母腹，出肠涤秽，重纳之以敛（葬）。

可见，剖开被奸污妇人的肚子取出肠脏等洗干净，不是中国之俗，乃“夷法”，日本之俗也。对此，国人大可翻看日本典籍，估计能找到不少类似记载。

中华礼仪之邦，从没听说过哪位英雄有剖母尸涤洗盘肠的“清洁”之举。所以，李大师的“痛斥”，实无根据。

初出茅庐见识奇

郑成功的早期活动

郑成功，原名森，号大木，为郑芝龙长子，其母乃日本田川氏（中国称翁氏）。郑成功出生在日本长崎，七岁后才来中国。由此推知，他肯定是个会讲中日两种语言的混血儿。

至于“郑成功”之名，乃南明隆武帝所赐。当时，看见小伙子仪表堂堂，隆武帝嗟叹：“恨无一女嫁卿。”于是便赐他“朱”姓，名“成功”，礼禄同明朝驸马规格。

自那时起，郑森就变成了“郑成功”，文献中的“国姓爷”“国姓成功”“赐姓”“朱成功”，皆是指这位郑爷郑成功。

郑芝龙降清后，被博洛诱拐入北京。清军抛弃先前承诺，杀入安平郑氏老巢，大肆烧杀奸淫。其母田川氏四十多岁妇人，惨遭轮奸，愤而上吊自杀。正是母亲愤而自杀的刺激，才使得郑成功抗清之心益炽，一直和清朝周旋不休。

1647 年，隆武帝死后，永历帝在广西即位。手下只有三百人的郑成功人在厦门，立刻遥奉永历年号，奉为正朔。

郑成功不停地招兵买马，不断扩充武装实力。李成栋反正后，有大批原属郑芝龙的人马趁机回到郑成功手下，诸如施福、施琅等人。他们的复归，大大增加了郑成功的力量。

1649 年，郑成功为夺取地盘和扩大军粮来源，进攻潮州。但是，当时守潮州的不是清军，而是已经反正的李成栋部下郝尚久部明军。郑成功派数千人乘船而来，在潮阳、普宁一带大肆劫掠，包围了潮州城。最终，逼得气闷的郝尚久转而以潮州坚城降清。清军与郝军联合，击败、赶走了郑成功的军队。

郑成功为渊驱鱼，干出了亲痛仇快之事。

从潮州败回的郑成功忽然率队突袭族人郑彩、郑联兄弟占据的中左所（今厦门）和金门，杀掉郑联以立威。

厦门、金门两地一直为郑成功族人郑彩、郑联兄弟所据。郑成功的族叔郑芝鹏劝说郑成功，乘间攻取这两个地方作为根据地。

郑成功犹豫："取之不得，反与他们结仇，那怎么办？"

他的另外一个族叔郑芝莞则胸有成竹："郑彩远行在外，只有郑联一人在厦门。天予不予，必受其咎！"

郑成功手下将领施琅也劝："郑联嗜酒无谋，不足为虑。藩主您先以四艘巨舰扬帆回师，寄泊在鼓浪屿边上。对方见到我们来船少，肯定不会起疑。而我们其余的船只，可以假扮为商船，在旁边各港停泊。然后，您登岸拜谒郑联，相机而动，此即吕蒙赚荆州之计！"

郑成功点头，但心中依旧迟疑："我想善取二岛，不想落有杀兄之名。"

郑芝莞进言："善取，想法很好，但恐其部卒不服。一定要杀掉郑联，才会断绝其部属之心。类似事件，古已有之，唐太宗杀李建成、李元吉，所以能成大事！"

一席话，让郑成功下定决心。于是，他率手下甘辉、施琅等人领精兵五百、船四只，于中秋之夜，驾船泊靠于鼓浪屿。

当时，郑联饮酒大醉，与几个美姬倒卧于城东数里之外的万石岩钟乳洞中快活。他手下士兵通报郑成功来袭的消息，却遍找主将不得。于是，大家只能眼巴巴看着郑成功的五百士兵以及接应的兵船迅速占领全岛。

转天一大早，郑联酒醒惊起，仓皇乘小船出迎。

郑成功没事人一样，在海面上对郑联笑着说："近日打仗，连连败绩，仁兄能把您手下军队借我一用吗？"

郑联气极，未及答言，郑成功手下将士忽然乘快船突前，很快就控制了郑联。郑联束手就擒。

郑成功笑呵呵地与手下士兵跳上郑联的座船。当时，青天白日，郑联所属将士，都在海上各艘大船上站着，眼睁睁看着主将被人诱擒，没有一个人敢动。

郑成功佯装无事，邀请郑联在虎坑岩饮酒作乐，投壶角胜，欢笑寒暄。外人看上去，似乎这兄弟二人没有任何嫌隙。

郑联只得强作笑脸，陪同郑成功喝酒，心想等哥哥郑彩回来后再作打算。其实，郑彩出发前，曾经警告过郑联，要他提防郑成功及其手下人会侵占二岛。当时，郑联大不以为意，嘴一撇，笑着说："大木少年乳臭，何足介意！"没料想，真的让郑彩说中了。

郑联喝得差不多了，表示要回中左所家中休息。郑成功把臂言欢，依依不舍而别。行至半路，郑成功手下埋伏的刺客冲出，精准一刀，砍掉郑联的脑袋。

郑成功勒兵入城，当着众人的面，假装拍胸长号："谁杀吾兄，我和他拼命！"然后，他以重兵把守郑联家门，诬称郑联手下章云飞暗害其主，随即下令杀掉这个郑氏兄弟的主要军事参谋，算是又拔掉一个大钉子。

郑联的部将陈俸等人见势不妙，怕自己也被杀，即刻赶往郑成功处，表示服从。

发觉情况大变，由于家属都在厦门、金门二岛，于是，驻扎在附近的郑联手下大将杨朝栋、王胜、杨权、蔡新等人，纷纷率战船向郑成功表示归降。郑成功不战而胜。

知道厦门、金门皆为郑成功所占，在外的郑彩倒算识相，他对郑成功派来招他回岛的信使讲："我年纪大了，郑家子弟能继志者，唯有大木一人！我愿全军解付于他。"于是，他和另外一个弟弟郑斌率残军归于郑成功。

这样一来，厦门及厦门附近岛屿皆落入郑成功掌握，使他终于得到了梦寐以求的大块根据地。可惜的是，没高兴太久，想夺取更多财物和土地的郑成功，便率军从海上出掠广东。螳螂捕蝉，黄雀在后。由于他没有在意根据地厦门的防御，清军乘虚而入。

趁郑成功大军在外的大好机会，清朝福建巡抚张学圣等人出其不意，攻占厦门，把郑氏家族的巨额黄金、白银储藏一掠而空。

清军之所以轻易得手，也因为当时郑芝龙还在北京，所以，郑氏家族中不少人与清廷若即若离，没有严密防备清军。特别是郑氏族人，如郑芝豹、郑鸿逵等，皆负有放纵清军的责任。

去广东没抢到多少粮食，厦门老窝倒被清军占据，郑成功急火攻心。他立刻率水师返回厦门，引刀断发，表示与清朝不共戴天。一气之下，他还把行事不利的族叔郑芝莞斩首，以儆效尤。

而后，由于部将施琅擅杀郑氏亲将曾德，惹得郑成功发怒，拘禁了施氏父子。施琅借机逃脱。郑成功气愤之余杀掉施琅的父亲和弟弟。惊怒悲痛之下，施琅降清，为日后康熙朝“收复”台湾埋下伏笔。

在此，顺便再讲一下南明的鲁监国。

摆脱郑彩控制后，鲁监国得以栖身舟山群岛。在浙江一带牵制住不少清军。

多尔衮大感不安，于1650年（永历四年，顺治五年）派清将金砺和田雄等人大举扫荡四明山区，聚结水军准备进攻舟山，解决掉鲁监国政权。

鲁监国手下并不乏将才。张名振、张煌言等人定计后，由鲁监国亲征，率船向北出走。他们依恃海上优势，直捣吴淞。此举原意很好，围魏救赵。但明军运气不好，横水洋一战，明将阮进手抛火弹入清军主将金砺的坐船，却反被弹回，把自己烧得重伤落水而亡。

主将一失，舟山不能进行有效抵抗，最终被清军攻克。鲁监国的世子被生俘，其正妃投井自杀。当时留守舟山的不少明臣，如大学士张肯堂、兵部尚书李尚中等数十人，皆自杀殉国。

幸亏鲁监国先前“御驾亲征”，才避免了被清军俘杀的命运。张名振等人无奈，只得拥保着鲁监国远走，最后进入郑成功的地盘海坛岛。

但是，郑成功先拥隆武帝，后奉永历帝，他一直不承认鲁监国政权，双方非常尴尬。还好，郑成功没动杀机，只以宗藩之礼对待鲁监国，并逐渐“收编”其属下军将。1652年，寄人篱下的鲁监国不得不放弃“监国”名号，派人上表给永历帝，奉之为正朔，表示归藩。由此，这位“代理皇帝”（监国），仍旧变回为“鲁王”。

这时的郑成功，很想有一番作为，永历六年（1652年）正月，他率舟师，浩浩荡荡直奔漳州而来。海澄清将见来者势大，马上投降，郑成功入据城中。

稍事休整后，郑成功指挥军队把漳州府城包围起来。由于城坚难攻，郑成功采取围固之法，半年之内，城内死去无数兵民，基本都是死于饥饿。漳州即将被攻克之时，不巧清将金砺率援军赶到。郑成功接战失利，不得不撤围而走，退回海澄。

回到厦门后，张名振、张煌言建议，由他二人率领部分舟师北返江浙，如此可以牵制清军。郑成功同意，放二人率从前的部分鲁监国军队返还。

不久，听说清将金砺率大军猛攻海澄，郑成功急忙亲赴前线。他身先士卒，亲自指挥作战，安排火药战（类似地雷战），杀伤清兵无数，取得海澄大战的胜利，打得清军被迫撤退。

为了整固海澄这个陆上“踏脚石”，郑成功煞费苦心，他派人把海澄修成铜墙铁壁一样，安置铳炮，内囤粮草，与厦门、金门遥相呼应。

诡异人间父子情

郑芝龙和郑成功

郑成功的父亲郑芝龙，确实是冤大头一个。他被博洛带回北京后，获封了一个不伦不类的官职，隶于左梦庚旗下，形同软禁。

清朝的顺治帝亲政前，郑芝龙一心报效投顺，但大功皆被博洛等人冒领。当时，多尔衮对他非常猜忌，在其私宅内外令人严密看守。一年后，其二子被遣送到北京“入侍”，于是父子三人皆成清朝人质。在北京最初的六七年间，郑芝龙的日子只能用四个字来形容：苦不堪言。其间，郑成功曾遣人入京看望，却被清廷下狱审问，使得郑成功再没有派人来联系。

顺治亲政后，十分关注郑芝龙的待遇。这位年轻皇帝非常想利用手中这张活牌，招降郑成功。顺治帝下旨，大赞郑芝龙“投诚有功”，并把他的次子郑世忠提拔为侍卫官。感激涕零之余，郑芝龙在表达自己如出深渊而步入九天的欢欣鼓舞的同时，上表献计，帮助清廷出谋划策，招降其子郑成功。

由此，南明史上不可忽略的“郑清议和”被启动。

顺治十年（1653年）夏，清廷正式发出敕谕，封郑芝龙为同安侯，郑成功为海澄公，郑鸿逵为奉化伯，郑芝豹为左都督，并表示郑成功先前与清军的作战属于“保家自全，并非悖逆”，给郑氏一个台阶下。

作为清朝使臣前往宣谕的，是郑芝龙的表弟黄征明（前明户部主事，当时已经降清）。初次与清朝深入接触，郑成功内心深感狐疑。他复信一封，托人带给其父郑芝龙。实际上，信中内容，显然是给清廷一方看的：

> ……贝勒（指博洛）入关之时……啖父以三省王爵，始谓一到省便可还家，既可谓一入京便可出镇。今已数年矣，王爵且勿记，出镇且勿记，即欲一还故里，亦不可得！彼（清朝）言岂可信乎？……（清军）乘儿远出，妄启干戈，袭破我中左（指1649年清军攻袭厦门），蹂躏我疆土，劫掠我士民，掳辱我妇女，掠我黄金九十余万，珠宝数百镒，米粟数十万斛……闽粤海边也，离京师数千里，道途阻远，人马疲敝。……（清军）兵寡必难守，兵多则势必召集，召集则

粮食必至于难支。兵食不支，则地方必不可守。（清军）虚耗钱粮而争必不可守之土，此有害而无利者也……其或者将以三省之虚名，前啖父者，今转而啖儿。儿非不信父言，而实其难信父言……父既误于前，儿岂复再误于后乎？……

清廷仔细研究了郑成功的回信，经过商议，就再给郑成功"靖海将军"印一枚，扩大他的事权，还要割漳州、潮州、惠州、泉州四府钱粮给他做兵饷。

郑芝龙听闻儿子向清廷狮子大开口，忧虑的同时又见到希望，忙向顺治帝"大摇尾巴"，上疏痛斥儿子"不自量力，竟向皇上索取甚多"，同时，他战战兢兢指出，儿子郑成功对清朝的诏使甚恭，很有"亲亲敬主之心"。

对于儿子郑成功拒不剃头之事，郑芝龙在揭帖里面把自己的态度讲得活灵活现——"恨不能亲揪郑成功之头剃发！"（郑芝龙《为皇恩日厚、臣思恩益深、恭陈愚见、以候圣裁事》）。老小子的情急之态跃然纸上。在对郑清和议抱有极大希望的同时，郑芝龙提出要次子郑世忠再随钦差往福建，谕劝郑成功投降。

郑世忠于顺治十一年（1654年）七月二日出发，八月五日入福建。他带来的清方条件没有多大变化，仍是要郑成功"剃发受诏"以及"回府安插"。

其实，在等候清朝使者往来的这段时间里，郑成功一直没闲着，在招兵买马增强实力的同时，他派人前往漳州、泉州等多个地方"征饷"。由于北京的皇帝正与对方谈判，清朝各地政府不敢私自破坏"和谈"，只能出银出物给郑成功。这是因为郑氏军队到来时，持有的文书上都盖有清帝敕封的"海澄公"大印。

九月间，郑成功在安平镇列营数十里，炫耀武力，与清朝遣来封官的内院学士叶成格等人会面。但是，见面归见面，郑成功拒不剃发。

不剃发，清使就无法开诏。相持七天之久，最终双方谈判破裂。

郑世忠带领郑氏亲族数人晚间来到郑成功营内，流泪规劝："二位清朝使臣这次失意归京，大事难图。我等回京复命，必无活路。我等死也罢了，但太师老爷（指郑芝龙）怎么办？如果大哥您剃发归顺，可全活咱们一家人！"

郑成功很冷静："我不剃发，可保全父命；如束手归降，父命不保！"

郑世忠下跪痛哭："希望大哥为保父命，剃发投降。"

郑成功不言。其身旁官员沈佺期喝道："藩主剃发，为令尊大人。我等剃头，又为何人！况我等横行海上数年，不堪羁绊。"此言此举，皆为郑成功事先安排。郑世忠等人无奈，只得大哭出营。

当然，郑成功也未把事完全做绝。他在给父亲郑芝龙的信中，表明了自己的态度，委婉地为自己不剃发做出辩解：

> ……不意地方无加增，四府竟为画饼，（清廷）欲效前赚吾父故智，不出儿平日所料。遽然剃发，三军为之冲冠。……清朝若能信儿言，（我）则为清人，屈于吾父为孝；若不能信儿言，则为明臣，尽于吾君为忠……（清）二使未曾与儿商榷，徒以剃发二字相逼。儿一剃发，即令诸将剃发乎？即令数十万兵皆剃发乎？即令千百万百姓俱剃发乎？一旦忽然尽落其形，能保其不激变乎？……大抵清朝外以礼貌待吾父子，内实以奇货居吾父……明明欲借父以挟子。一挟，则无所不挟，儿岂可挟之人乎？且吾父往见贝勒之时，已入彀中。其得全至今者，大幸也。万一父一不幸，天也！命也！儿只有缟素复仇，以结忠孝之局耳！

在这封信中，郑成功向清朝摊明了自己的底牌。而他给其兄弟郑世忠的信，更明白无误地道出了心声："……夫虎豹生出深山，百物惧焉。一旦入槛阱之中，摇尾乞怜者，自知其不足以制也；夫凤凰翱翔于千仞之上，悠悠乎宇宙之间，任其纵横而所之者，超超然脱乎世俗之外者也。兄（自指）名闻华夷久矣，用兵老矣，岂有舍凤凰而就虎豹者哉！……"从给兄弟的信可以看出，郑成功《庄子》读得不错，书信内容酣畅淋漓。

从上述种种，可以看出，郑成功并非百分之百的明朝忠臣，实乃割据之雄。

清朝两广总督李率泰对郑成功的心理最能言之而中，他写信相讥："阁下自诩忠臣，无三省之封，即舍清而忠于明；有三省之爵，则弃明而忠于清，真可笑也！"

表面上看，郑成功借谈判之机，获取了不少时间和银饷，但从南明全局上看，"郑清议和"，贻害匪浅。

首先，张名振、张煌言率鲁监国余众三入长江，声势浩大，船队上面高悬大明旗帜，几次在南京江面驶过，大振江南民心。但是，他们恰恰因兵饷不足，陆战无力，急需支持和后援，而当时郑成功因与清谈判，对二张的进取不予支持，使得他们的长江之举最终是雷声大雨点小，没有取得任何实际性进展。落寞之余，二张怅然退回。

其次，李定国两次率军入广东，千方百计争取郑成功军队的响应，准备共襄复明大业。郑成功均是书面答应，虚与委蛇，从未真正派出队伍打击清军，他既不派出军队对清军予以牵制，也没有登陆与清军实战，致使李定国在肇庆和新会两次大败。

郑成功只是口头上表示与李定国会师两广，实际上他心中只考虑本人及郑氏家族的利益。为了作和谈姿态给清朝看，郑成功不仅软禁李定国使者，又拒不出兵增援李定国，使得对方孤掌难鸣，功败垂成。这样一来，李定国收复两广、攻取江南的战略计划落空。最后，李定国只得改变方针，提军往安龙"搭救"永历帝。南明复国之希望，全然成空。

“郑清议和”破裂，郑芝龙的日子就所剩无多了。很快就有清廷御史龚鼎孳弹劾他：“子于海上用兵，父在京城高枕无忧……将为肘腋之患。”这位龚爷是李自成入京后投降的前明大臣。当时，有人问他为什么不自杀殉国，他说：“我想死，但小妾不肯让我死。”他的小妾也很有名，乃名妓顾横波。多名汉人降官争先恐后献计上疏，要顺治皇帝对郑芝龙一家灭族处理。

拖到顺治十四年，家人尹大器告发郑芝龙密谋不法。清朝廷议，决定要把郑芝龙和他在京的四个儿子与其弟郑芝豹一并杀掉。

顺治帝“开恩”，批旨表示要“从宽”处理，于是清廷把郑氏一家流放于宁古塔。但是，顺治帝不放心，下旨要地方军队对郑芝龙等人“加铁链三条，手足杻镣”，严加看管，以免被郑成功派人救走。

郑芝龙在臭烘烘、冷冰冰的宁古塔地牢的屎尿堆中熬了四年多，忽然北京传来消息，顺治帝驾崩，康熙继位。清廷密议，决定诛除郑芝龙及其四子，以免后患。不仅如此，郑氏家族所有在清朝统治区的三族之亲，皆遭斩首，家产全部抄没。

郑芝龙折腾了一辈子，落得如此下场，真让后人叹息。“背恩事仇，教子以贰”，这八个字，可为郑芝龙“盖棺定论”。

对郑成功来讲，“郑清议和”确实让他赢得了一定的时间，增强了一些实力。

永历八年（1654年，顺治十一年），清军漳州守将投降，郑成功趁机攻占泉州。清廷震惊，即刻发大兵前来打击。由于陆战非郑成功所长，他下令士兵摧毁漳、泉二州以及所署县城的城墙。所有大砖巨石，皆搬运一空，全部用于厦门、金门等地的工事修造。

由于派饷毁城，郑军给当地居民的印象非常不好，百姓皆称之为“海寇”。确实，郑军不少军将是海盗出身，劫掠习气十分严重。

从漳州、泉州一带陆地回撤后，由于郑成功擅长水战，他派舟师北进，与张名振等人在苏浙扩张，重新占领了舟山群岛。

南明大臣张名振是军将（游击）出身，郑成功对他十分忌惮，在派心腹将领陈六御“监师”后不久，遣人毒死了张名振。

张名振乃抗清名将，他为复明奔波多年，背刻“赤心报国”四个大字，可称是明朝忠臣。此前舟山为清军攻陷，他的母、妻、子均投火自杀殉国。缟素入城后，寻尸不得，不久，他即遭郑成功下毒。弥留之际，张名振握着前来探视的张煌言之手，说：“我君恩、母恩均未报答，如果我母亲尸体找不着，也不必葬我尸骸！”言毕，他以手击床，含恨而死。从此以后，苏浙一带原鲁监国一系的明军，皆对郑成功满怀怨毒。

为求割据称大，毒杀张名振，可见出郑成功为人。想当初舟山初次失陷，张名振率水军退往厦门见郑成功。郑成功对他非常看不上眼，横眼而问：“汝为定西侯，数年间所作何事？”

张名振：“中兴大业！”

郑成功轻蔑一笑：“中兴大业？安在？”

张名振：“有成，则征之实绩；无成，则在于忠心！”

郑成功：“忠心？何可得见？”

张名振即解释衣服，露出背上深入肌肤的“赤心报国”四个大字，陷肉逾寸，让郑成功和在场所有人皆一时愕然。此情此景，使得郑成功不得不道歉致意。

张名振一家，嫡母、庶母、妻子、兄弟阖家死国，忠烈满门。想他三入长江之时，遥祭孝陵，三军恸哭，作“十年横海一孤臣”之句，何其悲壮！

广东方面，由苏茂等人率领的郑军一度进展顺利，于1655年攻下揭阳、普宁、澄海三个县城。不久清军反攻，郑军不敌败走，临行装运走不少粮食和金银，所以此行算是小有收获。

郑成功性严，下令斩杀了揭阳战役中负有军事责任的将军苏茂。苏茂被杀，也是因为先前他私自放走了郑成功到处通缉的施琅。郑成功当时隐忍不发，如今找到借口。这一举动的后遗症十分严重，镇守海澄坚城的苏茂族弟苏明，不久即带领两千多士兵以城池降清，这使得郑成功顿失一大屏障。海澄乃郑成功大陆上面的一块绝对重要的踏脚石。

屋漏偏遭连夜雨，清军舟师又大举进攻舟山群岛。郑军大败，不得不从此地撤出，再丧失一大块根据地。

虽然军事势力仅限于金门、厦门、南澳以及沿海城府和岛屿，郑成功的力量也一直在发展和壮大。随着海上贸易的发展，他手下军队的实力呈越来越强的势头。

究其原因，主要在于他有一支极其强大的水上力量，可以四处游走，忽东忽西，忽南忽北，往来无踪。郑军海上经验极其丰富，而水军恰恰是清朝的弱项。所以，清廷在很长时间内都不能有效解决郑成功这个最令人头痛的“问题”。

船行迅速，来去无踪，郑军水上纵横，一会儿打舟山，一会儿攻福州。清军在福建等地沿海尤为紧张，四处“救火”。

永历十一年（1657 年），人在云南的永历帝封郑成功为延平王。有了王封，虽然是“二字王”，在明朝也是显爵。这位“国姓爷”腰板更硬了，且死心塌地奉永历为正朔，高举明帜，刻意经营自己的势力范围。

乘风破浪江南行

郑成功的“长江之役”

永历十二年（1658 年，顺治十五年）春，吴三桂等人率清军大举进攻云贵，致使东南空虚，郑成功迎来了人生中最大的机会。

初夏时分，他着手准备军事行动，集粮调兵，并在八月间在大洋山一带聚集（位于现在的杭州湾口处崎岖群岛，属嵊泗县）。

八月初十，郑成功正在召集军事将领开会，飓风忽起，水天相连，波涛似山。大风灾下，不仅楼船撞毁，士兵遭溺毙者成千上万，连郑成功的六个王妃与三个孩子郑浚、郑浴、郑温也因船只倾覆而淹死在江中（这三个孩子的名字皆水字边，又死于水，良可叹也）。千余艘战船，约三分之一损毁，八千多将士溺毙。为此，郑成功只得暂时搁置行军计划。

甚为奇怪的是，在中国历史的关键时刻，飓风总是帮倒忙。南宋崖山之役后，张世杰本想拥军再起，飓风一至，舟船尽倾；元军二次征倭，在五龙山停泊，连夜狂风，十来万人葬身鱼腹，功败垂成。

郑成功甫出兵即遇不利，在他心中留下了不小的阴影。无奈，长江之役只能往后推迟。清朝历史学者计六奇以为，郑成功听说其父郑芝龙被杀而出兵抵浙，此说根本不确切。长江之役于1659年开始，郑芝龙当时还被关押在宁古塔，两年多后顺治帝死后他才被杀掉。所以，郑成功舟师出海，绝不是“为父报仇”而来。

修整半年多，补船添兵。转年四月，郑成功与张煌言一起率千余艘战船，扬帆而来。郑成功船队首战告捷，一举攻克定海。然后，郑军乘船，遮天蔽江北上。

郑成功率领大小船只三千多艘，精兵十万余人，直扑江阴而来，因其城小，弃之不攻，直接溯北而上。

六月初八，郑成功大军至丹徒。六月十三日，众船集于巫山祭天，仪式庄严肃穆。诸舟环集，旗盖袍服俱用红色，望之如火。十四日，祭地及山河江海诸神，色俱用黑，望之如墨。十五日，先以吉服祭明太祖，次以缟服祭崇祯帝，色俱用白，望之如银。祭毕，郑成功大呼高皇帝者三，将士及诸军皆泣下。可谓六军感奋，誓师壮威。

清朝在南京一带军力薄弱。当时，大多数军队不是留驻北京，就是赴西南去消灭永历帝。惶急之下，镇江至瓜洲的十里江面，清朝守军只能以巨木筑坝来拦截郑成功的水军。

这项工程很不好做，长坝宽三丈，外抹泥，内用木撑，左右两端建立木栅，其中有射击孔，里面驻派的军人可以向坝外放射箭弩铳炮。同时，为了使得拦截坝更坚固，清军往坝两边加放了无数根直径逾尺的大木柱，用以堵截郑军海舟的冲撞。“炮石盘铳，星列江心。”

江水涌泡，木泥结构的拦截坝很快被冲垮。清朝南京守臣郎廷佐祭江后，终于使拦截坝暂时修成。其实，祭江只是“心理战”，大坝坍塌一次后，巨木沉江，形成稳固基础，再筑自然能成。这些临时拦截坝的费用高达百万两白银。

除郎廷佐主持南京防务外，两个在旗汉将蒋国柱和管效忠负责直接指挥，抵抗郑成功的大军。

十五日这天，两千多艘郑成功军船齐泊焦山，准备大举进攻。郑成功先派出四艘海船，外以厚厚白色棉被包裹，里面遍途乌泥，箭矢炮石皆不能伤。每船仅载几个人，从容扬帆而上。清兵观望，如临大敌，大发火炮，声若雷鸣。

郑军操船手不慌不忙，倏忽往来，一会儿近坝，一会儿离坝，诱引清军不断放炮轰击。

当时清军的红衣大炮威力虽大，也只是对攻城或者密集进攻的陆军有杀伤力。郑军水上游动目标小，清军大炮没有瞄准装置，只能白白浪费弹药。清军发炮五百枚，一条船也没打着。

郑军船只里面的士兵每次接近水坝，就会跳下水去，踏水抡斧，死命砍折水坝下支撑的大木。郑军水军循环数次，清军拦截坝已经呈现松垮势头。

六月十六日，判定清军大炮弹药将用尽，郑成功指挥水师大军一举驶过镇江，浩荡而来，冲破清军防线。

十七日，郑成功军队已经攻上瓜洲。清军连忙在高岸上列马队，还未及冲锋，郑军陆兵从两旁水田中忽然冲出，抡刀猛砍清军战马的马腿。猝不及防之际，清军非死即伤，余众溃逃。

最倒霉的要数清朝江苏巡抚朱衣助。他十三日才到瓜洲，十七日郑军就已经攻到他的府署。听到郑军已近，朱衣助忙发令旗，让手下人急去漕运总督亢得时那里求援兵。（这位亢得时很好玩，日后清廷严命他率军赴援南京，由于他对郑成功大军极其畏惧，行军至半途，他竟然从船上跳水自杀。如果不死，其实他也能位列保护南京的清朝“功臣”之列。）派去的人刚出门，忽然转身往回跑，高喊：“老爷，不好了，海贼杀到了！”朱衣助刚刚从椅子上站起来，跑入叫唤的清兵已被砍倒在地。忽然之间，蹿上两个彪形大汉，把他拎起，飞趋至郑成功面前报功。

郑军一员猛将乘胜挥兵入瓜洲城内大杀，并把清军沿江布置的大炮炮口掉转，向谈家洲上的清军阵地猛轰，炸得洲上清军血肉横飞。哭爹喊娘之时，郑军又有二十位善泅水兵自水下冒出，冲上谈家洲，挥舞长刀，见人就砍，如砍瓜切菜一般。趁乱，郑军舟师靠泊，下来一千多士兵，登洲大开杀戒。很快，两千清军被突袭郑军杀得一干二净，流血盈地。然后，郑军移炮，猛轰镇江。

清朝江苏巡抚朱衣助倒霉之中命还算好，郑成功没有立即杀他。由于看守不严，日后他趁乱逃出。

在郑军强大的攻势下，镇江的清朝守将连连向南京告急。

原为洪承畴部下的一名军将罗托，得令率千余精骑来援镇江。这位清将临行大言：“这些海贼，真不够我杀！”他骑在高头大马上，向士兵训话说，此番进击，定要把海贼杀得片甲不留。

清军苏常四郡的援兵一直畏惧不前，听说有京营兵打头阵，他们暗自高兴，慢慢跟随其后行军，准备胜时进击，败则可以提前逃走。

清军几支部队集合，共凑有一万五千余人，其中一半是骑兵。除了“罗将军”打前锋外，其余几部援军抽签，按“运气”决定前后队。

罗托所率的清朝京营军骄躁，着急找郑军交战。但是，郑军大船忽上忽下，在江上往来游移。见清军在南，他们就开船向北；见清军过北，他们又掉头向西，似乎是畏惧接战，实则诱敌使疲。随走随赶三天三夜，清军一直未得喘息，个个累得虚脱。

当时正值酷暑时分，连日多雨，热后多雨，雨过复热，把披重甲来回奔走的清军马军步军累得气喘吁吁，几不能忍。

大暑天气，清兵聚立如林，渴无水饮，只好喝马尿。人渴了有马尿喝，战马更受罪，无草无水，奔驰既久，俱张口喘息，四腿发抖。镇江城清军派居民送饭给来援的清军，由于大暑奇热，士兵们根本咽不下去。不久，城内又送炒米劳军，清军援兵皆苦笑："饭食尚吃不下，炒米怎能入口？"

清军队内，有不少老兵是先前的农民军士兵，悄悄对新兵说："我们从前作战时，军粮是用小牛肉干磨成的细粉，随身携带，临阵吃几撮，就不会饥饿。现在的军将不懂这些，让我们冒雨热来回奔忙，两日不食，还打个屁仗！"

清军被折腾得疲惫欲死之际，郑成功的军队开始下船布阵。郑军打头阵的是手持长枪的士兵，后面跟着手拿盾牌的士兵，第三层是倭铳队，高举倭铳。郑军阵法也奇特，分成若干小队，一队五十人，每队都有执一面五色旗的首领。

郑军各小队配有"滚被手"二人，他们拎着一张二寸厚的大棉被状物品，所以称为"滚被手"。士兵持被的手并非没有武器，而是同时握刀。每逢清军射箭，"滚被手"便扬起被子阻挡箭雨。进攻之时，他们即持刀滚进，专砍马腿。

郑军军队除使用五色旗外，又有蜈蚣旗、狼烟旗，倭铳队之后还有大刀队，最后压阵的是鼓手。这些人头上还插有一旗，随风飘展，威风凛凛。郑军的鼓声比较好辨别，鼓声急则兵行亦急，鼓声缓则兵行亦缓。

清军京营多为骑兵，望见郑军布兵排阵，内心多轻之。清军根据以往作战经验，每每在进攻前后退数丈，然后加鞭策马突前，忽然冲击敌人步兵阵。只要对方阵脚稍动，清军骑兵就会举刀呐喊乘势杀入，对方步兵定会因为怯懦自相践踏。由此，清军常常以此战法取胜。这次清军仍旧使用老战法，以大队骑兵压上猛冲。

出乎意料的是，郑成功所部步兵严阵以待，屹立不动。他们高举盾牌，大声呐喊。远远望去，郑军步兵如铜墙铁壁一般，纹丝不动。清将挥旗，骑兵三次冲锋，均被郑军挡回，无计可施。

清军喘息，正犹豫间，忽然望见郑军背后有黑烟冉冉升起。他们刚刚准备整马重新冲阵，又发现郑军士兵疾走如飞，他们抛开盾牌，快速跑动，发起攻击。

一般来讲，郑军三人为一组，一名士兵以盾牌为二人遮蔽刀箭，一人砍马，一人砍人，往往一刀把清军铁甲兵挥为两段。郑军士兵大多使用倭刀，锋利无比。此战过后，清军败回的士兵往往惊呼："海贼厉害，一刀杀六段！"旁人问原因，清兵解释："我们三骑为一组，海贼（郑军）迎前，齐腰削来，我们的人被从中间断开，是为六段！"

饶是郑军如此勇猛，清军依旧猛冲不退。因为，清军后面有猛将管效忠督战。他手斩后退士兵数人，冒死前冲，非常勇敢。

激战良久，郑军中忽有一将举白旗，顿时炮号声起。正在进攻的郑军士兵，闻炮顿时向两边散开，正当前的郑军躲散不及，也都立刻趴下，伏在当地不动。

清军骑兵见状，以为郑军要撤退，纷纷拍马纵前冲杀。还未冲出数米，郑军后阵中闪出炮队，不急不慢，捻信点燃，当面施放大炮和倭铳，给予冲锋的清军痛击，轰轰之间，千余清军被大炮倭铳击成肉末。清军血肉遍地，四逃惊溃。

郑军士兵大呼："汉兵暂避！"听此呼声，清军中的汉人步卒，撒丫子四处奔逃。郑军尾随而上，不杀汉人步卒，纷纷追截满人骑兵。他们抡刀挺枪，把清朝骑兵干掉数千，还杀死不少清军中级将领。

清将管效忠多备战马，跳跃闪躲，三匹马的马头皆被郑军砍落，幸亏他身手敏捷，三跳三起。郑军兵士见他身手敏捷，又穿着高级武将官服，很想活捉他报功，这才让他有了生还机会。

管效忠败退至银山，仍然不放弃努力。他整理兵马，率残兵从山上冲下，实施反冲锋。

郑兵在山下布阵，清一色身穿铁甲胄，戴精铁面具，连腿上也有铁护套，唯余两足不作遮蔽。这些铁甲猛士冷静异常，迎着从山坡冲荡而下的清军骑兵，挥长刀专砍马腿，锐不可当。

由于郑军步兵铁甲全身，无下刀处，管效忠命令清军，在马上用箭，专门射郑军士兵没有遮护的双脚。郑军士兵似乎不懂得疼痛，往往拔箭而起，若无其事，仍旧大刀猛挥杀人。最终，支援镇江的清军诸部丧失信心，拨马狂奔，大败而去。

清将管效忠不甘心，依旧盘桓不去。二十二日，他自提数千精骑，奔赶岸边准备与郑军决一雌雄。望见郑军师船，管效忠大声吆喝："从来只有马上皇帝，没听说过有水上皇帝，快快上岸决战！"

少顷，郑军两艘大船泊岸，陆续下来两千陆兵，在扬蓬山一带的菜园开阔地结阵。

见状，管效忠派其麾下勇将王大厅率兵出战。

率两千兵马迎战的郑军主将是周都督，他迎前喝问王大厅："你是管效忠吗，何不早降？"话音未落，善射的王大厅一箭射来，正中周都督脚趾。低头拔箭时，王大厅又射出二箭，不偏不倚，还都射在周都督的脚趾之上。

周都督大怒，他也不再拔箭，挺身大喝，持刀疾奔而至。没等清将王大厅掉转马头逃跑，他扭腰跃前，手中刀光一闪。王大厅的身子还在马上，脑袋已经落地。

见状，清军大骇。

郑军方阵开始移动，准备攻击。

管效忠经验丰富，忙对手下清军兵士说："别慌，这是八卦阵，生门向江一面，可从此攻入。”他挥旗命令清军攻入八卦阵“生门”。

清军全部冲入后，郑军忽然变为长蛇阵，首尾呼应，把数千清军包围其中。管效忠尽管英勇，落入阵中也心慌，乱打乱闯，他手下清军被杀得落花流水。管效忠忽然从执旗官手中抢得令旗，扛着令旗飞奔撤回。

郑军一路追杀，管效忠手下四千清军精兵，最终只剩一百四十人有命逃回。逃回南京后，他逢人就叹：“我自满洲入关，身经十七战，未遇如此劲敌！”管效忠败走，其余诸将早已经带领各自的属下逃走。

郑军士兵赶到镇江城下大喊：“速速献城投降，否则攻陷屠城！外来援兵已被杀尽，如有不信，请看扬蓬山上。”

镇江守城兵士远望，只看见清军的叠叠尸体和残缺哀嚎的战马。困窘之下，固守镇江的清朝守将高谦与太守戴可立不得不开城投降。经过护城河时，高、戴二人将清朝官帽投入河中，以刀削截发辫，入营叩见郑成功。郑成功仍令二人以原职守城。

转天，郑成功在五百卫队的扈卫下入城，紫盖高举，骏马乘骑，镇江百姓有幸一睹这位南明“延平王”的真容。只见他身穿葛布箭衣，上绣暗龙两条，边帽红靴，气宇轩昂。

已向郑成功投降的清朝镇江守将高谦亲自骑马为前导，挂“破虏将军”大印，高竖一旗，上写“赏功”两个大字。

清朝降官降吏入见郑成功，皆要截辫。镇江城内兵民皆解发，悉带网巾，恢复明制。下午时分，市肆大开，恢复正常。

功亏一篑千古恨

郑成功的南京之围

二十六日，郑成功在镇江大摆庆功宴。二十八日，留兵四千守镇江，大军开拔，由水路直奔南京而去。

踌躇满志之下，郑成功作《出师讨满夷自瓜洲至金陵》一诗：

缟素临江誓灭胡，雄师十万气吞吴。试看天堑投鞭渡，不信中原不姓朱。

气势很豪迈，可惜以苻坚自比，真是一语成谶。

大兵将行，郑成功先发檄文，其中内容，读之令人感奋：

恢复天下兵马镇国大将军郑，为义切君亲，声援南北、计图恢复，布告同心鼎造中兴，早膺上赏事。切惟王者一统，治服四夷，大义严于春秋；首言尊攘，丰功勒于秦汉，不讳鞭驱。粤我大明三百年基业，德配唐虞；先皇帝十七载忧勤，功侔天地。

胡天不吊，国步多艰。一祸盛世之顽民，再遘滔天之逆子。肆予荼毒，继被腥膻。裂冠毁冕，羞此沐猴；断发文身，操同人彘。寡人妇而孤人子，不闻塞上飞鸿；南走越而北走胡，尽是长平坑卒。惨矣黔首靡遗，幸而苍天悔祸。东南占天子之气，四海献赤帝之符。

恭遇皇帝神武天授，仁孝性成，英协高皇，勋追成祖，文称师济，武列纠桓。不期而会者海外一十四国，同心而应者土司三百五营。连袂云，挥汗雨，谁云越士三千；左带山，右砺河，不弱秦关百二。领滇、黔而镇巴蜀，牧养秦、晋之效，群定冀北；踞湖南而跨岭表，击楫闽、粤之澳，小视江东。

惟钟山抔土，乃十七帝之英灵，於兹凭式；南国士民，受三百年之恩养，报效于今。先取金陵，肇开皇业。

独是麻、黄为蜀地之咽喉，英、霍、为楚、豫之指臂，左连东吴，右通濠、泗。其间削籍勋耆，埋名隐姓；忠臣义士，剑侠奇人。细柳闻天子之诏，尺土龙蟠；大树振将军之名，千里寻穴，矧崇山久成铁笼，峻垒愿借金汤。

凡我同仇，义不共戴。勿夺先声，徒成烽火之戏；矢为后劲，同坚背水之盟。且一战而敬谨授首，再战而贝勒成擒。招来万亿游魂，屈指二三余逆。于此人力，可卜天心。

瞬息夕阳，争看辽东白豕；灭此朝食，痛饮塞北黄龙。

功永勒於汾阳，名当垂于淝水。世受分茅，勋同开国。谨檄。

郑成功六月二十四日占领镇江，令人奇怪的是，兵贵神速四个字，至此全然不见效应。南京城近在咫尺，他却迟迟不见行动。

二十八日开拔，舍陆路不走，郑军仍旧乘舟于江上而进。从镇江至南京，只有百里远，但郑军大船溯江逆风而行，非常吃力，路上整整花了十天，才到南京城下。如果郑军走陆路进攻，最迟两三天就可以到达。

到达南京后，郑成功指挥布置围城，并未立刻展开进攻。他的意图，无非是围困逼降城内清军。这种战术他经常使用，先前的漳州之役、舟山之役、乐清之役、镇江之役以及日后的热兰遮围城战，郑成功均使用这种策略，总想围攻造成敌疲，不想攻坚损失军事力量。这一招多数时候管用，但对于南京的清朝守军就不管用。

张煌言对于郑成功一镞不发的围城，确实摸不清底细。或许是因为镇江得手后，附近句容、仪真、六合、滁州纷纷来归，郑成功陶醉在不战而胜的情绪中，认为南京在掌握之中，不想费力攻城，既损人命又损城内建筑。他是否这样想，史籍无载。

大军兵临城下，守城一方的郎廷佐和攻城一方的郑军，皆展开政治宣传攻势。

郎廷佐心内发虚，仍然硬着头皮写信劝降：

……倘邀天幸，大君子（指郑成功）幡然改悟，不终有幸，自膺天子特达之知。轰轰烈烈，际会非常，开国奇勋，此其上也。如曰志僻孤忠，愿甘恬退，仆代敷陈，显明本末，请给原官冠带，修养林泉，俨然山中宰相。祖茔故基，朝夕相依；骨肉至亲，欢然团聚。出处既成，忠孝两全，此其次也。其或不然，即于归来之日，祝发陈词，仆代请作盛世散人，一瓢一笠，逍遥物外，遍选名胜，以娱天年，又其次也。亦强（过）日坐危舟，魂惊恶浪，处不成处，出不成出，既已非者，亦难名忠。况且震临海岸，未免惊扰百姓，窃为大君子难闻者。仆率愚直之性，行简谈之词，屏去一切繁文缛语，如逆闯之害，何以当仇？本朝之恩，何以当报？当仇者不审天时，自甘扑灭；当报者妄行恃险，自取沦亡。邪正之至理，兴衰之大数，有识者燎若观火，又何必烦词取厌大君子之清听哉！昔人有言：“身在局内，明者自暗；身在局外，暗者自明。”某以局外之观，略陈鄙意，不避嫌疑，倾心万里……至诚之心，望祈同乐。

身处孤城，郎廷佐仍发书劝降郑成功，看似憨愚，实则在为南京争取时间。

郑成功没搭理郎廷佐。张煌言以自己的名义发信一封，反过来也争取郎廷佐开门早降。双方都是笔墨文豪，来往攻心书信文采可观：

……执事（指郎廷佐）固我明勋旧之裔，辽左死士之孤也。念祖宗之恩泽，当何如怨愤！思父母之深仇，当何如报雪！不为中兴人物。顾（李）陵、（卫）律自甘，华夷莫辨，甚为执事不取也！即就恩仇之说言之，自辽师起而征调始繁，催科益急。故溃卒散而为盗贼，穷民聚而为弃兵，是酿寇盗者，虏人也。乃中华失守，倾国兴师。倘能挈故物而还天朝，将吐蕃、回纥不足羡。顾乃招虎进狼，即收渔人之利于江北，辰蛇封豕，复肆虫蛊之毒于江南。此果恩乎，仇乎？

张煌言信中，先夸郎廷佐的出身，说他是明朝辽东“烈士”子弟。但查郎廷佐之传，其父郎熙载原为东北广宁的明朝诸生，努尔哈赤克广宁时，郎熙载投降，被授为“防御”之职，后因军功，得“游击”之职。所以，郎氏并非大明“烈士”，反而是降臣二世之家。张煌言上来给对方一顶高帽，无非是想争取郎廷佐投降。特别是在书信后半部分，张煌言指出清朝乘人之危、亡人之国的阴险，斥责清军攻乱辽东，致使明朝兵困民疲，是明朝衰亡的主要原因。

双方互打政治牌，皆虚张声势，没有什么实际效果。但最终在宣传和沟通中处于下风并受欺骗的，反而是咄咄逼人的郑成功一方。

见郑军势盛，清朝的江南总督郎廷佐和驻防的清将喀喀木只能坚守，龟缩在城内不敢出战。此时，先前从郑成功军中逃出的清朝江苏巡抚朱衣助忽然出现在南京。由于他见过郑成功，见人揣意，就向郎廷佐等人献计：趁郑成功志骄意满之机，假意投降。

于是，清将管效忠出头，派人给郑成功递书信，传达出这样一个信息：“大军一路胜捷，我们力争不敌，本应马上投诚。但清朝有制度，守城者坚守三十日，援者不来，则失城者不罪家属。南京文武官员的家属均在北京扣作人质，乞望藩主（郑成功）宽限至三十日期到，我们会立刻开门迎降。”

郑成功的参军潘庚钟即刻识破清军诡计，劝说道：“此乃敌人缓兵之计，绝不可信，趁如今南京城内空虚，请立即下令进攻南京！”

郑成功不听：“我大军一路而来，战必胜，攻必克，南京守将已心碎矣。攻城为下，攻心为上，不战而屈人之兵，最为上策。况太祖皇陵在南京，岂敢震动？”

其实，郑成功绝非轻易上当的书呆子，他之所以如此胸有成竹，是因为在进军途中，清朝的松江总兵马进宝和崇明提督梁化凤皆暗中与他约降。但是，马进宝是真心想降，梁化凤却是虚与委蛇。郎廷佐发令调兵，马进宝不应，梁化凤却即刻提四千精兵入城来助。马进宝原为李自成部下，外号“马铁杠”，残忍好杀，身家奇富；梁化凤乃清顺治朝武进士，死心塌地愿为清廷卖命。他曾在郑成功进攻途中亲自拜见郑军大将马信，二人结为兄弟，对天盟誓。所以，梁化凤提兵入南京，郑成功等人还以为他要去城内做内应，信之不疑。

郑成功的水师在三叉河口泊靠，陆军大营扎于狮子山一带。以兵逼城之际，南京城内寂然无声。郑成功以为城内军民已经吓破胆，更加松懈。张煌言自芜湖贻书急谏，郑成功累捷自骄，不听。他下令手下八十三营牵连围绕，坐困南京，以待其降。郑军军将、士兵，皆释戈开宴，纵酒捕鱼为乐。

其间，张煌言率领为数不多的鲁监国舟师，在姑苏、常熟一带四处兜转，传檄各州郡，往来造势。一时间清朝统治下的四府、三州、二十四县均派人送款，表示要投降。如果郑成功能分兵占取这些地方，即使他缓攻南京，也仍可大有作为。但是，郑成功坚信集中优势兵力主攻的策略，拒不分兵。

可惜，他十余万大军齐集南京城下，根本不展开攻势，师老兵惰，最终丧失了大好机会。

南京是个政治意味极浓的城市，如果占领此地，不仅可以以朱元璋发祥地的优势号召全中国复明势力，还可以恃此虎踞龙盘之地，逐渐占领江南主要财赋地区，一举扭转全国的经济态势。然后，以财养兵，以地招民，隔断清朝的南北联系，肯定能争取更多的兵民归附明朝。而且，有南京当作根据地，郑成功的军队从“海贼”变为锐意恢复的仁义之师，更能安定江南以及所有希望复明的士民之心。

迁延之间，梁化凤、蒋国柱以及驻扎在南京上下游的各部清军纷纷来援，自云南回兵的满洲八旗军队马尔赛、葛褚哈等部也疾驰至南京。双方力量对比，逐渐发生了变化。

郎廷佐有干吏之才。郑军到来之前，他早已先行一步，将南京城外民屋烧拆一空，近城十里居民均迁入城内。而且，他大开水西、旱西两门五天，限令城内居民出城买柴。然后下令城内百姓皆不许上街。由于清朝令严，居民不敢上街买米，有穷困储粮不足者，竟在围城期间宁可全家饿死也不敢出门觅粮。

见清兵日集，郑成功心慌。他与诸将相约，七月二十五、二十六日发动总攻。

七月二十二日，关键时刻，郑军中有个管衣甲的林姓官员叛变，偷入南京城，遍告郑军虚实。这个林某是福建海盗出身，由于攻破瓜洲后大肆淫掠，被郑成功打了二十大板。因怀恨在心，林某叛变。他亲见郎廷佐献计："再过三天，郑军大举攻城，南京必不可守！二十三日，乃郑成功生日，诸将定会卸甲饮酒庆贺，必不为备，可偷袭击破！"然后，他把郑军何地是实营，何地是虚营，一五一十，皆一一细报清军。

郎廷佐抓住机会，命令守城清军十人留一人，其余俱下城结营，先发制人，准备出击。

七月二十二日夜晚，梁化凤率领绿营兵先出，以做"炮灰"，观察郑军反应，试探虚实。仔细巡察后，梁化凤从南京的神策门出发。这个神策门本为已经堵砌的废门，从城外看上去，由于芦苇野草满野，根本发现不了。清军手中有工程图纸，在内里偷偷拆卸，神策门就成为一个"突门"。墙砖被推垮后，梁化凤很猛，率手下绿营兵就朝郑军冲过去。

郑军在神策门一带的主将是余新，当时他和郑军另外一个大将甘辉正在听戏饮酒，闻报大惊，即刻披甲上阵。

郑成功像

余新勇猛，指挥士兵力战，清军小却。郎廷佐见情势不妙，立刻又派出一个分队，从南京小东门突出，掩袭郑军。余新等人不敌，郑军溃败。不久，余新被清军活捉。

首战告捷，清军自信心大增，主力皆出，于南京城外扎营。由此，清军由守势变为攻势。

郑军大将甘辉等人齐入主帐，与参军潘庚钟等人一起见郑成功，劝说把军队退屯观音门一带，乘势再进行进攻。

事已至此，郑成功刚愎自用，反倒急欲与清军决战。他自作主张，指挥主力全部结营于观音山，准备依山就势，与清军大战一场。

郎廷佐见郑军结营，趁早晨新集未稳之际，立刻挥兵攻击。郑成功本人仍在指挥调动，而山下受攻击的郑军只得一边死命抵挡一边上报。

郑成功军令极严，其余各部无令不敢轻易出战，只得眼睁睁看着清军集结主力死攻并击破郑军一部。

甘辉身中三十余箭，手杀约十人，力不能支，终于溃走。退走途中，甘辉力竭被擒。郑军诸营动摇。

至此，坐镇指挥的郑成功已然心乱，但仍旧不发进攻命令。郑军大将林胜焦躁，对士兵讲："敌人虽胜两阵，兵力不多，藩主不发号令让诸营联合反击，实误大事！"于是，不等郑成功命令，他率手下士兵向清将梁化凤所统骑兵发起攻击。

时兮命兮，林胜之军刚刚冲出，恰遇东门清军忽然从城中出来加入战斗，二部清军合击，林胜部郑兵正好处于合围之下，拼斗血战，全部战死。

望见诸营溃败，人在山顶的郑成功对参军潘庚钟讲："你在本王伞盖下替我坐镇指挥，不可去盖。我下山到水军大营，催水军从后面抄杀。"

郑军水营一直泊于江边，距南京城二十多里。郎廷佐在郑军刚到之时，就派军士假扮百姓，遍载酒肉柴木，天天到江边与船上郑军士兵买卖交易，暗伺虚实。刚开始的时候，这些奸细不敢贸然接近郑军的大船，后来双方感情日益“融洽”，奸细们随便入营交易。郑军兵士毫无防备，水师大营内的布置情况被清军侦知无遗。特别是郑军几只装满火药的大船，被清军死死盯上。

岸上战斗打响，清军奸细暗挟硝磺瓶，接近火药船后，点火抛入舱内。四只大船爆炸，所有火药全部报销，顺带烧毁郑军大船数只。

刚刚赶至门边的郑成功正好赶上大爆炸，登时心惊，他也顾不上召集水军对岸上清军进行反包围了，反而上船催水师逃走。

岸上败北的郑兵逃往岸边，忽然发现大船皆空，非常绝望，但仍旧边战边退，往山上撤退。清军不舍，尤其是汉人绿营兵敢战，与郑军搏杀在一处，难解难分。

清军八旗骑兵渐聚，大队人马拥上山顶。然后，清军精骑借势猛冲，一下子把郑军士兵冲溃，把他们又逼回江边。无奈之余，郑军士兵，尤其是那些重甲精锐，皆投江而死。

清将梁化凤见观音山上有郑成功的伞盖在，拼死上前，率士兵猛攻。郑军士兵殊死拼斗，但清军合围兵多，潘庚钟持剑指挥，最终与属下士兵全部战死。

南京之役，郑成功手下大将除潘庚钟、万礼、张英、林胜、蓝衍、陈魁阵亡外，还有副将魏标、林世用、洪复等人皆战死于军中，损失不可谓不惨重。

郑成功所率的军队人数，与南京清军（包括后来赶到增援的）相比，其实仍占优势，基本是 2 ∶ 1 的态势。他之所以大败，一是因为松懈，二是因为指挥不当，三是因为此次大战，郑军尽携军队眷属于船上，患得患失。妻女随队打仗，军士心理上就已经怯了一大截，所以，忽遇清军猝然进击，逢败心慌，心慌就要情怯，情怯就只能一败再败，无法收拾。

即使如此，十五镇全军败没，郑成功余军仍旧有很强的战斗力，大可以在镇江坚守，以此为根据地，联结周围归附州县，再伺机而为。所以，张煌言闻郑军在南京败溃，立刻写信，要郑成功在民心可恃的基础上，努力坚持一下，派出百艘战舰到上游与自己联兵，巩固上游胜利果实。

心灰意冷的郑成功归心似箭，弃镇江不守，顺流东下而去。临行前，郑军士兵在官署放火，大呼："尔等百姓可随我去，不然清军要杀尽你们！"一时间，城中如沸，妇女皆漫无目的披发狂逃，街上被踩踏至死者无数。孩童遍地，践踏如泥。郑军一改从前军纪森然之象，突入居民家中大掠，抢焚整整两天，遍城烟火。

清军八旗兵远望镇江火起，不敢即时入城，便先在瓜洲大抢豪夺。待郑军撤走后，八旗兵进入镇江，再来一轮焚掠。更坏的是这群兽兵大肆奸淫，幸存妇女惨遭蹂躏，几乎无一幸免。

至于梁化凤、蒋国柱二人所统的绿营兵，在无锡等地烧杀抢掠，皆满载而归，并把抢得的成千上万妇女在苏州贱卖。而后，南京的清朝政府张贴告示，夸大"灭贼"功绩，气焰嚣张，不可一世。

兵灾过后，最苦的就是百姓。

郑军大将甘辉、余士信被生擒。甘辉兼具文韬武略，在此次长江之役前，他曾建议暂缓军事行动，待日后兵力增加一倍后，可一举平定中国南方。郑成功不听，混战中，甘辉身中数十箭，重伤被俘，被带去见清将。管效忠喝令他下跪，甘辉不跪。管效忠叱曰："汝为将领，自应战死沙场，不死被擒，理当投降。如今不死不降，是为何理？"甘辉瞪目朗言："男子汉大丈夫，当然应战死沙场，我乃大明国公，岂能与无名士卒默默死在一处！今日活着来见，只是要死个明白，让后人知我名耳！"言毕，转身出庭，傲然临刑。郑军另外一位大将余士信善舞大刀，姿容甚美，打仗时常常布甲跣足，有如天神罗汉。他作战力竭被擒后，被押去见清将喀喀木，也是挺立不跪。喀喀木壮之，爱惜其才勇，便问："如果投降，当给大官。"余士信话语不多，摇头高言："不投降，只求速死！"欣然受死。

南京之战后，清廷褒奖郎廷佐，并擢升梁化凤为江南提督。梁化凤甘心为清朝卖死力，战斗结束后，他为了巴结八旗兵，命令手下士兵皆让出马匹，给满洲兵来骑，他自己率手下皆步行，扛枪抬物，伺候周全。享了几年福之后，梁化凤得了一种怪病，脖子上生对口疮，慢慢烂下去，最后头落而死。

对于蒋国柱等作战失利的清将，清廷加以贬罚处理。暗中与郑成功联络又一直按兵不动的松江总兵马进宝，被清军押赴北京，凌迟处决。这名"流贼"出身的悍将，原本也不是什么好人。他在松江贪淫酷虐，极肆惨毒。平日里，马进宝有美妾八十人，如有想离去者，均被他斩杀不留。马进宝一妾生病，唤医生来看，医生说其妾怀孕四个月。马进宝妾侍奇多，早已忘记了这个妾的模样，认定这是新进之妾，不可能有孕。于是，他提刀对医生说："怎会有如此事！如有孕，不杀汝；如无孕，说明你医术不高，必杀汝！"他进至其妾床边，以刀割开女人的肚腹，从中提取已成形的婴儿，鲜血淋漓拿在手中。然后，他出屋对医生讲："诊治有法，赏你五十两银子！"残虐如此，马进宝确实应受凌迟之刑。

郑成功败归途中，在八月间曾进攻崇明。久攻不下，只得悻悻而返。后来，听闻清军集浙、直、粤数省水军齐来会剿，郑成功忧虑，派人与清廷议和，遭到严拒。

明朝诸将，尤以郑成功为最，私心大过公心。倘使当初孙可望、李定国兵盛时他出兵配合夹击江南清军，南明必胜无疑。西南战事吃紧，他不去提兵营救永历帝，反而趁清军在云南追剿南明残军的时候，自己提精兵想攻占南京这个政治城市"复明"，更显示出他目的不纯。

顺治十七年三月，清将达素与施琅统领满汉水陆精兵数万人、战船数百艘合攻厦门，被严阵以待的郑成功击败。清廷再征调大军准备大举进攻，但次年顺治帝病死。

眼见自己自长江败归后境土日蹙，趁清帝新死的这一缓冲期，郑成功加紧收复台湾的准备。为此，张煌言写信苦劝。因为，台湾收复后，郑军主力势必远离大陆，这与南明的抗清复明大业完全相悖。

郑成功不听，率水师进发，终于把荷兰侵略者逐出，收复台湾岛。当然，从中国历史的角度看，郑成功取台湾，功在千秋。但以当时当地的南明事业来讲，郑成功此举完全是南辕北辙。

1662年4月，郑成功积滤成疾，吐血而死，时年三十八岁。郑成功攻取台湾及在台经营之事，由于已经超出南明史范畴，笔者姑不详述。

抛开郑成功收复台湾的丰功伟业不讲，在南明历史上，“私心自用，不顾大局”这八个字，其实可以对郑成功盖棺论定。

但是，明朝亡，天下亡，郑氏能在一隅海岛保全大明衣冠数十年，诚为良可赞叹之事，绝非能简单以“割据一方”四个字给台湾的郑氏下定论。

连清朝的“圣祖仁皇帝”康熙本人都赞叹这位敌手：“郑成功，真乃明朝忠臣，非为朕之乱臣贼子！”

郑成功怀故主之恩、守孤臣之节，一直耻为亡虏，磊磊落落，不事二朝，确为奇男子、大丈夫！

弓弦一绞送君王

永历政权的终结

一世雄杰的大明开国皇帝朱元璋，即使在他最恐怖的梦魇中，也肯定预料不到，大明建国二百多年后，他的皇裔圣种朱由榔，会像丧家犬一样，流落到缅甸境内，度过他人生最艰苦的岁月。

缅甸在《明史》中，只列于《云南土司传》的最后一编。洪武二十七年，明朝设缅中宣慰使司。永乐元年，明廷又设置缅甸宣慰使司。所以，最早缅甸有两个宣慰使，皆是当地土酋，二百多年内向大明入贡不绝。

永历十三年（1659年，顺治十六年）正月二十六，守卫缅关的缅甸士兵发现，有两千多名服色鲜明、脸色难看、行色匆匆的明朝人，或文或武，或步或马，拥簇着一顶明黄大轿，忽然出现在关门之外。

派出通事（翻译）一打听，方知来人非同小可，乃大明堂堂天子——永历皇帝。

世事如斯难逆料。

强敌压境难安稳

永历君臣的昆明大撤退

孙可望势力泡沫般的崩溃，使得李定国、永历帝等人一时间忘乎所以，觉得西南之地，大可安乐平静。

永历君臣没把进取或者恢复当作要务，反而在昆明城内庆功发赏，升官许愿，歌舞升平，上至君王下至重臣，没有任何忧患意识。

永历朝臣中的两个官员——高绩和金简，很感忧心，向李定国等人进谏："今内患虽除（指孙可望），外忧方大。清军一直屯兵虎视，等我内斗方酣之时，很可能突然进击。我们如今情形，恰似酣歌于漏舟之中，熟睡于积薪之上，良可堪忧！二位王爷兵略颇悉，怎可懈怠如此！"如此苦劝良言，李定国竟然听不进去，并向永历帝告状，二臣几乎挨到杖责。

要说李定国完全沉浸在胜利中，也不尽然。当时，他主要的想法是攘外先安内，把注意力放在孙可望心腹部将王自奇、张明志等人身上。这几个人拥兵于楚雄、永昌一带，很让李定国放心不下。于是，他亲自率军，迢迢跋涉，进攻永昌的王自奇。

众寡不敌之下，王自奇败走腾越（今云南腾冲），穷途自刎。张明志见情势不妙，请降受抚，总算少了一番折腾内斗。

就对明朝的忠诚来讲，李定国绝对没有问题。他曾这样对手下人讲过："曹操、司马懿有戡乱之才，喋血百战，摧大敌，扶弱主，如果他们博取万世美名，如探囊取物般容易，但他们一念之差，篡人国家，犹持黄金换死铁，落得后人笑骂，直是太不值得！"

如此价值观，保证了他对明王朝的绝对忠诚。

打败孙可望之后，李定国的权欲有所膨胀，开始对刘文秀表现出排挤的态度，否决他请永历帝移驾贵阳的建议，并把他从前线召回，卸其军权。同时，李定国把在边诸将皆召回昆明，论功分兵，多寡不一。

不料，清军猝至，兵失其将，将不得兵，所以导致日后的兵败如山倒。

为此，刘文秀对手下讲："退狼进虎，晋王必败国家！"虽然把李定国和孙可望相提并论有些过分，但对李定国的独断专行，此语极其贴切。

郁郁之下，加上军旅过劳，刘文秀竟然一病不起，仅一个多月的时间就含恨而死。临终前，刘文秀仍然向永历帝进献忠言："清兵日渐逼近，国势日危，臣之妻子族属，一定会尽忠大明。倘事急，望陛下驾临蜀地，联合十三家之兵（昔日的大顺军余部），出营陕洛，说不定能转败成胜。此臣区区之心，望圣上鉴查！"

耿耿忠心，至死不二。

永历十一年（1657年，顺治十四年）二月二十五日，清朝三路大军开拔。

平西王吴三桂一路向陕西汉中出发，经蜀地攻贵州；卓布泰一路向湖南出兵，经广西与钱国安部清军会合攻贵州；宁南靖寇大将罗托与洪承畴一路，从湖南往攻贵州。

洪承畴里里外外都是一把手，他从孙可望降官中挑选出十九名熟悉云南地理的汉人作为向导，带领各路人马前进。由于沿路军养、后勤安排妥当，预见性强，清朝三路大军皆进展顺利。

洪承畴、罗托一军连克沅州、靖州，把湖南一带的南明军队击溃，直接攻入贵州境内的镇远、平越（今福泉）等地，并在四月攻占贵阳。

吴三桂一路军，自沔阳进至朝天驿，三月初已经到达保宁，三月十四日到达合州。南明总兵杜子香在江边没能组织任何有效的拦截，弃重庆而逃，坚城一下子落入清军手中。

卓布泰一军从广西深入，招抚南丹、那地、抚宁等地的土司，攻克独山州、都匀等地。

清朝三路人马在贵州顺利会师。也就是说，仅仅用了两个月的时间，三路清军顺利实现贵州会师的计划，在全省范围内对南明军队各个击破，基本没遇到重大抵抗。

在清军开始进攻的初期，三路分兵，倘若南明能击败其中任何一支，就有可能使战事发生全局性变化。但是，直到清军三路会师贵阳，永历君臣才真正开始着慌。此时，已经失去了先发制人的宝贵时机。

清军方面又添生力军，三路大军之外，又有信郡王多尼率一支大军，自湖南开赴云贵战场。

七月间，永历帝在昆明封李定国为“招讨大元师”，督领诸将御敌。至此，距清军三路大举进犯之时，已经过去将近半年时间。南明方面的狼狈被动之态，尽显无遗。

李定国根据当时情况，派冯双礼、祁三升据守盘江东岸，坚守鸡公背（今贵州关岭县），抵拒中路清军。李承爵、张先璧据守黄草坝（今贵州兴义县），堵清军东路。白文选统四万精兵、出七里关（今贵州赫章县），佯攻遵义，抗清军西路来犯之敌。

李定国自统一路军，进至北盘江的铁索桥一带（今贵州盘江桥），准备收取贵阳。

为了牵制清军，李定国与夔东十三家的大顺军余部联系，命令他们进攻重庆。十三家非常配合，七月间得令即发，自水路大举进攻。

吴三桂闻报心慌，立刻回军去救，以防退路被截断，丢失饷道。由于力有不逮，夔东十三家后撤。待吴三桂军走后，他们再次发起进攻。

重庆城将要被攻克之际，夔东十三家军中出现叛徒，自己人杀自己人，攻城主将谭元被刺杀，功败垂成，十三家军除一部分降清外，余部反而被清军乘胜追击，败北而走。这样一来，重庆牢牢掌握在清军之手，入黔清军再无后顾之忧。

更可惜的是，李定国、永历帝根本没有听从刘文秀的临终遗言，在战争开始之际，并没有向蜀地移动、与夔东十三家会师的计划，只把他们当成一支牵制清军的力量。最终，一事无成。

特别让人郁闷的是，本来已经耽误了不少时间的李定国，出师之前，又遇到一个“大仙”贾自明，自称会奇门遁甲之术。这个妖人带了数百个精致木偶人找上门，声称可以念口诀，使唤这些“天兵天将”，帮助明军击退清军。

如此低劣把戏，李定国和永历帝竟然全被哄住，一再拖延行期，等待贾自明老道的“良辰吉日”。过了二十多天，终于发现这个贾老道是洪承畴派来的奸细，怒极之下，李定国一剑捅穿这个“大仙”，但已经白白损失了不少宝贵时间。

师出之后，遭遇连日暴雨，南明军队士气更加低落。而且，由于发动大规模军事行动，造成了南明军令严苛，役使民众，使得人心思变，大失民心。

其实，即使是在清军占领贵阳后，南明仍旧有机会各个击破分散在贵州省内的清军。由于李定国一拖再拖，清军休整已毕，诸路齐发，已成泰山扑压之势。至此，南明军队只有被动挨打的分儿了。

清军方面，信郡王多尼率生力军从贵阳出发，取道关岭，直扑昆明，为中路；卓布泰从广西永顺出安隆和都匀，自黄草坝方向攻昆明，为南路；吴三桂一军由遵义取道水西（今黔西）经七里关往昆明，为北路。洪承畴与罗托坐镇贵阳，居中调度，全盘指挥，为入滇大军营造稳固后方。

清军各路，约定于十二月攻克昆明。

清军中路很顺利，直抵鸡公背。守将冯双礼、祁三升双双战败退走，清军占领曲靖。

清军南路在泗城土司的引导下，在罗炎渡口捞取南明军队为扼守江流而凿沉的渡船，连夜渡河，间道攻取安龙。

李定国闻报，自率三万军来救，本来在决战中略占上风，但山火突发，清军乘北风直扑南明军，李定国反败落，处于下风。当听说清军的向导是孙可望手下的康国臣，李定国唯恐军中孙可望的老部下临阵反戈，慌忙中连连后撤，退至北盘江，不得已焚桥断路遁走。这次惨败，其手下军民家属二三十万，皆沿路被杀，南明军的主力精锐，基本报销殆尽。

清军南路军从普安州（今贵州盘州）进入云南。

北路清军由吴三桂带领从遵义出发，行至七里关，受到南明白文选部阻击。

此地两岸高山夹峙，水势凶险，诚为天然关隘。不料想，吴三桂在当地少数民族向导的带领下，走小路直抄乌撒军民府（今贵州威宁），反而控扼了七里关的大道。中路清军也赶来会战，白文选顿时腹背受敌。慌乱之下，南明军仓皇撤军。

三路清军，成功在曲靖会师，直接向昆明推进。

李定国等将的败讯传来，永历帝急得眼泪都掉下来了。数年颠沛，刚刚在昆明过了些舒服日子，如今又要重新踏上逃亡之路。

逃离昆明是肯定的，但往哪个方向跑，永历朝臣，莫衷一是。

商量了许久，有朝臣建议先奔建昌，依靠那里丰足的粮草，入嘉定养锐。如果清军势猛，可以乘船直下重庆方向，与夔东十三家余部会师，凭借蜀地，直捣荆襄。考虑过后，永历帝、李定国皆赞同此议。

奸臣马吉翔与其弟马雄飞和女婿杨在皆打着自己的小算盘。让他们担心的是：入蜀后控制不了永历帝，会遭到清算。思前想后，他们就一起力劝李定国的心腹谋士金维新。

金维新本是云南人，当然不想离开乡土，几个人一拍即合，由金维新出面，最终说服了李定国。于是，李定国一改初衷，改向滇西撤退。马吉翔等人这样忖度，清军追击不紧，可在滇西四处逃避；万一事急，则可逃入缅甸避难。对此，黔国公沐天波也表示支持，他觉得自己可以掌控云南等地的地方势力。

其实李定国曾想往湖南、广西方向撤退，但架不住金维新、马吉翔等人的劝说，最终走了下下策。

撤退之时，由于南明刚刚征得的秋粮充盈，李定国没能做到坚壁清野，反而严禁各营焚毁余粮，怕清军向云南百姓报复。这样一来，清军如虎添翼，日后再无缺粮之忧。清军入昆明，没有遇到任何抵抗，凯旋一样入城。没跑的南明朝臣，绝大多数降清。

从昆明撤退时惊慌忙乱，南明永历君臣狼狈至极。听说皇帝往蛮荒地带撤退，不少朝臣大感失望，连吏部尚书、兵部尚书等官员以及左佥部御史钱邦芑这样的铁杆支持者，皆中途离去，躲避藏身。

在逃难途中度过了新年。1659 年正月初四，永历帝跑到永昌，总算敢停下喘口气，但身边随驾官员已经不多了。

永历帝很后悔西奔，但事已至此，又要依靠李定国，不好责备他，就嘱托大臣以自己的名义发“罪己诏”。李定国也深感内疚，上疏要求自削官职。所有这些，皆是虚文而已，于事无补。

没待多久，守卫玉龙关的白文选兵败的消息传来，清兵迫近。永历帝只能率众又逃，奔往腾越。

吴三桂率清军步步逼近，磨盘山一战，如无叛徒告密，李定国的南明军差点儿获得翻盘大胜。

李定国渡过潞江（今怒江）后，在磨盘山上借助蔽深的地势，埋伏下三哨人马，遍布地雷，准备趁清军志骄意满、大肆追击的时机打埋伏战，首尾相击，尽歼吴三桂一军。万事俱备，清军已经进入埋伏圈。可惜的是，李定国手下参军卢桂生叛变投敌，把实情禀告吴三桂。

吴三桂惊出一身冷汗，立刻命令前军止行，下马向草中搜索南明伏兵。这样一来，明军原来以号炮为应的计划全盘打乱，首尾不应，各自为战，埋伏战变成了短兵相接。如此一来，李定国奇兵设伏没搞成，只能硬着头皮出战。

南明军、清军在山上展开殊死搏斗，双方死伤都很多。

本来人数就处劣势，损兵折将之下，李定国只能率残军退往孟定。他之所以择路另走，主要是怕清军尾随追击，暴露永历帝的行踪。

李定国心是好心，但如此一来，把永历帝弄成了独行人众，皇帝顿时成为没有大军护卫的孤旅。

兵败如山倒，南明诸军东窜西逃，很难再组织起成规模成建制的反击。

万塔之国当客囚

永历君臣在缅甸的遭遇

永历帝一行南奔，开始并不知李定国磨盘山之败，仍旧昼行夜宿。

忽然，总兵杨武仓皇而至，通告败绩，并讲清兵已经追近。

永历君臣大惊，顾不得休息，连夜赶路，走了大半宿，迷失方向，乱走数里，其实一直在山谷间原地打转。

总兵杨武率溃兵趁火打劫，趁着夜黑，大肆抢掠永历帝及随行人员的公私行李，大发横财。见杨武一部兵将发财，护驾的另外一名将领孙崇雅也大动劫心。转天，他开始行劫，明火执仗地开抢，掳杀甚众，洗劫一番后，率本部兵遁去。

永历帝的随从人员，不是被杀，就是被抢，还有不少趁乱逃散。

三天后，正月二十八，最后一批数百人的护驾武装不愿随永历帝入缅，由靳统武带领，掉头追赶李定国而去。

至此，见从人不散即叛，永历帝在马吉翔等人的撺掇下，决定由铁壁关进入缅甸。

得知消息后，缅方派人来见，表示说：“天王（指明朝的永历帝）远道而来，百蛮敬畏，请从官以下不要佩带武器入关。”

这时候，永历的随从文武相加，还有两千多人，大多数都表示不同意缴械：“猛虎所以能威临百兽者，以其有爪牙之故也。如果解除武装，对方必起歹心！”

马吉翔却大声呵斥，一定要大家缴械。众人无奈，只能尽解弓刀盔甲，尽弃关前，委积如丘，赤手空拳进入缅甸。

其实，如果杨武、孙崇雅二将未叛，靳统武不走，三个人率数千精兵武装保卫永历帝进入缅甸，当地人无论如何也不敢对这帮人轻易加害。

进入芒漠之后，沐天波与大臣王维恭及典玺太监李崇贵等人商议，想另派数人，拥太子往茶山，这样的话，即可以太子名义在外调度军队，又可对入缅的永历帝借为声援，不至于有祸事发生时，皇帝及太子被一锅端。

永历帝同意，但皇后不同意，此议不了了之。

二月初一，一行人行至大金沙江边。缅人只提供四艘船，一艘供永历帝，一艘供太后、皇后及太子，一艘供司礼监李国泰，一艘供文安侯马吉翔，其余从官从人皆无舟，有钱的花钱雇船，无钱的只好由陆路绕行。

在芒漠时，永历帝从人还有一千四百七十八人，至此，仅有六百多人在江上舟行相随，余人皆走陆路，沿途死亡失散，好不凄惶。

放舟之际，马吉翔逃心似箭，根本不待太后与太子收拾好物品，即命行船。

太后大怒："连皇上亲娘也不顾，欲陷皇上于不孝吗！"

众人见太后发怒，稍缓行期。待了一天多，二月四日，始乘船沿江而行。

走了十多天，十八日到达井梗。由于缅人处处沿江勒索，永历帝一行每日只行二三十里水路。

二月二十日，缅方遣人来报，说南明几路散军皆向缅甸方向移动，请求永历帝发敕令阻止他们逼近。

当晚，众臣在"御舟"聚集开会，大家皆怕行程中遇劫丧命，谁也不愿意携带敕令往回走，相互推诿。只有总兵邓凯和小官任国玺自告奋勇，马吉翔唯恐二人回去见了李定国后说他“坏话”，暗中对缅人通事讲：“这两人无家口，如果离开皇帝，肯定就远走高飞！要阻止二人出缅。”

不久，有报南明诸营已经散去，遣使发敕之事就无人再提。

二十四日，缅王派人来邀请南明大臣过河议事，永历帝派马吉翔之弟马雄飞和邹昌琦二人往对。

过河后，缅王并不接见他们，只让通事从中传话，询问了许多明神宗万历年间的明朝国事。这两人草包，对往事知之甚少，甚招缅人轻蔑。

而且，他们所带的永历敕书上所盖的皇帝玉玺，缅人拿来与万历敕令相比照，发觉永历玉玺形制稍小，就怀疑是伪造。幸亏二人再拿出盖有黔国公印文的文书，缅方对比一看，与从前文书上的印文一模一样，这才信以为真。

由于万历二十二年开始，明朝约暹罗夹攻缅甸，双方关系从那时开始已经非常紧张，日后入贡稀少，来往绝少，所以，缅方只有万历时期明朝的御敕与文书。从彼时起，双方常年不通往来。大明皇帝来避难，自然使这个小国皇帝生出幸灾乐祸之心。

对于南明使人，缅王自称“金楼白象王”，其实，他只是大明朝归属黔国公管辖的“缅甸宣慰使”而已。万历元年，缅王好事，曾经自称过“西南金楼白象王”，在公文中仍称明朝皇帝为“天皇帝”，但他当时的自称，已经让大明朝非常不高兴。现在，时易世移，缅王又开始装大。

面对流窜的帝室，如今的缅王，确有资本装大。

忍挨到了三月，黔国公沐天波与绥宁伯蒲缨、总兵王启隆三人，主动邀请马吉翔几个人在大树下集会议事（已经没有像样的够大的房间容纳大臣们开会）。

沐天波说：“缅酋对待我们的态度，一日差似一日。我们应该马上离开这里往回走，尚可躲避危险。”

马吉翔想也不想，回答说：“如果你们想走，就走好了。皇上以及三宫，皆交与你们。你们看着办吧，我不能再参与复兴国家的事情。”

众人听马吉翔如此要挟，一时沉默。大家愣了半天，唉声叹气，渐渐散去。

当时，率兵深入缅境亚哇的白文选部，已经近在六十里以外的地方。他们寻找永历帝不得，心情焦躁，四处焚掠。如果永历朝臣有一丝一毫的振作和主动，派人出动打探风声，肯定能和白文选联系上，逃出生天。

三月十七日，走陆路随驾的永历大臣和随从陆续赶至亚哇，在河对岸聚居。这些人走陆路，倒比永历帝来得更快。

缅王心疑，对左右说：“这些人慢慢聚拢，不像是避难，倒像是想算计我们。”惊疑之下，缅王派兵四出，围攻刚刚抵达亚哇不久的永历帝随从。混乱中烧杀抢劫，不仅杀掉几百南明随员和大臣，还有数位大臣在惶乱中自缢而死。

四月，缅甸一方派人来报，说芒漠方向有一支由咸阳侯祁三升带来的南明军前来迎驾，请永历帝派人出敕文阻止他们。

马吉翔气恼，立即派手下的锦衣卫军官携带敕令前往芒漠，命令祁三升退走。

由于有皇帝敕令，祁三升不敢再往前行，痛哭后退走。他们之所以后退，是因为明明白白有皇帝敕令，如果不退，迎驾就变成了逼宫。

而后，马吉翔给缅甸官员数道永历敕令，让缅方发至各个关隘。内容实际是马吉翔自拟的，完全一样：“朕已往福建方向进发。以后有一切兵来缅甸，都给我统统杀掉！”

当其时也，李定国派出数部兵马，在缅甸境内四处寻找永历帝踪迹。

缅人各据险隘阻守，激使南明官兵杀心大起，千里之内，焚掠攻杀。由于遍找皇帝不着，南明军躁愤日甚。

五月十日，永历帝一行人方乘船行至亚哇城，隔河扎营。先至的陆行明朝官员在这地方待过，所以有现成的草房十几间，就成为永历帝的“行宫”。

至于文武大臣，皆自已率家人四处砍竹伐木，搭建临时茅棚居住。此时的永历帝，兵卫寡弱，每日仅有百名左右没有武装的士兵守卫“行宫”。

隔了两天，缅王派人送来不少土产品“进贡”。永历帝心知肚明，也赶忙“回赐”不少金银用品。土豆换黄金，如今不再是泱泱天朝找感觉，而是落难皇帝买安全。

缅王当时之所以“礼敬”永历帝，是因为对于杀入缅境的南明溃军来讲，永历帝的敕令非常管用。所以，明帝倒成了缅王自保的人质。正因为看准大明皇帝奇货可居，缅王更严加阻塞内外消息，千方百计阻挠南明军队找到永历帝一行。

虽被清军击溃，依南明军的战斗力，在缅甸境内横行，倒不是什么难事。

安顿下来后，缅甸不少妇人携带日用品和生活必需品进入南明君臣聚集的竹城，摆小摊，做买卖。永历帝的随行大臣们，皆恬然自安，再不穿官服，各个短衣跣足，挎篮提兜，坐在地上与缅甸妇人打情骂俏，讨价还价，乐得逍遥。

不少官员掏钱买酒，大醉喧哗，豪赌狂博，全无天朝大臣的风范。

为永历帝一行充当通事的是个大理人，他私下对人说：“先前入关，如果大明君臣不弃兵器，还有能力自卫。现在，他们手无寸铁，又废中国天朝礼法，看来是不会有什么善终了！”

庸庸碌碌中过了三个多月。八月十三日，缅王派人招沐天波渡河议事。

黔国公沐天波原本是缅甸宣慰司（缅王的明朝官衙）上司，如今，他被缅兵强迫，椎髻跣足，以缅甸礼仪“参拜”缅王，成为缅王向各地土司显摆的“道具”。同时，他还被告知，中秋将至，明朝君臣要给缅王送礼。

落难凤凰不如鸡。昔日沐天波富贵甲西南，缅王弄个金山银山也巴结不上他，如今，他却落得要给缅王下拜并遭勒索。

回来之后，沐天波泣告众人：“我不得已屈身下拜土王，忍气吞声，只为保全皇上。如果我当时反抗，对方肯定加兵来害，希望诸公能理解我。”

事已至此，仍有迂腐的礼部官员上疏劾奏沐天波“贪生辱国”“有失大臣礼仪”。

永历帝览疏，又可气又可笑，均“留中不发”。如今皆为案上肉，还乱哄哄搞内斗，真不知如何收场。

对于永历帝来讲，中秋佳节，他一点儿也高兴不起来。不仅仅是复国无望，他本人还患上了严重的腿病，伤口感染，日夜呻吟不停。肉痛加心痛，这位末代皇帝怎一个惨字了得。

皇帝如此凄惶，奸臣马吉翔和太监李国泰丝毫不理会，与数位相好天天酣歌饮酒豪赌。特别是绥宁伯蒲缨的居所，紧挨永历帝“皇宫”。他的房子成为众人赌博的聚集处，大呼小叫之声，吵得永历帝根本睡不着觉。

大怒之下，皇帝派从人挑掀了蒲缨茅草棚的顶子。

一群人并不在意，纵博肆喊如故，声响比以前更大了。

永历帝无可奈何。

八月十五当天，即使听见茅草棚内永历帝因腿疮不断发出大声呻吟，马吉翔、李国泰二人好心情一点儿不减，叫来随驾的梨园子弟黎应祥演戏给他们看。

黎应祥虽是个戏子，见此情此景却也伤心，他泣言道：“皇上龙体有病，行宫近在咫尺，此时此地，臣子安肯忍心演戏欢娱。虽死，我不敢奉命！”

马吉翔等人勃然大怒，他和弟弟马雄飞乘醉而起，用马鞭乱抽黎应祥，打得对方鲜血淋漓。

没隔几天，马吉翔、李国泰面见永历帝，嚷闹哭穷，索要“俸禄”。永历帝气极，声嘶力竭唤来典玺太监李国用，让他把“皇帝之宝”弄碎分给众臣。

李太监叩头，表示不敢奉诏。

马吉翔、李国泰不由分说，从李国用手中抢过皇帝大印，当着永历帝的面，凿碎黄金印，分份而去。

秋收之后，缅甸人送来数担新谷，皆为马吉翔截留，私分给与他关系好的人。

随驾总兵邓凯出面叱责，遭马吉翔及其手下一顿暴打，竟被打成跛子。

永历帝在缅甸的一切详细行止，皆出于两本笔记，一本是《也是录》，一本是《求野录》，这两本书都是这位被打伤的总兵邓凯所写，可称是“亲历记”，史料价值非常高。

由于邓凯在记叙中不是以第一人称“我”来记述，后来学者又有很多人不懂古汉语，往往把这两本书混同于一般的野史和小说。

龙游浅水遭虾戏

永历帝在缅甸的最后岁月

李定国磨盘山之败后，身边残兵只剩一千多人。他发檄四方征调南明残军，皆无人响应。一行人在云南边境地区兜转非常辛苦，兵无粮，马无草，栖栖惶惶。

这时候，南明的庆国公贺九仪一部自广西南宁渡江而至。这部明军在先前的战斗中损失不大，他们与李定国会军后，明军人数一下子达万余人，军威复振。

李定国指挥这支大军攻拔了孟艮（今缅甸景栋）。由于这里粮多地饶，一时间吸引了不少溃败的明军残部来投。

在军力有所恢复的情况下，李定国又走出错着，杖杀了庆国公贺九仪。原因很简单，清廷秘密派人来招降，贺九仪接待来人。实际上，他并无降清的打算。否则，他也不可能从南宁跑到缅甸来会李定国。

李定国之所以痛下杀手，根本原因还是门派问题，因为贺九仪是孙可望的老部下。贺九仪被杀，其部下寒心，顿发怨言，不少人携械出逃。

深恐逃走的明军引清朝大军来攻，李定国慌忙烧毁孟艮城，率余部走往木邦缅甸，与白文选部合军。二人相会后，宰牛歃血为盟，决定攻克缅甸，迎回永历大驾。

永历十五年（1661 年，顺治十八年）二月，李定国和白文选联军，在锡波大败缅甸军。

听闻李定国、白文选率两万人来攻，缅王没有十分惊惧，他派出大将牙稞，集众十五万，在锡波江边结营，准备与明军决战。

双方力量对比悬殊。缅甸军力是南明的十倍以上。而且，缅军有战象一千多头，枪炮林立，横陈二十多里，隔岸喧噪，喊打喊杀。相比之下，明军因先前与清军战败，根本没有任何重武器，只有长刀长枪等，近三分之一士兵手中的“武器”，只是一条棍棒而已。然而，哀兵必胜。

乘缅军松懈之际，白文选指挥明军抢河先渡，先发制人，李定国随后率军横击，把缅军打得大败。尸横遍野，河中流尸纷纷而下，缅兵被杀一万多人，连缅军主将牙稞也在混战中被杀。剩余缅兵见势不妙，退入密林之中，一夜之间逃得精光。

明军休整后，渡过锡波江，逼临缅甸的都城亚哇。缅方惊恐，再不敢野战，秉城拒守。

由于皇帝在缅人手中，李定国、白文选不敢轻易造次，只能派人送话给永历帝，希望皇帝发敕令。但永历帝已成瓮中之鳖，根本无法与明军联系上。

相持数日后，明军在江上搭浮桥准备进攻，复被缅军砍断。由于缺粮多病，明军不能久留，最终失望而去。

此次迎帝军事行动，无果而终。当时的白文选所部明军，其实与永历帝驻地仅六七十里。

三月间，出于义愤，沐天波和王启隆的几个家人密谋，准备斩杀马吉翔等人，劫皇太子出缅甸以图光复。事泄，马吉翔派手下锦衣卫人员把几个参与策划的人都抓起来，以石击之而死（他们手中没有武器杀人）。

五月二十三日，缅甸内部发生政变。缅王的弟弟弑掉兄长，自立为王。

这场小型的宫廷政变，其实也是由永历帝而起。

自永历帝入缅后，南明军数次深入，缅甸兵民相抗，缅人死者几半。不少大臣责怨缅王说："正是因为国王迎接皇帝至国内，招致兵祸！"

缅王不服气，反责大臣："我迎帝不迎贼。明朝兵贼杀扰地方，不是皇帝的错。"

上下猜忌之下，缅王的弟弟乘隙而起，联合众臣，把国王哥哥绑在藤椅上，扔入江中淹死，自立为王。

杀掉兄长自立后，缅甸新王派人见永历朝臣，勒索"贺金"，以"庆祝"新王登位。

永历帝身边根本没有什么东西可当贺礼，又觉得这个新国王得位不正，只得装聋作哑，不予理睬。懵懂之中，永历君臣并不知道他们大难将临。

吴三桂留镇云南后，已有在当地做“云南王”的打算，正是因为他不断恳请，才使得清廷下决心把永历帝捉到手。

本来，永历帝窜入缅甸僻远之地，清廷已经认定他是不可能复燃的死灰，准备放弃征剿。吴三桂不依不饶，急忙呈上《三患二难》之疏，非要清廷擒拿永历帝，杀之而后快。所谓“三患”，吴三桂详述如下：

> 夫永历在缅，而伪王李定国、白文选，伪公侯贺九仪、祁三升等分驻三宣六慰、孟艮一带，藉永历以惑众心，倘不乘此天威震赫之时，大举入缅，以尽根株，万一此辈立定脚跟，整败亡之众，窥我边防，奋思一逞，比及大兵到时，彼已退藏，兵撤复至，迭扰无休，此其患在门户也。
>
> 土司反复无定，惟利是趋。有（如）我兵不动，逆党假永历以号召内外诸蛮，饵以高爵重禄，万一如前日沅江之事，一被煽动，遍地烽起，此其患在肘腋也。
>
> 投诚官兵，虽已次第安插，然革面恐未革心，永历在缅，于中岂无系念？万一边关有警，若辈生心，此其患在腠理也。

所谓“二难”，吴三桂详尽说明：

> 今滇中兵马云集，粮草问之民间，无论各省银两起解愆期，难以接济，有银到滇，召买不一而足。民室苦于悬罄，市中米价巨增，公私交困，措饷之难如此也。凡召买粮草，民间须搬运交纳。如此，年年纳，岁岁输，将民力尽用（于）官粮，耕作半荒于南亩，人无生趣，势必逃亡，培养之难又如此也。

所以，吴三桂得出结论：

臣彻底打算，惟有及时进兵，早收全局，诚使外孽一净，则边境无伺隙之患，土司无惶惑之端，降人无观望之志，地方稍得苏息，民力稍可宽舒，一举而数利存焉。窃谓救时之方，计在于此。谓臣言可采，敕行臣等尊奉行事。

清廷下定决心后，拨银数百万两，指派内大臣爱星阿率一支八旗劲旅，亲赴云南，配合吴三桂进军，以图全力剿灭西南一带的南明残余势力。

从永历帝那里得不到贺礼，缅甸新王非常气愤，同时接到吴三桂等人发来的恐吓信（先前洪承畴已经给缅王的哥哥发过类似书札，表达过“留匿一人累及全土”的恫吓）。

谁势力大就投靠谁。没过多久，缅王与其大臣便决定对永历帝一行下手。

缅王先派人通知永历帝：“贼众已退，缅土获安，请天朝大臣过河，饮咒水明誓。”沐天波认为缅人不可信，主张不要前去。马吉翔、李国泰却死催，认为缅甸人敬鬼重誓，吃了咒水之后，大家都可保长久平安。

1661年七月十九日，永历帝属下大臣尽数而出，渡河前往者梗，参加盟誓仪式。永历“行宫”内，只有总兵邓凯和十几个老弱残兵“保卫”病恹恹的皇上。邓凯命大，他的腿被马吉翔打成残废，行动不便，故而得留。

众大臣刚到盟誓地点，就被三千缅兵团团围住。三十个人负责捆绑一人，并不多说，把大臣们就地砍头。

马吉翔、王维恭、李国泰等二十三位大臣以及随从数十人皆被杀害。

本来缅王不想杀沐天波，派人把他架出（主要想把这位沐爷和永历帝一起送给清朝报功）。沐爷夺刀而起，击杀缅兵数人，最后为乱兵所杀。

随从的锦衣卫官员中有几个人“漏网”，逃回岸边“行宫”中告变。

永历帝闻报惊悸，想自缢解脱，被总兵邓凯阻止：“皇上若去，太后谁管！”由此，永历帝才打消了自杀念头。

缅兵杀完大臣随员后，冲着岸边永历帝行营跑来，蜂拥而入，翻箱倒柜，把南明朝臣所剩物品洗劫一空。先前侥幸逃出藏入永历帝床下的几个明朝随员，也被搜出，当场杀死在永历帝面前。

慌乱惊惧下，永历帝两个嫔妃及诸臣妻女皆自缢于树间，情状极惨，“累累如瓜果然”（邓凯《也是录》）。

缅兵把永历帝、太后、皇后、皇太子等二十五人驱赶至一个小屋子当中囚禁，派兵严加看护。当时的南明暂住地一片惨状，遍地横尸，树挂悬尸，一幅人间地狱图。

不久，缅兵把永历帝等人驱至沐天波原住所关押。南明大臣皆死，唯余一般的家属、仆役、宦者三百四十余人，皆拥挤在一个竹楼内，哭声震天。

隔了两天，永历帝才被允许返回原来的“行宫”。地上血迹犹在，屋中财物全无。

二十五日这天，缅王派人送来一些银物，假意问候，并解释杀人原因：“我乃小邦王子，实无伤犯诸臣之意。只因天朝各营兵屡入缅境杀害民众，众怨难犯，相互约结，杀害大臣们以为报复，希望皇帝对我小邦不要怀恨！”

惊悸兼患病，永历帝连说话的力气也没有了，只能向缅王的使者微微颔首示意。

不久，营内又发传染病，幸存人员死伤大半。剩下的人出走，缅人不加阻止，往往在半路拦截，抢劫财物后，均杀之不留。

永历帝大臣被杀后，白文选得知消息，曾一度又深入缅甸率兵来救。由于缅军有备，白文选失败而归。退兵途中，部将张国用等人挟持白文选，退往云南。

吴三桂得知消息后，立刻派先前降清的明将马宝等人劝降。

众叛亲离，无奈之下，白文选只得选择投降。于是，四千多人的南明队伍，又成清朝降伍。

游龙坠地成飞灰

永历帝被绞篦子坡

十六年来，艰难苦恨繁双鬓，南逃北亡一游龙。

听说吴三桂率领清朝大军进入缅甸境内，刚届不惑之年的永历帝朱由榔惊恐至极。在内心深处，他对这位昔日的大明良将，仍抱有一丝天真的幻想。

雨中黄叶树，灯下白头人，永历帝满怀凄怆，提笔作书，字字血泪，给吴三桂发去一封亲笔信：

> 将军新朝之勋臣，旧朝之重镇也。世膺爵秩，藩封外疆，烈皇帝（崇祯）于将军，可谓甚厚。讵意国遭不造，闯贼肆恶，突入我京城，殄灭我社稷，逼死我先帝，杀戮我臣民。将军（指吴三桂）志兴楚国，饮泣秦廷，缟素誓师，提兵问罪，当日之本衷，原未泯也。奈何凭借大国（指清朝），狐假虎威，外施复仇之虚名，阴作新朝之佐命，逆贼授首之后，而南方一带土宇，非复先朝有也。
>
> 南方诸臣不忍宗社之颠覆，迎立（我）南阳。何图枕席未安，干戈猝至，弘光殄祀，隆武就诛，仆于此时，几不欲生，犹暇为宗社计乎？诸臣强之再三，谬承先绪。自是以来，一战而楚地失，再战而东粤失，流离惊窜，不可胜数。幸李

定国迎仆于贵州，接仆于南安，自谓与人无患，与世无争矣。

而将军忘君父之大德，图开创之丰功，督师入滇，覆我巢穴，仆由是渡沙漠，聊借缅人以固吾圉。山遥水远，言笑谁欢？只益悲矣。既失世守之河山，苟全微命于蛮服，变自辜矣。乃将军不避艰险，请命远来，提数十万之众，穷追逆旋之身，何视天下之不予哉？

岂天覆地载之中，独不容仆一人乎？抑封王赐爵之后，犹欲歼仆以邀功乎？弟思高皇帝栉风沐雨之天下，犹不能贻留片地，以为将军建功之所，将军既毁我室，又欲取我子，读鸱鸮之章，能不惨然心恻乎？将军犹是世禄之裔，即不为仆怜，独不念先帝乎？即不念先帝，独不念二祖列宗乎？即不念二祖列宗，独不念王（指吴三桂）之祖若父乎？

不知大清何恩何德于将军，仆又何仇何怨于将军也！将军自以为智而适成其愚，自以为厚而反觉其薄。继此而后，史有传，书有载，当以将军为何如人也！

仆今者兵衰力弱，茕茕孑立，区区之命，悬于将军之手矣。如必欲仆首领，则虽粉身碎骨，血溅草莱，所不敢辞。若其转祸为福，或以遐方寸土，仍存三恪，更非敢望。

倘得与太平草木，同沐雨露于圣朝，仆纵有亿万之众，亦付于将军，惟将军是命。

将军臣事大清，亦可谓不忘故主之血食，不负先帝大德也。惟冀裁之。

没落帝王，流离龙子，低首乞哀，字字有血，笔笔带泪。信中的辛酸委屈，铁石心肠之人也会有所触动。

这封信，不仅仅是哀求一己之生，永历帝也从吴三桂自身着想，一针见血指出："将军自以为智而适成其愚，自以为厚而反觉其薄！"试想，连对家门世受其恩禄的旧主都肯斩尽杀绝、不留一丝情面的人，新主子清廷统治者在“赞叹”之余，内心深处真的对你吴三桂不会起疑心吗？而且，万世千秋，史有传书有载，当以你吴三桂为何如人也！

1660年年底，吴三桂大军临江而阵。

缅王大惊，忙遣使奉十六个大金盘，里面盛满贡物，前往清军军营示诚。

吴三桂也不同缅王使者多废话，只表示一个意思：马上送永历帝来，否则，清军过江屠城。

缅王惶恐惊惧，立刻执行吴三桂的命令。他派人去见永历帝，哄骗说：“李定国大军又来了，有马步军数万人，临江索求，定要见皇帝！”

没等永历帝有所表示，数名缅兵上前，把这位倒霉皇帝架上一个竹椅，抬起来就走。永历的嫔妃和宫女号哭震天，一路步行，踉跄行了五里多地，来到大江边。

一艘大船，已经在江边等候。永历帝及从人皆被押上大船。

大船抵达对岸后，有一壮汉近前，背起永历帝就往岸上走。

当时，永历帝还以为这个人是李定国手下的兵将，就问：“爱卿你是何人？”

对方答道：“我是平西王前锋章京高得捷！”

这时，永历帝才知道自己已经落入吴三桂清军之手。

他倒没像弘光帝那样失态咬人，默然而已。

势已至此，只能认命。

大功告成，吴三桂胜利班师，率大军押永历帝返回昆明。昆明百姓知道永历帝被擒消息，无不痛哭流涕。

清廷大喜，向天下发布文告，宣布明朝皇帝已经落网的消息。

永历帝被关押到吴三桂大营后，清朝各级汉族官将，出于深深的好奇心，前去入见（其实是参观）。

永历帝的相貌庄重威严，即使被擒，仍旧有人君派头，清军入见的各级军将，皆不由自主地下拜或者叩首。

吴三桂也曾来探望。据明末清初吴江人戴笠《行在春秋》上讲，吴三桂见永历帝，先是长揖不拜，默立久之。

永历帝不会分辨清朝官服服色，但见来人气质不同于一般人，便开口问来人为谁。

片刻之后，未经再三追问，吴三桂竟然鬼使神差一样，膝头一软，跪在地上，伏地不能起。良久，他才用一种地底鬼魂一样微弱的声音回答：

“臣吴三桂来见。”

史书笔记中，多载永历帝对吴三桂“切责”，恐非实情。十多年逢警即逃的永历帝，抱苟且偷生之念，不可能对掌握自己命运的人加以“切责”。

两个人对话多时，大概是永历帝表达想回北京为祖宗“守陵”的意愿。其间，吴三桂一直跪地回话，汗流浃背，色如死灰。

对吴三桂的这种表现，人们往往从最浅层的意义上理解，以为他是被永历帝威武庄严的人君相貌所威慑。实则不然！吴三桂乃儒将，非一般粗鲁军人，他一家世受明朝厚恩，面对座上流淌着朱明皇家血液的君王，内心肯定受着大义和道德的折磨。

所以，笔者认为，吴三桂应该是一个有历史感的人，他能感受到自己灵魂的罪恶，并且非常清楚自己在做什么。他所面对的，是近三百年朱明“皇恩浩荡”的一个象征人物，而不仅仅是个身穿龙袍的傀儡。

此次会见之后，直到篦子坡行刑，吴三桂再没有去见让他心生凛惧的永历帝。

这种心情中，有负疚感，有罪恶感，确实也有侯景见梁武帝的那种说不出来为何打哆嗦的被威慑的感觉。

永历帝身边的侍卫总兵邓凯，曾借机面见皇帝，跪求道：“大势如此，望皇上能一烈殉国，为臣随后从驾陛下于阴间！”也就是说，他规劝永历帝自杀死社稷。

先前咒水之盟后，邓凯曾劝阻永历帝自杀。如今见大势已去，他又劝永历帝自杀，效仿崇祯帝，死个明白，死个壮烈。

事已至此，本性懦弱的永历帝倒惜起命来，他以太后老母为辞，并讲：“洪承畴、吴三桂都受我大明皇家恩典，未必肯对我一家斩尽杀绝！”

这位皇帝如此想，真是大错特错。洪承畴、吴三桂这两个降臣，正是受那种忘恩负义的负疚感所折磨，反而会使出最毒的招数对待故君，必欲除之而后快，眼不见，心不烦，而且可以永远保全自己的富贵。

邓凯见劝说无望，只得告辞。这位爷很有骨气，拒绝为清朝做官，遁入空门，出家为僧。

清朝凯旋大军到昆明后，吴三桂允许一些前明官员入见永历帝。这倒并非出于好心，而是清廷的一种攻心政策，以便让前明官员活见人，死见尸，完全丧失恢复明朝的希望。

没过几天，一个戏剧性场面出现了。曾经为孙可望做事而又“婉拒”永历帝职位的前明大臣龚彝，如今穿上一身明朝大臣服装，命从人抬了一满桌的酒菜，大摇大摆来到永历帝拘押之所，声称要见皇帝。

守卫者当然不让进。龚彝大叫：“君臣大义，南北皆同。我来见故君，如何相拒！”

吵吵嚷嚷之下，有人报吴三桂。吴三桂很爽快，立刻下令同意龚彝入见永历帝。入得都督府大堂，永历帝在严兵看守下被搀扶落座。

龚彝的到来实在出乎永历帝的意料。想当初永历帝第一次由李定国等人拥入昆明，这位龚彝在大庭广众之下自称受“秦王”（孙可望）厚恩，拒不接受任命，当时广遭大臣们谩骂讥评。疾风识劲草，板荡见诚臣。如今，昔日高喊“忠义”的人大多不见，而龚彝此时来见，不能不让永历帝百感交集。

龚彝伏地痛哭，行足一套参拜大礼。然后，他斟满酒，向永历帝跪进酒爵。

永历帝哀不自胜，痛哭之余，表示自己不能饮酒。龚彝进劝再三。

永历帝离座，感动之下，接过龚彝的酒爵，满饮三爵。龚彝再行拜礼。而后，他忽然大叫一声："皇上保重，臣先走一步！"言毕，龚彝快步冲奔，触柱而亡。

事出仓促，永历帝以及周遭的军卫皆不及反应，眼睁睁看着龚彝在他们眼前碎首而死。永历帝急忙跪过去，抚尸大哭，几近昏厥。这位龚爷，是他生前见到的最后一位明服明冠的忠臣。

此事发生后不久，又有一些汉八旗中下级军官暗中联结，想劫出永历帝拥之入陕西再建一国。未几，谋泄，牵连被杀者数千人。

吴三桂为保险起见，上疏请求在昆明当地处决永历帝。

刚狠凶戾、居心叵测的吴三桂，为了向清廷表示他的"一腔忠勇"，在行刑方式上，非要把永历帝和他年仅十二岁的太子斩成两段，使他们身首分离。

最后，连和他一起作战的满族人爱星阿和宗室贝子卓越罗都心中不忍，劝说："永历（帝）亦曾为君，给他留个全尸总该不过分。"在这两个满人的劝说下，才使永历帝落个全尸而死。

永历十六年（1662年，康熙元年）四月十五日，南明最后一个皇帝朱由榔，被吴三桂以弓弦绞死于昆明篦子坡，时年四十岁。与其一同被绞死的，还有永历帝十二岁的儿子。

临刑之际，永历帝默然。十二岁的太子，年纪虽小，却很有风骨，对坐观的吴三桂骂道："奸贼，我大明朝有哪里对不起你？我父子和你有什么私怨？为什么要对我们下此毒手！"

弓弦嘎嘎响，喉结咝咝促。

看着皇明最后的血胤在自己手中终结，吴三桂的脸上，露出一种旁人难以察觉的痛苦神情……

绞死永历帝及其太子后，吴三桂为向清廷表忠心，下令把永历帝父子焚尸扬灰，弃骨灰于荒野。

即使有杀父杀子之仇，也不会做出如此绝情寡义之事。

明末清初的大名士吴伟业，写有《圆圆曲》一诗，其中妙笔生花，极力铺陈，把“白皙通侯最少年”的青年将军吴三桂和“前身合是采莲人”的美貌歌妓陈圆圆的情事，娓娓道来。

笔者估计，真能看完全篇长诗的人不多，其中流传最广的也只有一句：“冲冠一怒为红颜。”前因后果，当时、现在都没有多少有心人深入思考。

本人也投降了清朝的吴伟业，通过这首长诗，对吴三桂极尽揶揄挖苦之能事，特别是后面四句：“妻子岂应关大计，英雄无奈是多情。全家白骨成灰土，一代红妆照汗青！”

大文豪这四句诗，简直就是神来之笔，诛心之句——吴三桂因一貌美年轻歌妓背父弃君。想当初，石河大战之后，气急败坏的李自成跑到半途，就在秦皇岛范家庄虐杀了一直押在军营当人质的吴三桂的父亲吴襄。可以想象，刚刚损失数十万精兵的大顺军，会怎样怀着刻骨的仇恨，细刀慢剐“伺候”这位吴老爷！逃回北京后，李自成仍旧沉浸在败怒狂极的情绪中，把吴三桂全家三十八口寸磔而死。吴三桂以剃发背国、全家成灰的代价，换来“一代红妆照汗青”！

吴伟业以刀笔戮入吴三桂的心肺骨髓，把此人一生的宿命渲染殆尽。

康熙十二年（1673 年），背明降清的吴三桂竟也厚颜以“为明报仇”为名起兵。

前前后后又折腾了八年，但从起兵之日起，就已注定了他败亡的命运！

永历帝被杀时，李定国率数千人马驻扎于西双版纳的九龙江一带

（又有说在景线，即今泰国的昌盛）。噩耗传来，李定国自投于地，悲恸欲绝，几次哭至昏迷。

数日之后，李定国即因悲伤过度而患重病，不久逝世。临终前，李定国对养子李嗣光说："宁死荒郊，千万不要投降！"

可惜的是，落入穷荒、走投无路的李定国余部没能坚持下去，几个月后，即在李嗣光的带领下向清朝投降。

李定国有将才而无帅略，犯过许多战略性错误。

但是，李定国忠于明朝，百折不回，死而后已，不愧为忠烈之士！

他对大明朝的耿耿忠心，他那种至死不渝的抗清精神，他百折不挠的民族气节，足以让后人击节赞叹。

浩然正气洒热血

张煌言殉明

康熙三年（1664年）九月七日，杭州闹市弼教坊。

清军警卫森严，如临大敌。放眼望去，铁甲骑士有数千之多，紧紧包围着一块四方空地。杭州百姓近万人，屏息引颈，鸦雀无声。

在紧张到窒息的气氛中，在秋阳如血的光辉中，有五人明冠明服，长袍大袖，乘轿而至。

清初，朝廷杀人无数，罕有犯人乘轿至刑场就戮者。当日主角，乃明朝最后一位英雄张煌言。

炮声响过，清朝监刑官举旗。刽子手卑辞下意，请张煌言坐下（而非叱令使跪）受刑。从官罗伦与张煌言并坐。两个明朝武将叶云、王发面向张煌言而跪。张煌言的仆童、年仅十六岁的杨冠毓，年纪虽小，仰头向刽子手高声抗言："我不跪！"立于主人身边待刑。

这五个人，即使到死，仍保持明朝伦序礼仪。

遥望凤凰山大好山色，张煌言叹道："大好河山，竟为胡虏所据，遍染腥膻！"于是，他口占《绝命辞》："我今适五九，复逢九月七。大厦已不支，成仁万事毕！"

利刀斩下，鲜血喷溅。

张煌言，继文天祥、史可法之后又一个英雄的名字，从此镌刻在历史的辉煌长卷之中。

杭州人民哭声四起之际，天色变暗，骤而忽至，临刑监斩的汉官满将，相顾失色……

张煌言，字玄箸，号苍水，宁波鄞县人，是明末诸生，并非达官显贵之后。清军在江南因剃头大肆杀人之时，他奋然投笔从戎，加入抗清斗争，与众人奉鲁王朱以海为监国，在江浙地区坚持打起复明旗号。一腔忠勇为大明，屡战屡败，屡败屡战。

舟山战役失败后，他与张名振一起护拥鲁监国进入郑成功辖境。

张名振死后，张煌言成为鲁监国残部的统军人物。

郑成功被永历帝封为“延平王”，张煌言当时也被封为东阁大学士兼兵部尚书。郑成功长江之役时，张煌言引本部兵数千人，率师先行西上，为郑成功开辟上游战场。

虽然当时孤军深入，由于纪律严明，秋毫无犯，张煌言所率明军迅速收复芜湖、宁国、太平等地。可惜的是，南京之役失败，郑成功不告自退，致使张煌言进退失据。

兵溃之时，张煌言仍旧镇定。他命人凿沉剩余战船后，率残部登岸，在湖北、安徽交界处的英山、霍山一带艰辛辗转。清军围追堵截，从人星散，他一路经安庆、建德、祁门、淳安、义乌、天台等地，历尽万苦，步行两千多里，最终复归浙东滨海地区。

当地人民得知张煌言生还，悲喜交集。

张煌言重举义旗，召集人马，以台州临门岛为基地，继续从事反清复明的军事行动。清军势盛，在大肆推行“迁海”政策困窘反抗义军的同时，步步紧逼，四处逮人杀人，还逮捕了张煌言的妻儿，关入宁波狱中。

郑成功丧败之余，想入据台湾，远离大陆本土。张煌言心急如焚，派人送急信挽留，认为“军有进寸无退尺”，如果入台湾，则将来金门、厦门皆不可守，一定造成天下复明之士灰心失望的后果。

郑成功不听，扬帆而去。当时，张煌言已带兵行至福建北部的沙埕想与郑军会师。他扑空的失望，可想而知。

1661年，永历帝在云南被吴三桂俘虏。转年，永历帝被杀，郑成功病死。

张煌言恳请郑成功之子郑经重拥被郑氏家族软禁的鲁监国朱以海为帝。但是，郑经冷酷似其父，连鲁监国平时的粮食供应都常常欠缺，更甭提拥之为帝了。

兵卫寥寥之下，张煌言处于浙江沿海穷荒僻岛，坚持抗清。清朝浙江巡抚张杰致书诱降，张煌言不为所动，复书表示，如果清朝割海边之地给明朝残余势力，双方保民息兵，明朝余部能等同朝鲜之地位，他本人可以挂帆远航而去，不再与清廷为敌。(《海东逸史》)

这种缓兵计自然为张杰所识破，但他心中还是深敬张煌言对明朝的忠贞不贰。

1662年年底，郑成功死后半年，鲁监国朱以海因哮喘病发作病死于软禁之所。至此，张煌言心中的复明希望全然破灭。痛哭之余，他对身边人讲："孤臣之栖栖有待，徒苦部下，相依不去者，因主上（鲁监国）尚存。今事如此，复有何望！"

有部众劝他率手下乘船去台湾往依郑氏，张煌言不从："偷生延年，不如在此，以死立信！"于是，他在悬岙岛尽散其军，自己只带随从十余人居于山上邻近峭壁的茅屋中。

不久，张煌言与众人商议，欲尽数落发为僧，前往普陀山，静待时变，再起复明。荒岛之上，张煌言作《满江红·怀岳忠武》一词，表达复国报仇之念：

> 屈指兴亡，恨南北黄图消歇。便几个孤忠大义，冰清玉烈。赵信城边羌笛雨，李陵台上胡笳月。惨模糊吹出玉关情，声凄切。
>
> 汉宫露，染园雪。双龙逝，一鸿灭。剩逋臣怒击，唾壶

皆缺。豪杰气吞白凤髓，高怀眦饮黄羊血。试排云待把捧日心，诉金阙。

不料，张煌言部下一名小校叛变，逃至清朝浙江总督赵廷臣处告密，引来大批清军搜山。猝不及防，张煌言被清军生擒。

被押送至宁波，清朝总督赵廷臣曾到海上与张煌言谈判过，见到他非常礼敬，设宴举酒，问候道："张老爷别来无恙。"

张煌言不入席，凛然曰："我父死不能葬，国亡不能救，死有余罪，今日之事，速死而已，何必多言！"

与张煌言一同被俘的罗伦见状高声说："张公一死而已，何必与如此猪狗之辈絮语！"

清朝的赵总督识趣，以重兵护大轿，把张煌言礼送至省城杭州。临别故乡时，乡亲成千上万泣别送行，张煌言作《甲辰八月辞故里》诗：

义帜纵横二十年，岂知闰位在于阗。桐江空悬严光钓，震泽难回范蠡船。

生比鸿毛犹负国，死留碧血欲支天。忠贞自是孤臣事，敢望千秋春史传。

船行途中，夜半时分，张煌言忽听有人低声吟唱《苏武牧羊曲》，大英雄立刻起身和歌，慷慨激昂。仔细一看，唱曲人乃看守士兵之一的史丙。

张煌言知道对方"劝死"的心意，说："你真是有心人！你放心，我作为大明兵部尚书，绝对会为国尽忠，含笑而死，不会给大明朝丢脸！"

入杭州后，张煌言赋《入武林诗》，更加坚定了以死报国之心：

国破家亡欲何之？西子湖头有我师。日月双悬于氏墓，乾坤半壁岳家祠。

惭将赤手分三席，拟为丹心借一枝。他日素车东浙路，怒涛岂必属鸱夷。

从字里行间可以看出，岳飞、于谦两位前辈先烈，是张煌言的精神榜样。

清朝的浙江巡抚张杰亲自迎接，待以贵客之礼。张煌言不卑不亢，与清朝督抚官员分庭抗礼，岸然高坐，寒暄闲话。张杰等人皆知，张煌言心坚为明，不可劝转，所以，相见许久，皆闲谈海中之事，闭口不敢提招降的问题。

言谈之间，还有不少降清的从前张煌言的部将来拜，均涕泣行礼。

对这些人，张煌言略微颔首示意。

叙谈许久，清朝巡抚张杰终于开劝：“张老爷，您如果肯降大清，富贵功名，即可立致！”

张煌言脸色一变，起身斥责：“这等事岂可与我讲，我唯求速死而已！”言毕离席。清官清将，皆离席恭送，沉默久之。

张杰下令，将张煌言与被俘诸人软禁于豪宅之中。

这些清朝的文官武将并不坚劝张煌言降清，是因为他们深知这位张先生的坚定信念。早在先前的往来书信中，张煌言已经明白无误地表示了对明朝的忠诚：

执事（指清朝总督赵廷臣等人）为新朝佐命，仆（张煌言自指）为明室孤臣，时地不同，志趣亦异。功名富贵既付之浮云，成败利钝亦听天之命。宁为文文山（文天祥），决不为许仲平（南宋末降元的许衡）；若为刘处士（南宋末降元的刘秉忠），何不为陆丞相（陆秀夫）乎！

遭受软禁期间，张煌言欲绝食，其参军罗伦劝道："大丈夫死忠，任其处置，死得分明即可。张公您该吃吃，该喝喝。"

罗伦本是镇江书生，南京之役时，开始追随张煌言。郑成功败走之际，他曾驾一叶小舟追赶海舟，登船苦劝："您兵势尚强，奈何因小小挫败即撤退。清兵胜后必骄怠，如果您现在回帆反击，定破南京。"丧胆落魄之余，郑成功不听，令人把罗伦赶走。罗伦当时在船上顿足号恸，士众感动。有这样的忠贞之士陪伴，张煌言肯定心中更感安定。

被俘期间，张煌言终日方巾葛衣，南面而坐，以示不忘故君。

临到刑场前，他欣然提笔，作诗二首，表其忠贞之志：

其一

揶揄一息尚图存，吞炭吞毡可共论？复望臣靡兴夏祀，祇凭帝眷答商孙。衣冠犹带云霞色，旌旆仍留日月痕。赢得孤臣同硕果，也留正气在乾坤。

其二

不堪百折播孤臣，一望苍茫九死身。独挽龙髯空问鼎，姑留螳臂强当轮。谋同曹社非无鬼，哭向秦廷那有人！可是红羊刚换劫，黄云白草未曾春？

这两首诗，诸书皆无，唯载于《明秀南略》一书中。

螳臂当车，一般皆用以比喻顽固不化者，但张煌言"姑留螳臂强当轮"的悲壮之举，恰恰显示了百死愁绝之中不屈的民族精神。

浙江地方政府的报告上达北京后，对张煌言的处置，清廷内部研究了一个月之久。有人建议把张煌言押送北京处斩，有人建议对他优待、释放以招降南明残众，有人建议暂先把他拘押在杭州，议来议去，日久不决。

最后，经清廷部议，做出如下裁决："解北恐途中不测，拘留惧祸根不除，不如杀之。”

清廷既怕张煌言押送北京途中有人劫囚车，又怕把他押在杭州给明朝遗民心中留希望，最终只能想出杀人一招。

古人云：“死天下事易，成天下事难。”于张煌言来讲，身死天下事，且死而有真成，造就士气刚风，求仁得仁，为义赴义，殉节死国，成就了中华烈士又一个千古流传的佳话。

张煌言死后，由于其妻已在三天前死于清军之手，他的尸体由宁波同乡出资收敛，葬于杭州南屏山北麓的荔枝峰下。

乾隆四十一年，乾隆帝赐谥张煌言为“忠烈”。所以，张煌言的墓碑是“皇清赐谥忠烈明兵部尚书苍水张公之墓”。

一代忠烈张煌言，时至今日，知者寥寥无几。在他的家乡宁波，旅游者只知有天一阁、保国寺，从不知有“张苍水故居”。即使有人看见这个指示牌，想必也不知“张苍水”为何人也，说不定误认为是哪位红顶商人的大宅院。

如今谈起南明，连妓女李香君、顾横波、柳如是等人，都比张煌言、张名振、夏完淳等人“有名”，毕竟她们是《桃花扇》等剧目的艳丽主角。香艳秦淮，妓女红衫，撩动世人遐思心肠。至于张煌言，从未看见哪出戏或哪部电视剧中出现过他的身影。

明末清初，是中国历史波谲云诡、地动山摇的大动荡时期，自1618年（万历四十六年，后金天命三年）至1664年（康熙三年）的四十六年间，有名有姓背明降清的“贰臣”有一百三十六人，但死于抗清殉明的忠臣孝子，却多达三千七百八十七人。这个数字不是明末遗民杜撰的，而是乾隆年间编撰的《胜朝殉节诸臣录》中的官方统计数字。

忠烈英魂，真是不绝如缕。所有这些人，或为封疆大吏，或为布衣文士，大明国难之时，他们皆临危不惧，挺身赴难，百折不挠，杀身成仁。

疾呼天地痛，山川草木悲。他们的人生抉择，让后人能更加坚定对中华民族精神的信仰。

相较之下，李永芳、孔有德、吴三桂、洪承畴、尚可喜、许定国、郑芝龙、孙可望、骆养性、冯铨、孙之獬这样的贰臣，屈膝投降残杀百姓。他们的低下人格，在张煌言等忠臣义士面前，尤显卑污。

国家、疆域、民族的概念因时而易，改朝换代，史不绝书，但正义价值和道德标准、纲常伦理，应该是千年不变，历久弥新。有人会说："历史上的女真、契丹、匈奴等少数民族，都已经是中国人了。岳飞、文天祥、张煌言等忠臣义士，都是狭隘的民族主义者。"

大谬特谬！

在今日的中华民族统一体中，满蒙回汉各族同胞携手共进，但是，那些英雄义士在特定历史时期保家卫国的壮举不能被故意忘记或者歪曲。

忠奸、善恶、是非，绝不能因为民族大熔炉的烈火而完全消逝。这不是民族偏见问题，而是民族大义和道德价值观问题。

张煌言等人抗击清廷暴政、反抗奴役的可歌可泣的英勇行为，必将照耀世代中国人的心灵！

南明史大事记

1644 年　李自成攻入北京，崇祯帝自杀；不久清军攻入北京，顺治帝在北京登基，明朝灭亡。朱由崧于南京建国，是为弘光帝，张献忠在成都建立大西国。

1645 年　扬州失守，史可法殉国，弘光帝为清军所俘，被杀于北京。唐王朱聿键建国于福州，是为隆武帝。李自成兵败，于九宫山被农民武装所杀。

1646 年　福州失守，隆武帝被杀。福王朱由榔被拥立称帝，是为永历帝。郑成功举兵抗清。

1647 年　张煌言北上崇明。

1648 年　永历帝还都肇庆。

1649 年　张明振奉鲁王朱以海入据舟山。

1651 年　永历帝先后出逃至梧州等地。

1652 年　孙可望迎永历帝至贵州安隆，李定国收复湖广数地，刘文秀攻克成都、重庆，大败吴三桂。

1653—1654 年　张煌言先后两次攻入长江，攻占瓜州等地，后还军天台。

1655 年　李定国奉永历帝入昆明。

1658 年　郑成功、张煌言北伐，攻克乐清宁海，遇飓风还师。

1659 年　永历帝为清军所迫退入缅甸，郑成功、张煌言北伐，直攻南京，兵败后分别退守进门、天台。

1661 年　郑成功攻占台湾，永历帝被缅人献于清朝。顺治帝去世，康熙继位。

1662 年　永历帝在昆明被杀，郑成功去世。